跨国经营管理人才培训教材系列丛书

# 中国对外投资合作法规和政策汇编

商务部跨国经营管理人才培训教材编写组　编

本书执笔　牛丽颖　朱华燕

 中国商务出版社
CHINA COMMERCE AND TRADE PRESS

图书在版编目（CIP）数据

中国对外投资合作法规和政策汇编／商务部跨国经营管理
人才培训教材编写组编. —北京：中国商务出版社，2018.8
（跨国经营管理人才培训教材系列丛书）
ISBN 978-7-5103-2601-1

Ⅰ.①中… Ⅱ.①商… Ⅲ.①对外投资—涉外经济法
—研究—中国 Ⅳ.①D922.295.4

中国版本图书馆 CIP 数据核字（2018）第 196474 号

跨国经营管理人才培训教材系列丛书

# 中国对外投资合作法规和政策汇编
ZHONGGUO DUIWAI TOUZI HEZUO FAGUI HE ZHENGCE HUIBIAN

商务部跨国经营管理人才培训教材编写组　编
本书执笔　牛丽颖　朱华燕

出　　版：中国商务出版社
地　　址：北京市东城区安定门外大街东后巷 28 号　　邮　　编：100710
责任部门：商务与法律事业部（010-64245686　cctpress@ 163. com ）
责任编辑：赵桂茹

总 发 行：中国商务出版社发行部（010-64208388　64515150）
网购零售：中国商务出版社淘宝店（010-64286917）
直销客服：010-64245686
网　　址：http://www. cctpress. com
网　　店：http://shop162373850. taobao. com
邮　　箱：cctp@ cctpress. com

印　　刷：北京密兴印刷有限公司
开　　本：787 毫米×1092 毫米　1/16
印　　张：35　　　　　　　　　字　　数：646 千字
版　　次：2018 年 12 月第 1 版　　印　　次：2018 年 12 月第 1 次印刷
书　　号：ISBN 978-7-5103-2601-1
定　　价：98.00 元

# 丛书编委会

名誉主任　钟　山

主任委员　钱克明

委　　员　王胜文　李景龙　邢厚媛　郑　超

　　　　　张幸福　刘民强　韩　勇

执行主编　邢厚媛

# 序

　　党的十九大报告提出，以"一带一路"建设为重点，坚持引进来和走出去并重；创新对外投资方式，促进国际产能合作，形成面向全球的贸易、投融资、生产、服务网络，加快培育国际经济合作和竞争新优势。我们以习近平新时代中国特色社会主义思想为指导，围绕"一带一路"建设，坚持新发展理念，促发展与防风险并重，引导对外投资合作健康有序发展，取得显著成就。截至2017年底，中国在189个国家和地区设立企业近4万家，对外投资存量达1.8万亿美元，居世界第二位，已成为拉动全球对外直接投资增长的重要引擎。

　　习近平总书记指出，人才是实现民族振兴、赢得国际竞争主动的战略资源。新时期，做好对外投资合作工作，既需要大量熟悉国际市场、法律规则和投资合作业务的企业家和管理人才，又需要"政治强、业务精、作风实"的商务工作者。为贯彻习近平总书记重要指示精神，努力培养跨国经营企业人才，推动对外投资合作高质量发展，商务部委托中国服务外包研究中心对2009年出版的《跨国经营管理人才培训教材系列丛书》进行了增补修订。

　　本次增补修订后的《跨国经营管理人才培训教材系列丛书》共10本，涵盖领域广，内容丰富，注重政策性、理论性、知识性、实用性相结合，具有很强的可读性和操作性。希望商务主管部门、从事对外投资合作业务的企业家及管理人员利用好此套教材，熟悉跨国经营通行做法，提升合规经营、防范风险的意识，不断提高跨国经营能力和水平，为新时期中国进一步扩大对外开放、推动"一带一路"建设、构建人类命运共同体做出更大贡献。

商务部副部长

2018年11月23日

# 目 录

## 第二章 对外投资 / 093

**第六章　财税金融政策**　　　　　　　　　　　　　　　　　　　/ 331

## 第七章　安全权益保障 / 461

## 第八章　监　管　　　　　　　　　　　　　　　　　　　　　　　/ 509

## 后　记　　　　　　　　　　　　　　　　　　　　　　　　　　　/ 545

# 第一章 综 合

# 习近平在中国共产党第十九次
# 全国代表大会上的报告（节选）

## 决胜全面建成小康社会夺取新时代
## 中国特色社会主义伟大胜利

（2017 年 10 月 18 日）

### 五、贯彻新发展理念，建设现代化经济体系

实现"两个一百年"奋斗目标、实现中华民族伟大复兴的中国梦，不断提高人民生活水平，必须坚定不移把发展作为党执政兴国的第一要务，坚持解放和发展社会生产力，坚持社会主义市场经济改革方向，推动经济持续健康发展。

我国经济已由高速增长阶段转向高质量发展阶段，正处在转变发展方式、优化经济结构、转换增长动力的攻关期，建设现代化经济体系是跨越关口的迫切要求和我国发展的战略目标。必须坚持质量第一、效益优先，以供给侧结构性改革为主线，推动经济发展质量变革、效率变革、动力变革，提高全要素生产率，着力加快建设实体经济、科技创新、现代金融、人力资源协同发展的产业体系，着力构建市场机制有效、微观主体有活力、宏观调控有度的经济体制，不断增强我国经济创新力和竞争力。

（一）深化供给侧结构性改革。建设现代化经济体系，必须把发展经济的着力点放在实体经济上，把提高供给体系质量作为主攻方向，显著增强我国经济质量优势。加快建设制造强国，加快发展先进制造业，推动互联网、大数据、人工智能和实体经济深度融合，在中高端消费、创新引领、绿色低碳、共享经济、现代供应链、人力资

本服务等领域培育新增长点、形成新动能。支持传统产业优化升级，加快发展现代服务业，瞄准国际标准提高水平。促进我国产业迈向全球价值链中高端，培育若干世界级先进制造业集群。加强水利、铁路、公路、水运、航空、管道、电网、信息、物流等基础设施网络建设。坚持去产能、去库存、去杠杆、降成本、补短板，优化存量资源配置，扩大优质增量供给，实现供需动态平衡。激发和保护企业家精神，鼓励更多社会主体投身创新创业。建设知识型、技能型、创新型劳动者大军，弘扬劳模精神和工匠精神，营造劳动光荣的社会风尚和精益求精的敬业风气。

（二）加快建设创新型国家。创新是引领发展的第一动力，是建设现代化经济体系的战略支撑。要瞄准世界科技前沿，强化基础研究，实现前瞻性基础研究、引领性原创成果重大突破。加强应用基础研究，拓展实施国家重大科技项目，突出关键共性技术、前沿引领技术、现代工程技术、颠覆性技术创新，为建设科技强国、质量强国、航天强国、网络强国、交通强国、数字中国、智慧社会提供有力支撑。加强国家创新体系建设，强化战略科技力量。深化科技体制改革，建立以企业为主体、市场为导向、产学研深度融合的技术创新体系，加强对中小企业创新的支持，促进科技成果转化。倡导创新文化，强化知识产权创造、保护、运用。培养造就一大批具有国际水平的战略科技人才、科技领军人才、青年科技人才和高水平创新团队。

（三）实施乡村振兴战略。农业农村农民问题是关系国计民生的根本性问题，必须始终把解决好"三农"问题作为全党工作重中之重。要坚持农业农村优先发展，按照产业兴旺、生态宜居、乡风文明、治理有效、生活富裕的总要求，建立健全城乡融合发展体制机制和政策体系，加快推进农业农村现代化。巩固和完善农村基本经营制度，深化农村土地制度改革，完善承包地"三权"分置制度。保持土地承包关系稳定并长久不变，第二轮土地承包到期后再延长三十年。深化农村集体产权制度改革，保障农民财产权益，壮大集体经济。确保国家粮食安全，把中国人的饭碗牢牢端在自己手中。构建现代农业产业体系、生产体系、经营体系，完善农业支持保护制度，发展多种形式适度规模经营，培育新型农业经营主体，健全农业社会化服务体系，实现小农户和现代农业发展有机衔接。促进农村一二三产业融合发展，支持和鼓励农民就业创业，拓宽增收渠道。加强农村基层基础工作，健全自治、法治、德治相结合的乡村治理体系。培养造就一支懂农业、爱农村、爱农民的"三农"工作队伍。

（四）实施区域协调发展战略。加大力度支持革命老区、民族地区、边疆地区、贫困地区加快发展，强化举措推进西部大开发形成新格局，深化改革加快东北等老工业基地振兴，发挥优势推动中部地区崛起，创新引领率先实现东部地区优化发展，建立更加有效的区域协调发展新机制。以城市群为主体构建大中小城市和小城镇协调发展的城镇格局，加快农业转移人口市民化。以疏解北京非首都功能为"牛鼻子"推动京津冀协同发展，高起点规划、高标准建设雄安新区。以共抓大保护、不搞大开发为导向推动长江经济带发展。支持资源型地区经济转型发展。加快边疆发展，确保边疆巩固、边境安全。坚持陆海统筹，加快建设海洋强国。

（五）加快完善社会主义市场经济体制。经济体制改革必须以完善产权制度和要素市场化配置为重点，实现产权有效激励、要素自由流动、价格反应灵活、竞争公平有序、企业优胜劣汰。要完善各类国有资产管理体制，改革国有资本授权经营体制，加快国有经济布局优化、结构调整、战略性重组，促进国有资产保值增值，推动国有资本做强做优做大，有效防止国有资产流失。深化国有企业改革，发展混合所有制经济，培育具有全球竞争力的世界一流企业。全面实施市场准入负面清单制度，清理废除妨碍统一市场和公平竞争的各种规定和做法，支持民营企业发展，激发各类市场主体活力。深化商事制度改革，打破行政性垄断，防止市场垄断，加快要素价格市场化改革，放宽服务业准入限制，完善市场监管体制。创新和完善宏观调控，发挥国家发展规划的战略导向作用，健全财政、货币、产业、区域等经济政策协调机制。完善促进消费的体制机制，增强消费对经济发展的基础性作用。深化投融资体制改革，发挥投资对优化供给结构的关键性作用。加快建立现代财政制度，建立权责清晰、财力协调、区域均衡的中央和地方财政关系。建立全面规范透明、标准科学、约束有力的预算制度，全面实施绩效管理。深化税收制度改革，健全地方税体系。深化金融体制改革，增强金融服务实体经济能力，提高直接融资比重，促进多层次资本市场健康发展。健全货币政策和宏观审慎政策双支柱调控框架，深化利率和汇率市场化改革。健全金融监管体系，守住不发生系统性金融风险的底线。

（六）推动形成全面开放新格局。开放带来进步，封闭必然落后。中国开放的大门不会关闭，只会越开越大。要以"一带一路"建设为重点，坚持引进来和走出去并重，遵循共商共建共享原则，加强创新能力开放合作，形成陆海内外联动、东西双向互济的开放格局。拓展对外贸易，培育贸易新业态新模式，推进贸易强国建设。实行高水平的贸易和投资自由化便利化政策，全面实行准入前国民待遇加负面清单管理制度，大幅度放宽市场准入，扩大服务业对外开放，保护外商投资合法权益。凡是在我国境内注册的企业，都要一视同仁、平等对待。优化区域开放布局，加大西部开放力度。赋予自由贸易试验区更大改革自主权，探索建设自由贸易港。创新对外投资方式，促进国际产能合作，形成面向全球的贸易、投融资、生产、服务网络，加快培育国际经济合作和竞争新优势。

同志们！解放和发展社会生产力，是社会主义的本质要求。我们要激发全社会创造力和发展活力，努力实现更高质量、更有效率、更加公平、更可持续的发展！

# 习近平在"一带一路"国际合作高峰论坛开幕式上的演讲

## 携手推进"一带一路"建设

### （2017 年 5 月 14 日，北京）

尊敬的各位国家元首，政府首脑，

各位国际组织负责人，

女士们，先生们，朋友们：

"孟夏之日，万物并秀。"在这美好时节，来自 100 多个国家的各界嘉宾齐聚北京，共商"一带一路"建设合作大计，具有十分重要的意义。今天，群贤毕至，少长咸集，我期待着大家集思广益、畅所欲言，为推动"一带一路"建设献计献策，让这一世纪工程造福各国人民。

女士们、先生们、朋友们！

2000 多年前，我们的先辈筚路蓝缕，穿越草原沙漠，开辟出联通亚欧非的陆上丝绸之路；我们的先辈扬帆远航，穿越惊涛骇浪，闯荡出连接东西方的海上丝绸之路。古丝绸之路打开了各国友好交往的新窗口，书写了人类发展进步的新篇章。中国陕西历史博物馆珍藏的千年"鎏金铜蚕"，在印度尼西亚发现的千年沉船"黑石号"等，见证了这段历史。

古丝绸之路绵亘万里，延续千年，积淀了以和平合作、开放包容、互学互鉴、互利共赢为核心的丝路精神。这是人类文明的宝贵遗产。

——和平合作。公元前 140 多年的中国汉代，一支从长安出发的和平使团，开始打通东方通往西方的道路，完成了"凿空之旅"，这就是著名的张骞出使西域。中国唐宋元时期，陆上和海上丝绸之路同步发展，中国、意大利、摩洛哥的旅行家杜环、马可·波罗、伊本·白图泰都在陆上和海上丝绸之路留下了历史印记。15 世纪初的明代，中国著名航海家郑和七次远洋航海，留下千古佳话。这些开拓事业之所以名垂青史，是因为使用的不是战马和长矛，而是驼队和善意；依靠的不是坚船和利炮，而是宝船和友谊。一代又一代"丝路人"架起了东西方合作的纽带、和平的桥梁。

——开放包容。古丝绸之路跨越尼罗河流域、底格里斯河和幼发拉底河流域、印度河和恒河流域、黄河和长江流域，跨越埃及文明、巴比伦文明、印度文明、中华文明的发祥地，跨越佛教、基督教、伊斯兰教信众的汇集地，跨越不同国度和肤色人民的聚居地。不同文明、宗教、种族求同存异、开放包容，并肩书写相互尊重的壮丽诗篇，携手绘就共同发展的美好画卷。酒泉、敦煌、吐鲁番、喀什、撒马尔罕、巴格达、君士坦丁堡等古城，宁波、泉州、广州、北海、科伦坡、吉达、亚历山大等地的古港，就是记载这段历史的"活化石"。历史告诉我们：文明在开放中发展，民族在融合中共存。

——互学互鉴。古丝绸之路不仅是一条通商易货之道，更是一条知识交流之路。沿着古丝绸之路，中国将丝绸、瓷器、漆器、铁器传到西方，也为中国带来了胡椒、亚麻、香料、葡萄、石榴。沿着古丝绸之路，佛教、伊斯兰教及阿拉伯的天文、历法、医药传入中国，中国的四大发明、养蚕技术也由此传向世界。更为重要的是，商品和知识交流带来了观念创新。比如，佛教源自印度，在中国发扬光大，在东南亚得到传承。儒家文化起源中国，受到欧洲莱布尼茨、伏尔泰等思想家的推崇。这是交流的魅力、互鉴的成果。

——互利共赢。古丝绸之路见证了陆上"使者相望于道，商旅不绝于途"的盛况，也见证了海上"舶交海中，不知其数"的繁华。在这条大动脉上，资金、技术、人员等生产要素自由流动，商品、资源、成果等实现共享。阿拉木图、撒马尔罕、长安等重镇和苏尔港、广州等良港兴旺发达，罗马、安息、贵霜等古国欣欣向荣，中国汉唐迎来盛世。古丝绸之路创造了地区大发展大繁荣。

历史是最好的老师。这段历史表明，无论相隔多远，只要我们勇敢迈出第一步，坚持相向而行，就能走出一条相遇相知、共同发展之路，走向幸福安宁和谐美好的远方。

女士们、先生们、朋友们！

从历史维度看，人类社会正处在一个大发展大变革大调整时代。世界多极化、经济全球化、社会信息化、文化多样化深入发展，和平发展的大势日益强劲，变革创新的步伐持续向前。各国之间的联系从来没有像今天这样紧密，世界人民对美好生活的向往从来没有像今天这样强烈，人类战胜困难的手段从来没有像今天这样丰富。

从现实维度看，我们正处在一个挑战频发的世界。世界经济增长需要新动力，发展需要更加普惠平衡，贫富差距鸿沟有待弥合。地区热点持续动荡，恐怖主义蔓延肆虐。和平赤字、发展赤字、治理赤字，是摆在全人类面前的严峻挑战。这是我一直思考的问题。

2013 年秋天，我在哈萨克斯坦和印度尼西亚提出共建丝绸之路经济带和 21 世纪海上丝绸之路，即"一带一路"倡议。"桃李不言，下自成蹊。"4 年来，全球 100 多个国家和国际组织积极支持和参与"一带一路"建设，联合国大会、联合国安理会等重要决议也纳入"一带一路"建设内容。"一带一路"建设逐渐从理念转化为行动，从愿景转变为现实，建设成果丰硕。

——这是政策沟通不断深化的 4 年。我多次说过，"一带一路"建设不是另起炉灶、推倒重来，而是实现战略对接、优势互补。我们同有关国家协调政策，包括俄罗斯提出的欧亚经济联盟、东盟提出的互联互通总体规划、哈萨克斯坦提出的"光明之路"、土耳其提出的"中间走廊"、蒙古提出的"发展之路"、越南提出的"两廊一圈"、英国提出的"英格兰北方经济中心"、波兰提出的"琥珀之路"等。中国同老挝、柬埔寨、缅甸、匈牙利等国的规划对接工作也全面展开。中国同 40 多个国家和国际组织签署了合作协议，同 30 多个国家开展机制化产能合作。本次论坛期间，我们还将签署一批对接合作协议和行动计划，同 60 多个国家和国际组织共同发出推进"一带一路"贸易畅通合作倡议。各方通过政策对接，实现了"一加一大于二"的效果。

——这是设施联通不断加强的 4 年。"道路通，百业兴。"我们和相关国家一道共同加速推进雅万高铁、中老铁路、亚吉铁路、匈塞铁路等项目，建设瓜达尔港、比雷埃夫斯港等港口，规划实施一大批互联互通项目。目前，以中巴、中蒙俄、新亚欧大陆桥等经济走廊为引领，以陆海空通道和信息高速路为骨架，以铁路、港口、管网等重大工程为依托，一个复合型的基础设施网络正在形成。

——这是贸易畅通不断提升的 4 年。中国同"一带一路"参与国大力推动贸易和投资便利化，不断改善营商环境。我了解到，仅哈萨克斯坦等中亚国家农产品到达中国市场的通关时间就缩短了 90%。2014 年至 2016 年，中国同"一带一路"沿线国家贸易总额超过 3 万亿美元。中国对"一带一路"沿线国家投资累计超过 500 亿美元。

中国企业已经在 20 多个国家建设 56 个经贸合作区，为有关国家创造近 11 亿美元税收和 18 万个就业岗位。

——这是资金融通不断扩大的 4 年。融资瓶颈是实现互联互通的突出挑战。中国同"一带一路"建设参与国和组织开展了多种形式的金融合作。亚洲基础设施投资银行已经为"一带一路"建设参与国的 9 个项目提供 17 亿美元贷款，"丝路基金"投资达 40 亿美元，中国同中东欧"16 + 1"金融控股公司正式成立。这些新型金融机制同世界银行等传统多边金融机构各有侧重、互为补充，形成层次清晰、初具规模的"一带一路"金融合作网络。

——这是民心相通不断促进的 4 年。"国之交在于民相亲，民相亲在于心相通。""一带一路"建设参与国弘扬丝绸之路精神，开展智力丝绸之路、健康丝绸之路等建设，在科学、教育、文化、卫生、民间交往等各领域广泛开展合作，为"一带一路"建设夯实民意基础，筑牢社会根基。中国政府每年向相关国家提供 1 万个政府奖学金名额，地方政府也设立了丝绸之路专项奖学金，鼓励国际文教交流。各类丝绸之路文化年、旅游年、艺术节、影视桥、研讨会、智库对话等人文合作项目百花纷呈，人们往来频繁，在交流中拉近了心与心的距离。

丰硕的成果表明，"一带一路"倡议顺应时代潮流，适应发展规律，符合各国人民利益，具有广阔前景。

女士们、先生们、朋友们！

中国人说，"万事开头难"。"一带一路"建设已经迈出坚实步伐。我们要乘势而上、顺势而为，推动"一带一路"建设行稳致远，迈向更加美好的未来。这里，我谈几点意见。

第一，我们要将"一带一路"建成和平之路。古丝绸之路，和时兴，战时衰。"一带一路"建设离不开和平安宁的环境。我们要构建以合作共赢为核心的新型国际关系，打造对话不对抗、结伴不结盟的伙伴关系。各国应该尊重彼此主权、尊严、领土完整，尊重彼此发展道路和社会制度，尊重彼此核心利益和重大关切。

古丝绸之路沿线地区曾经是"流淌着牛奶与蜂蜜的地方"，如今很多地方却成了冲突动荡和危机挑战的代名词。这种状况不能再持续下去。我们要树立共同、综合、合作、可持续的安全观，营造共建共享的安全格局。要着力化解热点，坚持政治解决；要着力斡旋调解，坚持公道正义；要着力推进反恐，标本兼治，消除贫困落后和社会不公。

第二，我们要将"一带一路"建成繁荣之路。发展是解决一切问题的总钥匙。推进"一带一路"建设，要聚焦发展这个根本性问题，释放各国发展潜力，实现经济大融合、发展大联动、成果大共享。

产业是经济之本。我们要深入开展产业合作，推动各国产业发展规划相互兼容、相互促进，抓好大项目建设，加强国际产能和装备制造合作，抓住新工业革命的发展新机遇，培育新业态，保持经济增长活力。

金融是现代经济的血液。血脉通，增长才有力。我们要建立稳定、可持续、风险可控的金融保障体系，创新投资和融资模式，推广政府和社会资本合作，建设多元化融资体系和多层次资本市场，发展普惠金融，完善金融服务网络。

设施联通是合作发展的基础。我们要着力推动陆上、海上、天上、网上四位一体的联通，聚焦关键通道、关键城市、关键项目，联结陆上公路、铁路道路网络和海上港口网络。我们已经确立"一带一路"建设六大经济走廊框架，要扎扎实实向前推进。要抓住新一轮能源结构调整和能源技术变革趋势，建设全球能源互联网，实现绿色低碳发展。要完善跨区域物流网建设。我们也要促进政策、规则、标准三位一体的联通，为互联互通提供机制保障。

第三，我们要将"一带一路"建成开放之路。开放带来进步，封闭导致落后。对一个国家而言，开放如同破茧成蝶，虽会经历一时阵痛，但将换来新生。"一带一路"建设要以开放为导向，解决经济增长和平衡问题。

我们要打造开放型合作平台，维护和发展开放型世界经济，共同创造有利于开放发展的环境，推动构建公正、合理、透明的国际经贸投资规则体系，促进生产要素有序流动、资源高效配置、市场深度融合。我们欢迎各国结合自身国情，积极发展开放型经济，参与全球治理和公共产品供给，携手构建广泛的利益共同体。

贸易是经济增长的重要引擎。我们要有"向外看"的胸怀，维护多边贸易体制，推动自由贸易区建设，促进贸易和投资自由化便利化。当然，我们也要着力解决发展失衡、治理困境、数字鸿沟、分配差距等问题，建设开放、包容、普惠、平衡、共赢的经济全球化。

第四，我们要将"一带一路"建成创新之路。创新是推动发展的重要力量。"一带一路"建设本身就是一个创举，搞好"一带一路"建设也要向创新要动力。

我们要坚持创新驱动发展，加强在数字经济、人工智能、纳米技术、量子计算机等前沿领域合作，推动大数据、云计算、智慧城市建设，连接成21世纪的数字丝绸之路。我们要促进科技同产业、科技同金融深度融合，优化创新环境，集聚创新资源。我们要为互联网时代的各国青年打造创业空间、创业工场，成就未来一代的青春梦想。

我们要践行绿色发展的新理念，倡导绿色、低碳、循环、可持续的生产生活方式，加强生态环保合作，建设生态文明，共同实现2030年可持续发展目标。

第五，我们要将"一带一路"建成文明之路。"一带一路"建设要以文明交流超越文明隔阂、文明互鉴超越文明冲突、文明共存超越文明优越，推动各国相互理解、相互尊重、相互信任。

我们要建立多层次人文合作机制，搭建更多合作平台，开辟更多合作渠道。要推动教育合作，扩大互派留学生规模，提升合作办学水平。要发挥智库作用，建设好智库联盟和合作网络。在文化、体育、卫生领域，要创新合作模式，推动务实项目。要用好历史文化遗产，联合打造具有丝绸之路特色的旅游产品和遗产保护。我们要加强各国议会、政党、民间组织往来，密切妇女、青年、残疾人等群体交流，促进包容发展。我们也要加强国际反腐合作，让"一带一路"成为廉洁之路。

女士们、先生们、朋友们！

当前，中国发展正站在新的起点上。我们将深入贯彻创新、协调、绿色、开放、共享的发展理念，不断适应、把握、引领经济发展新常态，积极推进供给侧结构性改革，实现持续发展，为"一带一路"注入强大动力，为世界发展带来新的机遇。

——中国愿在和平共处五项原则基础上，发展同所有"一带一路"建设参与国的友好合作。中国愿同世界各国分享发展经验，但不会干涉他国内政，不会输出社会制度和发展模式，更不会强加于人。我们推进"一带一路"建设不会重复地缘博弈的老套路，而将开创合作共赢的新模式；不会形成破坏稳定的小集团，而将建设和谐共存的大家庭。

——中国已经同很多国家达成了"一带一路"务实合作协议，其中既包括交通运输、基础设施、能源等硬件联通项目，也包括通信、海关、检验检疫等软件联通项目，还包括经贸、产业、电子商务、海洋和绿色经济等多领域的合作规划和具体项目。中国同有关国家的铁路部门将签署深化中欧班列合作协议。我们将推动这些合作项目早日启动、早见成效。

——中国将加大对"一带一路"建设资金支持，向丝路基金新增资金1000亿元人民币，鼓励金融机构开展人民币海外基金业务，规模预计约3000亿元人民币。中国国家开发银行、进出口银行将分别提供 2500 亿元和 1300 亿元等值人民币专项贷款，用于支持"一带一路"基础设施建设、产能、金融合作。我们还将同亚洲基础设施投资银行、金砖国家新开发银行、世界银行及其他多边开发机构合作支持"一带一路"项目，同有关各方共同制定"一带一路"融资指导原则。

——中国将积极同"一带一路"建设参与国发展互利共赢的经贸伙伴关系，促进同各相关国家贸易和投资便利化，建设"一带一路"自由贸易网络，助力地区和世界经济增长。本届论坛期间，中国将同 30 多个国家签署经贸合作协议，同有关国家协商自由贸易协定。中国将从 2018 年起举办中国国际进口博览会。

——中国愿同各国加强创新合作，启动"一带一路"科技创新行动计划，开展科技人文交流、共建联合实验室、科技园区合作、技术转移 4 项行动。我们将在未来 5 年内安排 2500 人次青年科学家来华从事短期科研工作，培训 5000 人次科学技术和管理人员，投入运行 50 家联合实验室。我们将设立生态环保大数据服务平台，倡议建立"一带一路"绿色发展国际联盟，并为相关国家应对气候变化提供援助。

——中国将在未来 3 年向参与"一带一路"建设的发展中国家和国际组织提供 600 亿元人民币援助，建设更多民生项目。我们将向"一带一路"沿线发展中国家提供 20 亿元人民币紧急粮食援助，向南南合作援助基金增资 10 亿美元，在沿线国家实施 100 个"幸福家园"、100 个"爱心助困"、100 个"康复助医"等项目。我们将向有关国际组织提供 10 亿美元落实一批惠及沿线国家的合作项目。

——中国将设立"一带一路"国际合作高峰论坛后续联络机制，成立"一带一路"财经发展研究中心、"一带一路"建设促进中心，同多边开发银行共同设立多边开发融资合作中心，同国际货币基金组织合作建立能力建设中心。我们将建设丝绸之路沿线民间组织合作网络，打造新闻合作联盟、音乐教育联盟以及其他人文合作新平台。

"一带一路"建设植根于丝绸之路的历史土壤，重点面向亚欧非大陆，同时向所有朋友开放。不论来自亚洲、欧洲，还是非洲、美洲，都是"一带一路"建设国际合作的伙伴。"一带一路"建设将由大家共同商量，"一带一路"建设成果将由大家共同分享。

女士们、先生们、朋友们！

中国古语讲："不积跬步，无以至千里。"阿拉伯谚语说，"金字塔是一块块石头垒成的"。欧洲也有句话："伟业非一日之功"。"一带一路"建设是伟大的事业，需要伟大的实践。让我们一步一个脚印推进实施，一点一滴抓出成果，造福世界，造福人民！

祝本次高峰论坛圆满成功！

谢谢大家。

# 中华人民共和国国民经济和社会发展
# 第十三个五年规划纲要（节选）

## （2016 年 3 月 17 日）

# 第十一篇 构建全方位开放新格局

以"一带一路"建设为统领，丰富对外开放内涵，提高对外开放水平，协同推进战略互信、投资经贸合作、人文交流，努力形成深度融合的互利合作格局，开创对外开放新局面。

## 第四十九章 完善对外开放战略布局

全面推进双向开放，促进国内国际要素有序流动、资源高效配置、市场深度融合，加快培育国际竞争新优势。

### 第一节 完善对外开放区域布局

加强内陆沿边地区口岸和基础设施建设，开辟跨境多式联运交通走廊。发展外向型产业集群，形成各有侧重的对外开放基地。加快海关特殊监管区域整合优化升级，提高边境经济合作区、跨境经济合作区发展水平。提升经济技术开发区的对外合作水平。以内陆中心城市和城市群为依托，建设内陆开放战略支撑带。支持沿海地区全面参与全球经济合作和竞争，发挥环渤海、长三角、珠三角地区的对外开放门户作用，率先对接国际高标准投资和贸易规则体系，培育具有全球竞争力的经济区。支持宁夏等内陆开放型经济试验区建设。支持中新（重庆）战略性互联互通示范项目。推进双边国际合作产业园建设。探索建立舟山自由贸易港区。

### 第二节　深入推进国际产能和装备制造合作

以钢铁、有色、建材、铁路、电力、化工、轻纺、汽车、通信、工程机械、航空航天、船舶和海洋工程等行业为重点，采用境外投资、工程承包、技术合作、装备出口等方式，开展国际产能和装备制造合作，推动装备、技术、标准、服务走出去。建立产能合作项目库，推动重大示范项目建设。引导企业集群式走出去，因地制宜建设境外产业集聚区。加快拓展多双边产能合作机制，积极与发达国家合作共同开拓第三方市场。建立企业、金融机构、地方政府、商协会等共同参与的统筹协调和对接机制。完善财税、金融、保险、投融资平台、风险评估等服务支撑体系。

### 第三节　加快对外贸易优化升级

实施优进优出战略，推动外贸向优质优价、优进优出转变，加快建设贸易强国。促进货物贸易和服务贸易融合发展，大力发展生产性服务贸易，服务贸易占对外贸易比重达到16%以上。巩固提升传统出口优势，促进加工贸易创新发展。优化对外贸易布局，推动出口市场多元化，提高新兴市场比重，巩固传统市场份额。鼓励发展新型贸易方式。发展出口信用保险。积极扩大进口，优化进口结构，更多进口先进技术装备和优质消费品。积极应对国外技术性贸易措施，强化贸易摩擦预警，化解贸易摩擦和争端。

### 第四节　提升利用外资和对外投资水平

扩大开放领域，放宽准入限制，积极有效引进境外资金和先进技术，提升利用外资综合质量。放开育幼、建筑设计、会计审计等服务领域外资准入限制，扩大银行、保险、证券、养老等市场准入。鼓励外资更多投向先进制造、高新技术、节能环保、现代服务业等领域和中西部及东北地区，支持设立研发中心。鼓励金融机构和企业在境外融资。支持企业扩大对外投资，深度融入全球产业链、价值链、物流链。建设一批大宗商品境外生产基地及合作园区。积极搭建对外投资金融和信息服务平台。

## 第五十章　健全对外开放新体制

完善法治化、国际化、便利化的营商环境，健全有利于合作共赢、同国际投资贸易规则相适应的体制机制。

## 第一节　营造优良营商环境

营造公平竞争的市场环境、高效廉洁的政务环境、公正透明的法律政策环境和开放包容的人文环境。统一内外资法律法规，制定外资基础性法律，保护外资企业合法权益。提高自由贸易试验区建设质量，深化在服务业开放、金融开放和创新、投资贸易便利化、事中事后监管等方面的先行先试，在更大范围推广复制成功经验。对外资全面实行准入前国民待遇加负面清单管理制度。完善外商投资国家安全审查制度。创新外资监管服务方式。建立便利跨境电子商务等新型贸易方式的体制，全面推进国际贸易单一窗口、一站式作业、一体化通关和政府信息共享共用、口岸风险联防联控。健全服务贸易促进体系，发挥贸易投资促进机构、行业协会商会等的作用。加强知识产权保护和反垄断执法，深化执法国际合作。

## 第二节　完善境外投资管理体制

完善境外投资发展规划和重点领域、区域、国别规划体系。健全备案为主、核准为辅的对外投资管理体制，健全对外投资促进政策和服务体系，提高便利化水平。推动个人境外投资，健全合格境内个人投资者制度。建立国有资本、国有企业境外投资审计制度，健全境外经营业绩考核和责任追究制度。

## 第三节　扩大金融业双向开放

有序实现人民币资本项目可兑换，提高可兑换、可自由使用程度，稳步推进人民币国际化，推进人民币资本走出去。逐步建立外汇管理负面清单制度。放宽境外投资汇兑限制，改进企业和个人外汇管理。放宽跨国公司资金境外运作限制，逐步提高境外放款比例。支持保险业走出去，拓展保险资金境外投资范围。统一内外资企业及金融机构外债管理，稳步推进企业外债登记制管理改革，健全本外币全口径外债和资本流动审慎管理框架体系。加强国际收支监测。推进资本市场双向开放，提高股票、债券市场对外开放程度，放宽境内机构境外发行债券，以及境外机构境内发行、投资和交易人民币债券。提高金融机构国际化水平，加强海外网点布局，完善全球服务网络，提高国内金融市场对境外机构开放水平。

### 第四节　强化对外开放服务保障

推动同更多国家签署高标准双边投资协定、司法协助协定、税收协定，争取同更多国家互免或简化签证手续。构建高效有力的海外利益保护体系，维护我国公民和法人海外合法权益。健全反走私综合治理机制，完善反洗钱、反恐怖融资、反逃税监管措施，完善风险防范体制机制。提高海外安全保障能力和水平，完善领事保护制度，提供风险预警、投资促进、权益保障等便利服务。强化涉外法律服务，建立知识产权跨境维权援助机制。

## 第五十一章　推进"一带一路"建设

秉持亲诚惠容，坚持共商共建共享原则，开展与有关国家和地区多领域互利共赢的务实合作，打造陆海内外联动、东西双向开放的全面开放新格局。

### 第一节　健全"一带一路"合作机制

围绕政策沟通、设施联通、贸易畅通、资金融通、民心相通，健全"一带一路"双边和多边合作机制。推动与沿线国家发展规划、技术标准体系对接，推进沿线国家间的运输便利化安排，开展沿线大通关合作。建立以企业为主体、以项目为基础、各类基金引导、企业和机构参与的多元化融资模式。加强同国际组织和金融组织机构合作，积极推进亚洲基础设施投资银行、金砖国家新开发银行建设，发挥丝路基金作用，吸引国际资金共建开放多元共赢的金融合作平台。充分发挥广大海外侨胞和归侨侨眷的桥梁纽带作用。

### 第二节　畅通"一带一路"经济走廊

推动中蒙俄、中国—中亚—西亚、中国—中南半岛、新亚欧大陆桥、中巴、孟中印缅等国际经济合作走廊建设，推进与周边国家基础设施互联互通，共同构建连接亚洲各次区域以及亚欧非之间的基础设施网络。加强能源资源和产业链合作，提高就地加工转化率。支持中欧等国际集装箱运输和邮政班列发展。建设上合组织国际物流园和中哈物流合作基地。积极推进"21世纪海上丝绸之路"战略支点建设，参与沿线重要港口建设与经营，推动共建临港产业集聚区，畅通海上贸易通道。推进公铁水及航空多式联运，构建国际物流大通道，加强重要通道、口岸基础设施建设。建设新疆丝绸之路经济带核心区、福建"21 世纪海上丝绸之路"核心区。打造具有国际航运影响力的海上丝绸之路指数。

### 第三节　共创开放包容的人文交流新局面

办好"一带一路"国际高峰论坛，发挥丝绸之路（敦煌）国际文化博览会等作用。广泛开展教育、科技、文化、体育、旅游、环保、卫生及中医药等领域合作。构建官民并举、多方参与的人文交流机制，互办文化年、艺术节、电影节、博览会等活动，鼓励丰富多样的民间文化交流，发挥妈祖文化等民间文化的积极作用。联合开发特色旅游产品，提高旅游便利化。加强卫生防疫领域交流合作，提高合作处理突发公共卫生事件能力。推动建立智库联盟。

## 第五十二章　积极参与全球经济治理

推动国际经济治理体系改革完善，积极引导全球经济议程，维护和加强多边贸易体制，促进国际经济秩序朝着平等公正、合作共赢的方向发展，共同应对全球性挑战。

### 第一节　维护多边贸易体制主渠道地位

坚持互利共赢原则，促进全球贸易投资的自由化和便利化，坚定反对各种形式的贸易保护主义。维护世界贸易组织在全球贸易投资中的主渠道地位，推动多边贸易谈判进程，促进多边贸易体制均衡、共赢、包容发展，形成公正、合理、透明的国际经贸规则体系。

### 第二节　强化区域和双边自由贸易体制建设

加快实施自由贸易区战略，逐步构筑高标准自由贸易区网络。积极同"一带一路"沿线国家和地区商建自由贸易区，加快区域全面经济伙伴关系协定、中国—海合会、中日韩自贸区等谈判，推动与以色列、加拿大、欧亚经济联盟和欧盟等建立自贸关系以及亚太自贸区相关工作。全面落实中韩、中澳等自由贸易协定和中国—东盟自贸区升级议定书。继续推进中美、中欧投资协定谈判。

### 第三节　推动完善国际经济治理体系

积极参与全球经济治理机制合作，支持主要全球治理平台和区域合作平台更好发挥作用，推动全球治理体制更加公平合理。支持发展中国家平等参与全球经济治理，促进国际货币体系和国际金融监管改革。加强宏观经济政策国际协调，促进全球经济平衡、金融安全、稳定增长。积极参与网络、深海、极地、空天等领域国际规则制定。积极参与国际标准制定。办好二十国集团杭州峰会。

## 第五十三章　积极承担国际责任和义务

扩大对外援助规模，完善对外援助方式，为发展中国家提供更多免费的人力资源、发展规划、经济政策等方面咨询培训，扩大科技教育、医疗卫生、防灾减灾、环境治理、野生动植物保护、减贫等领域对外合作和援助，加大人道主义援助力度。积极落实 2030 年可持续发展议程。推动形成多元化开发性融资格局。维护国际公共安全，反对一切形式的恐怖主义，积极支持并参与联合国维和行动，加强防扩散国际合作，参与管控热点敏感问题，共同维护国际通道安全。加强多边和双边协调，参与国际网络空间治理，维护全球网络安全。推动反腐败国际合作。

# 推动共建丝绸之路经济带和
# 21 世纪海上丝绸之路的愿景与行动

国家发展改革委 外交部 商务部

（经国务院授权发布）

2015 年 3 月

## 目　录

## 前　言

　　2000 多年前，亚欧大陆上勤劳勇敢的人民，探索出多条连接亚欧非几大文明的贸易和人文交流通路，后人将其统称为"丝绸之路"。千百年来，"和平合作、开放包容、互学互鉴、互利共赢"的丝绸之路精神薪火相传，推进了人类文明进步，是促进沿线各国繁荣发展的重要纽带，是东西方交流合作的象征，是世界各国共有的历史文化遗产。

　　进入 21 世纪，在以和平、发展、合作、共赢为主题的新时代，面对复苏乏力的全球经济形势，纷繁复杂的国际和地区局面，传承和弘扬丝绸之路精神更显重要和珍贵。

2013 年 9 月和 10 月，中国国家主席习近平在出访中亚和东南亚国家期间，先后提出共建"丝绸之路经济带"和"21 世纪海上丝绸之路"（以下简称"一带一路"）的重大倡议，得到国际社会高度关注。中国国务院总理李克强参加 2013 年中国—东盟博览会时强调，铺就面向东盟的海上丝绸之路，打造带动腹地发展的战略支点。加快"一带一路"建设，有利于促进沿线各国经济繁荣与区域经济合作，加强不同文明交流互鉴，促进世界和平发展，是一项造福世界各国人民的伟大事业。

"一带一路"建设是一项系统工程，要坚持共商、共建、共享原则，积极推进沿线国家发展战略的相互对接。为推进实施"一带一路"重大倡议，让古丝绸之路焕发新的生机活力，以新的形式使亚欧非各国联系更加紧密，互利合作迈向新的历史高度，中国政府特制定并发布《推动共建丝绸之路经济带和 21 世纪海上丝绸之路的愿景与行动》。

# 一、时代背景

当今世界正发生复杂深刻的变化，国际金融危机深层次影响继续显现，世界经济缓慢复苏、发展分化，国际投资贸易格局和多边投资贸易规则酝酿深刻调整，各国面临的发展问题依然严峻。共建"一带一路"顺应世界多极化、经济全球化、文化多样化、社会信息化的潮流，秉持开放的区域合作精神，致力于维护全球自由贸易体系和开放型世界经济。共建"一带一路"旨在促进经济要素有序自由流动、资源高效配置和市场深度融合，推动沿线各国实现经济政策协调，开展更大范围、更高水平、更深层次的区域合作，共同打造开放、包容、均衡、普惠的区域经济合作架构。共建"一带一路"符合国际社会的根本利益，彰显人类社会共同理想和美好追求，是国际合作以及全球治理新模式的积极探索，将为世界和平发展增添新的正能量。

共建"一带一路"致力于亚欧非大陆及附近海洋的互联互通，建立和加强沿线各国互联互通伙伴关系，构建全方位、多层次、复合型的互联互通网络，实现沿线各国多元、自主、平衡、可持续的发展。"一带一路"的互联互通项目将推动沿线各国发展战略的对接与耦合，发掘区域内市场的潜力，促进投资和消费，创造需求和就业，增进沿线各国人民的人文交流与文明互鉴，让各国人民相逢相知、互信互敬，共享和谐、安宁、富裕的生活。

当前，中国经济和世界经济高度关联。中国将一以贯之地坚持对外开放的基本国策，构建全方位开放新格局，深度融入世界经济体系。推进"一带一路"建设既是中国扩大和深化对外开放的需要，也是加强和亚欧非及世界各国互利合作的需要，中国愿意在力所能及的范围内承担更多责任义务，为人类和平发展作出更大的贡献。

## 二、共建原则

恪守联合国宪章的宗旨和原则。遵守和平共处五项原则，即尊重各国主权和领土完整、互不侵犯、互不干涉内政、和平共处、平等互利。

坚持开放合作。"一带一路"相关的国家基于但不限于古代丝绸之路的范围，各国和国际、地区组织均可参与，让共建成果惠及更广泛的区域。

坚持和谐包容。倡导文明宽容，尊重各国发展道路和模式的选择，加强不同文明之间的对话，求同存异、兼容并蓄、和平共处、共生共荣。

坚持市场运作。遵循市场规律和国际通行规则，充分发挥市场在资源配置中的决定性作用和各类企业的主体作用，同时发挥好政府的作用。

坚持互利共赢。兼顾各方利益和关切，寻求利益契合点和合作最大公约数，体现各方智慧和创意，各施所长，各尽所能，把各方优势和潜力充分发挥出来。

## 三、框架思路

"一带一路"是促进共同发展、实现共同繁荣的合作共赢之路，是增进理解信任、加强全方位交流的和平友谊之路。中国政府倡议，秉持和平合作、开放包容、互学互鉴、互利共赢的理念，全方位推进务实合作，打造政治互信、经济融合、文化包容的利益共同体、命运共同体和责任共同体。

"一带一路"贯穿亚欧非大陆，一头是活跃的东亚经济圈，一头是发达的欧洲经济圈，中间广大腹地国家经济发展潜力巨大。丝绸之路经济带重点畅通中国经中亚、俄罗斯至欧洲（波罗的海）；中国经中亚、西亚至波斯湾、地中海；中国至东南亚、南亚、印度洋。21世纪海上丝绸之路重点方向是从中国沿海港口过南海到印度洋，延伸至欧洲；从中国沿海港口过南海到南太平洋。

根据"一带一路"走向，陆上依托国际大通道，以沿线中心城市为支撑，以重点经贸产业园区为合作平台，共同打造新亚欧大陆桥、中蒙俄、中国—中亚—西亚、中国—中南半岛等国际经济合作走廊；海上以重点港口为节点，共同建设通畅安全高效的运输大通道。中巴、孟中印缅两个经济走廊与推进"一带一路"建设关联紧密，要进一步推动合作，取得更大进展。

"一带一路"建设是沿线各国开放合作的宏大经济愿景，需各国携手努力，朝着互利互惠、共同安全的目标相向而行。努力实现区域基础设施更加完善，安全高效的陆海空通道网络基本形成，互联互通达到新水平；投资贸易便利化水平进一步提升，高标准自由贸易区网络基本形成，经济联系更加紧密，政治互信更加深入；人文交流更加广泛深入，不同文明互鉴共荣，各国人民相知相交、和平友好。

## 四、合作重点

沿线各国资源禀赋各异，经济互补性较强，彼此合作潜力和空间很大。以政策沟通、设施联通、贸易畅通、资金融通、民心相通为主要内容，重点在以下方面加强合作。

政策沟通。加强政策沟通是"一带一路"建设的重要保障。加强政府间合作，积极构建多层次政府间宏观政策沟通交流机制，深化利益融合，促进政治互信，达成合作新共识。沿线各国可以就经济发展战略和对策进行充分交流对接，共同制定推进区域合作的规划和措施，协商解决合作中的问题，共同为务实合作及大型项目实施提供政策支持。

设施联通。基础设施互联互通是"一带一路"建设的优先领域。在尊重相关国家主权和安全关切的基础上，沿线国家宜加强基础设施建设规划、技术标准体系的对接，共同推进国际骨干通道建设，逐步形成连接亚洲各次区域以及亚欧非之间的基础设施网络。强化基础设施绿色低碳化建设和运营管理，在建设中充分考虑气候变化影响。

抓住交通基础设施的关键通道、关键节点和重点工程，优先打通缺失路段，畅通瓶颈路段，配套完善道路安全防护设施和交通管理设施设备，提升道路通达水平。推进建立统一的全程运输协调机制，促进国际通关、换装、多式联运有机衔接，逐步形成兼容规范的运输规则，实现国际运输便利化。推动口岸基础设施建设，畅通陆水联运通道，推进港口合作建设，增加海上航线和班次，加强海上物流信息化合作。拓展建立民航全面合作的平台和机制，加快提升航空基础设施水平。

加强能源基础设施互联互通合作，共同维护输油、输气管道等运输通道安全，推进跨境电力与输电通道建设，积极开展区域电网升级改造合作。

共同推进跨境光缆等通信干线网络建设，提高国际通信互联互通水平，畅通信息丝绸之路。加快推进双边跨境光缆等建设，规划建设洲际海底光缆项目，完善空中（卫星）信息通道，扩大信息交流与合作。

贸易畅通。投资贸易合作是"一带一路"建设的重点内容。宜着力研究解决投资贸易便利化问题，消除投资和贸易壁垒，构建区域内和各国良好的营商环境，积极同沿线国家和地区共同商建自由贸易区，激发释放合作潜力，做大做好合作"蛋糕"。

沿线国家宜加强信息互换、监管互认、执法互助的海关合作，以及检验检疫、认证认可、标准计量、统计信息等方面的双多边合作，推动世界贸易组织《贸易便利化协定》生效和实施。改善边境口岸通关设施条件，加快边境口岸"单一窗口"建设，降低通关成本，提升通关能力。加强供应链安全与便利化合作，推进跨境监管程序协调，推动检验检疫证书国际互联网核查，开展"经认证的经营者"（AEO）互认。降低非关税壁垒，共同提高技术性贸易措施透明度，提高贸易自由化便利化水平。

拓宽贸易领域，优化贸易结构，挖掘贸易新增长点，促进贸易平衡。创新贸易方式，发展跨境电子商务等新的商业业态。建立健全服务贸易促进体系，巩固和扩大传统贸易，大力发展现代服务贸易。把投资和贸易有机结合起来，以投资带动贸易发展。

加快投资便利化进程，消除投资壁垒。加强双边投资保护协定、避免双重征税协定磋商，保护投资者的合法权益。

拓展相互投资领域，开展农林牧渔业、农机及农产品生产加工等领域深度合作，积极推进海水养殖、远洋渔业、水产品加工、海水淡化、海洋生物制药、海洋工程技术、环保产业和海上旅游等领域合作。加大煤炭、油气、金属矿产等传统能源资源勘探开发合作，积极推动水电、核电、风电、太阳能等清洁、可再生能源合作，推进能源资源就地就近加工转化合作，形成能源资源合作上下游一体化产业链。加强能源资源深加工技术、装备与工程服务合作。

推动新兴产业合作，按照优势互补、互利共赢的原则，促进沿线国家加强在新一代信息技术、生物、新能源、新材料等新兴产业领域的深入合作，推动建立创业投资合作机制。

优化产业链分工布局，推动上下游产业链和关联产业协同发展，鼓励建立研发、生产和营销体系，提升区域产业配套能力和综合竞争力。扩大服务业相互开放，推动区域服务业加快发展。探索投资合作新模式，鼓励合作建设境外经贸合作区、跨境经济合作区等各类产业园区，促进产业集群发展。在投资贸易中突出生态文明理念，加强生态环境、生物多样性和应对气候变化合作，共建绿色丝绸之路。

中国欢迎各国企业来华投资。鼓励本国企业参与沿线国家基础设施建设和产业投资。促进企业按属地化原则经营管理，积极帮助当地发展经济、增加就业、改善民生，主动承担社会责任，严格保护生物多样性和生态环境。

资金融通。资金融通是"一带一路"建设的重要支撑。深化金融合作，推进亚洲货币稳定体系、投融资体系和信用体系建设。扩大沿线国家双边本币互换、结算的范围和规模。推动亚洲债券市场的开放和发展。共同推进亚洲基础设施投资银行、金砖国家开发银行筹建，有关各方就建立上海合作组织融资机构开展磋商。加快丝路基金组建运营。深化中国—东盟银行联合体、上合组织银行联合体务实合作，以银团贷款、银行授信等方式开展多边金融合作。支持沿线国家政府和信用等级较高的企业以及金融机构在中国境内发行人民币债券。符合条件的中国境内金融机构和企业可以在境外发行人民币债券和外币债券，鼓励在沿线国家使用所筹资金。

加强金融监管合作，推动签署双边监管合作谅解备忘录，逐步在区域内建立高效监管协调机制。完善风险应对和危机处置制度安排，构建区域性金融风险预警系统，形成应对跨境风险和危机处置的交流合作机制。加强征信管理部门、征信机构和评级机构之间的跨境交流与合作。充分发挥丝路基金以及各国主权基金作用，引导商业性股权投资基金和社会资金共同参与"一带一路"重点项目建设。

民心相通。民心相通是"一带一路"建设的社会根基。传承和弘扬丝绸之路友好合作精神，广泛开展文化交流、学术往来、人才交流合作、媒体合作、青年和妇女交往、志愿者服务等，为深化双多边合作奠定坚实的民意基础。

扩大相互间留学生规模，开展合作办学，中国每年向沿线国家提供1万个政府奖学金名额。沿线国家间互办文化年、艺术节、电影节、电视周和图书展等活动，合作开展广播影视剧精品创作及翻译，联合申请世界文化遗产，共同开展世界遗产的联合保护工作。深化沿线国家间人才交流合作。

加强旅游合作，扩大旅游规模，互办旅游推广周、宣传月等活动，联合打造具有丝绸之路特色的国际精品旅游线路和旅游产品，提高沿线各国游客签证便利化水平。

推动 21 世纪海上丝绸之路邮轮旅游合作。积极开展体育交流活动，支持沿线国家申办重大国际体育赛事。

强化与周边国家在传染病疫情信息沟通、防治技术交流、专业人才培养等方面的合作，提高合作处理突发公共卫生事件的能力。为有关国家提供医疗援助和应急医疗救助，在妇幼健康、残疾人康复以及艾滋病、结核、疟疾等主要传染病领域开展务实合作，扩大在传统医药领域的合作。

加强科技合作，共建联合实验室（研究中心）、国际技术转移中心、海上合作中心，促进科技人员交流，合作开展重大科技攻关，共同提升科技创新能力。

整合现有资源，积极开拓和推进与沿线国家在青年就业、创业培训、职业技能开发、社会保障管理服务、公共行政管理等共同关心领域的务实合作。

充分发挥政党、议会交往的桥梁作用，加强沿线国家之间立法机构、主要党派和政治组织的友好往来。开展城市交流合作，欢迎沿线国家重要城市之间互结友好城市，以人文交流为重点，突出务实合作，形成更多鲜活的合作范例。欢迎沿线国家智库之间开展联合研究、合作举办论坛等。

加强沿线国家民间组织的交流合作，重点面向基层民众，广泛开展教育医疗、减贫开发、生物多样性和生态环保等各类公益慈善活动，促进沿线贫困地区生产生活条件改善。加强文化传媒的国际交流合作，积极利用网络平台，运用新媒体工具，塑造和谐友好的文化生态和舆论环境。

## 五、合作机制

当前，世界经济融合加速发展，区域合作方兴未艾。积极利用现有双多边合作机制，推动"一带一路"建设，促进区域合作蓬勃发展。

加强双边合作，开展多层次、多渠道沟通磋商，推动双边关系全面发展。推动签署合作备忘录或合作规划，建设一批双边合作示范。建立完善双边联合工作机制，研究推进"一带一路"建设的实施方案、行动路线图。充分发挥现有联委会、混委会、协委会、指导委员会、管理委员会等双边机制作用，协调推动合作项目实施。

强化多边合作机制作用，发挥上海合作组织（SCO）、中国—东盟"10＋1"、亚太经合组织（APEC）、亚欧会议（ASEM）、亚洲合作对话（ACD）、亚信会议（CI-CA）、中阿合作论坛、中国—海合会战略对话、大湄公河次区域（GMS）经济合作、中亚区域经济合作（CAREC）等现有多边合作机制作用，相关国家加强沟通，让更多国家和地区参与"一带一路"建设。

继续发挥沿线各国区域、次区域相关国际论坛、展会以及博鳌亚洲论坛、中国—东盟博览会、中国—亚欧博览会、欧亚经济论坛、中国国际投资贸易洽谈会，以及中国—南亚博览会、中国—阿拉伯博览会、中国西部国际博览会、中国—俄罗斯博览会、前海合作论坛等平台的建设性作用。支持沿线国家地方、民间挖掘"一带一路"历史文化遗产，联合举办专项投资、贸易、文化交流活动，办好丝绸之路（敦煌）国际文化博览会、丝绸之路国际电影节和图书展。倡议建立"一带一路"国际高峰论坛。

## 六、中国各地方开放态势

推进"一带一路"建设，中国将充分发挥国内各地区比较优势，实行更加积极主动的开放战略，加强东中西互动合作，全面提升开放型经济水平。

西北、东北地区。发挥新疆独特的区位优势和向西开放重要窗口作用，深化与中亚、南亚、西亚等国家交流合作，形成丝绸之路经济带上重要的交通枢纽、商贸物流和文化科教中心，打造丝绸之路经济带核心区。发挥陕西、甘肃综合经济文化和宁夏、青海民族人文优势，打造西安内陆型改革开放新高地，加快兰州、西宁开发开放，推进宁夏内陆开放型经济试验区建设，形成面向中亚、南亚、西亚国家的通道、商贸物流枢纽、重要产业和人文交流基地。发挥内蒙古联通俄蒙的区位优势，完善黑龙江对俄铁路通道和区域铁路网，以及黑龙江、吉林、辽宁与俄远东地区陆海联运合作，推进构建北京—莫斯科欧亚高速运输走廊，建设向北开放的重要窗口。

西南地区。发挥广西与东盟国家陆海相邻的独特优势，加快北部湾经济区和珠江—西江经济带开放发展，构建面向东盟区域的国际通道，打造西南、中南地区开放发展新的战略支点，形成21世纪海上丝绸之路与丝绸之路经济带有机衔接的重要门户。发挥云南区位优势，推进与周边国家的国际运输通道建设，打造大湄公河次区域经济合作新高地，建设成为面向南亚、东南亚的辐射中心。推进西藏与尼泊尔等国家边境贸易和旅游文化合作。

沿海和港澳台地区。利用长三角、珠三角、海峡西岸、环渤海等经济区开放程度高、经济实力强、辐射带动作用大的优势，加快推进中国（上海）自由贸易试验区建设，支持福建建设21世纪海上丝绸之路核心区。充分发挥深圳前海、广州南沙、珠海横琴、福建平潭等开放合作区作用，深化与港澳台合作，打造粤港澳大湾区。推进浙江海洋经济发展示范区、福建海峡蓝色经济试验区和舟山群岛新区建设，加大海南国际旅游岛开发开放力度。加强上海、天津、宁波—舟山、广州、深圳、湛江、汕头、青岛、烟台、大连、福州、厦门、泉州、海口、三亚等沿海城市港口建设，强化上海、广州等国际枢纽机场功能。以扩大开放倒逼深层次改革，创新开放型经济体制机制，加大科技创新力度，形成参与和引领国际合作竞争新优势，成为"一带一路"特别是 21 世纪海上丝绸之路建设的排头兵和主力军。发挥海外侨胞以及香港、澳门特别行政区独特优势作用，积极参与和助力"一带一路"建设。为台湾地区参与"一带一路"建设作出妥善安排。

内陆地区。利用内陆纵深广阔、人力资源丰富、产业基础较好优势，依托长江中游城市群、成渝城市群、中原城市群、呼包鄂榆城市群、哈长城市群等重点区域，推动区域互动合作和产业集聚发展，打造重庆西部开发开放重要支撑和成都、郑州、武汉、长沙、南昌、合肥等内陆开放型经济高地。加快推动长江中上游地区和俄罗斯伏尔加河沿岸联邦区的合作。建立中欧通道铁路运输、口岸通关协调机制，打造"中欧班列"品牌，建设沟通境内外、连接东中西的运输通道。支持郑州、西安等内陆城市建设航空港、国际陆港，加强内陆口岸与沿海、沿边口岸通关合作，开展跨境贸易电子商务服务试点。优化海关特殊监管区域布局，创新加工贸易模式，深化与沿线国家的产业合作。

# 七、中国积极行动

一年多来，中国政府积极推动"一带一路"建设，加强与沿线国家的沟通磋商，推动与沿线国家的务实合作，实施了一系列政策措施，努力收获早期成果。

高层引领推动。习近平主席、李克强总理等国家领导人先后出访 20 多个国家，出席加强互联互通伙伴关系对话会、中阿合作论坛第六届部长级会议，就双边关系和地区发展问题，多次与有关国家元首和政府首脑进行会晤，深入阐释"一带一路"的深刻内涵和积极意义，就共建"一带一路"达成广泛共识。

签署合作框架。与部分国家签署了共建"一带一路"合作备忘录，与一些毗邻国家签署了地区合作和边境合作的备忘录以及经贸合作中长期发展规划。研究编制与一些毗邻国家的地区合作规划纲要。

推动项目建设。加强与沿线有关国家的沟通磋商，在基础设施互联互通、产业投资、资源开发、经贸合作、金融合作、人文交流、生态保护、海上合作等领域，推进了一批条件成熟的重点合作项目。

完善政策措施。中国政府统筹国内各种资源，强化政策支持。推动亚洲基础设施投资银行筹建，发起设立丝路基金，强化中国—欧亚经济合作基金投资功能。推动银行卡清算机构开展跨境清算业务和支付机构开展跨境支付业务。积极推进投资贸易便利化，推进区域通关一体化改革。

发挥平台作用。各地成功举办了一系列以"一带一路"为主题的国际峰会、论坛、研讨会、博览会，对增进理解、凝聚共识、深化合作发挥了重要作用。

## 八、共创美好未来

共建"一带一路"是中国的倡议，也是中国与沿线国家的共同愿望。站在新的起点上，中国愿与沿线国家一道，以共建"一带一路"为契机，平等协商，兼顾各方利益，反映各方诉求，携手推动更大范围、更高水平、更深层次的大开放、大交流、大融合。"一带一路"建设是开放的、包容的，欢迎世界各国和国际、地区组织积极参与。

共建"一带一路"的途径是以目标协调、政策沟通为主，不刻意追求一致性，可高度灵活，富有弹性，是多元开放的合作进程。中国愿与沿线国家一道，不断充实完善"一带一路"的合作内容和方式，共同制定时间表、路线图，积极对接沿线国家发展和区域合作规划。

中国愿与沿线国家一道，在既有双多边和区域次区域合作机制框架下，通过合作研究、论坛展会、人员培训、交流访问等多种形式，促进沿线国家对共建"一带一路"内涵、目标、任务等方面的进一步理解和认同。

中国愿与沿线国家一道，稳步推进示范项目建设，共同确定一批能够照顾双多边利益的项目，对各方认可、条件成熟的项目抓紧启动实施，争取早日开花结果。

"一带一路"是一条互尊互信之路，一条合作共赢之路，一条文明互鉴之路。只要沿线各国和衷共济、相向而行，就一定能够谱写建设丝绸之路经济带和21世纪海上丝绸之路的新篇章，让沿线各国人民共享"一带一路"共建成果。

# 商务部印发《商务发展第十三个五年规划纲要》

## （商综发〔2016〕224号）

## 商务发展第十三个五年规划纲要

商务发展第十三个五年（2016—2020年）规划纲要，根据《中共中央关于制定国民经济和社会发展第十三个五年规划的建议》和《中华人民共和国国民经济和社会发展第十三个五年规划纲要》编制，主要阐明"十三五"时期我国商务发展的基本理念和战略意图，明确商务发展的奋斗目标、主要任务和重大举措。该规划是市场主体的行为导向，是各级商务主管部门履行职责的重要依据。

### 第一章　商务发展环境

"十二五"时期，面对错综复杂的国际环境和艰巨繁重的国内改革发展稳定任务，在党中央、国务院正确领导下，商务系统广大干部职工顽强拼搏，开拓创新，攻坚克难，砥砺前行，胜利完成了"十二五"规划确定的主要目标和任务，商务发展取得显著成就。"十三五"时期是全面建成小康社会的决胜阶段，商务发展总体上仍处于可以大有作为的重要战略机遇期，也面临诸多矛盾叠加、风险隐患增多的严峻挑战。

#### 第一节　"十二五"时期商务发展成就显著

**国内贸易较快增长，流通现代化加速发展。** 2015年社会消费品零售总额达到30.1万亿元，"十二五"年均增长达13.9%。流通新业态、新模式不断涌现，电子商务尤其是网络零售异军突起，电子商务规模从2011年的6万亿元增至2015年的21.8万亿元，网络零售额从7500亿元猛增到3.88万亿元。

**货物贸易升至世界首位，结构进一步优化。**2015 年进出口总额 3.96 万亿美元，连续三年成为全球第一货物贸易大国，出口占全球市场份额由"十一五"末的 10.4% 上升到 13.8%。中西部地区、民营企业的进出口占比分别比"十一五"末提高了 5.1、12 个百分点，一般贸易出口占比比"十一五"末提高了 7.8 个百分点，装备制造业出口规模不断扩大。

**服务贸易快速发展，水平不断提升。**"十二五"期间，服务贸易年均增长 14.5%，2015 年服务贸易总额 7130 亿美元，全球排名从"十一五"末的第四位上升至第二位。服务外包产业迅猛发展，2015 年我国承接国际服务外包执行金额 646.4 亿美元，"十二五"期间年均增长 34.9%，已成为全球第二大服务外包接包国。

**利用外资总体保持稳定，质量和效益不断提升。**"十二五"期间，实际使用外资金额累计达到 6330.5 亿美元，2015 年利用外资 1355.8 亿美元，连续 24 年位居发展中国家首位。服务业（含房地产）实际利用外资占比达到 63.8%，比"十一五"末提高了 13.5 个百分点，成为利用外资的新增长点。

**对外投资合作步伐加快，投资产业结构不断优化。**"十二五"期间，我国对外直接投资（含金融类）年均增长 13.1%。2015 年对外直接投资达 1275.6 亿美元，位居世界第三位，双向投资接近平衡；对外承包工程完成营业额 1540.7 亿美元，"十二五"期间年均增长 10.8%；全年共派出各类劳务人员 53 万人，比 2010 年增加 11.9 万人。国际产能和装备制造合作加快推进，轨道交通、核电等一批重大境外项目取得积极进展，在境外建设的经贸合作区达 75 个。

**多双边经贸合作取得新成果，全球经济治理话语权和主导权增强。**"十二五"时期，我国推动达成世贸组织"巴厘一揽子"协议和内罗毕部长级会议决定，建成中国—瑞士、中国—冰岛、中国—韩国、中国—澳大利亚自贸区，签署了中国—东盟自贸区升级议定书，区域全面经济伙伴关系协定（RCEP）谈判取得积极进展，启动了中日韩、中国与斯里兰卡、马尔代夫、格鲁吉亚自贸区及中国—巴基斯坦自贸区第二阶段谈判、中国—新加坡自贸区升级谈判。支持二十国集团（G20）进一步成为国际经济合作与协调的主要平台，引导 G20 在经贸领域发挥更大作用。成功举办亚太经合组织（APEC）北京峰会、中非合作论坛约翰内斯堡峰会，推动中美、中欧投资协定谈判。倡导建立了亚洲基础设施投资银行、金砖国家新开发银行。对外援助规模稳步扩大，综合效应不断提升。

| | | | 规划目标 | | 实现情况 | |
|---|---|---|---|---|---|---|
| 指标类别 | 指标名称 | 单位 | 2015年预期值 | 年均增速（累计） | 2015年 | 年均增速（累计） |
| 国内贸易 | 社会消费品零售总额 | 万亿元 | 30.0 | 14% | 30.1 | 13.9% |
| | 批发零售住宿餐饮业增加值 | 万亿元 | 7 | 11% | 7.8 | 12.3% |
| 对外贸易 | 货物贸易 | 亿美元 | 48000 | 10% | 39586.4 | 5.9% |
| | 服务贸易 | 亿美元 | 6000 | 11% | 7130 | 14.5% |
| | 一般贸易出口中高新技术产品比重 | % | 12 | 〔1.6〕 | 12.3 | 〔1.9〕 |
| | 国际服务外包执行金额 | 亿美元 | 850 | 42% | 646.4 | 34.9% |
| 吸收外资 | 实际吸收外商直接投资 | 亿美元 | 〔6000〕 | 2% | 〔6331〕 | 3.4% |
| | 农林牧渔、服务业比重 | % | 30 | 〔5〕 | 43.5 | 〔10.6〕 |
| | 中西部比重 | % | 20 | 〔5〕 | 16.2 | 〔1.2〕 |
| 对外投资合作 | 对外直接投资（含金融类） | 亿美元 | 〔5000〕 | 13% | 1275.6〔5210〕 | 13.1% |
| | 对外承包工程完成营业额 | 亿美元 | 〔5500〕 | 6% | 1540.7〔6536〕 | 10.8% |
| | 对外输出劳务人员 | 万人 | 〔250〕 | — | 53〔258〕 | — |
| | 制造业对外投资比重 | % | 10 | 〔3.2〕 | 11.2 | 〔4.4〕 |

注：

1. 服务业吸收外资不含房地产业；

2. 批发零售住宿餐饮业增加值绝对数按 2010 年价格计算，增长速度按可比价格计算；

3. 〔 〕内数值为五年累计数。

## 第二节 "十三五"时期国内外环境深刻变化

**从国际看**，和平发展仍然是时代主题，合作共赢是大势所趋，相互联系、相互开放、相互依存是大潮流。世界多极化、经济全球化、文化多样化、社会信息化深入发展，新一轮科技革命和产业变革蓄势待发，国际产业分工格局正在深刻演变，全球生产要素流动日益自由，市场融合程度加深，跨境产业链、价值链、供应链加速整合，资源配置效率不断提高，规模经济效应不断增强，各国机遇共享、风险共担、命运与共的利益交融关系更加紧密。

国际金融危机深层次影响在相当长时期依然存在，世界经济在深度调整中曲折复苏，发达经济体复苏乏力，新兴经济体困难和风险明显加大。国际市场需求疲软态势将维持较长一段时期，全球经济贸易增长乏力。跨国投资波动较大，投资流向发生变化，随着智能制造技术发展，一些跨国公司从离岸外包转向近岸外包甚至在岸生产，部分中高端制造业向发达国家回流，替代部分跨境贸易和投资。国际金融市场持续动荡，部分国家货币竞争性贬值，大宗商品价格大幅波动。国际经贸规则体系加速演变并深刻调整，世贸组织多哈回合谈判步履维艰，区域经济合作方兴未艾，发达经济体积极主导制定新的国际贸易投资规则。围绕市场、人才、资源的争夺更趋激烈，贸易投资保护主义加剧。地缘政治关系复杂变化，传统和非传统安全威胁交织，对世界经济产生深刻影响。外部环境中不稳定不确定因素增多，我国发展面临的挑战加大。

**从国内看**，我国进入全面建成小康社会的决胜阶段，经济长期向好基本面没有改变，发展前景依然广阔。经济发展进入新常态，向形态更高级、分工更复杂、结构更合理阶段演化的趋势更加明显。供给侧结构性改革深入推进，为经济发展和结构调整增添新动能。"一带一路"建设全面推进，促进我国与相关国家全方位合作，为我国经济发展创造新空间。随着中等收入群体不断扩大，中高端消费需求快速增长，消费结构升级步伐将持续加快，服务消费比重不断提升，消费分层化、个性化、多样化特征日趋明显，消费市场空间广阔；信息技术创新与应用对流通业发展产生深刻影响，流通升级面临新要求。我国劳动力资源丰富，资金供给充裕，产业体系完备，创新累积效应正在显现，培育国际合作和竞争新优势的基础更加坚实。我国已成为全球第二大经济体、第一货物贸易大国和主要对外投资大国，外汇储备规模世界第一，综合国力和国际地位持续上升，在世界经济中的重要性和影响力显著上升，参与国际事务的能力明显增强，比以往更有条件主动谋划新的对外开放战略布局，更有条件为国内发展营造良好的外部环境。

同时，我国劳动力、土地、资源等要素供求关系趋紧、成本持续攀升，生态环境恶化趋势尚未得到根本扭转，传统比较优势明显弱化，发展不平衡、不协调、不可持续问题仍然突出。经济增速换挡、结构调整、动能转换困难相互交织，面临稳增长、调结构、防风险多重挑战。经济下行压力加大，有效需求乏力和有效供给不足并存，部分行业产能过剩严重，企业效益下滑，转型升级任务艰巨。商务发展一些深层次矛盾没有得到根本性改善，流通效率低、成本高问题仍然突出，消费环境亟待完善，外贸转型升级难度加大，利用外资面临的竞争加剧、制约因素增多，对外投资合作产业结构和市场布局还不尽合理。对外贸易和对外投资互动性不强，东中西区域开放协同性不强，商务发展体制机制难以适应新形势新任务发展需要。迫切需要加快流通现代化步伐，更好地发挥消费对增长的基础作用；迫切需要进一步扩大开放领域，提高对外开放水平，更好地以开放促改革促发展促创新。

综合判断，"十三五"时期，我国商务发展的基础和条件更加坚实，也面临激烈竞争和严峻挑战。我们要准确把握国内条件和国际环境的深刻变化，增强机遇意识、忧患意识和责任意识，强化底线思维，积极适应把握引领经济发展新常态，更加积极有效应对各种风险和挑战，不断开拓商务发展新局面。

## 第二章　指导思想、发展理念和主要目标

### 第一节　指导思想

高举中国特色社会主义伟大旗帜，全面贯彻党的十八大和十八届三中、四中、五中全会精神，以马克思列宁主义、毛泽东思想、邓小平理论、"三个代表"重要思想、科学发展观为指导，深入贯彻习近平总书记系列重要讲话精神，坚持全面建成小康社会、全面深化改革、全面依法治国、全面从严治党的战略布局，牢固树立创新、协调、绿色、开放、共享的发展理念，以提高商务发展质量和效益为中心，统筹国内国际两个大局，坚持使市场在资源配置中起决定性作用和更好发挥政府作用，加大供给侧结构性改革力度，完善商务发展体制机制，提升流通信息化标准化集约化水平，推动消费结构升级，以"一带一路"建设统领对外开放，加快建设贸易强国，推动引进来和走出去更好结合，提高我国在全球经济治理中的制度性话语权，逐步形成创新驱

动引领、市场统一规范、开放水平更高的商务发展新格局，为实现"两个一百年"奋斗目标和中华民族伟大复兴的中国梦作出新的贡献。

### 第二节　践行五大发展理念

**坚持创新发展，增强商务发展动能。**创新是引领发展的第一动力，必须把创新摆在商务发展的核心位置，让创新贯穿商务工作始终。加快传统商业转型升级，以电子商务引领流通变革创新；走创新驱动的外贸发展道路，提高出口产品质量、技术含量和附加值，壮大装备制造业等新的出口主导产业；通过引进来和走出去相结合，加强国际研发合作，充分利用全球创新资源，促进开放式创新。

**坚持协调发展，优化商务发展格局。**协调是可持续发展的内在要求。要紧密结合商务工作连接国内国际两个市场的特点，正确处理商务发展中的重大关系。坚持内外需协调，加快构建内外一体、城乡统筹、竞争有序的大市场。完善对外开放战略布局，加快内陆沿边开放，提升沿海开放水平，促进东中西互动开放，助力城乡区域协调发展。优化国际市场和对外投资产业布局，提高在全球范围内配置要素和资源的能力，全面提升开放型经济的质量和效益。

**坚持绿色发展，提高商务持续发展能力。**绿色是永续发展的必要条件和人民对美好生活追求的重要体现。要坚持节约资源和保护环境的基本国策，努力打造绿色商务。倡导绿色消费方式，鼓励绿色采购和销售，扩大节能环保产品消费，引导绿色产品和服务供给。发展绿色流通，推动流通企业节能减排，打造绿色商品供应链。发展绿色贸易和投资，加强节能环保国际合作，积极参与绿色发展国际规则制定。

**坚持开放发展，着力实现合作共赢。**开放是国家繁荣发展的必由之路。要顺应我国经济深度融入世界经济的趋势，奉行互利共赢的开放战略，丰富对外开放内涵，发展更高层次的开放型经济。全面推进双向开放，促进国内国际要素有序流动、资源高效配置、市场深度融合，加快培育国际经济合作竞争新优势。完善法治化国际化便利化营商环境，健全有利于合作共赢并同国际贸易投资规则相适应的体制机制。积极参与全球经济治理和公共产品供给，构建广泛的利益共同体。

**坚持共享发展，强化商务服务民生的功能。**共享是中国特色社会主义的本质要求。要把共享发展作为商务工作的出发点和落脚点，让人民群众在商务发展中有更多获得感。鼓励批发、零售、餐饮、家政、养老等关系百姓生活、就业容量大的行业发展，稳定劳动**密集型产品出口，充分发挥商务扩大就业功能**。保障生活必需品安全稳定供应，畅通流通体系的"毛细血管"，努力为百姓创造便利、实惠、安全的消费环境。落实精准扶贫、精准脱贫方针，支持贫困地区市场发育，促进特色产业发展，支持开展电子商务及追溯体系扶贫工程，增强贫困地区内生动力和发展活力。

第三节　主要目标

党的十八大和十八届五中全会提出了全面建成小康社会的宏伟目标，如期实现这一目标是"十三五"时期的重大战略任务。商务发展"十三五"规划要与实现这一宏伟目标紧密衔接，把全面建成小康社会目标贯彻落实到商务发展各个领域。

**内贸流通现代化水平显著提升**。现代流通发展加快，流通成本大幅下降，效率明显提高，市场秩序进一步好转，法治化便利化营商环境不断优化，基本形成规则健全、统一开放、竞争有序、监管有力、畅通高效的内贸流通体系。居民消费稳定增长，服务消费和中高端商品消费比重进一步提高，消费拉动经济增长的基础作用更加凸显。预计到2020年社会消费品零售总额接近48万亿元，年均增长10%左右；电子商务交易规模达到43.8万亿元，年均增长15%左右，其中网上零售额达到9.6万亿元，年均增长20%左右。

**高层次开放型经济体系基本形成**。"十三五"期间，努力实现货物贸易出口增速高于世界贸易增长水平，进口规模扩大，贸易结构进一步改善；服务贸易超过1万亿美元，年均增长10%左右，占对外贸易比重明显提高；利用外资规模不低于"十二五"时期水平，质量和效益提升；对外投资五年累计达到7200亿美元，产业结构进一步优化；体制机制改革取得重大突破，开放型经济新体制基本形成。

**国际经济合作竞争新优势明显增强**。商务发展从要素驱动加快转向创新驱动，以技术、标准、品牌、质量、服务为核心的对外经济新优势逐步建立，涌现出一批具有较强创新能力和国际竞争力的跨国公司，在全球范围内配置资源要素的能力增强，在全球产业链、供应链和价值链中的地位提升。

**国际经贸关系全方位拓展**。更加积极主动参与全球经济治理，提出更多中国方案，议题设置和成果规划等方面的能力明显增强，影响力和话语权显著提升。区域次区域合作取得重大进展，面向全球的高标准自贸区网络初步形成，与各经济体务实经贸合作进一步深化。

| 专栏 2 "十三五" 时期商务发展主要指标 | | | | | |
|---|---|---|---|---|---|
| 指标类别 | 指标名称 | 单位 | 2015 年基值 | 2020 年预期值（累计） | 年均增速（累积） |
| 内贸流通 | 社会消费品零售总额 | 万亿元 | 30.1 | 约 48 | 10% 左右 |
| | 批发零售住宿餐饮业增加值 | 万亿元 | 7.8 | 11.2 | 7.5% |
| | 电子商务交易额 | 万亿元 | 21.8 | 43.8 | 15% |
| | 网上零售额 | 万亿元 | 3.88 | 9.6 | 20% |
| 对外贸易 | 货物贸易 | 亿美元 | 39600 | 出口增速高于世界贸易增长水平，进口规模扩大 | |
| | "一带一路" 沿线国家进出口占比 | % | 25.3 | 27 | 〔1.7〕 |
| | 服务贸易 | 亿美元 | 7130 | 超过 10000 | 10% 左右 |
| | 国际服务外包执行金额 | 亿美元 | 646 | 1040 | 10% |
| 吸收外资 | 实际吸收外商直接投资 | 亿美元 | 1355.8 | 〔6300〕 | — |
| | 服务业比重 | % | 63.8 | 66 | 〔2.2〕 |
| | 中西部比重 | % | 16.2 | 19 | 〔2.8〕 |
| 对外投资合作 | 对外直接投资 | 亿美元 | 1275.6 | 〔7200〕 | 比 "十二五" 时期增长 2000 亿美元 |
| | 对外承包工程完成营业额 | 亿美元 | 1540.7 | 〔8000〕 | 比 "十二五" 时期增长 1500 亿美元 |
| | 制造业对外投资比重 | % | 11.2 | 16 | 〔4.8〕 |

注：

1、批发零售住宿餐饮业增加值绝对数按 2010 年价格计算，增长速度按可比价格计算；

2、〔〕内数值为五年累计数。

# 第三章　形成商务发展新体制

按照党的十八届三中、四中、五中全会总体部署，统筹谋划和整体推进商务领域全面深化改革和法治建设各项任务，着力推进内贸流通体制、开放型经济新体制、自由贸易试验区等综合改革试点工作，加大重点领域、关键环节的改革力度，清除制约微观主体活力的体制机制障碍，破除市场壁垒和地方保护，营造公平竞争的市场环境、高效廉洁的政务环境和公正透明的法律政策环境。

## 第一节　构建内贸流通新体制

**实施国内外市场一体化战略。**统筹推进发展现代流通和对外开放，把国内市场体系建设和国际市场开拓结合起来，推动国内各地区市场的一体化、国内国际市场的一体化，逐步形成贯通国内外的价值链和大市场。创建内外贸融合发展平台，培育一批内外贸结合、经营模式与国际接轨的商品交易市场，打造一批具有较强国际影响力的大型展会，建设一批带动性强的跨境电子商务综合服务平台。进一步提高内贸流通对外开放水平，鼓励外资投向共同配送、连锁配送、冷链配送等现代物流服务领域；鼓励跨国公司在华设立采购、营销等功能性区域中心。鼓励流通企业走出去，支持电子商务企业开拓国际市场，支持企业建设境外营销、支付结算和仓储物流网络。

**构建统一有序的现代市场体系。**消除市场分割，清理和废除妨碍全国统一市场、公平竞争的各种规定及做法。禁止在市场经济活动中实行地区封锁，禁止行政机关滥用行政权力限制、排除竞争的行为。推动建立区域合作协调机制，鼓励各地就跨区域合作事项加强沟通协商。依法开展反垄断审查，打破行业垄断。禁止利用市场优势地位收取不合理费用或强制设置不合理的交易条件，规范零售商供应商交易关系。利用好大数据信息资源，完善市场运行监测分析和预测预警机制，建立健全流通行业统计监测制度，提高市场调控和公共信息服务的预见性、针对性和有效性。促进国内市场规则体系与国际经贸规则对接互融，加强贸易政策合规工作，进一步做好世贸组织框架下的通报与审议工作，提高贸易政策措施透明度。

**加强全国流通网络建设统筹规划。**推进流通骨干网络建设，重点提升环渤海、长三角、珠三角三大流通产业集聚区和沈阳—长春—哈尔滨、郑州—武汉—长沙、成都—重庆、西安—兰州—乌鲁木齐四大流通产业集聚带的消费集聚、产业服务和民生保障功能，打造一批连接国内国际市场、发展潜力较大的重要支点城市。促进区域市场协同发展，实施全国流通节点城市布局规划，加强区域衔接；推进京津冀流通产业协同发展，统筹规划建设三地流通设施，促进共建共享；依托长江经济带综合立体交通走廊，建设沿江物流主干道，推动形成若干区域性商贸物流中心，打造长江商贸走廊；加强对贫困地区、民族地区、边疆地区和革命老区市场建设的支持。推进城乡流通网络一体化，统筹规划城乡商业网点的功能和布局，提高流通设施利用效率和商业服务便利化水平；整合商务、供销、邮政等各方面资源，加强农村地区商业网点建设；完善全国农产品流通骨干网络，强化跨区域农产品流通基础设施建设，提升农产品流通组织化程度，大力发展农产品冷链物流。创新流通规划编制实施机制，探索建立跨区域流通设施规划编制协调机制和相关部门之间规划衔接机制。

### 第二节　加快形成对外开放新体制

**提高自由贸易试验区建设质量。**充分发挥自由贸易试验区多领域、综合型改革的特点与优势，以制度创新为核心，对接国际规则与通行做法，进一步在投资、贸易、金融创新、政府监管、区域合作等领域先行先试，营造法治化国际化便利化的营商环境，为在全国范围内深化改革和扩大开放探索新途径、积累新经验，并在更大范围推广复制。

**推进外商投资管理体制改革。**全面实行准入前国民待遇加负面清单管理制度，促进内外资企业一视同仁、公平竞争，最大程度减少行政审批。加强事中事后监管，创新外资监管手段，逐步完善外国投资信息报告和信息公示制度，形成各政府部门信息共享、协同监管、社会公众参与监督的外国投资全程监管体系。完善外国投资国家安全审查机制，防范相关风险。

**完善境外投资管理体制。**健全备案为主、核准为辅的境外投资管理体制，提高便利化水平。完善境外投资发展规划和重点领域、区域、国别规划体系。加强境外投资的事前服务引导及事中事后监管和保障，提供信息指导、权益保障、投资促进、风险预警等更多服务。加快同有关国家和地区商签高水平投资协定。

**完善货物贸易管理体制。**建立便利跨境电子商务、市场采购贸易、外贸综合服务企业等对外贸易新业态的管理体制。加大贸易便利化改革力度，全面实施国际贸易"单一窗口"和通关一体化，推进大通关建设。建立完善国际贸易供应链管理机制，推动实施"经认证的经营者"（AEO）国际互认。探索建立规范外贸经营秩序新模式，完善重点行业进出口资质管理和竞争自律公约机制。完善汽车平行进口政策体系。探索对会展、拍卖、快递等服务企业所需通关的国际展品、艺术品、电子商务快件等特殊物品的监管模式创新。

**健全服务贸易管理体制。**推进服务贸易创新发展试点，在管理体制、促进机制、支持政策等方面积极探索、积累经验。完善服务贸易促进体系和监管模式，建立服务贸易综合监管服务平台，健全服务贸易统计制度。加强人员流动、资格互认、标准化等方面的国际磋商与合作，为专业人才和专业服务引进来和走出去提供便利。

**健全国际经贸谈判协调、利益平衡和风险防范机制。**建立健全高层级的重大谈判协调机制，妥善处理整体利益和局部利益、进攻利益和防守利益的平衡，加强多双边各类重大经贸谈判的统筹协调，及时解决重大问题。完善商品市场波动、资本流动异常、汇率变化等监测机制，确保国内产业、市场供应、物资保障的安全。

### 第三节　建设法治化国际化便利化营商环境

**完善商务领域法律体系。**积极推进商品流通法立法进程，确立流通行业发展、流通基础设施建设、商品流通保障、流通秩序维护以及市场监管等基本制度。推动电子商务、零售商供应商公平交易、农产品市场管理、报废机动车回收拆解、典当业等法律法规出台，研究制订和修订新车销售管理、二手车流通管理、原油成品油市场管理、重要产品追溯、无店铺零售业管理等部门规章。推动修订直销管理条例，修改完善相关部门规章及政策性文件。完善对外贸易法律制度，修订货物进出口管理条例和有关部门规章，研究开展服务贸易立法，推动制订国际服务贸易条例，制订出口管制法，积极推动出口管制领域的基础性法律。推进外资三法修改，制定颁布外国投资法，修订外商投资领域的相关法规规章，完善外资法律体系。完善境外投资法律法规，推动出台境外投资条例。构建中国特色的对外援助法律体系。完善知识产权和商业秘密保护、网络信息安全等方面的专门法律。推动修订反垄断法，制定经营者集中反垄断审查实施条例，完善经营者集中反垄断审查部门规章及政策性文件。坚持中央立法与地方立法相结合，鼓励地方在立法权限范围内先行先试。

**提升商务综合监管执法水平。**深入推进商务综合行政执法体制改革，有效整合商务领域执法职能，统一并加强商务执法力量，科学、合规设置执法层级，建立职责明确、行为规范、边界清晰、保障有力、运转高效的商务行政执法体制，提高商务系统依法行政和事中事后监管能力。创新电子商务监管模式，健全消费者维权和交易争端解决机制，加强知识产权保护，依法查处制售假冒伪劣商品等行为。强化市场秩序整顿与规范，分层次有重点地开展专项整治活动。严格商务执法程序，规范商务执法行为，加强执法监督与信息公开，落实执法责任追究制。加强商务执法跨区域协作以及与有关部门的协同配合，建立部门间监管执法信息共享、案情通报制度，发挥联合执法作用。健全举报投诉服务网络体系，完善商务行政执法和刑事司法衔接机制，明确案件移送标准和程序。加强市场监管部门与行业协会商会、专业机构的合作，引入社会化监督力量。加强执法队伍建设，合理配置执法力量，严格落实执法人员持证上岗和资格管理制度。

**加强商务诚信体系建设。**落实《社会信用体系建设规划纲要》，完善商务领域企业信用信息系统，建立行政管理信息共享机制，实行行政许可、行政处罚"双公示"制度，实现与有关部门的信息共享。提升商务诚信协同监管服务能力，全面实施统一社会信用代码制度，建立健全企业经营异常名录、失信企业"黑名单"制度及跨部门联合惩戒机制。推进线上线下市场平台信用评价活动，建立市场化综合信用评价机制，在零售、餐饮、居民服务等行业推动建立以交易信息为基础的企业信用评价机制；引导商品交易市场、物流园区及第三方电子商务平台等建立入驻商户信用评价机制。支持建立第三方信用评价机制，促进信用调查、信用评估、信用保险、商业保理等信用服务行业加快发展，创新信用产品和服务。鼓励行业协会商会建立会员企业信用档案，推动具有上下游产业关系的行业协会商会建立信用信息共享机制。

---

**专栏3　商务体制改革重点工程项目**

**（一）自由贸易试验区建设**

推进上海、广东、天津、福建自由贸易试验区建设，全面落实各项改革试点任务，深化多领域制度创新，推动构建开放型经济新体制，在更大范围推广复制。研究扩大自由贸易试验区试点。

**（二）全国农产品流通骨干网络建设**

鼓励和支持产地集配中心、综合性加工配送中心等跨区域农产品流通基础设施建设，完善预选分级、加工配送、包装仓储、追溯服务等农产品供应链，加强节能环保型冷库、冷链物流集散中心等农产品冷链流通设施建设，推进公益性农产品市场建设。

**（三）商务综合监管执法体系建设**

强化打击侵权假冒部门间协作，利用信息技术加强市场监管，建成全国联网、上下贯通的打击侵权假冒行政执法与刑事司法衔接信息共享平台。完善12312举报投诉渠道，实行"互联网＋商务执法"，健全执法制度，规范执法行为。建立健全综合执法队伍，提升执法人员职业素质。

**（四）商务诚信体系建设**

支持江苏、上海、浙江、广东等地开展商务诚信体系建设试点，重点建设一批覆盖线上网络和线下实体企业的示范型信用信息平台，提供企业综合信用评价、交易履约评价和消费者评价等多种服务，向其它地区推广复制试点省市的做法和经验。

# 第四章　提高流通信息化、标准化、集约化水平

实施流通升级战略，大力推进流通信息化，加快流通标准化建设，促进流通集约化发展，创新流通方式和业态，提高流通效率，降低流通成本，做强现代流通产业，更好地发挥现代流通引导生产、促进消费、改善民生的功能，更好地发挥现代流通对国民经济的基础性支撑作用和先导性引领作用。

## 第一节　提高流通信息化水平

深入实施"互联网＋流通"行动计划，加快云计算、大数据、互联网和物联网等技术在流通领域的应用，加强流通技术研发，推动流通方式创新，加快流通网络化、数字化、智能化建设。推进电子商务示范基地建设，引导电子商务企业拓展服务领域和功能，鼓励发展生活消费品、生产资料、生活服务等各类专业电子商务平台，培育中小电子商务企业孵化器、众创空间等公共服务平台。促进电子商务进社区，鼓励电子商务企业整合社区现有便民服务设施，开展电子商务相关配套服务。推进城市商业智能化，培育一批具有地方特色、线上线下互动的智慧商圈。促进电子商务进农村，支持农村商业网点信息化改造、农村物流体系建设，引导电子商务企业、物流快递企业下乡，大力推广农村商务信息服务，完善农村电子商务配送服务网络。促进农产品电子商务发展，引导更多农民和涉农企业参与农产品电子商务，支持各地打造各具特色的农产品电子商务产业链，开辟农产品流通新渠道。鼓励流通企业加强信息系统改造，扩大射频识别、传感器、卫星导航、智能投递等先进技术应用，推广应用大数据分析、供应链管理、企业资源计划、客户关系管理等现代管理技术。

## 第二节　加强流通标准化建设

健全流通标准体系，加强商贸物流、电子商务、商务诚信、农产品流通、居民生活服务等重点领域标准建设，增强标准适用性，提高标准质量，加快构建国家标准、行业标准、地方标准、团体标准和企业标准相互配套、相互补充的内贸流通标准体系。强化流通标准实施应用，积极开展流通标准化示范，建立政府引导、社会中介组织推动、骨干企业示范应用的内贸流通标准实施应用机制。大力推进商贸物流、农产品冷链物流和重要产品追溯体系标准化。提高标准托盘普及率，加快建立社会化的托

盘共用体系。加强流通标准管理，简化和缩短行业标准制修订程序与周期，推动社会中介组织开展团体标准试点，建立重点标准实施监督和评价制度。

## 第三节  促进流通集约化发展

开展智慧供应链创新行动，引导流通企业向供应链综合服务转型，鼓励发展专业化供应链服务企业，推动流通与研发、设计、金融等服务对接融合，提升生产性服务业发展水平。大力发展第三方物流，支持物流信息平台型企业发展，促进企业间、行业间、城市间物流信息平台对接。引导国际货代企业利用互联网、大数据等新技术建设信息平台，加快海外服务网络建设，扩大海外经营。鼓励优势企业兼并重组，跨地区、跨行业整合资源，培育一批具有国际竞争力的大型流通企业集团。大力发展连锁经营，引导中小流通企业通过联合采购、共同配送、特许经营、平台集聚等方式，提高流通组织化程度。推进国有流通企业改革，鼓励国有流通企业发展混合所有制经济，积极引入其他国有资本或各类非国有资本实现股权多元化，完善企业治理结构。

## 第四节  推动传统商业转型升级

鼓励零售企业加快向集中采购、买断经营、开发自有品牌转变，从经营商品向经营"商品＋服务"转变，提高自营比重。鼓励流通企业通过兼并、特许经营等方式，扩大连锁经营规模，提高经营管理水平。推进无店铺零售业发展，积极创新个性化、多样化消费新模式。加快商品交易市场信息化建设，拓展服务功能。加强与电子商务平台合作，促进批发零售企业线上线下融合发展，增强线上信息交互、在线交易、精准营销等功能，提升线下商品集散、真实体验、物流配送、售后服务等功能。保护中华老字号，振兴中国传统手工艺，继续推动品牌消费集聚区建设。鼓励和支持药品流通企业做强做大，开展多元化、差异化经营，向供应链上下游延伸服务。规范融资租赁、典当、拍卖、直销等行业和领域管理，促进行业精细化、专业化发展。

---

**专栏4  流通现代化重点工程项目**

**（一）商品交易市场转型升级**

加强市场规划布局，推动区域市场一体化建设，大力发展电子商务和现代物流，推动商业模式创新，加快市场平台化发展，提高市场组织化、集约化能力，促进市场与产业融合发展。

---

---

**（二）智慧商业计划**

推进城市商业智能化，实施特色商业街区示范建设工程，鼓励各地基于互联网技术培育一批多功能、多业态商业街区，探索构建线上线下互动的体验式智慧商圈。

**（三）电子商务进农村**

深入开展电子商务进农村综合示范，优先在革命老区和贫困地区实施；加快建设完善农村商贸物流体系，提高农产品电子商务销售比例；开展农村电商强县创建工作，创新农村商业模式；实施农村电商百万英才计划。

**（四）商贸物流标准化**

以标准托盘应用推广及循环共用为切入点，带动供应链上下游或区域范围内普及应用标准托盘、实施带盘运输；逐步完善并实施相关标准，带动相关配套物流设备设施和服务标准化。

**（五）智慧供应链创新行动**

培育供应链物流服务集成商、第三方专业物流服务商、物流综合服务平台，引导流通企业向供应链综合服务转型，推动流通与生产、消费以及相关的研发、设计、金融等服务对接融合，促进生产性服务业向专业化和价值链高端延伸。

---

# 第五章　促进消费结构升级

加快培育消费新增长点，积极引导消费向智能、绿色、健康、安全方向转变，以扩大服务消费为重点带动消费结构升级，营造实惠便利安全的消费环境，充分释放消费潜力，巩固提升消费对经济增长的基础作用。

## 第一节　扩大生活服务消费

促进居民生活服务业发展，改善居民生活服务供给，满足个性化、多元化、多层次的消费需求。适应我国人口老龄化加快趋势，完善居家养老服务体系，增强社区养老服务功能，推动集中养老特色化发展，推动养老服务与医疗卫生、餐饮、住宿等关联行业融合。加快家政服务企业多元化发展，培育一批员工制家政服务企业，建设公益性家政服务网络中心和服务人员供给基地，加大保育、护理、烹饪、维修等人员培训力度，推进从业者职业化、专业化。发展大众餐饮、经济型酒店、社区便民服务，挖掘大众化消费潜力。开拓高端和个性化生活服务消费市场，鼓励发展注重体验、崇尚品位的个性化定制服务，合理布局高端休闲娱乐基础设施，培育服务品牌。发展智慧生活消费，推动"互联网＋服务"发展，鼓励企业创新服务方式，发展移动智能化、网络化服务，构建全渠道、全天候互动服务平台。

## 第二节　促进品质消费

顺应中高端收入群体规模不断壮大的趋势，稳步促进汽车、电子产品、家具建材等耐用品消费，推动智慧家电、可穿戴设备、智能手机等智能产品消费。发挥好流通渠道的引导作用，扩大品牌商品消费。大力发展信用消费，鼓励有实力的金融机构、流通企业、生产企业发展消费金融，探索适合我国国情的信用评价方法。推进消费品工业"增品种、提品质、创品牌"，扩大安全实用、舒适美观、品质优良的商品有效供给。积极引导境外消费回流，畅通消费品进口渠道，发展免税消费，积极培育国际消费中心城市。

## 第三节　发展绿色消费

倡导绿色消费，抑制一次性用品使用，严格执行限制商品过度包装和塑料购物袋有偿使用制度。推动完善绿色商品认证制度和标准体系，引导流通企业扩大绿色商品采购和销售，推行绿色包装和绿色物流，构建绿色供应链。制订流通领域节能环保技术产品推广目录，引导流通企业加快设施设备的节能环保改造，开展绿色商场等示范工作，培育一批集节能改造、节能产品销售和废弃物回收于一体的绿色商场、市场、饭店。推动再生资源回收行业模式创新，研究建立再生资源回收的生产者、销售者、消费者责任机制，加强生活垃圾分类和再生资源回收体系的衔接。鼓励旧货市场规范发展，促进二手商品流通。推动新车、二手车等汽车流通全链条协同发展，完善二手车流通制度体系，鼓励发展电子商务、拍卖等二手车交易方式，盘活二手车存量。支持淘汰老旧汽车，加大黄标车淘汰力度，促进报废汽车回收拆解体系建设，推进报废汽车资源综合利用。

## 第四节　提升安全消费水平

**完善重要产品追溯体系。**坚持统一规划、统一标准、分级建设、分级管理的原则，整合现有资源，建设统一的重要产品追溯信息服务体系，形成全国上下一体、协同运作的重要产品追溯管理体制。推进跨部门、跨地区追溯体系对接和信息互通共享。重点抓好肉类、蔬菜、中药材和酒类等产品流通追溯体系建设，逐步将水果、水产品、乳制品及其它产品纳入可追溯范围，尽快建成比较完善的基本生活必需品追溯网络。推进追溯体系与互联网融合，扩大追溯体系应用范围，完善重要产品追溯大数据分析与智能化应用机制，加大产品追溯信息在信用体系建设、行业发展促进、事中事后监管等方面的应用，提升追溯体系综合服务功能。

**健全市场应急调控和储备机制。**按照统一协调、分级负责、快速响应的原则，健全市场应急供应管理制度和协调机制。建立健全中央储备与地方储备、政府储备与商业储备相结合的应急商品储备体系，加强储备管理，建立储备商品检查检验制度，确保储备安全。推广商业储备模式，推进商业储备主体多元化。综合运用企业采购、跨区域调运、储备投放、进口组织等方式，建立基本生活必需品应急供应保障机制，增强应急保供能力。健全突发事件应急预案，细化自然灾害、事故灾难、公共卫生事件、社会安全事件等各类突发事件市场应急保供预案和措施。建设中央、地方应急商品数据库，及时掌握相关应急商品产销和库存情况，保障信息传导畅通和组织调度科学有序。实施应急保供重点联系企业动态管理，保持合理库存水平，合理规划设置应急商品集散地和投放网点，增强投放力量。

### 第五节 加强消费基础设施建设

优化社区商业、生活服务业网点的规划布局和业态配置，落实好新建社区商业和综合服务设施面积占社区总建筑面积比例不低于10%的政策。鼓励建设集社区菜市场、便利店、快餐店、配送站、再生资源回收点及健康、养老、看护等大众化服务网点于一体的社区综合服务中心。引导大型生活服务企业在城市商务区、学校、旅游景区、交通枢纽等人员密集区建设生活服务网络。加强农村生活消费基础设施建设，培育一批集零售、餐饮、文化娱乐、配送等于一体的多功能乡镇商贸中心，推动建立符合当地民俗习惯的便利化、专业化的特色生活服务机构。

---

**专栏5 消费升级重点工程**

**（一）居民生活服务业转型发展和质量提升行动**
积极推动社区便民生活综合服务中心，加强家政服务信息互联互通，推进市场化养老服务建设试点工作，发展居家养老、集中养老、社区综合服务等养老服务产业，探索养老服务产业化的有效模式。建立生活性服务业质量考核制度，完善质量标准，开展质量评价，深入开展优质服务活动。
**（二）国际消费城市建设**
鼓励和支持上海等若干具备条件的城市加快建设功能完备、服务优良、富有全球

---

竞争力的国际消费城市。鼓励发展跨境电子商务、保税展示销售、进口商品直销等新型业态，推动离境购物退税政策实施，打造世界级商圈，促进境外消费回流，提高全球消费集聚度。

**（三）再生资源回收模式创新**

构建以社区回收点、便利店、区域回收站和地区回收中心、智能回收设施等实体网点或设施为基础，以再生资源信息服务平台为核心，以高效快捷的逆向物流系统和信息化金融结算服务系统为支撑的新型再生资源回收体系。

**（四）重要产品追溯体系建设**

以肉类、蔬菜、中药材、水果、水产品、酒类和乳制品等为重点品种，完善法律法规，建设信息管理平台，开展关键技术研发，加快建立"来源可查、去向可追、责任可究"的信息链条，实现标准规则互认、数据信息共享和产品可追溯。

# 第六章　实施优进优出战略

巩固和提升外贸传统竞争优势，培育外贸竞争新优势，千方百计稳增长，坚定不移调结构，加快转变外贸发展方式，做强一般贸易，提升加工贸易，促进外贸新业态发展，进一步优化国际市场布局、国内区域布局、外贸商品结构、经营主体结构和贸易方式，扩大服务贸易规模，提升服务贸易战略地位，促进货物贸易和服务贸易融合发展，推动外贸向优质优价、优进优出转变，巩固贸易大国地位，推进贸易强国进程。

## 第一节　加快货物贸易优化升级

**推动出口迈向中高端。**运用现代技术改造传统产业，加大科技创新投入，积极采用国际先进质量标准，建立国际认可的产品检测和认证体系，提升轻工、纺织、家电、建材、化工、农产品等出口产品质量、档次和技术含量，巩固出口市场份额。发挥我装备产品性价比高的优势，大力推动轨道交通、通信、电力设备、船舶、工程机械、汽车、航空航天等装备出口，鼓励战略性新兴产业开拓国际市场，扩大高新技术产品出口，培育资本和技术密集型产业新优势，打造新的出口主导产业，推动出口由消费品为主向消费品和资本品并重转变。

**促进加工贸易、边境贸易创新发展。**加快珠三角加工贸易转型升级示范区建设，总结推广东莞、苏州加工贸易转型升级试点城市以及示范企业经验，促进沿海地区加工贸易转型升级，向品牌、研发、分拨和结算中心等产业链高端延伸。培育和建设一批加工贸易转移重点承接地，引导有条件的企业将生产和加工组装环节向内陆和沿边地区转移，形成产业集群。将边境贸易政策与扶贫政策、民族政策相结合，完善边境贸易政策措施，提高贸易便利化水平，促进边境贸易及企业发展。

**提升进口综合效益。** 充分发挥我国市场规模大、增长快、需求多元的优势，实行积极的进口政策，向全球扩大市场开放。优化进口商品结构，及时调整鼓励进口技术和产品目录，加大进口信贷支持力度，扩大先进技术、关键设备及零部件等进口，促进国内产业结构调整和优化升级。支持融资租赁和金融租赁企业开展进口设备融资租赁业务。稳定能源资源产品进口来源渠道，支持境外能源资源合作开发和加工生产，鼓励半成品或成品进口到国内，增强在国际大宗商品市场的影响力。推进汽车平行进口试点，促进汽车进口多元化发展。合理增加一般消费品进口，鼓励国内流通企业经营代理国外品牌。

### 第二节　提升外贸国际竞争力

**培育国际竞争合作新优势。** 加快外贸转型升级基地建设，培育一批综合型、专业型基地，增强基地创新发展能力。加快推进贸易平台建设，进一步培育若干个国际知名度高、影响力大的会展平台，深入推进内外贸结合商品市场、电子商务平台建设，培育一批带动功能强、服务优质的进口促进平台，发挥其带动促进作用。加快推进国际营销网络建设，鼓励企业在境外建设一批品牌推广效果好的展示中心、集散配送功能强的分拨中心、区域辐射半径大的批发市场、市场渗透能力强的零售网点、服务能力强的售后服务网点和备件基地。加快培育外贸知名品牌，鼓励培育区域性、行业性品牌。加强品牌宣传，加大中国品牌海外推介力度，培育一批重点行业专业性境外品牌展。建立品牌商品出口统计制度。支持企业、行业组织参与国际标准制订，推动我国标准国际化，支持通信等领域技术标准在海外推广应用。

**积极发展外贸新业态。** 推动跨境电子商务发展，建设好中国（杭州）等跨境电子商务综合试验区，形成一批可复制、可推广的经验做法。培育一批跨境电子商务平台和企业，鼓励跨境电子商务企业通过规范的"海外仓"等模式，融入境外零售体系。促进市场采购贸易发展，深化浙江义乌、江苏叠石桥家纺城、浙江海宁皮革城等市场采购贸易试点，复制推广市场采购贸易方式。培育一批外贸综合服务企业，加强其通关、物流、退税、金融、保险等综合服务能力。

### 第三节　大力发展服务贸易

**发展生产性服务贸易。** 顺应我国装备制造业走出去的趋势，积极发展研发设计、维修、咨询、检验检测、法律、会计等商务服务和建筑工程服务出口，促进服务贸易与货物贸易、对外投资紧密结合、联动发展。完善技术贸易服务和管理体系，扩大技术贸易规模，提升技术出口能力，优化技术转让结构。促进国际海运、陆运、空运和多种联运协调发展，建立健全货物运输代理的海外服务网络，提升我国运输服务出口能力。积极推动银行、保险、证券等金融服务贸易发展。依托信息技术推动服务贸易模式创新，打造服务贸易新型网络平台，促进制造业与服务业、各服务行业之间的融合发展。

**扩大生活性服务贸易。** 推动"互联网＋旅游"发展，促进在线旅游平台企业发展壮大，鼓励旅游企业走出去，提高旅游服务贸易国际竞争力，促进旅游服务出口。积极开拓海外文化市场，推动文化艺术、广播影视、新闻出版、教育等承载中华文化核心价值的文化服务出口，促进文化创意、数字出版、动漫游戏等新型文化服务出口。加强中医药、中餐等特色服务领域的国际合作，促进中华传统服务出口。

**提升服务外包发展水平。** 深入实施服务外包竞争力提升工程，加强服务外包示范城市、产业园区和众创空间建设。加快突破生物医药技术研发、工业设计、工程技术、云计算、数据分析等重点关键领域。积极拓展金融、供应链管理、检验检测、医疗保健等新兴领域。巩固提升信息技术运营和维护、管理咨询、电子商务平台、软件研发、集成电路与电子电路设计等领域服务外包优势。促进离岸、在岸服务外包协调发展，在积极承接国际服务外包的同时，逐步扩大在岸市场规模。

**积极培育服务贸易交流合作平台。** 以中国（北京）国际服务贸易交易会为龙头，培育一批专业性展会，鼓励其他投资贸易类展会增设服务贸易展区。推进中国（上海）国际技术进出口交易会等技术进出口平台建设。鼓励商协会和促进机构开展多种形式的贸易促进活动，支持企业赴境外参加服务贸易重点展会。深化展览业改革，推进展览业市场化进程。规范展览业行政审批行为，健全党政机关办展管理机制，巩固清理规范工作成果。

---

### 专栏6　贸易强国建设重点工程项目

**（一）培育外贸品牌**

加大外贸品牌培育力度，引导企业收购国际品牌，打造国际性、区域性、行业性品牌，提高品牌出口比重。加大中国品牌海外推介力度。支持企业在境外开展商标注册、体系认证和和专利注册的品牌保护工作。研究建立外贸出口品牌统计制度。

**（二）跨境电子商务综合试验**

全面推进中国（杭州）等跨境电子商务综合试验区建设，通过制度创新、管理创新、服务创新和协同发展，着力在跨境电子商务企业对企业（B2B）方式相关环节的技术标准、业务流程、监管模式和信息化建设等方面先行先试，逐步形成一套适应跨境电子商务发展的管理制度，并向全国复制和推广，推动全国跨境电子商务健康发展。

**（三）服务贸易创新发展**

开展服务贸易创新发展试点，在试点地区探索适应服务贸易创新发展的体制机制和支持政策体系，形成一批可复制可推广的经验。推动部分试点效果好的地区升级成为服务贸易创新示范区。会同有关部门认定一批特色服务出口基地，支持基地内公共平台建设，鼓励各地突出特色、发挥优势、集成政策、创新模式。

**（四）中医药服务贸易国际市场开拓计划**

建设若干中医药服务贸易重点项目、机构和区域，启动建设境外中医药服务贸易示范机构。建立健全中医药服务贸易统计体系和标准化体系。

**（五）服务外包竞争力提升工程**

以服务外包示范城市为抓手，充分利用中小企业板、创业板、中小企业股份转让系统等市场化融资渠道，加快培育 50 家专业服务能力强、具有国际先进水平的服务外包大型企业。

# 第七章　完善跨境投资布局

坚持引进来和走出去并重，扩大开放领域，放宽市场准入，积极有效引进境外资金、先进技术和管理经验。支持企业扩大对外投资，融入全球产业链、价值链、供应链，加快培育一批具有较强竞争力的跨国公司，不断提高全球资源和市场配置能力。

## 第一节　积极有效利用外资

**促进利用外资稳定发展。**有序扩大服务业对外开放，放宽银行、保险、证券、教育、文化、养老、交通、电信等领域外资准入限制，进一步放开一般制造业。推进北京市服务业扩大开放综合试点。不断完善和优化营商环境，保持政策稳定、透明、可预期，提高利用外资综合优势。务实高效开展招商引资活动，建立投资促进评价体系，加强投资促进平台建设和人力资源培训，办好"中国投资指南网站"和"网上投洽会"。发挥多双边投资促进机制作用，加强与国际组织交流，深入开展投资领域的国际合作。建设好中外产业合作园区，支持中国—新加坡天津生态城、中国—新加坡（重庆）战略性互联互通示范项目、中韩产业园等中外产业合作园区建设，支持地方开展产业园区国际合作。

**提升利用外资质量和效益。**把利用外资同转变经济发展方式和调整经济结构紧密结合起来，着力引进先进技术、管理经验和高素质人才。鼓励外资参与"中国制造2025、"大众创业、万众创新"、"互联网＋"行动计划等战略实施，引导外资投向现代农业、新能源、新材料、生物医药、信息通信、节能环保、智能制造、现代服务业等领域。鼓励外商投资地区性总部、研发中心等功能性机构，鼓励外资研发中心升级为全球研发中心和开放式创新平台，支持外资研发机构参与国内研发公共服务平台建设，提高外资溢出效应。鼓励外资参与国有企业混合所有制改革。引导外资投向中西部地区，提高中西部地区承接产业转移能力，促进东中西地区产业链互动合作。

### 第二节　促进国家级经济技术开发区创新发展

加强对国家级经济技术开发区（以下简称"国家级经开区"）分类指导，积极培育具有全球影响力的先进制造业和现代服务业基地，努力把国家级经开区建设成为带动地区经济发展、实施区域发展战略的重要载体和构建开放型经济新体制、培育利用外资新优势的排头兵。鼓励国家级经开区加大对众创空间等新型孵化机构和服务平台建设的支持力度，促进创新创业企业发展，建设成为大众创业万众创新的集聚区。支持国家级经开区建设绿色园区，创建国家生态工业示范园区、循环化改造示范试点园区、低碳工业试点园区等，推动成立国家级经开区绿色发展联盟。发布并组织实施国家级经开区综合发展水平评价办法，加强动态管理，完善监督和考核体系。支持苏州工业园区开展开放创新综合试验，为国家级经开区转型升级创新发展积累经验。支持国家级经开区创建知识产权试点示范园区，推动建立知识产权运用和保护机制。依托京津冀开发区创新发展联盟促进京津冀产业对接，推动长江经济带沿线国家级经开区建立合作联盟，促进开发区区域合作。

### 第三节　提高对外投资合作水平

**优化对外投资市场布局。**加强与周边国家基础设施投资合作，促进互联互通，有序扩大产业对外投资，延伸产业链。推进实施中非工业化、农业现代化、基础设施、金融、绿色发展、贸易和投资便利化等十大合作计划，深化与中东欧、拉美国家的投资合作。积极开拓发达国家市场，引导企业通过并购、参股、合作等方式，建设境外营销网络、开展研发设计合作，融入全球创新网络，提升我国产业国际竞争力。

**推动国际产能和装备制造合作。**坚持企业主体、市场运作，分类施策，有序推进国际产能和装备制造合作。鼓励铁路、电力、通信等装备制造业，综合采用境外投资、工程承包、技术合作、装备出口等方式，拓展基础设施和投资需求旺盛的传统市场和新兴市场，推动装备、技术、标准、服务走出去。稳步推动钢铁、有色、建材等产业按照市场需求，上下游产业结合链条式走出去，建设一批大宗商品境外生产基地和深加工基地。引导劳动密集型产业优先向我国中西部地区转移、向产业链高端延伸，同时向劳动力资源丰富、生产成本低、靠近目标市场的国家和地区有序转移部分加工制造环节。加强政府间产能合作机制建设，营造良好政策环境，积极与发达经济体企业和机构开展第三方合作。

**提高境外项目运营管理能力。**推动对外承包工程转型升级，鼓励企业积极参与境外项目后续运营维护和技术服务，开展投资、建设和运营相结合的"建营一体化"项目，推动单一承包型走出去向投资、运营维护、技术服务集成式走出去转变。支持企业将中国技术标准与当地实情相结合，把适合当地市场的产品技术标准及规范推向国际市场。引导企业加强投资建设和运营维护综合风险的评估与防控，加大售后及技术服务人员国际化培训力度。推动商协会搭建技术服务信息平台，发挥好海外项目运营维护技术联盟作用。

**完善对外投资合作服务保障体系。**发挥走出去工作部际联席会议和部省合作等机制作用，建立分层分级的协商制度，实现各部门网络互联、信息共享、共同推进。完善对外投资合作信息服务系统及相关数据库，加强数据收集、整理和分析，定期更新发布对外投资合作国别（地区）指南、年度发展报告等公共服务产品。加强境外投资合作促进平台建设，帮助企业对接项目。发挥好政策性和开发性金融机构的作用，鼓励商业银行创新金融产品，积极搭建对外投资合作金融服务平台。支持行业组织和中介机构发展，加强境外中资企业协会商会建设，完善组织架构和运行机制，强化行业自律，提高服务和综合协调能力。

### 第四节　增强企业跨国经营能力

**培育一批世界水平的跨国公司。**支持有实力的企业在全球范围内开展跨国投资，整合价值链，培育全球研发中心，参与全球科创中心建设，全面提升跨国经营能力和核心竞争力。鼓励企业提高科学决策水平和风险防控能力，加强属地化经营。引导企业遵守所在国法律法规，增强社会责任意识，保障员工合法权益，注重资源节约利用和生态环境保护，实现与所在国互利共赢、共同发展。

**引导中小企业有序开展对外投资合作。**引导境外经贸合作区合理布局，建设和优化境外生产基地、科技研发基地、商贸物流网络节点，带动国内中小企业入区投资。依托互联网企业境外营销网络平台，帮助中小企业开辟新的投资渠道。通过以大带小合作出海，鼓励大企业带动中小配套企业走出去，构建全产业链战略联盟，形成综合竞争优势。

---

**专栏 7　跨境投资重点工程项目**

**（一）国家级经开区创新发展**

修订完善国家级经开区综合发展水平评价办法，加强监督和考核。推动国家级经开区践行创新、绿色、协调、开放、共享的发展理念，夯实制造业发展基础，加快发展战略性新兴产业，培育有全球影响力的先进制造基地和经济区。

**（二）建营一体化工程**

以大型成套装备制造业为重点，引导企业在项目规划、设计咨询、系统集成、运营维护、技术合作、监测维修等产业链两端开展增值服务，加快服务环节国际化，鼓励企业把产品技术标准及规范推向国际市场，逐步实现由"制造走出去"向"制造、服务联合走出去"转变。

**（三）境外经贸合作区创新工程**

优化境外经贸合作区国别布局和产业定位，创新合作区发展模式，鼓励企业自建、国内开发区合建、国内外地方政府共建。加大对境外经贸合作区承接国内优势产能的支持力度。

**（四）中非工业化合作计划**

推进中非产业对接和产能合作，鼓励支持中国企业赴非洲投资兴业，合作新建或升级一批境外经贸合作区，建设一批质量效益好、水平高的工业项目，加强技术、人员培训等方面援助和合作，提高非洲国家自主发展能力。

---

# 第八章　推进"一带一路"建设

秉持亲诚惠容，坚持共商共建共享原则，围绕政策沟通、设施联通、贸易畅通、资金融通、民心相通，推进同有关国家与地区多领域互利共赢的务实合作，打造利益共同体、责任共同体和命运共同体，构建陆海内外联动、东西双向开放的全面开放新格局。

### 第一节　加强与相关国家战略对接和互联互通

完善"一带一路"双边和多边合作机制，加强与相关国家政策沟通，将基础设施互联互通、贸易投资合作、金融合作等"一带一路"建设内容纳入双边经贸联委会、混委会重点议题，推动双方战略、市场、产业、项目有效对接，共同确定需要重点推进的重大合作项目，解决双方重大关切和合作难题，抓好重大项目落实。推动中蒙俄、中国—中亚—西亚、中国—中南半岛、新亚欧大陆桥、中巴、孟中印缅等国际经济走廊建设，推进与周边国家基础设施互联互通，共同构建连接亚洲各次区域以及亚欧非之间的基础设施网络。积极推进 21 世纪海上丝绸之路战略支点建设，参与沿线重要港口建设与运营，推动共建临港产业集聚区，畅通海上贸易通道。

### 第二节　推进经贸各领域务实合作

优化与相关国家的贸易结构，挖掘贸易增长点，扩大大型成套设备出口，推动与相关国家的农产品贸易合作，增加非资源类产品进口，发展特色服务贸易。积极探索在相关国家的节点城市建设一批海外仓储和展示中心，发展跨境电子商务，鼓励外贸综合服务试点企业在相关国家拓展业务。推动世贸组织《贸易便利化协定》实施，改善边境口岸通关设施条件，开展沿线大通关合作，推动海关监管和检验检疫标准互认，简化通关程序。支持中欧等国际集装箱运输和邮政班列发展。建设上海合作组织国际物流园和中哈物流合作基地。鼓励企业到相关国家投资，加强能源资源合作，提高就地加工转化率，参与相关国家工业化进程。发展面向相关国家的境外承包工程，支持企业参与当地基础设施建设。积极开展贸易投资促进活动，发挥好各类综合性展会的作用，为各国企业来华参展提供更多便利，鼓励我国企业到境外参加或举办各类展会。积极与相关国家和地区共建高标准自由贸易区，推动在上海合作组织、亚太经合组织等现有区域次区域合作机制中增加"一带一路"经贸合作议题，提高区域经济一体化水平。加强与国际组织和金融组织机构合作，发挥亚洲基础设施投资银行、丝路基金作用，推动建立以商业性金融为主的多元化融资支持渠道，加大出口信用保险支持力度，为经贸合作提供融资支持和保障。加大对相关国家的援助力度，优化援助结构，支持重大合作项目的规划咨询、预可研、勘察设计，扩大民生、能力建设、人文交流等方面的援助，夯实"一带一路"建设的民意基础。

### 第三节　推进合作园区建设

加强边境经济合作区、跨境经济合作区、境外经贸合作区等合作园区建设，把"三区"打造成为"一带一路"经贸合作的重要平台。推动出台支持边境经济合作区发展的指导性文件，有序开展现有边境经济合作区的调区、扩区工作，研究在条件成熟的沿边地区建立新的边境经济合作区，在基础设施建设、财税、人才等方面给予特殊扶持，提升边境经济合作区发展水平。稳步发展跨境经济合作区，探索创新跨境经济合作新模式，推动中哈霍尔果斯国际边境合作中心、中老磨憨—磨丁经济合作区加快发展，推动与相关国家共同建设新的跨境经济合作区。完善"一带一路"相关国家和地区的境外经贸合作区布局，支持中国—白俄罗斯工业园等境外合作区加快发展，提升合作区层次和水平，积极发挥合作区资源集聚优势，开发潜在市场。

## 第九章　加强区域协同开放

把扩大对外开放与深入实施西部开发、东北振兴、中部崛起、东部率先的区域发展总体战略结合起来，与推进"一带一路"建设、京津冀协同发展、长江经济带发展结合起来，完善对外开放区域布局，协同推进沿边、内陆、沿海开放，形成各有侧重的对外开放基地，促进区域协调发展。

### 第一节　加快沿边开放开发

充分发挥"一带一路"建设对沿边开放的带动作用，推进沿边地区开发开放规划落实，加强基础设施互联互通建设，推进重点口岸、边境城市、边境（跨境）经济合作区、重点开发开放试验区建设，发展外向型产业集群，深化面向周边市场的经贸合作，形成沿边开放合作带。充分利用大湄公河次区域、泛北部湾等合作平台，推动连接东南亚、南亚的国际大通道建设，提升与东盟合作水平，把广西建成中国—东盟战略合作新高地和西南、中南地区开放发展新的战略支点，把云南建成为面向东南亚、南亚辐射中心。推动新疆丝绸之路经济带核心区建设，打造向西开放的重要门户，形成丝绸之路经济带上重要的交通枢纽和商贸物流、金融服务、文化科技、医疗服务中心。发挥西藏面向南亚开放的重要通道作用，加强边境贸易基础设施建设。发挥甘肃经济文化综合优势，提升贸易集散和物流枢纽功能。支持黑龙江、吉林、辽宁、内蒙古建成向北开放的重要窗口和东北亚合作的枢纽，建设面向东北亚的亚欧陆港联运、江海联运出海大通道，加强图们江区域国际合作。

## 第二节　扩大内陆对内对外开放

发挥内陆地区生产要素成本优势，依托中原地区、长江中游地区、成渝地区、关中平原等内陆城市群，沿京广、京九、陇海、沪昆线发展轴，加快对内对外开放，提升国家级经开区等各类产业园区对外合作水平，积极承接外向型制造业转移，形成横贯东中西、联接南北方的内陆开放型经济走廊。加快武汉、长沙、南昌、合肥、贵阳、太原等内陆中心城市开放高地建设，推进宁夏等内陆开放型经济试验区建设。建好重庆、合肥、郑州、成都等跨境电子商务综合试验区。开展武汉、成都、两江新区、贵安新区、西咸新区等服务贸易创新发展试点。

## 第三节　全面提升沿海开放水平

发挥沿海地区对外开放引领作用，支持沿海地区全面参与全球经济合作和竞争，培育具有全球影响力的先进制造基地和经济区。发挥上海、广东、天津、福建自由贸易试验区全面深化改革、扩大对外开放的先行先试作用，率先对接国际高标准贸易投资规则体系。结合实施京津冀协同发展和长江经济带发展战略，推动沿海省市形成各具特色的开放优势。推进北京等地服务业开放先行先试，支持威海中韩自贸区地方经济合作示范区建设，支持上海率先建成国际贸易中心，探索建立舟山自由贸易港区，加快福建21世纪海上丝绸之路核心区建设，支持海南国际旅游岛建设。

## 第四节　深化内地和港澳、大陆和台湾地区合作发展

**深化内地与港澳合作。**全面贯彻"一国两制"、"港人治港"、"澳人治澳"、高度自治的方针，发挥港澳独特优势，提升港澳在国家经济发展和对外开放中的地位和功能。落实内地与港澳关于建立更紧密经贸关系安排（CEPA），推动CEPA升级。加快前海、南沙、横琴等粤港澳合作平台建设。支持港澳参与国家双向开放、"一带一路"建设，推动内地与港澳企业联合走出去。支持港澳在泛珠三角区域合作中发挥重要作用，推动粤港澳大湾区和跨省区重大合作平台建设。支持香港巩固国际金融、航运、贸易三大中心地位，充分发挥香港在金融、贸易、专业服务等方面的优势，参与国际和区域经济合作。支持澳门建设世界旅游休闲中心、中国与葡语国家商贸合作服务平

台，积极发展会展商贸等产业，促进澳门经济适度多元可持续发展。

**促进两岸经济融合发展。**坚持"九二共识"和一个中国原则，坚决反对"台独"。在坚持"九二共识"的政治基础上，推进两岸制度化协商，继续深化两岸经济合作，扩大两岸合作领域，增进两岸同胞福祉，巩固两岸关系和平发展。支持大陆台资企业转型升级，引导有条件的台资企业有序向中西部地区转移，加大对台资产业链投资的吸引力度。加强两岸在现代服务业、中小企业、电子商务等领域合作，适时将两岸冷链物流合作由试点推向更广范围和更高水平。发挥海峡西岸经济区、中国（福建）自由贸易试验区、平潭综合实验区、昆山深化两岸产业合作试验区等对台经济功能区的作用。

---

**专栏8  区域协同开放重点工程项目**

（一）**京津冀市场一体化建设**

完善京津冀一体化区域流通网络，支持北京商品批发市场适度向河北、天津迁移，合理布局和建设京津冀物流园区、交通场站，推进物流标准化应用。推动京津冀通关一体化建设。依托京津冀国家级经开区创新发展联盟，促进京津冀产业对接。

（二）**长江经济带商务引领**

发挥长三角城市群的引领示范作用，推进规则体系共建、创新模式共推、市场监管共治、流通设施互联、市场信息互通、信用体系互认的"三共三互"建设，促进长三角地区、长江经济带市场一体化。推进长江经济带25个加工贸易梯度转移重点承接地建设。支持长三角地区的国家级经开区与中西部沿江省市国家级经开区之间建立对口联系机制，共建跨区合作园区和合作联盟，推动东部地区外向型产业有序向中西部地区转移。依托立体交通走廊建设沿江农产品物流通道，优先在节点城市布局建设区域性农产品批发市场。

（三）**上海国际贸易中心建设**

支持上海建设国际消费城市、国际服务贸易示范城市、国际会展之都，打造面向国际的大宗商品交易市场，建设亚太示范电子口岸网络，建设贸易便利程度最高的城市，建设国际商事争议解决中心，率先建成具有国际国内两个市场资源配置功能的国际贸易中心。

（四）**沿边开放合作带建设**

面向东南亚、南亚、中亚、东北亚四个战略方向，以边境城市和口岸为窗口，推动与周边国家互联互通，发展特色优势产业，加强开发开放平台建设，促进沿边地区境内外产业互补与资源共享，深化与周边国家互利合作，逐步形成西南、西北、东北国际经济合作圈和环喜马拉雅、中蒙、鸭绿江中朝国际经济合作带。

## 第十章 深化开放包容、互利共赢的国际经贸关系

全面贯彻落实中央对外工作新理念、新方针，推动国际治理体系改革完善，积极引导全球经济议程，维护和加强多边贸易体制，加快实施自由贸易区战略，深化双边经贸合作，促进国际经济秩序朝着平等公正、合作共赢的方向发展，为国内发展营造有利的外部环境。

### 第一节 积极参与全球经济治理

维护世界贸易组织在全球贸易投资自由化中的主渠道地位，坚持多哈回合发展授权，推动多边贸易谈判进程，推进环境产品、政府采购谈判，促进多边贸易体制均衡、共赢、包容发展。推动制定多边投资规则。办好二十国集团杭州峰会，推进二十国集团从危机应对机制向长效经济治理机制转变，加强贸易投资机制建设，推动贸易部长会议实现机制化，拓宽议题领域，推动在贸易、投资、发展等领域取得积极务实成果。积极推进亚洲基础设施投资银行、金砖国家新开发银行建设，推动成立上海合作组织开发银行，形成多元化开发性融资格局。在能源安全、粮食安全、气候变化、发展合作、贸易投资、重大传染性疫病防控等全球性议题上，主动参与，积极作为。

### 第二节 构建面向全球的高标准自由贸易区网络

加快实施自由贸易区战略，不断扩大我国自由贸易区网络覆盖范围，逐步形成立足周边、辐射"一带一路"、面向全球的高标准自由贸易区网络。加快区域全面经济伙伴关系协定（RCEP）、中日韩、中国—海合会、中国—斯里兰卡、中国—马尔代夫、中国—格鲁吉亚、中国—以色列等自贸区谈判和中国—巴基斯坦自贸区第二阶段谈判，推进与"一带一路"相关国家和地区的自贸区建设，推动亚太自贸区进程。研究推动与尼泊尔等商建自贸区。推进与相关国家的自贸区升级。落实好中韩、中澳自贸协定和中国—东盟自贸区升级议定书等现有自由贸易协定。积极推动货物、服务、投资、电子商务、政府采购等领域对外开放，开拓新议题，提高我国自贸区建设的标准和质量。

### 第三节 积极参与和推动区域、次区域合作

积极参与亚太经合组织（APEC）合作，推进亚太地区贸易投资自由化和便利化，推动全球价值链、供应链互通、经济技术等领域合作，巩固和增强我国在亚太区域经

济一体化中的引领和主导作用。积极推进金砖国家务实经贸合作，坚持侧重经济、金融、务实合作的大方向，推动实现一体化的大市场目标。推进上海合作组织框架内贸易、投资、服务的便利化、自由化进程，探讨在贸易和投资领域开展更广泛和更高层次合作，强化中国—欧亚经济合作基金助力成员国、观察员国、对话伙伴国经济发展的功能。积极推进东亚一体化进程，深化中日韩及东盟10＋3合作。推进泛北部湾、澜沧江—湄公河、东盟东部增长区、中亚、泛黄海、大图们倡议等次区域合作，推动有条件的边境城市形成次区域合作中心城市。推动商签中国与欧亚经济联盟经贸合作伙伴协定。积极参与亚洲合作对话、亚信会议等合作机制。

### 第四节　深化双边经贸合作

以构建中美新型大国关系为指引，通过中美战略与经济对话、中美商贸联委会等高层经贸对话平台进行良性互动，加快推进双边投资协定谈判（BIT），深化省州经贸合作。不断丰富中欧全面战略伙伴关系的经贸内涵，完善和创新中国—中东欧国家合作机制等各类对欧经贸合作机制，推动中欧投资协定谈判，推动"一带一路"建设与欧洲发展战略对接，推进中欧地方经贸合作。保持中日经贸合作稳定发展，创新和提升经贸领域交流合作，为中日战略互惠关系发展发挥积极作用。深化中俄全面战略协作伙伴关系，借助两国高层交往及总理定期会晤机制，深化能源资源和战略性大项目合作。深化中印战略合作伙伴关系，把我国向西开放与印度"东向政策"结合起来，拓展在基础设施建设、信息技术、电信、投资、产业园区等重点领域合作。拓展与新兴经济体和发展中国家的经贸合作领域，推动中国—东盟经贸合作升级，进一步加强中非合作论坛、中阿合作论坛、中拉论坛建设。

### 第五节　加强和改进对外援助

积极承担国际责任和义务，扩大对外援助规模，帮助发展中国家特别是最不发达国家发展经济、改善民生。优化对外援助结构，加强人力资源、发展规划、经济政策等方面咨询培训的援助，突出基础设施、科技教育、医疗卫生、防灾减灾、环境治理、减贫等重点援助领域和项目，加大人道主义援助力度。积极落实二〇三〇年可持续发展议程，推动南北合作，加强南南合作，积极承担与我国国力相符的国际责任和义务。加强对外援助顶层设计和统筹谋划，健全综合性、立体式援助体系，推进援外项目管理体制改革，加强项目监管和评估，官方渠道和民间渠道相兼顾，提高援助综合效益。用好南南合作援助基金等手段，办好南南合作与发展学院。

# 第十一章　统筹对外开放与经济安全

深入贯彻总体国家安全观，牢固树立底线思维，处理好扩大对外开放和维护国家经济安全的关系，加强安全风险防控和应对，完善防控预警体系，提高安全管理水平，增强维护国家经济安全的能力，切实保障国家经济安全。

## 第一节　完善出口管制和产业预警体系

加快构建设计科学、运转有序、执行有力的出口管制体系。完善出口管制政策和管理措施。进一步完善出口管制许可，加强最终用户和最终用途核查，确保军民两用物项用于合法用途。在保证实施有效出口管制的同时，提高审批效率，促进和便利军民两用物项合法贸易。加强调查执法体制机制建设和能力建设，严格调查执法，强化事中事后监管。继续推动发达国家放宽对华出口管制，促进双边高技术和战略贸易合作。积极参与出口管制多边机制，增强我在出口管制领域国际规则制定的影响力和话语权。加强出口管制技术支撑体系建设，加大对社会宣传和服务力度。进一步加强和完善产业预警机制，推动重点产业提升国际竞争力。

## 第二节　做好贸易摩擦应对和贸易救济工作

全力做好重大贸易摩擦案件应对工作。综合运用交涉、磋商、谈判、法律抗辩和业界合作等方法，妥善解决与美、欧等主要贸易伙伴的重大贸易摩擦，有效维护我产业利益。积极应对反补贴调查，解决好调查中对我政治化、歧视性做法。通过对话磋商妥善解决与发展中国家的贸易摩擦。充分运用世贸组织及自由贸易协定项下争端解决机制和有关成员国司法诉讼等程序，纠正其滥用贸易保护及其他涉嫌违反规则的措施做法。强化部门、地方、商协会、企业"四体联动"的贸易摩擦综合应对机制，加强贸易摩擦应对工作总体协调和部门合作。加强产业损害预警，健全贸易救济调查制度，完善贸易救济领域法律法规。探讨建立贸易调整援助制度的可行性。提升运用贸易救济规则能力，完善调查与裁决机制，提高贸易救济工作水平。

## 第三节　加强反垄断和外国投资安全审查

加大反垄断执法力度，依法开展经营者集中反垄断审查，加强附条件批准案件的监督执行，有效防范通过集中获取垄断地位并损害市场竞争的行为，严肃查处未依法申报案件。完善审查机制，提高执法效率、质量和透明度。研究制定相关竞争政策，推动竞争政策与其他经济政策良性互动。运用反垄断对外合作备忘录机制、自贸协定谈判竞争章节或条款，加强反垄断国际交流与案件执法国际合作。加大反垄断宣传力度，扩大我国反垄断执法的国际影响力。积极指导企业海外反垄断应对。做好外国投资安全审查工作，进一步完善外国投资安全审查制度，将外国投资安全审查制度纳入《外国投资法》。

### 第四节 促进知识产权国际合作

加强知识产权对外工作，发挥好世界贸易组织、世界知识产权组织等多边知识产权交流机制作用，推进与经贸相关的多双边知识产权交流和谈判，完善双边知识产权合作磋商机制，加大国内立场协调力度，扎实推进专项谈判，积极参与知识产权国际秩序构建。研究制定与经贸有关的知识产权规则，落实对外贸易法中知识产权保护相关规定，研究建立进口贸易知识产权境内保护制度。加强知识产权行政处罚案件信息公开，强化行政执法与刑事司法衔接。完善海外知识产权维权援助机制，加强海外维权信息平台建设，加大打击侵权假冒工作力度，做好境内外重要知识产权保护工作。引导知识产权服务机构提高海外知识产权事务处理能力，鼓励企业加强知识产权布局和保护能力建设。

### 第五节 提高境外风险防控能力

加强走出去风险防控和权益保障体系建设，有效维护我海外利益。坚持预防为主，完善风险监测和预警机制、信息通报制度。强化日常监管，完善日常管理、应急预案及处置、安全教育培训等专项制度，提高企业风险管理意识和水平。妥善处理境外突发事件，加强与有关部门的协调配合，发挥好我驻外经商机构的桥梁作用，加强与相关国家应急处置沟通协调，指导和帮助企业制定应对方案和善后处置等工作。

## 第十二章 强化规划实施保障

### 第一节 加强党对商务工作的领导

坚持党总揽全局、协调各方，发挥商务系统各级党委（党组）领导核心作用，完善党委（党组）研究商务发展战略、分析经济形势、研究重大方针政策的工作体制机制，提高对重大商务问题的科学决策、科学管理水平。优化领导班子知识结构和专业结构，加强政治、经济、法律、外交、管理等方面的学习，注重培养选拔政治强、懂专业、善治理、敢担当、作风正的领导干部，增强党领导商务工作专业化能力。坚持法治思维、增强法治观念，依法调控和治理经济，提高党领导商务工作的法治化水平。坚持党要管党、从严治党，严明党的纪律和规矩，落实全面从严治党主体责任，健全改进作风长效机制，强化权力运行制约和监督。强化基层党组织整体功能，发挥战斗堡垒作用和党员先锋模范作用，更好带领群众推进商务事业发展。

### 第二节　创新政策措施

用好中央财政服务业发展专项资金和中小企业发展专项资金，支持内贸流通业转型升级。研究提出加快流通业线上线下融合创新、促进实体经济发展的政策措施。进一步推动内贸流通领域降税清费，切实降低企业经营成本。出台电子商务规范化、便利化措施，支持物流（快递）配送站、智能终端设施、仓储物流设施等基础设施建设，提升服务能力。完善再生资源回收企业税收政策。加强二手车交易登记管理和流通信息平台建设，优化二手车交易税收政策。研究加大对报废汽车回收拆解的支持力度。鼓励地方加大财政资金支持力度，引导社会资金投入，为重要产品追溯体系建设提供长期性资金保障。

加大外贸稳增长、调结构的政策支持力度。及时调整鼓励进口技术和产品目录。推动外贸领域清费减负工作机制化。完善促进跨境电子商务等外贸新业态发展的政策措施。制订服务出口重点领域指导目录。研究制订鼓励进口服务目录，优先纳入国内亟需的研发设计、节能环保和环境服务等生产性服务业。创新服务贸易便利化政策，加强金融对服务贸易的支持。

进一步缩减外资准入限制性措施。对集约用地的国家鼓励类外商投资类项目优先供应土地。研究制订鼓励外商投资企业加大研发和创新投入的政策措施。编制国家级经济技术开发区“十三五”发展规划，加大创新创业、投融资、土地二次开发、人才引进和培养、公共平台建设等政策支持力度。研究完善走出去财税金融支持政策，用好出口信贷、各种双边合作基金，支持“一带一路”建设、国际产能和装备制造合作、境外建营一体化工程等。推动地方政府将对外劳务合作经营资格审批权进一步下放至地市级商务主管部门。加强外派劳务经营主体规范管理，完善对外劳务合作风险处置备用金管理制度。

## 第三节　推进商务人才队伍建设

统筹商务主管部门、科研院所、高校、企业等领域的商务人才资源，推进与对外经济贸易大学、浙江工商大学等共建大学的合作，加强商务部国际贸易经济合作研究院国家高端智库建设试点工作，加大商务专业人才培养和引进，培养复合型人才，增加人才总量，盘活人才存量，提升人才质量。强化商务人才培训，加强宏观经济形势分析和商务领域战略研究，提高综合分析、组织协调和开拓创新能力。优化驻外经商机构干部队伍结构。加强与国际组织人才交流合作，积极向国际组织输送人才。支持基层商务主管部门和商务领域职业院校人才队伍建设，加大对中西部、贫困地区和边疆民族地区商务干部的培训。

## 第四节　加强规划实施和督导

完善规划实施机制，加强对本规划实施的组织、协调和督导。开展规划实施情况动态监测和评估工作，建立健全规划年度监督制度、中期评估制度和终期检查制度。加强商务领域各专项规划、区域规划、地方规划与本规划的统筹管理和衔接协调。制定年度工作计划要依照本规划进行分解，与规划保持衔接和协调，对规划提出的目标和任务，制定具体措施保障落实。加强依规（划）行政的监督检查，重大政策的出台和调整，要有规划依据。各级地方商务主管部门要采取多种形式加强宣传。在本规划执行期间，如国际环境和国内形势出现重大变化，在深入调研的基础上，依照相关程序，适当调整本规划的预期目标。

实现"十三五"时期商务发展目标，前景光明，任务繁重。全国商务系统广大干部职工要更加紧密地团结在以习近平同志为总书记的党中央周围，解放思想、实事求是，与时俱进、改革创新，团结一心、艰苦奋斗，推动商务发展迈上新台阶，为夺取全面建成小康社会决胜阶段的伟大胜利作出新贡献。

# 国家发展改革委 人民银行 商务部 外交部 中央组织部 中央文明办 中央网信办 工业和信息化部 公安部 财政部 国土资源部 环境保护部 交通运输部 农业部 文化部 国资委 海关总署 税务总局 工商总局 质检总局 食品药品监管总局 安监总局 统计局 银监会 证监会 保监会 能源局 外汇局关于加强对外经济合作领域信用体系建设的指导意见

（发改外资〔2017〕第 1897 号）

各省、自治区、直辖市、新疆生产建设兵团有关部门、机构：

对外开放是我国的基本国策，在党中央、国务院的统一部署和领导下，对外经济合作稳步推进。通过"一带一路"建设、对外经济合作，我国产业布局不断优化，产品、人才、技术、标准和文化大踏步"走出去"，国家海外利益稳步拓展，同时也实实在在地促进了合作国经济社会发展，从而实现互利共赢、包容共享。根据《国务院关于印发社会信用体系建设规划纲要（2014—2020 年）的通知》（国发〔2014〕21号）和《国务院关于建立完善守信联合激励和失信联合惩戒制度加快推进社会诚信建设的指导意见》（国发〔2016〕33 号），为加强对外经济合作领域信用体系建设，规范对外经济合作秩序，提高对外经济合作领域参与者的诚信意识，营造良好的对外经济合作大环境，现提出如下意见。

## 一、加强对外经济合作领域信用体系建设的重要意义

建立健全企业履行主体责任、政府依法监管和社会广泛参与的信用体系，有利于在

对外开放中有效维护国家利益、声誉和安全，有效规范对外经济合作参与者的行为和市场秩序，营造守法、合规、优质、诚信、公平开放、竞争有序的对外经济合作大环境，有效提高对外经济合作参与者诚信意识，提高对外经济合作水平，树立良好形象。

## 二、总体要求

全面贯彻落实党的十九大精神，以习近平新时代中国特色社会主义思想为指引，按照党中央、国务院对信用体系建设的总体要求，加快对外经济合作领域信用记录建设，推动信用信息共享应用，建立失信联合惩戒机制，有效规范对外经济合作秩序和参与者行为。

建立健全对外经济合作领域信用信息采集、共享规则，严格保护组织、个人隐私和信息安全，依法依规推进信用信息公开和应用。鼓励开发对外经济合作领域信用产品，使用信用信息和信用产品，推动实施失信联合惩戒，使守信者受益，失信者受限，增强负面惩戒的力度。

在对外经济合作领域，以对外投资、对外承包工程和对外劳务合作、对外贸易、对外金融合作为重点，加强对外经济合作信用记录建设。依托全国信用信息共享平台和国家企业信用信息公示系统，逐步实现信用信息的归集、处理、公示和应用。

## 三、加快推进对外经济合作信用记录建设

对贯彻落实"一带一路"建设、国际产能合作，参与实施设施联通、贸易畅通、资金融通等合作的对外经济合作主体和相关责任人，如出现违反国内及合作国家和地区相关法律法规以及违反国际公约、联合国决议，扰乱对外经济合作秩序且对推进"一带一路"建设造成严重不良影响、危害我国家声誉利益等的行为，相关主管部门将失信主体、责任人和失信行为记入信用记录。

### （一）建立对外投资合作主体的信用记录

对外投资主体和相关责任人，如出现违反国内及合作国家和地区相关法律法规以及违反国际公约、联合国决议，未按相关规定履行报批手续，虚假投资、捏造伪造项目信息骗取国家主管部门核准或备案文件以及办理境外投资外汇登记等，骗取资金以及办理资金购汇及汇出，拒绝履行对外投资统计申报义务或不实申报或拒绝办理境外直接投资存量权益登记，违规将应调回的利润、撤资等资金滞留境外，恶性竞争、扰

乱对外经济合作秩序，且对外造成严重不良影响，危害我国家声誉利益等的行为，相关主管部门将失信主体、责任人和失信行为记入信用记录。

### （二）建立对外承包工程和对外劳务合作主体的信用记录

对外承包工程、对外劳务合作主体和相关责任人，如出现违反国内及合作国家和地区相关法律法规以及违反国际公约、联合国决议，虚假投标、围标串标，骗贷骗汇，工程质量、安全生产不符合相关标准，未及时足额缴存外派劳务备用金、违法违规外派和非法外派、侵害劳务人员合法权益，拒绝履行对外承包工程和对外劳务合作统计申报义务或不实申报，恶性竞争，扰乱对外经济合作秩序、且对外造成严重不良影响，危害我国家声誉利益等的行为，相关主管部门将失信主体、责任人和失信行为记入信用记录。

### （三）建立对外金融合作主体的信用记录

对违反国内及合作国家和地区相关法律法规以及违反国际公约、联合国决议，利用夸大、捏造不实信息冲击人民币汇率以及违反国际收支统计申报义务或未按规定进行国际收支申报、情节严重的，非法跨境资本流动、洗钱、逃税、非法融资、非法证券期货行为，为暴力恐怖、分裂破坏、渗透颠覆活动融资，扰乱对外经济合作秩序，且对外造成严重不良影响，危害我国家声誉利益等的行为，相关主管部门将失信主体、责任人和失信行为记入信用记录。

### （四）建立对外贸易主体的信用记录

对违反国内及合作国家和地区相关法律法规以及违反国际公约、联合国决议，出售假冒伪劣产品，通过虚假贸易，非法买卖外汇，骗贷骗赔骗税骗外汇、洗钱、套利、编造虚假业绩，或者因企业产品质量安全问题给社会及进出口贸易造成重大危害和损失，扰乱对外经济合作秩序、对外造成严重不良影响，危害我国家声誉利益等的行为，相关主管部门将失信主体、责任人和失信行为记入信用记录。

### （五）鼓励社会各界力量参与信用记录建设

推动相关政府部门、企事业单位、行业协会、社会信用服务机构加强配合，社会各界力量广泛参与，形成对外经济合作领域信用建设的合力。鼓励行业组织、社会信用服务机构积极参与信用记录建设，通过各种渠道依法依规搜集整理对外经济合作领域各类主体的失信信息。鼓励广大人民群众如实举报相关失信行为。

## 四、加快推进对外经济合作领域信用信息共享应用

对外经济合作信用信息包括企业基础信息、对外经济合作基本信息、违法违规并造成严重不良影响等失信行为信息、相关处罚信息等。

按照属地化和行业化管理原则，各相关部门和地方定期将各自管理职责范畴内采集到的对外经济合作失信主体的相关信用信息推送给全国信用信息共享平台。共享平台及时动态更新失信行为相关主体、责任人的信用记录，并按照有关规定向相关部门和单位提供对外经济合作相关主体、责任人的信用信息。同时在国家发展改革委、商务部、人民银行以及相关业务主管部门网站、国家企业信用信息公示系统、"信用中国"网站等向社会公布。

各相关部门掌握的可以依法向社会公开的信用信息应当及时通过部门网站公布，并主动向国家企业信用信息公示系统和"信用中国"网站推送。积极协调有关互联网新闻信息服务单位及时向社会公布依照法律法规可以公开的失信行为相关主体、责任人信用信息，不断扩大信用信息的公众知晓度。

## 五、建立对外经济合作领域失信惩戒机制

各相关部门通过签署对外经济合作领域失信行为联合惩戒合作备忘录，对严重失信主体依法依规实施联合惩戒。

鼓励各类社会机构和企业法人依据法律法规和规章制度，采用市场化的手段，对失信企业在信贷担保、保险费率、招投标采购等方面采取限制性措施，强化失信联合惩戒的效果。

## 六、机制保障

### （一）指导协调机制

在国务院"走出去"工作部际联席会议机制内，加强对对外经济合作领域信用体系建设的指导和协调，各相关部门和地方要高度重视，研究制定对失信行为的惩戒措施，积极落实各项政策措施。

### （二）修复机制

制定信用信息主体异议和申诉流程，保护信用信息主体合法权益。建立信用信息纠错、修复机制，明确各类信用信息期限，失信惩戒期限，畅通信用修复渠道，丰富信用信息修复方式。

### （三）采集、查询机制

相关政府部门、行业协会组织和社会信用服务机构要严格遵照有关规定，建立健全保障信用信息安全的规章制度，严格执行信用信息采集、查询和使用的权限和程序。

### （四）通报机制

建立对外经济合作领域惩戒效果定期通报机制，各部门定期将联合惩戒实施情况通过全国信用信息共享平台反馈给国家发展改革委、商务部、人民银行、外交部及其他相关部门。

2017 年 10 月 31 日

# 国家发展改革委 外交部 工业和信息化部 财政部 商务部 人民银行 海关总署 工商总局 质检总局 银监会 证监会 保监会 外汇局关于印发鼓励和 引导民营企业积极开展境外投资的实施意见的通知

## （发改外资〔2012〕1905号）

国务院有关部门、直属机构，全国工商联，各省、自治区、直辖市及计划单列市、副
省级省会城市、新疆生产建设兵团发展改革委、外事办公室、工业和信息化厅（局）、
财政厅（局）、商务厅（局）、人民银行分行、各地海关、工商行政管理局（市场监
督管理局）、质检局、银监局、证监局、保监局、外汇局：

为贯彻落实《国务院关于鼓励和引导民间投资健康发展的若干意见》（国发
〔2010〕13号），充分发挥民营企业在境外投资中的重要作用，鼓励和引导民营企业
积极开展境外投资，我们研究制定了《关于鼓励和引导民营企业积极开展境外投资的
实施意见》，现印发你们，请在工作中认真贯彻执行。

附件：《关于鼓励和引导民营企业积极开展境外投资的实施意见》

2012年6月29日

**附件：**

# 关于鼓励和引导民营企业积极开展
# 境外投资的实施意见

当前我国正处于民营企业境外投资加快发展的重要阶段。为贯彻落实《国务院关于鼓励和引导民间投资健康发展的若干意见》（国发〔2010〕13 号），充分发挥民营企业在境外投资中的重要作用，引导民营企业更好地利用"两个市场、两种资源"，加快提升国际化经营水平，推进形成我国民间资本参与国际合作竞争的新优势，推动民营企业境外投资又好又快发展，现提出以下实施意见：

## 一、大力加强对民营企业境外投资的宏观指导

（一）加强规划指导和统筹协调。充分发挥民营企业在境外投资中的重要作用，结合贯彻落实"十二五"规划和国务院办公厅转发发展改革委等部门关于加快培育国际合作竞争新优势的指导意见，引导民营企业有重点、有步骤地开展境外投资。加强跨部门的沟通协调，对民营企业开展境外投资进行专题研究，协调解决民营企业开展境外投资的重大问题。

（二）做好境外投资的投向引导。完善境外投资产业和国别导向政策，支持国内有条件的民营企业通过多种方式到具备条件的国家和地区开展境外能源资源开发，加强民营企业境外高新技术和先进制造业投资，促进国内战略性新兴产业发展，推动国内产业转型升级和结构调整。支持有实力的民营企业积极开展境外基础设施、农业和服务业投资合作。支持有条件的民营企业"走出去"建立海外分销中心、展示中心等营销网络和物流服务网络，鼓励和引导民营企业利用国际营销网络、使用自有品牌加快开拓国际市场。

（三）促进企业提高自主决策水平。引导民营企业根据国家经济发展需要和自身发展战略，按照商业原则和国际通行规则开展优势互补、互利共赢的境外投资活动。指导民营企业认真做好境外投资风险防范工作，积极稳妥开展境外投资。

（四）指导民营企业规范境外经营行为。加强民营企业境外投资企业文化建设，引导境外投资企业遵守当地法律法规，注重环境资源保护，尊重当地社会习俗，保障当地员工的合法权益，履行必要的社会责任。鼓励民营企业积极开展公共外交活动，

加强对外沟通交流，树立中国企业依法经营、重信守诺、服务社会的良好形象。引导企业加强境外投资的协调合作，避免无序竞争和恶意竞争。

## 二、切实完善对民营企业境外投资的政策支持

（五）落实和完善财税支持政策。充分发挥现行专项政策的作用，加大对民营企业的支持力度。积极落实好企业境外缴纳所得税税额抵免政策，鼓励民营企业开展境外投资。

（六）加大金融保险支持力度。鼓励国内银行为民营企业境外投资提供流动资金贷款、银团贷款、出口信贷、并购贷款等多种方式信贷支持，积极探索以境外股权、资产等为抵（质）押提供项目融资。推动保险机构积极为民营企业境外投资项目提供保险服务，创新业务品种，提高服务水平。拓展民营企业境外投资的融资渠道，支持重点企业在境外发行人民币和外币债券，鼓励符合条件的企业在境内外资本市场上市融资，指导和推动有条件的企业和机构成立涉外股权投资基金，发挥股权投资基金对促进企业境外投资的积极作用。

（七）深化海关通关制度改革。推动建立以企业分类管理和风险处置为基础的通关作业新模式，对符合条件的高资信民营企业的货物办理快速验放手续。深入推进区域通关一体化建设，研究扩大"属地申报，口岸验放"通关模式适用范围。调整海关相关作业制度和作业流程，推动监管证件联网核查，逐步建立起口岸部门间信息共享、联合监管的合作机制，启动通关作业无纸化改革试点工作。

## 三、简化和规范对民营企业境外投资的管理

（八）健全境外投资法规制度。根据境外投资形势需要，抓紧研究制定境外投资领域专门法规，完善现行有关境外投资管理的部门规章，加强部门规章的统筹与协调，积极引导民营企业开展境外投资，继续扩大人民币在企业境外投资中的使用。

（九）简化和改善境外投资管理。根据国务院关于投资体制改革的精神，结合民营企业境外投资发展新情况、新形势，简化审核程序，进一步推进境外投资便利化。

（十）改进和完善外汇管理政策。采取综合措施提升境外投资外汇汇出便利化水平。取消境外放款购付汇核准，企业办理相关登记手续后直接在银行办理资金购付

汇。实行境外直接投资中债权投资与股权投资分类登记，为民营企业债权投资资金回流提供方便。为便于民营企业的境外关联公司获得融资，在境内机构提供对外担保时，允许与担保当事人存在直接利益关系的境内个人为该笔担保项下债务提供共同担保。

## 四、全面做好民营企业境外投资的服务保障

（十一）提升经济外交服务水平。加强外交工作为民营企业境外投资的服务和保障，积极利用多双边高层交往和对话磋商机制，创造民营企业境外投资有利的政治环境。驻外机构要加强与国内主管部门的沟通与配合，加强对当地中资企业的信息服务、风险预警和领事保护，积极帮助企业解决境外投资中遇到的困难和问题。继续推进与有关国家的领事磋商和领事条约谈判，进一步商签便利企业人员往来的签证协定，促进民营企业境外投资相关人员出入境便利化。

（十二）健全多双边投资保障机制。充分发挥好目前我国与有关国家和地区已签署的双边投资保护协定、避免双重征税协定以及其他投资促进和保障协定作用，进一步扩大商签双边投资保护协定和避免双重征税协定的国家范围，为民营企业境外投资合作营造稳定、透明的外部环境。加强与有关重点国家的投资合作和对话机制建设，积极为民营企业境外投资创造有利条件和解决实际问题。指导民营企业应对海外反垄断审查和诉讼。

（十三）提高境外投资通关服务水平。研究引入专业担保公司、机构参与提供海关税费担保，减轻民营企业融资困难。积极推广和优化全国海关税费电子支付系统，为民营企业提供准确、快捷、方便的税费网上缴纳和纳税期限内 14 天的银行担保服务。继续加大出口绿色通道和直通放行制度推广力度，使更多的民营企业享受绿色通道和直通放行制度带来的便利。全面推进检验检疫信息化建设和检验检疫窗口标准化建设，进一步提高办事效率和服务水平。

（十四）全面提升信息和中介等服务。有关部门定期发布对外投资合作国别（地区）投资环境和产业指引，帮助民营企业了解投资目标国的政治、经济、法律、社会和人文环境及相关政策。以现有各类工业园区、产业集聚区和国家新型工业化产业示范基地等为依托，充分发挥现有各类公共服务平台的作用，强化为民营企业境外投资合作的综合服务。支持行业商（协）会积极发挥境外投资服务和促进作用。积极发挥

境外中介机构作用，大力培育和支持国内中介机构。鼓励国内各类勘测、设计、施工、装备企业和认证认可机构为民营企业境外投资提供技术服务和支持。（十五）引导民营企业实施商标国际化战略。引导民营企业通过品牌培育争创驰名商标、著名商标，切实加强对商标专用权的保护。加强对民营企业马德里国际商标注册的指导、宣传和培训，引导民营企业增强商标国际注册和保护意识，开展国际认证。建立健全海外商标维权机制，畅通海外维权投诉和救助渠道。加强商标国际注册统计工作，建立商标国际注册和维权数据库。

## 五、加强风险防范，保障境外人员和资产安全

（十六）健全境外企业管理机制。境内投资主体要加强对境外投资企业的监督和管理，健全内部风险防控制度，加强对境外企业在资金调拨、融资、股权和其他权益转让、再投资及担保等方面的约束和监督，加强对境外员工的安全教育和所在国法律法规、文化风俗等知识培训，防范境外经营和安全风险。

（十七）完善重大风险防范机制。有关部门进一步建立健全国别重大风险评估和预警机制，加强动态信息收集和反馈，及时警示和通报有关国家政治、经济和社会重大风险，提出应对预案，采取有效措施化解风险。在境外民营企业遭受重大损失时，通过法律、经济、外交等手段切实维护合法权益。

（十八）强化境外人员和财产安全保障。发挥境外中国公民和机构安全保护工作部际联席会议机制的作用，完善境外安全风险预警机制和突发安全事件应急处理机制，及时妥善解决和处置各类安全问题。提高民营企业安全意识和保障能力。加强境外安全生产监管工。

以上实施意见自发布之日起施行。

# 商务部 财政部 人民银行 全国工商联关于鼓励支持和引导非公有制企业对外投资合作的意见

## （商合发〔2007〕94 号）

各省、自治区、直辖市、计划单列市及新疆生产建设兵团商务主管部门、财政厅（局），中国人民银行上海总部，各分行、营业管理部、各省会（首府）城市中心支行，大连、青岛、宁波、厦门、深圳市中心支行，各省、自治区、直辖市、副省级城市及新疆生产建设兵团工商联：

个体、私营等非公有制企业对外投资合作已进入快速发展时期。为充分发挥非公有制企业在实施"走出去"战略的作用，根据党中央、国务院关于鼓励支持和引导非公有制企业发展的精神，现提出以下意见：

### 一、充分认识非公有制企业对外投资合作的重要意义

鼓励支持和引导非公有制企业通过对外投资、对外承包工程、对外劳务合作等多种形式，积极参与国际竞争与合作，形成一批有较强国际竞争能力的跨国企业，对于落实科学发展观、推动经济增长方式转变和结构调整、促进我国国民经济持续健康发展、实现全面建设小康社会和构建社会主义和谐社会的宏伟目标，具有重大意义。

非公有制企业对外投资合作，有利于充分发挥其产权、机制、成本和创业精神等方面的优势，更好地参与国际市场竞争，提高利用"两个市场、两种资源"的能力；有利于充分发挥非公有制企业在竞争性行业的比较优势，提升以中小企业为主的产业集群在国际产业链中的地位；有利于充分发挥非公有制企业灵活性和民间性的特点，通过互利合作，加强民间经济交往，促进我国对外关系的发展。

经过改革开放二十多年的发展，非公有制企业在生产技术与装备水平、科技研发

能力、企业管理水平以及员工整体素质等方面有了较大提高，相当一部分企业具备了"走出去"的条件。近几年，非公有制企业对外投资合作的愿望日益强烈，涌现出一批投资规模较大、"走出去"取得成功的企业，出现了大企业带动中小企业的集群式、规模化发展的态势。但目前非公有制企业"走出去"仍遇到一些体制性障碍和实际困难，必须采取有力措施加以解决。

因此，要从我国经济与社会全面发展和对外开放全局的高度，充分认识鼓励支持和引导非公有制企业对外投资合作的重要性，紧紧抓住本世纪头二十年的重要战略机遇期，统筹国内发展与对外开放，加大力度支持非公有制企业"走出去"。

## 二、深化行政体制改革，推进非公有制企业"走出去"便利化

深化行政审批制度改革，建立以促进、服务和保障为主的管理模式。减少审批环节，提高审批效率，大力推进非公有制企业"走出去"便利化。强化企业的市场主体地位，贯彻平等准入、公平待遇原则，在对外投资核准、对外承包工程和对外劳务合作等经营资格核准等方面，对非公有制企业与其他所有制企业一视同仁，实行同等待遇。支持符合条件的非公有制企业开展对外承包工程等业务，充分发挥非公有制企业开展对外投资合作的积极性。

鼓励和支持轻工、纺织、服装、家电、机械、建材、通讯、医药等行业的非公有制企业，通过独资、合资、联营、并购等方式，到有条件的国家和地区特别是周边国家和发展中国家投资建厂，建立海外生产基地和营销网络。支持有实力的非公有制企业在境外科技资源密集的地区投资设立研发中心和研发型企业。支持具备条件的非公有制企业发挥自身优势，有序参与境外资源开发合作。支持具备条件的非公有制企业单独或与国内外企业联合，通过国际通行方式开展对外承包工程，努力承揽附加值高的工程项目。推动具备条件的非公有制企业到境外从事贸易分销、金融服务、信息咨询、物流航运、文化旅游等服务业。

针对非公有制企业特点，完善外事、人员出入境、货物通关等管理制度，便利非公有制企业经营管理人员到境外开展业务。

## 三、加强政策支持，促进非公有制企业对外投资合作

进一步完善各部门现行支持政策，确保非公有制企业在"走出去"的过程中，在

财税、融资、外汇、保险等各项政策方面可以享受到与其他所有制企业同等待遇。

发挥财税政策支持作用。符合条件的非公有制企业，可享受境外加工贸易贷款贴息资金、中小企业国际市场开拓资金以及援外合资合作项目基金、对外承包工程保函风险专项资金、对外承包工程项目贷款财政贴息资金和对外经济技术合作专项资金等的支持。对非公有制企业以对外承包工程带动出口和以设备及零配件等实物形式对外投资的，按现行政策予以出口退税。

加大融资支持力度。发挥国家政策性金融机构的作用，根据国家有关政策法规，对符合条件的非公有制企业从事国家鼓励的境外投资、资源开发和工程承包业务，可以积极提供信贷支持。加强金融服务，国内商业银行及其境外分支机构要在充分评估和有效控制风险的基础上，为非公有制企业开拓国际市场提供融资便利。支持符合条件的非公有制企业采取在境外上市、发行债券、项目融资等多种方式筹资。非公有制企业经批准可为其所办境外企业提供融资担保。

进一步完善外汇政策支持体系。非公有制企业进行境外投资，可使用自有外汇，也可申请国内外汇贷款或购汇解决。非公有制企业投资的境外企业所得利润，可以用于该境外企业的增资或者在境外再投资。对国家鼓励项目带动的出口，在外汇核销上提供便利。允许符合条件的非公有制企业经核准后以境外放款的方式解决境外企业资金周转需求，以鼓励有实力的非公有制企业扩大境外投资。

加强保险服务。充分发挥出口信用保险的作用，针对非公有制企业的特点提供出口信用保险产品，协助非公有制企业建立风险保障机制，增强抗风险的能力。

## 四、加强引导与服务，为非公有制企业对外投资合作创造条件

要加强部门间协调配合，完善国别产业导向政策，加强境外投资国别障碍调查，正确引导非公有制企业对外投资合作。各级地方政府主管部门要根据当地实际情况，积极采取措施，鼓励支持和引导本地具备条件的非公有制企业开展跨国经营，促进当地外向型经济的发展。

强化信息和促进服务。完善并充分发挥现有信息系统的作用，为非公有制企业提供国外的市场环境和法律法规、资源状况、贸易投资及经济合作项目等信息服务。发展社会中介组织，为非公有制企业"走出去"提供法律、仲裁、财务、咨询、知识产权和认证等服务。建立健全相关促进机制，积极引导和组织非公有制企业参加商业和

非商业性对外投资贸易促进活动。利用各种多双边政府经贸合作机制，为非公有制企业加强与发展中国家企业的合作创造条件。

引导非公有制企业加快现代企业制度建设，完善内部机制，增强国际竞争力，在"走出去"中做强做大，着力培育一批具有较强国际竞争能力的民营跨国企业。鼓励非公有制企业在"走出去"过程中实施品牌战略，加大科技创新力度，努力提高自主创新能力。引导中小企业与大企业开展专业化协作和产业集群发展，建立稳定的供应、生产、销售、技术开发等协作关系，实现优势互补、资源共享。非公有制企业对外投资合作要遵循市场经济规则，量力而行，循序渐进，科学论证，审慎决策，努力规避风险，提高成功率。

加快人才培养，提高非公有制企业经营管理者素质。加大对非公有制企业出资人和经营管理人员的培训，普及国际化经营和国际商务知识，增强法制观念与诚信意识，提高跨国经营管理能力，造就一批精通业务、熟悉国际规则、熟练掌握外语、工作能力强的复合型人才。加快企业人才市场的国际化，为非公有制企业提供人力资源国际交流服务。

发挥驻外使（领）馆的作用。帮助非公有制企业了解驻在国情况，积极为企业牵线搭桥，排忧解难；指导中资企业守法经营；组建境外中资企业商会并吸纳非公有制企业参加；加强与驻在国政府的磋商与交涉，推动解决中资企业人员在部分国家开展商务活动遇到的出入境障碍和办理签证难等问题；加强领事保护和司法协助，维护境外中资企业和人员的合法权益，指导企业制订安全防范措施，提高应对突发事件的能力，保障人员及财产安全。非公有制企业应主动与驻外使（领）馆沟通并报告情况，接受使（领）馆的指导。

## 五、加强协调监管，保障非公有制企业对外投资合作有序进行

将非公有制企业开展对外投资合作纳入国家统一监管体系，完善监管制度，改进监管办法，规范监管行为，提高监管水平。非公有制企业应自觉遵守国家有关法律法规，接受政府相关部门的监管，并按要求报送有关业务统计资料。

加强政府、行业组织、中介机构间的沟通与合作，按照国际通行规则和相关法律法规，努力化解非公有制企业在"走出去"过程中遇到的矛盾与冲突。规范非公有制企业市场行为，有效维护国家利益和企业的整体利益。非公有制企业在对外交往中，

应树立大局观念和社会责任意识，自觉维护国家和企业的形象，遵守驻在国的法律法规，尊重当地风俗习惯，处理好与当地各方面的利益关系，通过互利合作实现共同发展。

完善并强化相关协调机制与措施，发挥行业商（协）会及境外中资企业商会的作用，加强行业自律，维护良好的经营秩序，避免恶性竞争。对不服从协调造成国家利益受损的，要依照有关法律和行政法规追究责任。

2007 年 5 月 10 日

# 商务部关于加强我国驻外使（领）馆经商参处（室）管理对外投资合作工作的指导意见

## （商合发〔2008〕270号）

各驻外使（领）馆经济商务参赞处（室）：

随着"走出去"战略的深入实施，我国企业对外投资合作的规模迅速扩大，境外中资企业和外派人员不断增多，地域分布日益广泛。为加强对境外企业经营监管和海外权益保障，根据我国驻外使（领）馆经济商务参赞处（室）（以下简称驻外经商机构）主要任务和职责，现就加强驻外经商机构对此项业务的一线管理、协调和服务工作提出以下意见：

## 一、总体要求

驻外经商机构要在使（领）馆党委的领导下，认真贯彻党中央、国务院的相关方针政策，切实执行国家有关规章制度，按照科学发展观的要求，围绕"信息、服务、协调、调研、交涉、保护"十二字方针，认真做好对外投资、对外承包工程、对外劳务合作等对外投资合作业务的管理和服务工作。要重点做好对驻在国（地区）与投资合作相关重要信息的收集和分析；指导和监督我国企业在当地守法经营，履行社会责任，重信守诺，实现互利共赢；协调我国企业在重大问题和项目上一致对外；提高服务水平，积极开展对外交涉，维护国家、企业和人员合法权益。

## 二、主要任务

### （一）加强指导监管，维护经营秩序

驻外经商机构要对当地中资企业实行登记备案管理，建立企业档案，全面掌握企

业数量、经营状况等方面的情况，定期与部内主管司局进行核对，并敦促有关企业履行国内核准手续。

要加强对重大投资合作项目的跟踪管理，建立项目档案，定期检查，及时报回有关情况和工作建议。对政府间合作项目和当地关注的项目，要密切关注工期进度、质量安全和劳资关系；对已出现劳资关系紧张、工程严重拖期、资金运作困难、质量安全隐患的项目，要督促企业及时整改；对外派劳务人员较多的项目，要定期摸排和巡查，避免群体性事件发生；对中标的境外经贸合作区项目，要每半年到建设现场进行实地考察，并通过政务信息互送系统，于每年2月1日和8月1日前向商务部报送项目进度。

要指导中资企业提高守法经营意识。定期组织企业学习我国及当地的法律法规和有关政策，并监督落实。对企业不服从协调或未经批准擅自投标、把项目层层转包、进行商业贿赂、相互拆台、擅自对外承诺我政府部门和金融机构提供信贷、向工人提供的工资、福利待遇不符合当地法律规定等违法违规行为要坚决制止、及时纠正，并将有关情况报国内。要指导中资企业提高社会责任意识。组织中资企业积极参与当地公益事业，教育企业严格遵守当地环保、劳务等方面的法规，尊重当地宗教、风俗习惯，学会与所在国社会各界和谐相处、平等相待；鼓励企业开展属地化经营，妥善处理劳资关系，增强政治敏感性，避免卷入当地利益集团纷争。

**（二）加大调研力度，及时报告情况**

驻外经商机构要加强对驻在国（地区）投资合作环境的调研。密切跟踪分析当地政治局势、经济运行、法律政策、市场容量、发展规划、产业状况、重要投资信息等情况以及我国企业在经营中遇到的主要政策障碍，并形成报告于每年12月31日前报回。重大事项随时报告。

要加强对当地中资企业经营情况的分析研究。密切关注当地政府、议会、群众团体及主流媒体等社会各界对我企业的评价和报道，及时总结我国企业及有代表性的第三国企业在当地的成功经验、失败教训和受奖惩情况。对带有普遍性和倾向性的突出问题要及时提出对策建议。驻在国（地区）我外派劳务人员超过5000人的，要每半年（2月1日前和8月1日前）报回有关业务开展情况。

要与当地政府部门建立联系工作机制，实现信息互换共享。要在每年5月31日前报回驻在国（地区）公布的来自中国的直接投资统计数据、累计投资额在100万美元以上的中资企业情况和驻外经商机构实际了解的正在经营的中资企业数量和实际投资额。

### （三）建立协调机制，加强对话沟通

在境外中资企业比较集中的国家（地区），驻外经商机构要积极组织中资企业成立商（协）会，并对商（协）会的筹备、成立、注册和运作给予必要的指导和协助。在商（协）会成立前，应将章程、会长、理事会成员和会员名单以及筹建方案报商务部备案。在商会成立后，要按照《商务部外交部国资委关于支持和发展境外中资企业商会的指导意见》（商合发〔2008〕8号）精神要求，在对外交涉和对内协调工作中充分发挥商会的作用，并积极主动研究商会的发展问题，指导其加强自身建设、提高工作水平。驻在国（地区）中资企业较少的，可指导建立相应的协调机构，就市场、客户、价格、质量等问题进行内部协商，避免内部恶性竞争。

对外派人数较多的对外承包工程项目，驻外经商机构要建立由驻外经商机构、劳务人员代表、企业项目现场管理人员、企业国内本部共同组成的外派劳务人员对话机制，定期沟通情况，妥善处理各种矛盾。对普通外派劳务，也要主动采取措施，前移监管关口，指导外派企业建立劳务人员、经营公司代表、雇主沟通机制，并定期走访劳务人员，听取并协调解决劳务人员的合理诉求，及时发现倾向性和苗头性问题。同时，指导企业加强对劳务人员的宣传教育，引导其通过正当渠道反映问题，避免采取过激行为。

### （四）加强信息建设，提高服务水平

驻外经商机构要根据国内的统一部署，认真组织编写《对外投资合作指南》，发布驻在国对外投资环境信息，指导企业防范风险，规范经营行为。要按照国内要求定期更新《对外投资合作指南》内容并提出修订意见。

要充分利用驻外经商机构网站平台，及时发布与投资合作相关信息。驻外经商机构在日常工作中形成的政务信息和调研报告，凡不涉密的均应在网站上发布。要配合国内做好"对外投资与合作信息服务系统"的建设、运行和维护工作，把此项工作作为驻外经商机构信息建设的重要内容，根据国内要求加强对驻在国基本情况、投资环境、中资企业开展业务情况等信息的收集、录入及更新工作，实现国内国外互联互通、信息共享，提高管理和服务水平。

**（五）加强防范预警，妥善处理境外纠纷和突发事件**

驻外经商机构要高度重视境外纠纷和突发事件的防范、预警和处置工作。要建立和完善专门的工作机制和预警制度，主要负责人要亲自挂帅，并指派专人负责。要配合使（领）馆有关部门加强对安全信息的收集和对各类矛盾、问题的监测，积极争取驻在国军队、内务、警察等部门的支持，及时掌握各类群体性事件的发生苗头和可能危及我国企业和人员安全的情报信息，并向国内有关部门和当地中资企业、人员通报。

境外纠纷或突发事件发生后，驻外经商机构主要负责人要第一时间介入处理，及时与当地政府部门交涉协调，做好有关人员的思想稳定工作。关键阶段必须派人盯守现场，靠前指挥，防止事态失控。要迅速摸清事件基本情况，做出初步评估并提出处理建议，报相关地方人民政府（涉及地方企业）或中央企业集团总部（涉及中央企业），同时，抄报商务部、外交部、国资委（涉及中央企业）、安监总局（涉及安全生产）、住房城乡建设部（涉及工程质量）及其他相关政府部门。要指导并协助有关企业和国内派出工作组开展工作，并根据需要提供有关证明材料。因发生突发或纠纷事件，我外派劳务人员须即刻回国而企业无力支付遣返费用时，应尽速将发生的事件电告有关省级商务主管部门及相关地方人民政府，以启动对外劳务合作备用金动用程序。对因雇主或驻在国（地区）政府原因导致我企业或人员遭受伤亡或损失的，要指导和协助有关企业对外交涉，争取合理赔偿。

**（六）认真履行职责，做好征询意见答复工作**

驻外经商机构要把好市场准入关。国内企业对外投资设立企业、首次或重新进入当地市场开展对外承包工程业务，驻外经商机构要在收到国内地方商务主管部门或中央企业集团总部征求意见函之日起5个工作日内予以回复。驻在国（地区）成立了中资企业商（协）会的，驻外经商机构在答复前应征询其意见。在未建交国家开展业务的，由我派驻未建交国的商务代表处或代管驻外经商机构出具市场准入意见，并对签订的合同进行备案管理。

驻外经商机构要把好项目协调关。国内企业参加需办理投（议）标许可的对外承包工程项目（报价金额在500万美元或以上的工程项目及亚洲开发银行出资的项目）、由外国政府招（议）标的政府间项目、大型出口信贷和出口信用保险项目（需由我国提供出口信贷及出口信用保险的合同金额在 1 亿美元以上的大型和成套设备出口项目及对外承包工程项目）的投（议）标和商务部组织的境外经济贸易合作区招标，驻外经商机构要在综合考虑东道国政策法规、投资环境、安全状况、市场容量、与我政治经济关系、企业综合实力以及项目是否涉及敏感领域或利益纠纷等因素的基础上，为其出具意见函。

对于国内企业申请享受国家设立的"对外经济技术合作专项资金"（对我企业在境外开展的对外投资合作项目给予直接补助或贷款贴息）支持，驻外经商机构要在认真核查的基础上对企业申请的项目执行情况及时出具审核意见。如申请境外突发事件处理费用补贴，驻外经商机构要出具对突发事件及处理情况的详细说明。

外派劳务企业首次签约进入当地劳务市场、向同一项目派出劳务人员超过 50 人或向服务业派出女性，须首先向驻外经商机构提出《劳务项目确认申请》。驻外经商机构要在认真审核的基础上在 10 日内出具审核意见。凡向驻在国（地区）博彩、色情经营场所派遣劳务人员的项目一律不予确认。经营企业名单可在商务部网站合作司子站"在线查询"栏目中找到。为加强工程项下劳务管理，凡需自带劳务的对外承包工程项目，驻外经商机构要出具明确意见。

### （七）加强对外磋商和宣传，维护企业合法权益

驻外经商机构要加大对外工作力度。对当地政府出台对我企业明显不利或歧视性法律规定，以及对我企业和人员采取不公正法律行动，要及时报回，并在使馆统一领导下，与使馆有关部门密切配合，积极开展对外交涉，维护我企业和人员合法权益。要协调解决我企业在经营中遇到的办理工作准证、入境签证、通关手续等突出困难，推动重点投资合作项目的签约和实施。开展上述工作，既要积极主动，又要实事求是，遵循国际惯例和市场规则，尽量避免将有关问题"政治化"。

要积极配合国内做好双边投资保护协定、双边劳务合作协定、加强基础设施领域合作协定以及与重点发展中国家双边经贸合作中长期发展规划的商签和组织实施工作，配合国内有关部门和金融机构做好对外提供优惠出口买方信贷的落实工作。

要利用各种场合和渠道宣传我国开展对外投资合作的原则立场和主张，主动介绍我国企业在当地开展业务情况，对当地媒体的负面报道要及时澄清。要及时制止和纠正经营企业利用当地媒体对项目进行虚假宣传。对造成不良后果的，要及时将有关情况报告外交部和商务部（国有企业报国资委或企业所在地省级国资管理部门）。

## 三、组织落实

加快实施"走出去"战略，是我国对外开放新阶段的重大举措，对于实现国民经济持续快速增长，促进与世界各国的共同发展，具有十分重要的意义。加强对企业"走出去"的一线监管、协调和服务，既是当前驻外经商机构的工作重点，也是工作难点。各驻外经商机构要提高认识，加强领导，认真组织实施本指导意见规定的各项工作。要加强统筹协调，明确职责分工，制订完善相应措施和工作机制。要加强监督检查，确保各项工作得到充分落实。

2008 年 7 月 17 日

# 商务部关于印发《国别投资经营障碍报告制度》的通知

## （商合发〔2004〕558号）

各省、自治区、直辖市及计划单列市商务主管部门，各中央企业，各驻外经济商务机构：

为全面了解我国企业境外投资经营的总体状况及遇到的各类问题，做好境外投资的后续管理工作，加强宏观协调和指导，保护投资者的合法权益，促进境外投资发展，现将《国别投资经营障碍报告制度》印发给你们，请遵照执行。

特此通知。

附件：国别投资经营障碍报告制度

商务部

2004 年 11 月 11 日

附件

# 国别投资经营障碍报告制度

## 第一章　制定报告制度的目的

第一条　为加快实施"走出去"战略，做好境外投资经营的后续管理服务工作，保护投资者的合法权益，创造良好环境，促进境外投资发展，依照《对外贸易法》和《对外贸易壁垒调查暂行规则》及有关规定，特制定本制度。

第二条　实行国别投资经营障碍报告制度是指我驻外经济商务机构、商会及企业等以撰写年度报告和不定期报告的形式，反映境外中资企业在东道国（地区）投资经营中遇到的各类障碍、壁垒及相关问题，作为商务部制定并发布年度《国别贸易投资环境报告》的基础材料之一，并供国内主管部门及有关部门参考；国内有关部门在全面跟踪了解我国企业境外投资经营遇到的各类问题基础上，通过多双边机制，维护我国企业的合法权益。

## 第二章　报告的主体

第三条　各驻外经济商务机构、境外中资企业商会、协会、境外中资企业和分支机构（以下简称"中资企业"）及其国内投资者是报告的主体，须按要求向商务部报告。

第四条　各驻外经济商务机构、境外中资企业商会、协会应定期组织中资企业对报告内容进行沟通和研讨，全面听取中资企业的意见，认真履行年度报告制度，即每年12月31日以前应将本年度我国企业在境外投资和经营中实际遇到的问题，按要求报商务部。重大情况应随时报告（报告格式可参考附表1）。

第五条　境外中资企业及其国内投资者可以结合境外投资经营活动中实际遇到的问题，针对报告要求的一项或几项内容随时或不定期提出报告（报告格式可参考附表2）。

第六条　报告的撰写和签发采用署名制。

## 第三章　报告的主要内容

第七条　报告应如实反映我国企业在东道国（地区）开展投资经营和服务贸易

（包括工程承包、劳务合作、设计咨询等）活动的实际情况和遇到的问题。

（一）中资企业投资经营总体情况

1. 中资企业在数量、投资规模、行业分布、经营状况等方面的总体情况及面临的普遍性问题；

2. 中资企业主要投资项目简况，包括企业名称、国内投资者名称（如属经第三国或地区转投资的，请注明）、投资规模、投资方式、主营业务及产品、经营状况、存在主要问题等。

（二）投资环境障碍和风险

1. 东道国政府颁布的法律法规中不利于我国投资的；

2. 东道国存在的一些给企业经营带来成本负担的非经营性障碍和风险，如公共治安和安全、企业诚信、政府廉政、工会、罢工、公众对外资企业的态度、节假日规定等方面存在的问题；

3. 东道国在交通、水、电、气、通讯等基础设施供应和价格方面影响企业投资经营的缺陷或不足。

（三）投资壁垒和服务贸易壁垒

东道国政府实施或支持实施的下列违反多、双边协定，对我国企业开展投资经营和服务贸易造成或可能造成不合理的阻碍、限制或损害的措施，视为投资壁垒或服务贸易壁垒，主要分为：

1. 准入壁垒，如不合理地限制我国投资的进入，WTO 成员未按照其承诺向我国投资开放某些特定领域；工程承包招标中，政府规定我国公司必须同当地企业联合投标或承诺分包给当地公司才允许参加投标等。

2. 经营壁垒，如从产、供、销、人、财、物等多方面，对中资企业的经营活动设置不合理限制；工作签证难；政府部门办事程序不透明或手续繁冗复杂等。

3. 退出壁垒，如限制我国投资退出或限制中资企业将经营利润汇出境。

（四）应对措施建议

报告主体对上述问题、障碍和投资壁垒的应对措施建议。

## 第四章 报告的报送和公布

第八条 报告应统一以书面和网上报送形式报送商务部（合作司、相关地区司、公平贸易局）。

有条件的机构，应充分利用商务部政务信息互送处理系统报送报告材料；也可以在商务部网站（www. mofcom. gov. cn）合作指南子站"国别投资经营障碍报告"栏目上直接填表发送，或通过电子邮箱发送（合作司加工处：hzjg@ mofcom. gov. cn；公平贸易局壁垒调查处：boft_ tbi@ mofcom. gov. cn）。

第九条 在保护企业利益及其商业秘密的前提下，商务部将定期通过《国别贸易投资环境报告》等方式公布有关报告内容，表达对东道国投资环境中存在问题的关注，提醒投资企业规避风险。

## 第五章 报告问题的解决机制

第十条 商务部在接到报告后，将根据报告反映的问题，及时会同有关部门进行沟通和协商，提出处理意见和解决办法。

第十一条 对报告反映的有关问题，可通过高层互访、双边经贸混委会或其他外交途径进行磋商，帮助企业寻求尽快解决问题的途径。

第十二条 如报告反映的问题涉及投资壁垒或服务贸易壁垒，依照《对外贸易壁垒调查暂行规则》的规定，商务部可以进行立案调查。

## 第六章 附 则

第十三条 本制度由商务部负责解释。

第十四条 本制度从发布之日起施行。

附表 1

<h1 style="text-align:center">驻外经济商务机构、中资企业商会、协会<br>国别（地区）投资经营障碍报告格式表</h1>

| | | |
|---|---|---|
| 报告机构名称： | | 国别： |
| 撰写人： | 签发人： | 报告日期： |
| 联系电话： | 传真： | 电子邮箱： |

| 一、中资企业投资经营总体情况 |
|---|
| |
| 二、东道国投资环境障碍和风险 |
| |
| 三、投资壁垒和服务贸易壁垒（准入壁垒、经营壁垒、退出壁垒） |
| |
| 四、应对措施建议 |
| |

注：表格大小空间可根据内容多少进行调整。

**附表 2**

# 中资企业、国内投资者
# 国别（地区）投资经营障碍报告格式表

| | |
|---|---|
| 报告企业名称： | 国别： |
| 撰写人： | 报告日期： |
| 联系电话： | 电子邮箱： |
| 主营业务： | 投资规模（万美元）： |
| 国内投资者名称： | 联系电话： |
| 是否要求对报告企业名称对外保密： 是　否 | |

一、东道国投资环境障碍和风险

二、投资壁垒和服务贸易壁垒（准入壁垒、经营壁垒、退出壁垒）

三、应对措施建议

注：表格大小空间可根据内容多少进行调整。

# 第二章 对外投资

# 国务院办公厅转发国家发展改革委 商务部 人民银行 外交部关于进一步引导和规范 境外投资方向指导意见的通知

## （国办发〔2017〕74号）

各省、自治区、直辖市人民政府，国务院各部委、各直属机构：

国家发展改革委、商务部、人民银行、外交部《关于进一步引导和规范境外投资方向的指导意见》已经国务院同意，现转发给你们，请认真贯彻执行。

国务院办公厅

2017年8月4日

## 关于进一步引导和规范境外投资方向的指导意见

近年来，我国企业境外投资步伐明显加快，规模和效益显著提升，为带动相关产品、技术、服务"走出去"，促进国内经济转型升级，深化与相关国家互利合作，推进"一带一路"建设和开展国际产能合作发挥了重要作用。当前国际国内环境正在发生深刻变化，我国企业开展境外投资既存在较好机遇，也面临诸多风险和挑战。为加强对境外投资的宏观指导，进一步引导和规范境外投资方向，推动境外投资持续合理有序健康发展，有效防范各类风险，更好地适应国民经济与社会发展需要，现提出以下意见：

### 一、指导思想

全面贯彻党的十八大和十八届三中、四中、五中、六中全会精神，深入贯彻习近平总书记系列重要讲话精神和治国理政新理念新思想新战略，认真落实党中央、国务院决策部署，统筹推进"五位一体"总体布局和协调推进"四个全面"战略布局，坚持以人民为中心的发展思想，坚持稳中求进工作总基调，牢固树立和贯彻落实创新、协调、绿色、开放、共享的发展理念，坚定奉行互利共赢的开放战略，不断创造更全面、更深入、更多元的对外开放格局，以供给侧结构性改革为主线，以"一带一路"建设为统领，深化境外投资体制机制改革，进一步引导和规范企业境外投资方向，促进企业合理有序开展境外投资活动，防范和应对境外投资风险，推动境外投资持续健康发展，实现与投资目的国互利共赢、共同发展。

### 二、基本原则

——坚持企业主体。在境外投资领域充分发挥市场在资源配置中的决定性作用和更好发挥政府作用，以企业为主体、市场为导向，按照商业原则和国际惯例开展境外投资，企业在政府引导下自主决策、自负盈亏、自担风险。

——坚持深化改革。创新体制机制，提高境外投资便利化水平，深入推进简政放权、放管结合、优化服务改革，坚持以备案制为主的境外投资管理方式，在资本项下实行有管理的市场化运行机制，按"鼓励发展＋负面清单"模式引导和规范企业境外投资方向。

——坚持互利共赢。引导企业充分考虑投资目的国国情和实际需求，注重与当地政府和企业开展互利合作，创造良好的经济社会效益，促进互惠互利、合作共赢。

——坚持防范风险。坚持稳中求进工作总基调，统筹国家经济外交整体战略，坚持依法合规，合理把握境外投资重点和节奏，积极做好境外投资事前、事中、事后监管，切实防范各类风险。

### 三、鼓励开展的境外投资

支持境内有能力、有条件的企业积极稳妥开展境外投资活动，推进"一带一路"建设，深化国际产能合作，带动国内优势产能、优质装备、适用技术输出，提升我国技术研发和生产制造能力，弥补我国能源资源短缺，推动我国相关产业提质升级。

（一）重点推进有利于"一带一路"建设和周边基础设施互联互通的基础设施境外投资。

（二）稳步开展带动优势产能、优质装备和技术标准输出的境外投资。

（三）加强与境外高新技术和先进制造业企业的投资合作，鼓励在境外设立研发中心。

（四）在审慎评估经济效益的基础上稳妥参与境外油气、矿产等能源资源勘探和开发。

（五）着力扩大农业对外合作，开展农林牧副渔等领域互利共赢的投资合作。

（六）有序推进商贸、文化、物流等服务领域境外投资，支持符合条件的金融机构在境外建立分支机构和服务网络，依法合规开展业务。

### 四、限制开展的境外投资

限制境内企业开展与国家和平发展外交方针、互利共赢开放战略以及宏观调控政策不符的境外投资，包括：

（一）赴与我国未建交、发生战乱或者我国缔结的双多边条约或协议规定需要限制的敏感国家和地区开展境外投资。

（二）房地产、酒店、影城、娱乐业、体育俱乐部等境外投资。

（三）在境外设立无具体实业项目的股权投资基金或投资平台。

（四）使用不符合投资目的国技术标准要求的落后生产设备开展境外投资。

（五）不符合投资目的国环保、能耗、安全标准的境外投资。

其中，前三类须经境外投资主管部门核准。

### 五、禁止开展的境外投资

禁止境内企业参与危害或可能危害国家利益和国家安全等的境外投资，包括：

（一）涉及未经国家批准的军事工业核心技术和产品输出的境外投资。

（二）运用我国禁止出口的技术、工艺、产品的境外投资。

（三）赌博业、色情业等境外投资。

（四）我国缔结或参加的国际条约规定禁止的境外投资。

（五）其他危害或可能危害国家利益和国家安全的境外投资。

### 六、保障措施

（一）实施分类指导。对鼓励开展的境外投资，要在税收、外汇、保险、海关、信息等方面进一步提高服务水平，为企业创造更加良好的便利化条件。对限制开展的境外投资，要引导企业审慎参与，并结合实际情况给予必要的指导和提示。对禁止开展的境外投资，要采取切实有效的措施予以严格管控。

（二）完善管理机制。加强境外投资真实性、合规性审查，防范虚假投资行为。建立境外投资黑名单制度，对违规投资行为实施联合惩戒。建立部门间信息共享机制。指导境内企业加强对其控制的境外企业的监督和管理，建立健全境外投资决策、财务管理和违规责任追究制度。建立国有企业境外投资资本金制度。完善国有企业境外投资审计制度，维护境外国有资产安全。

（三）提高服务水平。制定境外投资经营行为规范，引导企业建立健全境外合规经营风险审查、管控和决策体系，深入了解境外投资合作政策法规和国际惯例，遵守当地法律法规，合法经营。加强与有关国家在投资保护、金融、人员往来等方面机制化合作，为企业开展境外投资创造良好外部环境。支持境内资产评估、法律服务、会计服务、税务服务、投资顾问、设计咨询、风险评估、认证、仲裁等相关中介机构发展，为企业境外投资提供市场化、社会化、国际化的商业咨询服务，降低企业境外投资经营风险。

（四）强化安全保障。定期发布《国别投资经营便利化状况报告》，加强对企业赴高风险国家和地区投资的指导和监督，及时警示和通报有关国家政治、经济和社会重大风险，提出应对预案和防范措施，切实维护我国企业境外合法权益。督促企业开展境外项目安全风险评估，做好项目安全风险预测应对，建立完善安保制度，加强安保培训，提升企业境外投资安全风险防范能力。

各地区、各部门要按照本意见要求，合理把握境外投资的方向和重点，切实加强组织领导和统筹协调，落实工作责任，抓紧制定出台配套政策措施，扎实推进相关工作，确保取得实效。

# 商务部 人民银行 国资委 银监会 证监会 保监会 外汇局关于印发《对外投资备案（核准）报告暂行办法》的通知

## （商合发〔2018〕24 号）

国务院各部委、各直属机构，各省、自治区、直辖市、计划单列市及新疆生产建设兵团商务主管部门，中央企业：

根据中央深改组第三十五次会议精神和国务院关于规范企业海外经营行为的有关要求，为加强对外投资备案（核准）报告管理工作，建立健全部门间信息统一归集和共享机制，切实防范风险，促进对外投资健康有序发展，商务部、人民银行、国务院国资委、银监会、证监会、保监会、国家外汇局制定了《对外投资备案（核准）报告暂行办法》，现予以印发，请贯彻执行。

附件：对外投资备案（核准）报告暂行办法

2018 年 1 月 18 日

# 对外投资备案（核准）报告暂行办法

## 第一章 总 则

第一条 为进一步完善对外投资管理制度，有效防范风险，引导对外投资健康有序发展，推进"一带一路"建设顺利实施，依据有关规定和规范企业海外经营行为的相关要求，制定本《办法》。

第二条 本办法所称对外投资备案（核准），系指境内投资主体在境外设立（包括兼并、收购及其他方式）企业前，按规定向有关主管部门提交相关信息和材料；符合法定要求的，相关主管部门为其办理备案或核准。

前款所述境内投资主体是指开展对外投资活动的境内机构，另有规定的除外；前款所述企业为最终目的地企业，最终目的地指境内投资主体投资最终用于项目建设或持续生产经营的所在地。

第三条 境内投资主体在开展对外投资的过程中，按规定向相关主管部门报告其对外投资情况并提供相关信息；相关主管部门依据其报告的情况和信息制定对外投资政策，开展对外投资监督、管理和服务。

第四条 对外投资备案（核准）报告工作由各部门分工协作，实行管理分级分类、信息统一归口、违规联合惩戒的管理模式。商务部牵头对外投资备案（核准）报告信息统一汇总。

商务、金融、国资等主管部门依各自职能依法开展境内投资主体对外投资备案（核准）报告等工作，按照"横向协作、纵向联动"的原则，形成监管合力。

第五条 境内投资主体是对外投资的市场主体、决策主体、执行主体和责任主体，按照"政府引导、企业主导、市场化运作"的原则开展对外投资，自主决策，自担风险，自负盈亏。

## 第二章 备案和核准

第六条 商务主管部门、金融管理部门依据各自职责负责境内投资主体对外投资的备案或核准管理。国务院国资委负责履行出资人职责的中央企业对外投资的监督和管理。

相关主管部门应根据各自职责按照"鼓励发展＋负面清单"的模式建立健全相应的对外投资备案（核准）办法。

第七条　鼓励相关主管部门运用电子政务手段实行对外投资网上备案（核准）管理，提高办事效率，提供优质服务。

第八条　相关主管部门应根据境内投资主体提交的备案（核准）材料进行相关审查；符合要求的，应正式受理，并按有关规定办理。境内投资主体对外投资应提供的材料由相关主管部门规定。

第九条　国务院国资委履行出资人职责的中央企业的对外投资，属于《中央企业境外投资监督管理办法》（国资委令第 35 号）规定的"特别监管类"项目的，应按照国有资产监督管理要求履行相应手续。

第十条　人民银行、国务院国资委、银监会、证监会、保监会将每个月度办理的对外投资备案（核准）事项情况，于次月 15 个工作日内通报商务部汇总。商务部定期将汇总信息反馈给上述部门和机构。

第十一条　境内投资主体履行对外投资备案（核准）手续后，应根据外汇管理部门要求办理相关外汇登记。

# 第三章　报　告

第十二条　境内投资主体应按照"凡备案（核准）必报"的原则向为其办理备案（核准）手续的相关主管部门定期报送对外投资关键环节信息。

第十三条　境内投资主体报送的信息包括但不限于以下信息：根据《对外直接投资统计制度》规定应填报的月度、年度信息；对外投资并购前期事项；对外投资在建项目进展情况；对外投资存在主要问题以及遵守当地法律法规、保护资源环境、保障员工合法权益、履行社会责任、安全保护制度落实情况等。

境内投资主体报送信息的具体内容、途径、频率等由相关主管部门依据职责另行规定。

第十四条　人民银行、国务院国资委、银监会、证监会、保监会对负责的境内投资主体报送的对外投资信息，每半年后 1 个月内通报商务部统一汇总。商务部定期将汇总信息反馈给上述部门。

第十五条　商务部建立"境外企业和对外投资联络服务平台"（以下简称平台），

相关主管部门可通过平台将对外投资备案（核准）报告信息转商务部，实现信息数据共享，共同做好对外投资监管。

第十六条　境内投资主体对外投资出现重大不利事件或突发安全事件时，按"一事一报"原则及时向相关主管部门报送，相关主管部门将情况通报商务部。

第十七条　相关主管部门应按照本部门职责和分工，充分利用商务部汇总收集的信息，动态跟踪研判对外投资领域涉及国民经济运行、国家利益、行为规范、安全保护、汇率、外汇储备、跨境资本流动等问题和风险，按轻重缓急发出提示预警，引导企业加强风险管理、促进对外投资健康发展。

## 第四章　监　管

第十八条　相关主管部门应对所负责的对外投资进行监督管理，对以下对外投资情形进行重点督查：

（一）中方投资额等值3亿美元（含3亿美元）以上的对外投资；

（二）敏感国别（地区）、敏感行业的对外投资；

（三）出现重大经营亏损的对外投资；

（四）出现重大安全事故及群体性事件的对外投资；

（五）存在严重违规行为的对外投资；

（六）其他情形的重大对外投资。

第十九条　商务部牵头开展对外投资"双随机、一公开"抽查工作，定期进行对外投资备案（核准）报告的真实性、完整性、及时性的事中事后监管工作。相关主管部门应根据各自职责制定相应的"双随机、一公开"抽查工作实施细则并开展抽查工作。

第二十条　相关主管部门每半年将重点督查和随机抽查的情况通报商务部汇总。

## 第五章　事后举措

第二十一条　境内投资主体未按本《办法》规定履行备案（核准）手续和信息报告义务的，商务部会同相关主管部门视情采取提醒、约谈、通报等措施，必要时将其违规信息录入全国信用信息共享平台，对企业的行政处罚通过国家企业信息公示系统记于企业名下并向社会公示。

第二十二条 境内投资主体未按本《办法》规定履行备案（核准）手续和信息报告义务，情节严重的，相关主管部门根据各自职责，暂停为其办理对外投资备案（核准）手续，同时采取相应措施。

第二十三条 相关主管部门在开展监管工作过程中，如发现境内投资主体存在偷逃税款、骗取外汇等行为，应将有关问题线索转交税务、公安、工商、外汇管理等部门依法处理。

## 第六章 附 则

第二十四条 中央管理的其他单位对外投资备案（核准）报告工作参照本《办法》执行。

第二十五条 本《办法》由发布部门共同负责解释。

第二十六条 本《办法》自发布之日起实施。

# 企业境外投资管理办法

## (2017 年 12 月 26 日国家发展和改革委员会令
## 2017 年第 11 号发布，2018 年 3 月 1 日施行)

### 第一章 总 则

第一条　为加强境外投资宏观指导，优化境外投资综合服务，完善境外投资全程监管，促进境外投资持续健康发展，维护我国国家利益和国家安全，根据《中华人民共和国行政许可法》《国务院关于投资体制改革的决定》《国务院对确需保留的行政审批项目设定行政许可的决定》等法律法规，制定本办法。

第二条　本办法所称境外投资，是指中华人民共和国境内企业（以下称"投资主体"）直接或通过其控制的境外企业，以投入资产、权益或提供融资、担保等方式，获得境外所有权、控制权、经营管理权及其他相关权益的投资活动。

前款所称投资活动，主要包括但不限于下列情形：

（一）获得境外土地所有权、使用权等权益；

（二）获得境外自然资源勘探、开发特许权等权益；

（三）获得境外基础设施所有权、经营管理权等权益；

（四）获得境外企业或资产所有权、经营管理权等权益；

（五）新建或改扩建境外固定资产；

（六）新建境外企业或向既有境外企业增加投资；

（七）新设或参股境外股权投资基金；

（八）通过协议、信托等方式控制境外企业或资产。

本办法所称企业，包括各种类型的非金融企业和金融企业。

本办法所称控制，是指直接或间接拥有企业半数以上表决权，或虽不拥有半数以上表决权，但能够支配企业的经营、财务、人事、技术等重要事项。

第三条 投资主体依法享有境外投资自主权，自主决策、自担风险。

第四条 投资主体开展境外投资，应当履行境外投资项目（以下称"项目"）核准、备案等手续，报告有关信息，配合监督检查。

第五条 投资主体开展境外投资，不得违反我国法律法规，不得威胁或损害我国国家利益和国家安全。

第六条 国家发展和改革委员会（以下称"国家发展改革委"）在国务院规定的职责范围内，履行境外投资主管部门职责，根据维护我国国家利益和国家安全的需要，对境外投资进行宏观指导、综合服务和全程监管。

第七条 国家发展改革委建立境外投资管理和服务网络系统（以下称"网络系统"）。投资主体可以通过网络系统履行核准和备案手续、报告有关信息；涉及国家秘密或不适宜使用网络系统的事项，投资主体可以另行使用纸质材料提交。网络系统操作指南由国家发展改革委发布。

## 第二章 境外投资指导和服务

第八条 投资主体可以就境外投资向国家发展改革委咨询政策和信息、反映情况和问题、提出意见和建议。

第九条 国家发展改革委在国务院规定的职责范围内，会同有关部门根据国民经济和社会发展需要制定完善相关领域专项规划及产业政策，为投资主体开展境外投资提供宏观指导。

第十条 国家发展改革委在国务院规定的职责范围内，会同有关部门加强国际投资形势分析，发布境外投资有关数据、情况等信息，为投资主体提供信息服务。

第十一条 国家发展改革委在国务院规定的职责范围内，会同有关部门参与国际投资规则制定，建立健全投资合作机制，加强政策交流和协调，推动有关国家和地区为我国企业开展投资提供公平环境。

第十二条 国家发展改革委在国务院规定的职责范围内，推动海外利益安全保护体系和能力建设，指导投资主体防范和应对重大风险，维护我国企业合法权益。

## 第三章　境外投资项目核准和备案

### 第一节　核准、备案的范围

第十三条　实行核准管理的范围是投资主体直接或通过其控制的境外企业开展的敏感类项目。核准机关是国家发展改革委。

本办法所称敏感类项目包括：

（一）涉及敏感国家和地区的项目；

（二）涉及敏感行业的项目。

本办法所称敏感国家和地区包括：

（一）与我国未建交的国家和地区；

（二）发生战争、内乱的国家和地区；

（三）根据我国缔结或参加的国际条约、协定等，需要限制企业对其投资的国家和地区；

（四）其他敏感国家和地区。

本办法所称敏感行业包括：

（一）武器装备的研制生产维修；

（二）跨境水资源开发利用；

（三）新闻传媒；

（四）根据我国法律法规和有关调控政策，需要限制企业境外投资的行业。

敏感行业目录由国家发展改革委发布。

第十四条　实行备案管理的范围是投资主体直接开展的非敏感类项目，也即涉及投资主体直接投入资产、权益或提供融资、担保的非敏感类项目。

实行备案管理的项目中，投资主体是中央管理企业（含中央管理金融企业、国务院或国务院所属机构直接管理的企业，下同）的，备案机关是国家发展改革委；投资主体是地方企业，且中方投资额 3 亿美元及以上的，备案机关是国家发展改革委；投资主体是地方企业，且中方投资额 3 亿美元以下的，备案机关是投资主体注册地的省级政府发展改革部门。

本办法所称非敏感类项目，是指不涉及敏感国家和地区且不涉及敏感行业的项目。

本办法所称中方投资额，是指投资主体直接以及通过其控制的境外企业为项目投入的货币、证券、实物、技术、知识产权、股权、债权等资产、权益以及提供融资、担保的总额。

本办法所称省级政府发展改革部门，包括各省、自治区、直辖市及计划单列市人民政府发展改革部门和新疆生产建设兵团发展改革部门。

第十五条 投资主体可以向核准、备案机关咨询拟开展的项目是否属于核准、备案范围，核准、备案机关应当及时予以告知。

第十六条 两个以上投资主体共同开展的项目，应当由投资额较大一方在征求其他投资方书面同意后提出核准、备案申请。如各方投资额相等，应当协商一致后由其中一方提出核准、备案申请。

第十七条 对项目所需前期费用（包括履约保证金、保函手续费、中介服务费、资源勘探费等）规模较大的，投资主体可以参照本办法第十三条、第十四条规定对项目前期费用提出核准、备案申请。经核准或备案的项目前期费用计入项目中方投资额。

### 第二节 核准的程序和时限

第十八条 实行核准管理的项目，投资主体应当通过网络系统向核准机关提交项目申请报告并附具有关文件。其中，投资主体是中央管理企业的，由其集团公司或总公司向核准机关提交；投资主体是地方企业的，由其直接向核准机关提交。

第十九条 项目申请报告应当包括以下内容：

（一）投资主体情况；

（二）项目情况，包括项目名称、投资目的地、主要内容和规模、中方投资额等；

（三）项目对我国国家利益和国家安全的影响分析；

（四）投资主体关于项目真实性的声明。

项目申请报告的通用文本以及应当附具的文件（以下称"附件"）清单由国家发展改革委发布。

第二十条 项目申请报告可以由投资主体自行编写，也可以由投资主体自主委托具有相关经验和能力的中介服务机构编写。

第二十一条 项目申请报告和附件齐全、符合法定形式的，核准机关应当予以受理。

项目申请报告或附件不齐全、不符合法定形式的，核准机关应当在收到项目申请报告之日起 5 个工作日内一次性告知投资主体需要补正的内容。逾期不告知的，自收到项目申请报告之日起即为受理。

核准机关受理或不予受理项目申请报告，都应当通过网络系统告知投资主体。投资主体需要受理或不予受理凭证的，可以通过网络系统自行打印或要求核准机关出具。

第二十二条　项目涉及有关部门职责的，核准机关应当商请有关部门在 7 个工作日内出具书面审查意见。有关部门逾期没有反馈书面审查意见的，视为同意。

第二十三条　核准机关在受理项目申请报告后，如确有必要，应当在 4 个工作日内委托咨询机构进行评估。除项目情况复杂的，评估时限不得超过 30 个工作日。项目情况复杂的，经核准机关同意，可以延长评估时限，但延长的时限不得超过 60 个工作日。

核准机关应当将咨询机构进行评估所需的时间告知投资主体。

接受委托的咨询机构应当在规定时限内提出评估报告，并对评估结论承担责任。

评估费用由核准机关承担，咨询机构及其工作人员不得收取投资主体任何费用。

第二十四条　核准机关可以结合有关单位意见、评估意见等，建议投资主体对项目申请报告有关内容进行调整，或要求投资主体对有关情况或材料作进一步澄清、补充。

第二十五条　核准机关应当在受理项目申请报告后 20 个工作日内作出是否予以核准的决定。项目情况复杂或需要征求有关单位意见的，经核准机关负责人批准，可以延长核准时限，但延长的核准时限不得超过 10 个工作日，并应当将延长时限的理由告知投资主体。

前款规定的核准时限，包括征求有关单位意见的时间，不包括咨询机构评估的时间。

第二十六条　核准机关对项目予以核准的条件为：

（一）不违反我国法律法规；

（二）不违反我国有关发展规划、宏观调控政策、产业政策和对外开放政策；

（三）不违反我国缔结或参加的国际条约、协定；

（四）不威胁、不损害我国国家利益和国家安全。

第二十七条　对符合核准条件的项目，核准机关应当予以核准，并向投资主体出具书面核准文件。

对不符合核准条件的项目，核准机关应当出具不予核准书面通知，并说明不予核准的理由。

第二十八条　项目违反有关法律法规、违反有关规划或政策、违反有关国际条约或协定、威胁或损害我国国家利益和国家安全的，核准机关可以不经过征求意见、委托评估等程序，直接作出不予核准的决定。

### 第三节　备案的程序和时限

第二十九条　实行备案管理的项目，投资主体应当通过网络系统向备案机关提交项目备案表并附具有关文件。其中，投资主体是中央管理企业的，由其集团公司或总公司向备案机关提交；投资主体是地方企业的，由其直接向备案机关提交。

项目备案表格式文本及附件清单由国家发展改革委发布。

第三十条　项目备案表和附件齐全、符合法定形式的，备案机关应当予以受理。

项目备案表或附件不齐全、项目备案表或附件不符合法定形式、项目不属于备案管理范围、项目不属于备案机关管理权限的，备案机关应当在收到项目备案表之日起5个工作日内一次性告知投资主体。逾期不告知的，自收到项目备案表之日起即为受理。

备案机关受理或不予受理项目备案表，都应当通过网络系统告知投资主体。投资主体需要受理或不予受理凭证的，可以通过网络系统自行打印或要求备案机关出具。

第三十一条　备案机关在受理项目备案表之日起7个工作日内向投资主体出具备案通知书。

备案机关发现项目违反有关法律法规、违反有关规划或政策、违反有关国际条约或协定、威胁或损害我国国家利益和国家安全的，应当在受理项目备案表之日起7个工作日内向投资主体出具不予备案书面通知，并说明不予备案的理由。

### 第四节　核准、备案的效力、变更和延期

第三十二条　属于核准、备案管理范围的项目，投资主体应当在项目实施前取得项目核准文件或备案通知书。

本办法所称项目实施前，是指投资主体或其控制的境外企业为项目投入资产、权

益（已按照本办法第十七条办理核准、备案的项目前期费用除外）或提供融资、担保之前。

第三十三条　属于核准、备案管理范围的项目，投资主体未取得有效核准文件或备案通知书的，外汇管理、海关等有关部门依法不予办理相关手续，金融企业依法不予办理相关资金结算和融资业务。

第三十四条　已核准、备案的项目，发生下列情形之一的，投资主体应当在有关情形发生前向出具该项目核准文件或备案通知书的机关提出变更申请：

（一）投资主体增加或减少；

（二）投资地点发生重大变化；

（三）主要内容和规模发生重大变化；

（四）中方投资额变化幅度达到或超过原核准、备案金额的20%，或中方投资额变化1亿美元及以上；

（五）需要对项目核准文件或备案通知书有关内容进行重大调整的其他情形。

核准机关应当在受理变更申请之日起20个工作日内作出是否同意变更核准的书面决定。备案机关应当在受理变更申请之日起7个工作日内作出是否同意变更备案的书面决定。

第三十五条　核准文件、备案通知书有效期2年。确需延长有效期的，投资主体应当在有效期届满的30个工作日前向出具该项目核准文件或备案通知书的机关提出延长有效期的申请。

核准机关应当在受理延期申请之日起20个工作日内作出是否同意延长核准文件有效期的书面决定。备案机关应当在受理延期申请之日起7个工作日内作出是否同意延长备案通知书有效期的书面决定。

第三十六条　核准、备案机关应当依法履行职责，严格按照规定权限、程序、时限等要求实施核准、备案行为，提高行政效能，提供优质服务。

第三十七条　对核准、备案机关实施的核准、备案行为，相关利害关系人有权依法申请行政复议或提起行政诉讼。

第三十八条　对不符合本办法规定条件的项目予以核准、备案，或违反本办法规定权限和程序予以核准、备案的，应当依法予以撤销。

第三十九条　核准、备案机关应当按照《政府信息公开条例》规定将核准、备案有关信息予以公开。

# 第四章　境外投资监管

第四十条　国家发展改革委和省级政府发展改革部门根据境外投资有关法律法规和政策，按照本办法第十三条、第十四条规定的分工，联合同级政府有关部门建立协同监管机制，通过在线监测、约谈函询、抽查核实等方式对境外投资进行监督检查，对违法违规行为予以处理。

第四十一条　倡导投资主体创新境外投资方式、坚持诚信经营原则、避免不当竞争行为、保障员工合法权益、尊重当地公序良俗、履行必要社会责任、注重生态环境保护、树立中国投资者良好形象。

第四十二条　投资主体通过其控制的境外企业开展大额非敏感类项目的，投资主体应当在项目实施前通过网络系统提交大额非敏感类项目情况报告表，将有关信息告知国家发展改革委。

投资主体提交的大额非敏感类项目情况报告表内容不完整的，国家发展改革委应当在收到之日起 5 个工作日内一次性告知投资主体需要补正的内容。逾期不告知的，视作内容完整。大额非敏感类项目情况报告表格式文本由国家发展改革委发布。

本办法所称大额非敏感类项目，是指中方投资额 3 亿美元及以上的非敏感类项目。

第四十三条　境外投资过程中发生外派人员重大伤亡、境外资产重大损失、损害我国与有关国家外交关系等重大不利情况的，投资主体应当在有关情况发生之日起 5 个工作日内通过网络系统提交重大不利情况报告表。重大不利情况报告表格式文本由国家发展改革委发布。

第四十四条　属于核准、备案管理范围的项目，投资主体应当在项目完成之日起 20 个工作日内通过网络系统提交项目完成情况报告表。项目完成情况报告表格式文本由国家发展改革委发布。

前款所称项目完成，是指项目所属的建设工程竣工、投资标的股权或资产交割、中方投资额支出完毕等情形。

第四十五条　国家发展改革委、省级政府发展改革部门可以就境外投资过程中的重大事项向投资主体发出重大事项问询函。投资主体应当按照重大事项问询函载明的问询事项和时限要求提交书面报告。

国家发展改革委、省级政府发展改革部门认为确有必要的，可以公示重大事项问询函及投资主体提交的书面报告。

第四十六条 投资主体按照本办法第四十二条、第四十三条、第四十四条、第四十五条规定提交有关报告表或书面报告后，需要凭证的，可以通过网络系统自行打印提交完成凭证。

第四十七条 国家发展改革委、省级政府发展改革部门可以根据其掌握的国际国内经济社会运行情况和风险状况，向投资主体或利益相关方发出风险提示，供投资主体或利益相关方参考。

第四十八条 投资主体应当对自身通过网络系统和线下提交的各类材料的真实性、合法性、完整性负责，不得有虚假、误导性陈述和重大遗漏。

第四十九条 有关部门和单位、驻外使领馆等发现企业违反本办法规定的，可以告知核准、备案机关。公民、法人或其他组织发现企业违反本办法规定的，可以据实向核准、备案机关举报。

国家发展改革委建立境外投资违法违规行为记录，公布并更新企业违反本办法规定的行为及相应的处罚措施，将有关信息纳入全国信用信息共享平台、国家企业信用信息公示系统、"信用中国"网站等进行公示，会同有关部门和单位实施联合惩戒。

## 第五章 法律责任

第五十条 国家发展改革委工作人员有下列行为之一的，责令其限期改正，并依法追究有关责任人的行政责任；构成犯罪的，依法追究刑事责任：

（一）滥用职权、玩忽职守、徇私舞弊、索贿受贿的；

（二）违反本办法规定程序和条件办理项目核准、备案的；

（三）其他违反本办法规定的行为。

第五十一条 投资主体通过恶意分拆项目、隐瞒有关情况或提供虚假材料等手段申请核准、备案的，核准、备案机关不予受理或不予核准、备案，对投资主体及主要责任人处以警告。

第五十二条 投资主体通过欺骗、贿赂等不正当手段取得项目核准文件或备案通知书的，核准、备案机关应当撤销该核准文件或备案通知书，对投资主体及主要责任人处以警告；构成犯罪的，依法追究刑事责任。

第五十三条　属于核准、备案管理范围的项目，投资主体有下列行为之一的，由核准、备案机关责令投资主体中止或停止实施该项目并限期改正，对投资主体及有关责任人处以警告；构成犯罪的，依法追究刑事责任：

（一）未取得核准文件或备案通知书而擅自实施的；

（二）应当履行核准、备案变更手续，但未经核准、备案机关同意而擅自实施变更的。

第五十四条　投资主体有下列行为之一的，由国家发展改革委或投资主体注册地的省级政府发展改革部门责令投资主体限期改正；情节严重或逾期不改正的，对投资主体及有关责任人处以警告：

（一）未按本办法第四十二条、第四十三条、第四十四条、第四十五条规定报告有关信息的；

（二）违反本办法第四十八条规定的。

第五十五条　投资主体在境外投资过程中实施不正当竞争行为、扰乱境外投资市场秩序的，由国家发展改革委或投资主体注册地的省级政府发展改革部门责令投资主体中止或停止开展该项目并限期改正，对投资主体及主要责任人处以警告。

第五十六条　境外投资威胁我国国家利益和国家安全的，由国家发展改革委或投资主体注册地的省级政府发展改革部门责令投资主体中止实施项目并限期改正。

境外投资损害我国国家利益和国家安全的，由国家发展改革委或投资主体注册地的省级政府发展改革部门责令投资主体停止实施项目、限期改正并采取补救措施，对投资主体及有关责任人处以警告；构成犯罪的，依法追究刑事责任。

投资主体按照本办法第四十三条规定及时提交重大不利情况报告表并主动改正的，可以减轻或免除本条规定的行政处罚。

第五十七条　金融企业为属于核准、备案管理范围但未取得核准文件或备案通知书的项目提供融资、担保的，由国家发展改革委通报该违规行为并商请有关金融监管部门依法依规处罚该金融企业及有关责任人。

## 第六章　附　则

第五十八条　各省级政府发展改革部门要加强对本地企业境外投资的指导、服务和监管，可以按照本办法的规定制定具体实施办法。

第五十九条　国家发展改革委对省级政府发展改革部门的境外投资管理工作进行指导和监督，对发现的问题及时予以纠正。

第六十条　核准、备案机关及其工作人员，以及被核准机关征求意见、受核准机关委托进行评估的单位及其工作人员，依法对投资主体根据本办法提交的材料负有保守商业秘密的义务。

第六十一条　事业单位、社会团体等非企业组织对境外开展投资参照本办法执行。

第六十二条　投资主体直接或通过其控制的企业对香港、澳门、台湾地区开展投资的，参照本办法执行。

投资主体通过其控制的香港、澳门、台湾地区企业对境外开展投资的，参照本办法执行。

第六十三条　境内自然人通过其控制的境外企业或香港、澳门、台湾地区企业对境外开展投资的，参照本办法执行。

境内自然人直接对境外开展投资不适用本办法。境内自然人直接对香港、澳门、台湾地区开展投资不适用本办法。

第六十四条　法律、行政法规对境外投资管理有专门规定的，从其规定。

第六十五条　本办法由国家发展改革委负责解释。

第六十六条　本办法自 2018 年 3 月 1 日起施行。《境外投资项目核准和备案管理办法》（国家发展和改革委员会令第 9 号）同时废止。

# 境外投资管理办法

（2014 年 9 月 6 日商务部令
2014 年第 3 号发布，2014 年 10 月 6 日施行）

## 第一章　总　则

第一条　为了促进和规范境外投资，提高境外投资便利化水平，根据《国务院关于投资体制改革的决定》、《国务院对确需保留的行政审批项目设定行政许可的决定》及相关法律规定，制定本办法。

第二条　本办法所称境外投资，是指在中华人民共和国境内依法设立的企业（以下简称企业）通过新设、并购及其他方式在境外拥有非金融企业或取得既有非金融企业所有权、控制权、经营管理权及其他权益的行为。

第三条　企业开展境外投资，依法自主决策、自负盈亏。

第四条　企业境外投资不得有以下情形：

（一）危害中华人民共和国国家主权、安全和社会公共利益，或违反中华人民共和国法律法规；

（二）损害中华人民共和国与有关国家（地区）关系；

（三）违反中华人民共和国缔结或者参加的国际条约、协定；

（四）出口中华人民共和国禁止出口的产品和技术。

第五条　商务部和各省、自治区、直辖市、计划单列市及新疆生产建设兵团商务主管部门（以下称省级商务主管部门）负责对境外投资实施管理和监督。

## 第二章　备案和核准

第六条　商务部和省级商务主管部门按照企业境外投资的不同情形，分别实行备案和核准管理。

企业境外投资涉及敏感国家和地区、敏感行业的，实行核准管理。

企业其他情形的境外投资，实行备案管理。

第七条　实行核准管理的国家是指与中华人民共和国未建交的国家、受联合国制裁的国家。必要时，商务部可另行公布其他实行核准管理的国家和地区的名单。

实行核准管理的行业是指涉及出口中华人民共和国限制出口的产品和技术的行业、影响一国（地区）以上利益的行业。

第八条　商务部和省级商务主管部门应当依法办理备案和核准，提高办事效率，提供优质服务。

商务部和省级商务主管部门通过"境外投资管理系统"（以下简称"管理系统"）对企业境外投资进行管理，并向获得备案或核准的企业颁发《企业境外投资证书》（以下简称《证书》，样式见附件1）。《证书》由商务部和省级商务主管部门分别印制并盖章，实行统一编码管理。

《证书》是企业境外投资获得备案或核准的凭证，按照境外投资最终目的地颁发。

第九条　对属于备案情形的境外投资，中央企业报商务部备案；地方企业报所在地省级商务主管部门备案。

中央企业和地方企业通过"管理系统"按要求填写并打印《境外投资备案表》（以下简称《备案表》，样式见附件2），加盖印章后，连同企业营业执照复印件分别报商务部或省级商务主管部门备案。

《备案表》填写如实、完整、符合法定形式，且企业在《备案表》中声明其境外投资无本办法第四条所列情形的，商务部或省级商务主管部门应当自收到《备案表》之日起3个工作日内予以备案并颁发《证书》。企业不如实、完整填报《备案表》的，商务部或省级商务主管部门不予备案。

第十条　对属于核准情形的境外投资，中央企业向商务部提出申请，地方企业通过所在地省级商务主管部门向商务部提出申请。

企业申请境外投资核准需提交以下材料：

（一）申请书，主要包括投资主体情况、境外企业名称、股权结构、投资金额、经营范围、经营期限、投资资金来源、投资具体内容等；

（二）《境外投资申请表》（样式见附件3），企业应当通过"管理系统"按要求填写打印，并加盖印章；

（三）境外投资相关合同或协议；

（四）有关部门对境外投资所涉的属于中华人民共和国限制出口的产品或技术准予出口的材料；

（五）企业营业执照复印件。

第十一条　核准境外投资应当征求我驻外使（领）馆（经商处室）意见。涉及中央企业的，由商务部征求意见；涉及地方企业的，由省级商务主管部门征求意见。征求意见时，商务部和省级商务主管部门应当提供投资事项基本情况等相关信息。驻外使（领）馆（经商处室）应当自接到征求意见要求之日起 7 个工作日内回复。

第十二条　商务部应当在受理中央企业核准申请后 20 个工作日内（包含征求驻外使（领）馆（经商处室）意见的时间）作出是否予以核准的决定。申请材料不齐全或者不符合法定形式的，商务部应当在 3 个工作日内一次告知申请企业需要补正的全部内容。逾期不告知的，自收到申请材料之日起即为受理。中央企业按照商务部的要求提交全部补正申请材料的，商务部应当受理该申请。

省级商务主管部门应当在受理地方企业核准申请后对申请是否涉及本办法第四条所列情形进行初步审查，并在 15 个工作日内（包含征求驻外使（领）馆（经商处室）意见的时间）将初步审查意见和全部申请材料报送商务部。申请材料不齐全或者不符合法定形式的，省级商务主管部门应当在 3 个工作日内一次告知申请企业需要补正的全部内容。逾期不告知的，自收到申请材料之日起即为受理。地方企业按照省级商务主管部门的要求提交全部补正申请材料的，省级商务主管部门应当受理该申请。商务部收到省级商务主管部门的初步审查意见后，应当在 15 个工作日内做出是否予以核准的决定。

第十三条　对予以核准的境外投资，商务部出具书面核准决定并颁发《证书》；因存在本办法第四条所列情形而不予核准的，应当书面通知申请企业并说明理由，告知其享有依法申请行政复议或者提起行政诉讼的权利。企业提供虚假材料申请核准的，商务部不予核准。

第十四条　两个以上企业共同开展境外投资的，应当由相对大股东在征求其他投资方书面同意后办理备案或申请核准。如果各方持股比例相等，应当协商后由一方办理备案或申请核准。如投资方不属同一行政区域，负责办理备案或核准的商务部或省级商务主管部门应当将备案或核准结果告知其他投资方所在地商务主管部门。

第十五条　企业境外投资经备案或核准后，原《证书》载明的境外投资事项发生变更的，企业应当按照本章程序向原备案或核准的商务部或省级商务主管部门办理变更手续。

第十六条　自领取《证书》之日起 2 年内，企业未在境外开展投资的，《证书》自动失效。如需再开展境外投资，应当按照本章程序重新办理备案或申请核准。

第十七条　企业终止已备案或核准的境外投资，应当在依投资目的地法律办理注销等手续后，向原备案或核准的商务部或省级商务主管部门报告。原备案或核准的商务部或省级商务主管部门根据报告出具注销确认函。

终止是指原经备案或核准的境外企业不再存续或企业不再拥有原经备案或核准的境外企业的股权等任何权益。

第十八条　《证书》不得伪造、涂改、出租、出借或以任何其他形式转让。已变更、失效或注销的《证书》应当交回原备案或核准的商务部或省级商务主管部门。

## 第三章　规范和服务

第十九条　企业应当客观评估自身条件、能力，深入研究投资目的地投资环境，积极稳妥开展境外投资，注意防范风险。境内外法律法规和规章对资格资质有要求的，企业应当取得相关证明文件。

第二十条　企业应当要求其投资的境外企业遵守投资目的地法律法规、尊重当地风俗习惯，履行社会责任，做好环境、劳工保护、企业文化建设等工作，促进与当地的融合。

第二十一条　企业对其投资的境外企业的冠名应当符合境内外法律法规和政策规定。未按国家有关规定获得批准的企业，其境外企业名称不得使用"中国"、"中华"等字样。

第二十二条　企业应当落实人员和财产安全防范措施，建立突发事件预警机制和应急预案。在境外发生突发事件时，企业应当在驻外使（领）馆和国内有关主管部门的指导下，及时、妥善处理。

企业应当做好外派人员的选审、行前安全、纪律教育和应急培训工作，加强对外派人员的管理，依法办理当地合法居留和工作许可。

第二十三条　企业应当要求其投资的境外企业中方负责人当面或以信函、传真、电子邮件等方式及时向驻外使（领）馆（经商处室）报到登记。

第二十四条　企业应当向原备案或核准的商务部或省级商务主管部门报告境外投资业务情况、统计资料，以及与境外投资相关的困难、问题，并确保报送情况和数据真实准确。

第二十五条　企业投资的境外企业开展境外再投资，在完成境外法律手续后，企业应当向商务主管部门报告。涉及中央企业的，中央企业通过"管理系统"填报相关信息，打印《境外中资企业再投资报告表》（以下简称《再投资报告表》，样式见附件4）并加盖印章后报商务部；涉及地方企业的，地方企业通过"管理系统"填报相关信息，打印《再投资报告表》并加盖印章后报省级商务主管部门。

第二十六条　商务部负责对省级商务主管部门的境外投资管理情况进行检查和指导。省级商务主管部门应当每半年向商务部报告本行政区域内境外投资的情况。

第二十七条　商务部会同有关部门为企业境外投资提供权益保障、投资促进、风险预警等服务。

商务部发布《对外投资合作国别（地区）指南》、国别产业指引等文件，帮助企业了解投资目的地投资环境；加强对企业境外投资的指导和规范，会同有关部门发布环境保护等指引，督促企业在境外合法合规经营；建立对外投资与合作信息服务系统，为企业开展境外投资提供数据统计、投资机会、投资障碍、风险预警等信息。

# 第四章　法律责任

第二十八条　企业以提供虚假材料等不正当手段办理备案并取得《证书》的，商务部或省级商务主管部门撤销该企业境外投资备案，给予警告，并依法公布处罚决定。

第二十九条　企业提供虚假材料申请核准的，商务部给予警告，并依法公布处罚决定。该企业在一年内不得再次申请该项核准。

企业以欺骗、贿赂等不正当手段获得境外投资核准的，商务部撤销该企业境外投资核准，给予警告，并依法公布处罚决定。该企业在三年内不得再次申请该项核准；构成犯罪的，依法追究刑事责任。

第三十条　企业开展境外投资过程中出现本办法第四条所列情形的，应当承担相应的法律责任。

第三十一条　企业伪造、涂改、出租、出借或以任何其他形式转让《证书》的，商务部或省级商务主管部门给予警告；构成犯罪的，依法追究刑事责任。

第三十二条　境外投资出现第二十八至三十一条规定的情形以及违反本办法其他规定的企业，三年内不得享受国家有关政策支持。

第三十三条　商务部和省级商务主管部门有关工作人员不依照本办法规定履行职责、滥用职权、索取或者收受他人财物或者谋取其他利益，构成犯罪的，依法追究刑事责任；尚不构成犯罪的，依法给予行政处分。

## 第五章　附　则

第三十四条　省级商务主管部门可依照本办法制定相应的工作细则。

第三十五条　本办法所称中央企业系指国务院国有资产监督管理委员会履行出资人职责的企业及其所属企业、中央管理的其他单位。

第三十六条　事业单位法人开展境外投资、企业在境外设立分支机构参照本办法执行。

第三十七条　企业赴香港、澳门、台湾地区投资参照本办法执行。

第三十八条　本办法由商务部负责解释。

第三十九条　本办法自 2014 年 10 月 6 日起施行。商务部 2009 年发布的《境外投资管理办法》（商务部令 2009 年第 5 号）同时废止。


附件：1、企业境外投资证书（样式）（略）

2、境外投资备案表（样式）（略）

3、境外投资申请表（样式）（略）

4、境外中资企业再投资报告表（样式）（略）

# 商务部办公厅关于印发《对外投资合作"双随机一公开"监管工作细则（试行）》的通知

## （商办合函〔2017〕426 号）

各省、自治区、直辖市、计划单列市及新疆生产建设兵团商务主管部门：

为规范对外投资合作事中事后监管行为，引导企业健康有序开展对外投资合作，根据《国务院办公厅关于推广随机抽查规范事中事后监管的通知》（国办发〔2015〕58 号）和《2016 年推进简政放权放管结合优化服务改革工作要点》（国发〔2016〕30 号）关于全面推开"双随机、一公开"监管的要求，商务部制定了《对外投资合作"双随机一公开"监管工作细则（试行)》，现印发给你们，请结合实际，认真贯彻执行。

商务部办公厅

2017 年 10 月 26 日

## 对外投资合作"双随机一公开"监管工作细则（试行）

第一条　为深化对外投资合作管理体制改革，进一步规范对外投资合作事中事后监管行为，全面推行"双随机、一公开"工作，根据《对外承包工程管理条例》（国务院令第 527 号）、《对外劳务合作管理条例》（国务院令第 620 号）、《境外投资管理办法》（商务部令 2014 年第 3 号）等有关规定，制定本细则。

第二条　商务部负责对全国对外投资合作活动的监督检查工作。各省、自治区、直辖市、计划单列市、新疆生产建设兵团商务主管部门（以下简称省级商务主管部门）负责本地区对外投资合作活动的监督检查工作。商务部和省级商务主管部门开展对外投资合作活动监督检查工作时，适用本细则。

第三条　本细则所称"双随机、一公开"工作，是指商务部和省级商务主管部门开展对外投资合作监督检查工作时，采取随机抽取检查对象、随机选派执法检查人员，及时公开抽查情况和查处结果。

第四条　商务部和省级商务主管部门开展"双随机、一公开"工作应坚持依法依规、公正高效、公开透明的原则。

第五条　商务部和省级商务主管部门开展"双随机、一公开"工作实行全程电子化管理，做到检查工作全程留痕。商务部在"走出去"公共服务平台（网址 http：//fec. mofcom. gov. cn）中建立"双随机、一公开"子系统（以下简称系统）。该系统包括执法检查人员名录库和检查对象名录库。

第六条　执法检查人员原则上为商务部和省级商务主管部门正式在编的工作人员，以从事对外投资合作业务主管工作人员为主。执法检查人员名录库由商务部和省级商务主管部门分别负责各自执法检查人员信息录入和维护，并根据变动情况动态调整。

第七条　检查对象按照分级管理原则确定。检查对象为：2014 年 10 月 6 日《境外投资管理办法》实施后，备案或核准设立的境外企业；2008 年 9 月 1 日《对外承包工程管理条例》实施后，开展的对外承包工程项目；2012 年 8 月 10 日《对外劳务合作条例》实施后，全国具有对外劳务合作经营资格的企业。检查对象名录库由商务部负责信息录入和维护，并根据变动情况动态调整。

第八条　商务部根据法律法规规章修订情况和工作实际，制定并动态调整对外投资合作随机抽查事项清单（见附件），及时通过系统向社会公布。商务部和省级商务主管部门按照随机抽查事项清单，对企业对外投资合作活动依法实施检查。

第九条　商务部和省级商务主管部门实施检查前，通过系统中的执法检查人员名录库随机抽取检查人员，从检查对象名录库中抽取被检查的企业或项目，抽取过程在系统全程记录。

第十条　商务部和省级商务主管部门可以根据对外投资合作管理的实际情况，合理确定随机抽查的频次和比例。随机抽查的频率原则上每半年不少于 1 次，可根据工作需要适当调整。每次随机抽查，境外企业原则按照检查对象名录库中其总数的不低于 1% 抽取；对外承包工程项目原则按照检查对象名录库中其总数的不低于 1% 抽取；对外劳务合作企业原则按照检查对象名录库中其总数的不低于 3% 抽取。商务部和省级商务主管部门可根据需要适当调整抽查比例。为提高抽查工作覆盖面，避免发生重复多次抽查的情况，凡是已经抽查并在系统内标注为合格的企业和项目且不发生任何的变更，从被检查时间起计算，原则上 2 年内将不再抽查。

第十一条 商务部和省级商务主管部门可结合工作需要采取定向抽查办法，可在选定行业、类型、区域、规模企业和项目范畴内随机抽取进行检查。

第十二条 商务部和省级商务部主管部门开展"双随机"抽查工作，执法检查人员的抽查数量根据检查工作需要确定，同一检查组执法检查人员不得少于三人（含三人）。检查工作实行组长负责制，因工作需要确实无法参与抽查工作的，可在执法检查人员名录库中随机再抽取相关人员递补。鉴于检查工作具有较强的专业性，要加强对检查人员业务培训和轮岗工作。

第十三条 "双随机"抽查工作通常采取问卷发函、书面审核的方式进行，必要时检查小组可现场核查。同时，检查小组可通过适当方式向驻外使（领）馆经商机构核对相关情况。被检查的企业和项目应当予以配合，按要求提供有关文件、资料。

第十四条 每次抽查工作完成后，检查小组应编撰检查报告。检查报告应当包括抽查时间、抽查内容、抽查情况、发现的问题、相关证据以及处理意见和建议等内容。检查小组应当在检查报告完成后，通过系统向被检查对象反馈检查结果并在系统上对外公布。被检查对象在收到反馈的检查结果后，可通过系统反馈意见建议。

第十五条 任何单位和个人对公布的检查结果信息有异议的，可以通过系统或通过书面形式向实施检查的商务部或省级商务主管部门提出，并提供相关证明材料。经核实，异议情况属实的，由商务部或省级商务主管部门更正相关信息后重新公布。

第十六条 对于抽查过程中发现的违法违规问题，按照有关规定处理，纳入"对外投资合作和对外贸易领域不良信用记录"平台。被公示的抽查对象纠正、改正相关问题后，商务部或省级商务主管部门可移除相关公示信息。为了发挥部门间协同监管作用，商务部和省级商务主管部门将检查结果通报相关管理部门，必要时可采取联合惩戒措施。商务部亦可视情将检查结果通报相关行业组织，作为其评判企业信用等级、落实行业自律的参考。

第十七条 商务部和省级商务主管部门开展"双随机"抽查工作，必须严格遵守保密制度及本细则规定的相关流程，严格贯彻落实中央八项规定精神，廉洁自律，规范操作，如实记录检查情况，客观报告检查结果。

第十八条 省级商务主管部门应当及时就当年开展"双随机"抽查工作情况进行总结，并于次年 1 月 30 日前将加盖单位公章的工作总结书面报商务部（合作司）。

第十九条 本细则自发布之日起试行，由商务部（合作司）负责解释。

### 附件：对外投资合作随机抽查事项清单

对外投资合作随机抽查事项清单

| 序号 | 事项名称 | 抽查内容 | 抽查依据 |
|---|---|---|---|
| 1 | 境外投资检查 | 1. 境外企业是否落实人员和财产安全防范措施、建立突发事件预警机制和应急预案；<br>2. 境外企业是否按规定及时向驻外（使）领馆（经商处室）报到登记；<br>3. 境外企业的境内投资主体是否按规定报告境外投资业务情况和统计资料；<br>4. 根据管理需要确定的其他事项。 | 《境外投资管理办法》 |
| 2 | 对外承包工程检查 | 1. 对外承包工程企业是否足额缴纳备用金；<br>2. 对外承包工程企业是否及时报告业务开展情况、报送统计资料；<br>3. 对外承包工程企业在境外与业主签订合同后，是否及时向驻外使（领）馆报告登记；<br>4. 对外承包工程企业是否建立健全并严格执行工程质量和安全生产管理制度；<br>5. 根据管理需要确定的其他事项。 | 《对外承包工程管理条例》 |
| 3 | 对外劳务合作检查 | 1. 对外劳务合作企业是否足额缴纳劳务备用金；<br>2. 对外劳务合作企业是否按规定报送统计资料；<br>3. 根据管理需要确定的其他事项。 | 《对外劳务合作管理条例》 |

# 商务部办公厅关于做好"对外投资"监管方式海关申报的通知

## （商办合函〔2017〕422号）

为进一步加强对外投资管理和服务，不断完善对外直接投资统计和台账工作，我部商海关总署增列了海关监管方式代码 2210，简称"对外投资"（海关总署公告 2017 年第 41 号）。现将有关事项通知如下：

一、境内企业以实物作为股权、债权对外投资时，出口设备和物资应申报"对外投资"监管方式。

二、"对外投资"监管方式同样适用于境内企业向其在境外设立的企业和机构（包括代表处、办事处和项目部等）出口的设备、物资，以及其他因对外投资活动而带动的出口。

三、海关监管方式代码 0110（一般贸易）的适用范围不再包括境内企业对外投资以实物带出的设备、物资。

四、"对外投资"监管方式已于 9 月 1 日正式实施，请各单位加强对"对外投资"监管方式的宣传，指导辖区内企业或下属企业做好申报工作。

商务部办公厅

2017 年 10 月 25 日

# 商务部关于新形势下做好境外中资企业商（协）会工作的通知

## （商合函〔2015〕47号）

各省、自治区、直辖市、计划单列市及新疆生产建设兵团商务主管部门，各驻外经商机构：

为在新形势下推动"走出去"战略深入实施，凝聚和团结境外中资企业力量，加强对境外中资企业商（协）会（以下简称商会）服务和指导，推动商会切实发挥作用，现就进一步做好商会工作有关事项通知如下：

### 一、推动依法成立

驻外经商机构是商会在一线的组织和指导机构，负责所在国（地区）商会的联系、服务、指导等工作。驻外经商机构应引导商会遵守所在国（地区）的法律法规，按照市场化原则运作。

驻外经商机构要充分认识成立商会的重要性，指导中资企业认真研究成立商会的必要性。对企业意愿强烈、当地法律允许等条件成熟的，要顺势而为，及早推动商会成立并依法注册。对当地法律不允许注册的，驻外经商机构可推动企业在内部成立联谊会、协调会，或以适当方式加强联系等，加强企业间的沟通和协调；对尚不具备注册条件的，驻外经商机构可指导其逐步开展工作，积累经验，待条件成熟时再对外注册。

驻外经商机构要指导商会按照所在国（地区）的法律法规和商会宗旨制定商会章程，依据章程设置组织机构并开展工作，明确会长、副会长应是经国内主管部门批准或备案、在当地合法注册的中资企业负责人，并按照章程选举产生。

驻外经商机构要为商会的成立提供积极的服务和支持，对商会在前期筹备、章程起草、成立大会、对外注册等提供必要的指导。

## 二、健全组织架构

驻外经商机构应内外有别、有所侧重，加强对商会思想政治工作、保密工作的指导，增强商会爱国主义教育，引导其积极践行社会主义核心价值观，弘扬中华民族优秀传统文化，树立我国整体对外良好形象。

驻外经商机构要鼓励商会解放思想，扩大会员基础，实现会员多元化，积极吸收我各类所有制企业及个人在所在国（地区）合法设立的企业加入商会，努力实现"业必归会"；对在所在国（地区）合法注册的中国香港、澳门、台湾地区企业，以及当地其他企业，如其有意愿成为会员，商会也可视情予以吸纳。

驻外经商机构要指导商会重视组织架构的建立和健全，确保商会日常运行。鼓励和支持商会根据实际情况和工作需要，按照行业、地区设立分会，分会自觉接受商会的统一指导和协调。

对同一所在国不同地区成立的商会，驻外经商机构要指导商会加强联系和沟通，协调一致、统一立场。在充分听取意见的基础上，适时研究成立全国性总商会的可能性。如已成立全国性总商会的，可由总商会牵头对外，协调立场，设在其他城市的分会以"总商会分会"的名义对外开展工作。

## 三、完善职能建设

国内各级商务主管部门应鼓励并支持本地区开展跨国经营的企业积极加入境外中资企业商会，按照商会的章程享受相应的权利，承担必要的责任，履行应尽的义务。

国内各级商务主管部门在开展对外交往活动中，特别是贸易、投资促进等工作，要积极考虑利用商会平台，委托商会举办相关活动；或推动国内相关承办单位与商会联合举办，提高商会对外影响力。

国内各级商务主管部门在对外购买服务时，可考虑通过驻外经商机构，委托商会作为承办单位，如请商会调研有关国家法律制度、投资环境或政策等，支持商会合法创收，增加经费来源，同时也提高商会负责人和工作人员的服务意识和履职能力。

国内各级商务主管部门要加强对本地区企业在境外成立的地域性商会的联系、指导和服务。同时，应要求地域性商会主动与驻外经商机构、商会加强联系。鼓励地域性商会以集体会员或分会方式加入商会。

## 四、重视发挥作用

驻外经商机构要加强对商会对外交流、交涉方面的服务和引导，特别是指导商会主动建立与所在国政府主管部门和行业协会定期会晤机制，主动宣传我改革开放成果和我对外开放政策，积极开展对外交流，增信释疑，同时表达合理诉求，维护会员企业合法权益。

驻外经商机构要在高访、双边经贸互访中重视发挥商会作用，通过商会组织或与当地相关机构联合组织研讨会、论坛等活动，在配合访问工作的同时，积极扩大商会对外影响，提高知名度。必要时，驻外经商机构也可在对外谈判中邀请商会成员参加，增加商会的影响力。

## 五、加强规范协调

驻外经商机构要重视发挥商会协调职能，在协商一致的基础上建立规范市场机制和市场行为协调机制。商会可协助驻外经商机构开展协调工作，由商会先行研究提出建议，也可征求商会的意见。对企业有不服从协调、在当地有不良经营记录的情况，商会可通过驻外经商机构及时向国内反馈。

驻外经商机构要引导商会加强对会员企业经营行为的规范和自律，指导企业树立"互利共赢，共同发展"的理念，既要督促和要求企业合法经营，树立正确义利观，又要提醒会员企业增强社会责任感，履行必要的社会责任，树立良好社会形象。

驻外经商机构要将商会建设成为传达政策措施、听取意见建议的平台。对需要向境外中资企业传达、宣讲、通报的国内政策信息，要通过商会来组织进行；对企业在当地的经营困难、问题，要通过商会进行收集，并及时反馈国内有关部门。同时，驻外经商机构可就深化我与所在国（地区）经贸关系等问题听取商会的意见和建议。

驻外经商机构要指导商会积极参与境外经济合作项目安全生产和突发事件的应对工作，督促会员企业重视安全生产工作，指导会员企业制定突发事件应对预案、建立突发事件处理机制。

## 六、及时总结经验

驻外经商机构应指导所在国（地区）商会认真做好年度书面工作总结，并通过驻外经商机构报回国内。驻外经商机构也要认真总结商会在机制建设、内部交流、协调自律、对外工作中的成功经验和主要做法，及时报回国内，并在年终工作总结中报告当年指导和服务商会的情况，提出来年工作设想。

2015 年 2 月 9 日

# 商务部办公厅关于境外投资备案实行
# 无纸化管理和简化境外投资注销手续的通知

## （商办合函〔2015〕197号）

各省、自治区、直辖市、计划单列市及新疆生产建设兵团商务主管部门，各中央管理的企业：

自2014年10月《境外投资管理办法》（商务部令2014年第3号）实施以来，企业开展境外投资的便利化水平大幅提高。为进一步便利企业，提高效率，商务部决定对企业境外投资备案实行无纸化管理，并简化了境外投资注销手续。现通知如下，请遵照执行：

## 一、境外投资备案实行无纸化管理

企业将营业执照和通过"境外投资管理系统"（以下简称"系统"）打印并盖章的《境外投资备案表》扫描后，以图片或PDF格式上传到"系统"中，作为《境外投资备案表》的附件，不再提交纸质文件。如其提交的电子文件符合《境外投资管理办法》规定，商务主管部门予以备案并颁发《企业境外投资证书》。

## 二、简化境外投资注销手续

企业在"系统"中选择"终止"选项生成《企业境外投资终止报告表》，打印盖章后提交商务主管部门（其中中央企业提交商务部，其他企业提交所在地省级商务主管部门），商务主管部门完成内部手续后，在"系统"中予以注销，并在同时生成的《企业境外投资注销确认函》上加盖印章，交给企业作为注销确认函，办理外汇等相关手续。经商务部核准的地方企业终止境外投资到企业所在省级商务主管部门办理。

企业境外机构的备案和注销参照企业境外投资办理。


附件：1. 企业境外投资终止报告表（略）

2. 企业境外投资注销确认函（略）


2015 年 5 月 18 日

# 商务部关于印发《境外中资企业商（协）会建设指引》的通知

## （商合函〔2013〕620号）

各省、自治区、直辖市、计划单列市及新疆生产建设兵团商务主管部门，各中央企业，各驻外经商机构：

为进一步支持境外中资企业商（协）会建设和发展，发挥境外中资企业商（协）会的作用，我部制定了《境外中资企业商（协）会建设指引》，现予印发。

2013 年 8 月 19 日

## 境外中资企业商（协）会建设指引

第一条　为进一步发挥境外中资企业商（协）会（以下称境外中资企业商会）作用，促进和推动境外中资企业（机构）（以下称中资企业）的发展，特制订本指引。

第二条　境外中资企业商会是指由中资企业自愿发起并在所在国（地区）依法注册成立的，代表中资企业利益、维护中资企业权益、协调中资企业关系的非营利性民间社团组织。

第三条　境外中资企业商会的主要宗旨是：推动中资企业加强相互协调、联系和交流，为中资企业提供服务；增进中资企业和当地政府、工商界、社区、民众的联系、沟通和了解，扩大与所在国（地区）的经贸合作；代表中资企业对外交涉，维护会员合法权益；指导中资企业守法经营、公平竞争，做好与当地的融合工作，并协商解决重大问题。

第四条　境外中资企业商会按照所在国（地区）的法律法规和商会宗旨制定商会章程，依据章程吸收会员和设置组织机构。会长、副会长按照章程选举产生。

第五条　境外中资企业商会按照"自律、自主"原则，以"交流沟通、约束协调、诉求维权、服务指导"为核心，积极开展日常工作。

第六条　国内各级商务主管部门应鼓励和支持开展跨国经营的企业积极加入境外中资企业商会，并按照商会章程履行必要的义务。

第七条　境外中资企业商会成立后，各驻外经商机构应及时将商会有关情况报商务部（合作司），并重视和发挥境外中资企业商会的作用，就深化我与所在国（地区）经贸关系等问题征求境外中资企业商会的意见和建议。

第八条　境外中资企业商会可通过创建会刊、日常通讯等，为会员及准备进入所在国（地区）市场的非会员企业提供指导和咨询，发挥服务作用。

第九条　境外中资企业商会可通过邀请所在国（地区）政府主管部门和中介机构进行专题介绍等方式，定期组织会员了解、熟悉所在国（地区）的政策法规。

第十条　境外中资企业商会可通过制定自律性公约、发布倡议书和建立协调机制等方式，提倡合法经营、公平竞争，抵制不良行为。

第十一条　境外中资企业商会可通过加强与所在国（地区）政府主管部门和行业商协会的联系和沟通等方式，及时反映和表达会员的困难、问题、关注及诉求，代表会员维护合法权益。

第十二条　境外中资企业商会可通过各种有效方式促进会员境外融合，鼓励会员注重企业文化建设，尊重当地风俗习惯，积极履行社会责任，树立良好的社会形象。

第十三条　境外中资企业商会可积极吸收我各类所有制企业及个人在所在国（地区）合法设立的企业加入商会；对在所在国（地区）合法注册的中国香港、澳门、台湾地区企业，如其有意愿成为会员，商会也可视情予以吸纳。

第十四条　境外中资企业商会可根据实际情况、工作需要和所在国（地区）法律法规，按照行业、地区设立分会。

第十五条　境外中资企业商会可以受国内商协会的委托在所在国（地区）法律法规允许的范围内开展相关工作。

第十六条　鼓励在地方企业集中的国家（地区）成立地域性商会。地方商务主管部门要会同有关部门加强对本地区企业成立的地域性商会的沟通和服务。境外中资企业商会可加强与地域性商会的沟通和联系。鼓励地域性商会以集体会员或分会的方式加入境外中资企业商会。

第十七条　境外中资企业联谊会及其他非社团法人的企业自律性机构，可参照此指引开展相关工作。

# 商务部 外交部 国资委 全国工商联关于印发 《境外中资企业（机构）员工管理指引》的通知

## （商合发〔2011〕64号）

各省、自治区、直辖市、计划单列市及新疆生产建设兵团商务主管部门、国有资产监督管理部门、工商联，各中央企业，各驻外使（领）馆：

近年来，我境外中资企业（机构）及其员工数量逐步增多。为指导我企业进一步规范境外中资企业（机构）员工管理工作，我们制定了《境外中资企业（机构）员工管理指引》（简称《指引》）。现予印发并就有关事项通知如下：

一、充分认识指导企业做好境外中资企业（机构）员工管理工作的意义。构建境外企业（机构）良好劳资关系，做好员工管理，是贯彻落实"互利共赢、共同发展"开放战略的需要，既有利于企业融入当地社会，实现对外投资合作业务可持续发展，也有助于树立我国良好形象，促进双边关系。

二、有关部门要加强对企业的服务和指导，通过多种渠道和途径，宣传《指引》内容和精神，督促企业认真遵守我国对外投资合作和东道国劳动用工相关的政策法规。各地商务主管部门要建立与企业和我驻外使（领）馆有效联系机制，指导企业做好员工管理工作。

三、各驻外使（领）馆要按照《指引》的精神，加强对境外中资企业（机构）员工管理工作的指导；可主动邀请或通过境外中资企业商（协）会邀请东道国劳动、出入境等主管部门向境外中资企业（机构）讲解相关政策法规，帮助企业更好地在当地经营；定期组织开展对境外中资企业（机构）的监督检查，提醒和督促其及时解决员工管理存在的问题，必要时通报其境内投资主体所在地人民政府或相关主管部门。

四、有关部门应按照《商务部 外交部 国资委关于进一步规范我国企业对外投资合作的通知》（商合发〔2008〕222号），对违法违规并造成严重后果的企业给予相应的处理和处罚。

五、商务部将会同有关部门定期对境外中资企业（机构）员工管理工作情况进行巡查，并通报有关巡查情况。

2011 年 3 月 14 日

# 境外中资企业（机构）员工管理指引

第一条　本指引的境外中资企业（机构）员工是指我境内企业在境外设立的中资企业或机构雇用的国内人员、当地员工及其他国家员工。

第二条　境内企业开展对外投资合作要树立"互利共赢、共同发展"经营理念，积极开展属地化经营，根据实际需要确定国内人员的派出，尽量多为当地创造就业机会。

第三条　境内企业要认真了解和研究我国和东道国法律法规，特别是与劳动用工相关法律政策规定，并严格遵守，做到知法、守法，用法律规范用工行为，维护双方合法权益。

第四条　境内企业要认真遵守我国有关规定，严格人员选派工作。派出人员应熟悉业务，身体健康，并拥有合法的出入境手续和工作许可。

第五条　境内企业要重视派出人员的语言能力建设。派出人员应具有一定使用外语对外沟通的能力。如派出人员不懂外语，企业除对其进行日常用语的基本培训外（如外语 100 句等），还应配备必要的翻译人员。企业可制定具体的量化培训标准。

第六条　境内企业要加强对派出人员的行前教育、培训和考核。有关商（协）会应帮助企业开展出国人员培训。培训内容重点是外事纪律、涉外礼仪、东道国社会概况、相关的法律法规、风俗习惯、宗教信仰等。培训结束后应组织考核，不合格的人员不能派出。

第七条　境内企业要教育其派出人员充分认识我与东道国存在的文化差异，尊重当地的风俗习惯；在日常工作和生活中，平等对待当地雇员，尊重其宗教信仰和生活习俗，注意自己的言行，避免产生误解。

第八条　境外企业（机构）要关注平等就业，避免出现种族、部落、肤色、宗教、性别等方面歧视做法。

第九条 境外企业（机构）雇佣当地员工应严格按照法律规定履行必要招聘程序，与雇员签订劳动合同，为雇员提供符合法律规定及双方合同约定的工资待遇和社会医疗保险。

第十条 境外企业（机构）要为雇员提供必要劳动保护，遵守东道国有关生产、技术和卫生安全标准，制定安全生产操作规程，避免安全事故发生，并为雇员办理相应的意外伤害保险。

第十一条 境外企业（机构）应建立与雇员日常沟通机制，认真对待雇员提出的合理诉求，及时答复，妥善解决，避免矛盾激化。对当地员工成立工会组织的，企业要设立专门部门或指定专人负责与工会组织的联系和沟通。

第十二条 境外企业（机构）要慎重对待裁员，对确实需要解聘的雇员，要按照当地的有关规定履行合法的程序，并进行必要的解释。

第十三条 境外企业（机构）应首先通过友好协商方式解决与雇员产生的分歧或纠纷；如双方无法达成一致，应通过法律途径解决。

第十四条 境外企业（机构）应加强与东道国政府主管部门、有关行业组织的联系，必要时征求其对劳资问题的意见和建议；如发生劳资纠纷，应及时向东道国有关部门通报并寻求援助，避免与雇员发生直接冲突。

第十五条 境外企业（机构）应主动加入境外中资企业商（协）会，加强行业自律和协调，实现企业间的互相帮助、互相监督的良性互动。

第十六条 境外企业（机构）中方负责人应主动向我驻外使（领）馆报到登记，按照《对外投资合作企业在外人员相关信息备案制度》的要求报备人员信息；如发生劳资纠纷，应及时向我驻外使（领）馆、境内企业所在地政府主管部门和工商联如实报告。

# 商务部办公厅关于做好人民币
# 境外直接投资管理工作的通知

## （商办合函〔2011〕242 号）

各省、自治区、直辖市、计划单列市及新疆生产建设兵团商务主管部门，各中央企业：

近期，人民银行发布了《境外直接投资人民币结算试点管理办法》（人民银行公告〔2011〕第 1 号），同意跨境贸易人民币结算试点地区的非金融企业使用人民币开展境外直接投资。为做好企业使用人民币境外直接投资管理工作，现将有关事项通知如下：

一、企业开展人民币境外直接投资，应严格遵守《境外投资管理办法》（商务部令 2009 年第 5 号）的规定，并在境外投资核准书面申请中明确人民币投资的具体金额。

二、商务主管部门受理企业申请时，应认真审核企业通过“境外投资管理系统”填报的电子数据，确保其与书面申请材料一致，特别是“人民币出资”栏目的相关数据。

三、对予以核准的人民币境外直接投资，《企业境外投资证书》备注栏中将自动进行标注，标注内容为“此项境外投资中，使用人民币投资的金额为 XXX 万元人民币”。

四、各地商务主管部门应与本地人民银行和外汇管理部门加强沟通，共享信息，做好人民币境外直接投资管理工作。

2011 年 4 月 1 日

# 商务部办公厅关于涉及多国利益
# 境外投资有关事项的通知

## （商办合函〔2011〕189号）

各省、自治区、直辖市、计划单列市及新疆生产建设兵团商务主管部门，各中央企业：

近期以来，因领土归属问题产生的主权争议已引起国际社会广泛关注。为指导企业更好开展境外投资，现将有关事项通知如下：

一、有主权争议的地区，为涉及多国（地区）利益地区。企业赴上述地区开展境外投资、设立境外机构，属于"涉及多国（地区）利益的境外投资"，应按《境外投资管理办法》（商务部令2009年第5号）报商务部核准。

二、各级商务主管部门和中央企业应提醒本地区和所属企业，在赴上述地区开展境外投资时，应审慎决策，防范风险，并严格按照《境外投资管理办法》履行核准手续。

2011年3月17日

# 商务部办公厅关于启用"境外投资管理系统"和《企业境外投资证书》、《企业境外机构证书》等有关事项的通知

## （商合字〔2009〕65 号）

各省、自治区、直辖市、计划单列市及新疆生产建设兵团商务主管部门，各中央企业：

为进一步提高行政效率，促进境外投资便利化，规范境外投资管理，根据《境外投资管理办法》（商务部 2009 年第 5 号令），商务部建设了"境外投资管理系统"（以下简称"系统"），对境外投资推行电子政务，通过"系统"颁发《企业境外投资证书》和《企业境外机构证书》（以下简称《证书》）。现将有关事项通知如下：

一、境内企业开展境外投资，应向商务部或省级商务主管部门报送书面材料并登录系统按要求录入相关信息。系统的网址为 fec. mofcom. gov. cn。省级商务主管部门和中央企业可登陆网站，下载用户手册，查询系统的具体使用方法。

二、对予以核准的境内企业，商务部或省级商务主管部门将通过"系统"发放《证书》。中央企业在商务部（合作司）领取《证书》，地方企业在所在地省级商务主管部门领取《证书》。

三、《证书》实行统一编号，编号规则为：区位代码＋年度＋5 位排序数字。如：商务部核准的《证书》编号为"1000200900001"；北京市商务局核准的《证书》编号为"1100200900001"。

四、为确保系统的正常运转，中国国际电子商务中心成立了技术、支持服务保障小组，设立了服务热线，联系电话：010－67870108。

五、"系统"和《证书》启用后，《境外投资批准证书网上发放系统》和《中国企业境外投资批准证书》、《中国企业境外机构批准证书》将不再使用。

2009 年 4 月 17 日

# 商务部办公厅关于规范境外中资企业撤销手续的通知

## （商合字〔2007〕111 号）

各省、自治区、直辖市、计划单列市及新疆生产建设兵团商务主管部门，各中央企业：

为加强对境外中资企业及机构的管理，规范境外中资企业及机构撤销手续，现将有关事项通知如下：

一、境外企业及机构的撤销遵循企业自主的原则，由其投资主体或主办单位自主决定。

二、境外企业及机构应按所在国的法律法规办理撤销手续，妥善处理好资产及有关债权债务等事宜，以免产生纠纷，造成损失。有关情况应及时告知我驻外使（领）馆经商处（室）。

三、境外企业及机构在境外办妥撤销手续后，应由其投资主体或主办单位向国内商务主管部门备案，并交回境外企业或机构批准证书（以下称批准证书）。

四、地方企业撤销境外企业或机构的，由其投资主体或主办单位向地方商务主管部门备案，并将原批准证书交回；地方商务主管部门出具备案函（抄送商务部合作司），企业据此向外汇管理等部门办理相关手续。

五、中央企业撤销境外企业或机构的，由其投资主体或主办单位通过中央企业总部向商务部（合作司）备案，并将原批准证书交回；商务部（合作司）出具备案函，企业据此向外汇管理等部门办理相关手续。

附件：国内商务主管部门备案函参考样式（略）

2007 年 12 月 19 日

# 商务部关于规范境外中资企业及机构冠名有关事项的通知

## （商合函〔2006〕1 号）

各省、自治区、直辖市、计划单列市及新疆生产建设兵团商务主管部门：

为了规范境外中资企业及机构的名称，根据相关法律法规及《关于境外投资开办企业核准事项的规定》（商务部令 2004 年第 16 号），现将有关事项通知如下：

一、境外中资企业（机构）的冠名不得违反我国相关法律法规和规章的有关规定，不得有损我国对外形象和整体利益，同时应符合当地法律法规的规定及民族、宗教习俗。

二、境外中资企业（机构）的冠名不应对国内其他企业、国外企业和投资东道国其他中资企业构成权益侵害。

三、未经中央政府批准，境外中资企业（机构）中外文名称不得冠以"中国"、"中华"、"国家"等字样。

四、境外中资企业（机构）冠名中涉及行业、组织形式、经营活动性质等内容的表述应与其业务实际相符。

五、境外中资企业（机构）名称发生变更，应按《关于境外投资开办企业核准事项的规定》（商务部令 2004 年第 16 号）第十一条的规定履行有关手续。

六、境外中资企业（机构）在当地注册名称应与批准证书中名称一致。

请各地商务主管部门按照本通知要求，在境外投资开办企业核准工作中严格执行。

特此通知。

2006 年 1 月 22 日

# 商务部 国家外汇管理局关于印发
# 《企业境外并购事项前期报告制度》的通知

## （商合发〔2005〕131 号）

各省、自治区、直辖市、计划单列市及新疆生产建设兵团商务主管部门，国家外汇管理局各省、自治区、直辖市分局、外汇管理部，深圳、大连、青岛、厦门、宁波市分局，各中央企业：

为及时了解我国企业境外并购情况，向企业提供境外并购及时有效的政府服务，商务部和国家外汇管理局制定了《企业境外并购事项前期报告制度》。现予印发，于2005 年 5 月 1 日起实施，请遵照执行。

特此通知。

2005 年 3 月 31 日

## 企业境外并购事项前期报告制度

一、为及时了解我国企业境外并购情况，向企业提供境外并购及时有效的政府服务，特制定本制度。

二、本制度所称境外并购系指国内企业及其控股的境外中资企业通过购买境外企业的股权或资产的方式（包括参股、股权置换等）获得该企业的资产或经营控制权的投资行为。

三、企业在确定境外并购意向后，须及时向商务部及地方省级商务主管部门和国家外汇管理局及地方省级外汇管理部门报告。国务院国有资产管理委员会管理的企业直接向商务部和国家外汇管理局报告；其他企业向地方省级商务主管部门和外汇管理部门报告，地方省级商务主管部门和外汇管理部门分别向商务部和国家外汇管理局转报。

四、企业报告时，需填写并提交《境外并购事项前期报告表》（附后）。

五、各有关政府部门及其相关工作人员须严格保守此项工作中接触到的企业商业秘密。

六、企业履行境外投资核准手续，仍需按照《关于境外投资开办企业核准事项的规定》（中华人民共和国商务部令二〇〇四年第 16 号）和《关于内地企业赴香港、澳门特别行政区投资开办企业核准事项的规定》（商合发〔2004〕452 号）的规定办理。

七、本制度由商务部负责解释。

**附件：境外并购事项前期报告表**

境外并购事项前期报告表

| 境内投资主体 | 名称 | | | |
|---|---|---|---|---|
| | 注册资本 | | 行业 | |
| 实施具体并购行为的子公司 | 名称 | | | |
| | 注册地点 | | 注册资本 | |
| 境外并购目标企业 | 名称 | 外文 | | |
| | | 中文 | | |
| | 注册地点 | | 行业 | |

| | |
|---|---|
| 并购背景 | |
| 拟并购的股权、资产或业务情况 | |

| | | | |
|---|---|---|---|
| 预计投资总额 | | 交易方式（现金、股票及混合方式） | |

| | |
|---|---|
| 资金筹措方案 | |
| 初步时间安排 | |
| 潜在风险及应对方案 | |
| 需政府提供的服务 | |

| | | | |
|---|---|---|---|
| 联系人 | | 电话 | |

（注：此表填不下的内容，可另加附页）　　　　　　商务部对外经济合作司制

（企业公章）

年　　月　　日

# 商务部关于印发《境外中资企业（机构）报到登记制度》的通知

## （商合发〔2005〕447 号）

各省、自治区、直辖市及计划单列市及新疆生产建设兵团商务主管部门，各中央企业，各驻外使（领）馆经商处（室）：

为加强对境外中资企业（机构）的管理，根据《关于境外投资开办企业核准事项的规定》（商务部令 2004 年第 16 号），商务部制定了《境外中资企业（机构）报到登记制度队现予印发，请遵照执行。

特此通知

2005 年 9 月 14 日

## 境外中资企业（机构）报到登记制度

第一条　为规范对境外中资企业（机构）（以下简称中资企业）的管理，加强对中资企业的协调指导并提供各项公共服务，维护中资企业及其外派人员的合法权益，根据国家有关法规和《关于境外投资开办企业核准事项的规定》（商务部令 2004 年第16 号），特制定本制度。

第二条　经商务部或省级商务主管部门核准、持有《中华人民共和国境外投资批准证书》（含境外加工贸易、境外机构）的中资企业，须向所在国我使（领）馆经商处（室）报到登记。

第三条　中资企业在投资所在国办理完毕注册登记手续之日起 30 日内，其负责人应持《境外中资企业（机构）报到登记表》（见附表，以下简称《报到登记表》）向我驻当地使（领）馆经商处（室）报到登记。

第四条　中资企业报到时应向我驻当地使（领）馆经商处（室）提交《报到登记表》，并附以下材料：

（一）商务部或省级商务主管部门批准文件复印件；

（二）《中华人民共和国境外投资批准证书》（含境外加工贸易、境外机构）复印件；

（三）注册文件复印件。

第五条　各驻外使（领）馆经商处（室）应认真做好登记工作，建立中资企业档案，并妥善保管。

第六条　各驻外使（领）馆经商处（室）在日常工作中应注意加强与中资企业的联系，做好协调指导服务，为中资企业的正常经营提供便利。驻在国或中资企业发生突发事件时，各经商处（室）应确保与企业联络通畅，及时将情况通知国内主管部门及境内投资主体，并做出周密安排与处置，保护好中资企业及人员的各项权益。

第七条　境内投资主体应及时将《报到登记表》回执联交各省级商务主管部门；中央企业设立的境外中资企业应将《报到登记表》回执联交其国内总部。中资企业报到登记情况纳入境外投资联合年检的内容。

第八条　内地企业赴香港、澳门投资设立的企业，依照本制度，向中央政府驻香港、澳门联络办报到登记。

第九条　本制度由商务部负责解释。


附件：境外中资企业（机构）报到登记表（略）

# 商务部 国土资源部关于实行
# 境外矿产资源开发网上备案的通知

## （商合发〔2004〕408 号）

各省、自治区、直辖市及计划单列市商务主管部门、国土资源厅，中央管理企业：

原外经贸部、国土资源部《关于实行境外矿产资源开发项目备案的通知》（外经贸合发〔2003〕55 号）下发以来，各地方、企业非常重视境外矿产资源开发备案工作，为政府部门及时掌握全面情况，研究制定政策，协助企业解决问题提供了重要依据。为进一步规范和完善备案制度，推进电子政务，提高行政效能，商务部和国土资源部决定对境外矿产资源开发实行网上备案，具体办法如下：

一、凡在我国境内注册的企事业单位（以下简称"企业"），拟在境外从事矿产资源勘查、勘探、开采、加工等经济活动的，需在跟踪筹备阶段即向商务部和国土资源部办理备案。境外中资控股企业拟从事上述经济活动的，应由境内企业办理备案。

二、商务部和国土资源部在"中国对外经济合作指南"网站（http://fec. mofcom. gov. cn）上建立了"境外矿产资源开发备案系统"。该系统的功能包括境外矿产资源开发备案表（见附件 1，以下简称"备案表"）的录入、提交、查询，以及工作进展与重要事项报备等，具体操作方法详见《境外矿产资源开发备案系统操作手册》（见附件 2）。

三、境外矿产资源开发备案系统实行专用电子钥匙管理，以保护企业的商业秘密。企业在申领专用电子钥匙后即可办理备案，未申领专用电子钥匙的企业不能登陆系统查阅相关资料。专用电子钥匙的具体申领和使用办法请查阅 www. gfapki. com. cn/invest‐focus/index. htm 网页所载的《"对外经济合作指南"对外投资业务专用电子钥匙办理流程》。

四、商务部（对外经济合作司）自收到网上备案材料之日起 3 个工作日内代表两部在线回复意见。对于符合填报要求的备案，企业可以在线打印《境外矿产资源开发备案回执》。

五、企业在跟踪筹备阶段无法准确填报备案表的，可以根据已有信息和估计情况先行办理备案。在备案事项明确（如签署合同或协议）之后，企业应及时书面提请商务部（对外经济合作司）修改备案信息。对于已备案但最终未执行的，商务部和国土资源部可以删除相关备案信息。

六、境外矿产资源开发备案系统是政府和企业沟通信息的重要平台，备案表是企业享受国家相关政策支持和服务的重要依据之一。各地商务、国土资源主管部门要高度重视此项工作，认真督促企业主动办理备案并及时报告工作进展情况和存在问题，在工作过程中如有意见和建议，请直接与商务部（对外经济合作司）和国土资源部（国际合作与科技司）联系。

七、本通知自发布之日起生效，外经贸合发〔2003〕55 号文件同时废止。此前已办理备案的企业，需自通知发布之日起重新办理备案；此前已对外签订境外矿产资源开发合同或协议而尚未办理备案的企业，应自通知发布之日起补办备案。

特此通知。

附件：1. 境外矿产资源开发备案表（略）
　　　2. 境外矿产资源开发备案系统操作手册（略）

2004 年 8 月 17 日

# 第三章 境外经贸合作区

# 商务部关于印发
# 《境外经贸合作区服务指南范本》的通知

## （商合函〔2015〕408 号）

各省、自治区、直辖市、计划单列市及新疆生产建设兵团商务主管部门，有关中央企业：

为进一步做好境外经贸合作区（以下简称合作区）建设工作，推动合作区做大做强，发挥其境外产业集聚和平台效应，我们制定了《境外经贸合作区服务指南范本》（以下简称《范本》），现予以印发。

请各地商务主管部门、有关中央企业加强对合作区建区企业的指导，推动企业参考《范本》，结合其自身能力，制订符合合作区实际的服务指南，要求企业提升服务质量和水平，吸引更多的企业入区投资，实现共同发展。

2015 年 8 月 4 日

## 境外经贸合作区服务指南范本

### 一、信息咨询服务

（一）政策咨询。境外经贸合作区建区企业（以下简称建区企业）为进入合作区投资创业的企业（以下简称入区企业）搭建与东道国政府部门和有关机构沟通、协调的平台，提供包括投资、贸易、金融、产业等相关政策咨询服务。

（二）法律服务。建区企业为入区企业提供东道国与投资相关的法律咨询服务，帮助入区企业了解东道国基本法律，熟悉投资环境，寻找和委托相应的法律服务中介机构。

（三）产品推介。建区企业协助入区企业参加东道国举办的展览会、行业产品对接会、贸易洽谈会等，为企业搭建合作平台，推介入区企业生产的产品，并为其寻找产品代理商或经销商。

**二、运营管理服务**

（一）企业注册。建区企业建立与东道国外资管理部门或投资促进机构的沟通和联系机制，为入区企业提供在东道国注册登记的相关咨询服务，协助入区企业办理注册登记、投资项目环境影响评估和规划设计审批等相关手续。

（二）财税事务。建区企业为入区企业提供东道国相关财务和税收方面的政策咨询，并协助入区企业在财务管理、商标注册、税收申报和缴纳等方面的工作。

（三）海关申报。建区企业为入区企业提供东道国关于海关申报、进口报关、仓储运输、进出口手续、原产地证明及关税申报等相关咨询服务。

（四）人力资源。建区企业为入区企业提供东道国关于员工管理、人员签证等政策咨询服务，并协助入区企业相关人员办理签证、举办员工培训、人员招聘、人才交流等人力资源方面的事务，帮助招聘本地员工，代办中国员工的邀请、签证等。

（五）金融服务。建区企业为入区企业提供投融资、保险等金融咨询服务，协助企业办理相关金融手续，建立入区企业和国内外金融机构联系的渠道。

（六）物流服务。建区企业可根据入区企业的要求，为提供必要的物流服务，包括运输、仓储、装卸、搬运、配送、信息处理等。

**三、物业管理服务**

（一）租赁服务。建区企业根据入区企业的要求，为其提供标准厂房、写字楼、仓库、展示厅、堆场等设施的租赁服务。

（二）厂房建造。建区企业可在入区企业新建厂房时，提供必要的支持，协助其办理包括设计、施工招投标、申请厂房建筑许可证、厂房开工证以及验收执照等在内的相关手续。

（三）生产配套。建区企业为入区企业提供生产配套便利和服务，包括供电、供水、供暖、通讯、通气、安保、废水处理、垃圾处理、有毒废料处理等。

（四）生活配套。建区企业可为入区企业提供员工宿舍、高级公寓、运动健身、文化娱乐以及各式餐饮等生活配套设施服务。

（五）维修服务。建区企业可为入区企业提供专业、高效的维修服务，帮助入区企业解决生产、生活遇到的维修困难。

（六）医疗服务。建区企业可为入区企业有关人员提供简易医疗救治服务，并与合作区所在地医院建立畅通的紧急救治通道等。

## 四、突发事件应急服务

建区企业应做好突发事件应急预案，有效预防和应对火灾、水灾、罢工、破坏活动等突发事件的处理救援工作，保障园区及入区企业在经营活动中的人身财产安全。

# 第四章　对外承包工程

# 对外承包工程管理条例

（2008 年 7 月 21 日中华人民共和国国务院令
第 527 号公布 根据 2017 年 3 月 1 日
《国务院关于修改和废止部分行政法规的决定》修订）

## 第一章 总 则

第一条 为了规范对外承包工程，促进对外承包工程健康发展，制定本条例。

第二条 本条例所称对外承包工程，是指中国的企业或者其他单位（以下统称单位）承包境外建设工程项目（以下简称工程项目）的活动。

第三条 国家鼓励和支持开展对外承包工程，提高对外承包工程的质量和水平。

国务院有关部门制定和完善促进对外承包工程的政策措施，建立、健全对外承包工程服务体系和风险保障机制。

第四条 开展对外承包工程，应当维护国家利益和社会公共利益，保障外派人员的合法权益。

开展对外承包工程，应当遵守工程项目所在国家或者地区的法律，信守合同，尊重当地的风俗习惯，注重生态环境保护，促进当地经济社会发展。

第五条 国务院商务主管部门负责全国对外承包工程的监督管理，国务院有关部门在各自的职责范围内负责与对外承包工程有关的管理工作。

国务院建设主管部门组织协调建设企业参与对外承包工程。

省、自治区、直辖市人民政府商务主管部门负责本行政区域内对外承包工程的监督管理。

第六条 有关对外承包工程的协会、商会按照章程为其成员提供与对外承包工程有关的信息、培训等方面的服务，依法制定行业规范，发挥协调和自律作用，维护公平竞争和成员利益。

## 第二章　对外承包工程活动

第七条　国务院商务主管部门应当会同国务院有关部门建立对外承包工程安全风险评估机制，定期发布有关国家和地区安全状况的评估结果，及时提供预警信息，指导对外承包工程的单位做好安全风险防范。

第八条　对外承包工程的单位不得以不正当的低价承揽工程项目、串通投标，不得进行商业贿赂。

第九条　对外承包工程的单位应当与境外工程项目发包人订立书面合同，明确双方的权利和义务，并按照合同约定履行义务。

第十条　对外承包工程的单位应当加强对工程质量和安全生产的管理，建立、健全并严格执行工程质量和安全生产管理的规章制度。

对外承包工程的单位将工程项目分包的，应当与分包单位订立专门的工程质量和安全生产管理协议，或者在分包合同中约定各自的工程质量和安全生产管理责任，并对分包单位的工程质量和安全生产工作统一协调、管理。

对外承包工程的单位不得将工程项目分包给不具备国家规定的相应资质的单位；工程项目的建筑施工部分不得分包给未依法取得安全生产许可证的境内建筑施工企业。

分包单位不得将工程项目转包或者再分包。对外承包工程的单位应当在分包合同中明确约定分包单位不得将工程项目转包或者再分包，并负责监督。

第十一条　从事对外承包工程外派人员中介服务的机构应当取得国务院商务主管部门的许可，并按照国务院商务主管部门的规定从事对外承包工程外派人员中介服务。

对外承包工程的单位通过中介机构招用外派人员的，应当选择依法取得许可并合法经营的中介机构，不得通过未依法取得许可或者有重大违法行为的中介机构招用外派人员。

第十二条　对外承包工程的单位应当依法与其招用的外派人员订立劳动合同，按照合同约定向外派人员提供工作条件和支付报酬，履行用人单位义务。

第十三条　对外承包工程的单位应当有专门的安全管理机构和人员，负责保护外派人员的人身和财产安全，并根据所承包工程项目的具体情况，制定保护外派人员人身和财产安全的方案，落实所需经费。

对外承包工程的单位应当根据工程项目所在国家或者地区的安全状况，有针对性地对外派人员进行安全防范教育和应急知识培训，增强外派人员的安全防范意识和自我保护能力。

第十四条　对外承包工程的单位应当为外派人员购买境外人身意外伤害保险。

第十五条　对外承包工程的单位应当按照国务院商务主管部门和国务院财政部门的规定，及时存缴备用金。

前款规定的备用金，用于支付对外承包工程的单位拒绝承担或者无力承担的下列费用：

（一）外派人员的报酬；

（二）因发生突发事件，外派人员回国或者接受其他紧急救助所需费用；

（三）依法应当对外派人员的损失进行赔偿所需费用。

第十六条　对外承包工程的单位与境外工程项目发包人订立合同后，应当及时向中国驻该工程项目所在国使馆（领馆）报告。

对外承包工程的单位应当接受中国驻该工程项目所在国使馆（领馆）在突发事件防范、工程质量、安全生产及外派人员保护等方面的指导。

第十七条　对外承包工程的单位应当制定突发事件应急预案；在境外发生突发事件时，应当及时、妥善处理，并立即向中国驻该工程项目所在国使馆（领馆）和国内有关主管部门报告。

国务院商务主管部门应当会同国务院有关部门，按照预防和处置并重的原则，建立、健全对外承包工程突发事件预警、防范和应急处置机制，制定对外承包工程突发事件应急预案。

第十八条　对外承包工程的单位应当定期向商务主管部门报告其开展对外承包工程的情况，并按照国务院商务主管部门和国务院统计部门的规定，向有关部门报送业务统计资料。

第十九条　国务院商务主管部门应当会同国务院有关部门建立对外承包工程信息收集、通报制度，向对外承包工程的单位无偿提供信息服务。

有关部门应当在货物通关、人员出入境等方面，依法为对外承包工程的单位提供快捷、便利的服务。

## 第三章　法律责任

第二十条　对外承包工程的单位有下列情形之一的，由商务主管部门责令改正，处 10 万元以上 20 万元以下的罚款，对其主要负责人处 1 万元以上 2 万元以下的罚款；拒不改正的，商务主管部门可以禁止其在 1 年以上 3 年以下的期限内对外承包新的工程项目；造成重大工程质量问题、发生较大事故以上生产安全事故或者造成其他严重后果的，建设主管部门或者其他有关主管部门可以降低其资质等级或者吊销其资质证书：

（一）未建立并严格执行工程质量和安全生产管理的规章制度的；

（二）没有专门的安全管理机构和人员负责保护外派人员的人身和财产安全，或者未根据所承包工程项目的具体情况制定保护外派人员人身和财产安全的方案并落实所需经费的；

（三）未对外派人员进行安全防范教育和应急知识培训的；

（四）未制定突发事件应急预案，或者在境外发生突发事件，未及时、妥善处理的。

第二十一条　对外承包工程的单位有下列情形之一的，由商务主管部门责令改正，处 15 万元以上 30 万元以下的罚款，对其主要负责人处 2 万元以上 5 万元以下的罚款；拒不改正的，商务主管部门可以禁止其在 2 年以上 5 年以下的期限内对外承包新的工程项目；造成重大工程质量问题、发生较大事故以上生产安全事故或者造成其他严重后果的，建设主管部门或者其他有关主管部门可以降低其资质等级或者吊销其资质证书：

（一）以不正当的低价承揽工程项目、串通投标或者进行商业贿赂的；

（二）未与分包单位订立专门的工程质量和安全生产管理协议，或者未在分包合同中约定各自的工程质量和安全生产管理责任，或者未对分包单位的工程质量和安全生产工作统一协调、管理的；

（三）将工程项目分包给不具备国家规定的相应资质的单位，或者将工程项目的建筑施工部分分包给未依法取得安全生产许可证的境内建筑施工企业的；

（四）未在分包合同中明确约定分包单位不得将工程项目转包或者再分包的。

分包单位将其承包的工程项目转包或者再分包的，由建设主管部门责令改正，依照前款规定的数额对分包单位及其主要负责人处以罚款；造成重大工程质量问题，或者发生较大事故以上生产安全事故的，建设主管部门或者其他有关主管部门可以降低其资质等级或者吊销其资质证书。

第二十二条　对外承包工程的单位有下列情形之一的，由商务主管部门责令改正，处 2 万元以上 5 万元以下的罚款；拒不改正的，对其主要负责人处 5000 元以上 1 万元以下的罚款：

（一）与境外工程项目发包人订立合同后，未及时向中国驻该工程项目所在国使馆（领馆）报告的；

（二）在境外发生突发事件，未立即向中国驻该工程项目所在国使馆（领馆）和国内有关主管部门报告的；

（三）未定期向商务主管部门报告其开展对外承包工程的情况，或者未按照规定向有关部门报送业务统计资料的。

第二十三条　对外承包工程的单位通过未依法取得许可或者有重大违法行为的中介机构招用外派人员，或者不依照本条例规定为外派人员购买境外人身意外伤害保险，或者未按照规定存缴备用金的，由商务主管部门责令限期改正，处 5 万元以上 10 万元以下的罚款，对其主要负责人处 5000 元以上 1 万元以下的罚款；逾期不改正的，商务主管部门可以禁止其在 1 年以上 3 年以下的期限内对外承包新的工程项目。

未取得国务院商务主管部门的许可，擅自从事对外承包工程外派人员中介服务的，由国务院商务主管部门责令改正，处 10 万元以上 20 万元以下的罚款；有违法所得的，没收违法所得；对其主要负责人处 5 万元以上 10 万元以下的罚款。

第二十四条　商务主管部门、建设主管部门和其他有关部门的工作人员在对外承包工程监督管理工作中滥用职权、玩忽职守、徇私舞弊，构成犯罪的，依法追究刑事责任；尚不构成犯罪的，依法给予处分。

# 第四章　附　　则

第二十五条　对外承包工程涉及的货物进出口、技术进出口、人员出入境、海关以及税收、外汇等事项，依照有关法律、行政法规和国家有关规定办理。

第二十六条　对外承包工程的单位以投标、议标方式参与报价金额在国务院商务主管部门和国务院财政部门等有关部门规定标准以上的工程项目的，其银行保函的出具等事项，依照国务院商务主管部门和国务院财政部门等有关部门的规定办理。

第二十七条　对外承包工程的单位承包特定工程项目，或者在国务院商务主管部门会同外交部等有关部门确定的特定国家或者地区承包工程项目的，应当经国务院商务主管部门会同国务院有关部门批准。

第二十八条　中国内地的单位在香港特别行政区、澳门特别行政区、台湾地区承包工程项目，参照本条例的规定执行。

第二十九条　中国政府对外援建的工程项目的实施及其管理，依照国家有关规定执行。

第三十条　本条例自 2008 年 9 月 1 日起施行。

# 商务部 财政部 人民银行 银监会关于印发《关于大型出口信贷及出口信用保险项目的报批程序（修订稿）》的通知

## （商贸发〔2018〕15 号）

各省、自治区、直辖市、计划单列市及新疆生产建设兵团商务（机电办）、财政（务）主管部门，财政部驻各省、自治区、直辖市、计划单列市财政监察专员办事处，中国人民银行上海总部，各分行、营业管理部，各省会（首府）城市中心支行，各有关银行，中国出口信用保险公司，各中央管理的企业：

现将经国务院批准同意的《关于大型出口信贷及出口信用保险项目的报批程序（修订稿）》印发给你们，请遵照执行。执行中有何问题及建议，请及时报商务部，并抄报财政部、人民银行和银监会。

2018 年 1 月 5 日

## 关于大型出口信贷及出口信用保险项目的报批程序（修订稿）

为进一步规范和加强对大型出口信贷及出口信用保险项目的管理，有效防范和控制项目风险，杜绝"倒逼"现象，理顺工作关系，提高工作效率，坚决制止恶性竞争，建立正常的出口秩序，维护国家利益和出口企业的合法权益，推动有实力的企业在更高水平上参与国际竞争，壮大装备制造等新的出口主导产业，促进大型成套设备扩大出口及对外承包工程的健康、持续、稳定发展，根据《中华人民共和国对外贸易法》和国家有关规定，制定本程序。

第一条　本程序中大型出口信贷及出口信用保险项目特指由有关金融机构或企业提供信贷，并向我国保险机构投保出口信用险，且承保金额在 3 亿美元以上（含 3 亿美元）的大型成套设备出口项目及对外承包工程项目。大型出口信贷及出口信用保险项目由商务部会同外交部、财政部报国务院审批。其他出口信贷及出口信用保险项目报批程序，按现行有关规定执行。

第二条　拟申请大型出口信贷及出口信用保险项目的企业，须在对外投标截标日的至少 40 个工作日前，或在与国外业主签订议标的会谈纪要或合作协议（备忘录）后的 15 个工作日内，向有关商会申请项目的投（议）标协调意见。

有关商会协调职能的划分，按照原外经贸部《关于对机电商会和承包商会项目协调职能进行重新分工意见的函》（〔1999〕外经贸办字第 72 号）的规定办理，即对于涉及大型成套设备出口的工业（生产）性项目，由机电商会协调；对于涉及大型成套设备出口的非工业（生产）性项目，由承包商会协调。

第三条　有关商会收到企业的申请后，在充分听取专家委员会的意见和征求我驻项目所在国使（领）馆意见的基础上，在 20 个工作日内提出行业协调意见，报商务部。

对于涉及国家禁止出口限制出口技术的项目，企业应按照《禁止出口限制出口技术管理办法》（商务部科技部令 2009 年第 2 号）的规定办理。

对于涉及国家秘密技术的出口项目，企业应按照科技部、国家保密局、对外贸易经济合作部《国家秘密技术出口审查规定》（国科发计字〔1998〕425 号）的规定办理。

对于涉及两用物项和技术的出口项目，企业应按照相关出口管制法规和《两用物项和技术进出口许可证管理办法》（商务部海关总署令 2005 年第 29 号）的规定，办理两用物项和技术出口许可。

第四条　企业在获得行业协调意见后，即可向银行和保险机构申请出口信贷和出口信用保险。银行和保险机构按照国家出口信贷和出口信用保险管理的规定，对企业的申请进行预审，并按照有关部门的要求，对预审合格的项目出具承贷意向书和承保意向书，开始正式介入项目，参与有关谈判，指导企业开展相关工作。银行、保险机构并未出具承贷和承保意向书的，企业不得擅自对外投标和签订合同。

第五条　企业中标后，地方企业通过所属省级商务主管部门向商务部报送融资申请报告，中央管理企业及其下属企业直接向商务部报送。

第六条　商务部在收到银行承贷方案、保险机构承保方案及企业融资申请报告后，会同外交部、财政部等部门共同研究，形成一致意见，将项目上报国务院审批。

第七条　项目经国务院批准后，按部门职责分工，商务部通知相关地方商务主管部门或中央管理企业及银行，财政部通知保险机构，由银行和保险机构正式办理信贷和保险手续。

第八条　企业在项目得到国务院批准前签订商务合同，须在合同中写明"以中国政府有关部门批准为生效条件"。项目得到国务院批准后，商务合同方可对外生效。

第九条　本程序由商务部、财政部、人民银行和银监会负责解释。

第十条　本程序自发布之日起执行。以前制定的有关规定，与本程序的规定相抵触的，以本程序的规定为准。

# 商务部办公厅关于做好
# 对外承包工程项目备案管理的通知

## （商办合函〔2017〕455号）

各省、自治区、直辖市、计划单列市及新疆生产建设兵团商务主管部门，有关中央企业：

根据《国务院关于取消一批行政许可事项的决定》（国发〔2017〕46号），对外承包工程项目投（议）标核准取消。为落实国务院决定，做好核准取消后的备案报告和事中事后监管，现将有关事项通知如下：

一、对外承包工程项目投（议）标核准取消后，商务主管部门对一般项目实行备案管理，对在与我无外交关系国家（地区）承揽的项目、涉及多国利益及重大地区安全风险的项目仍按照特定项目管理。

二、项目备案实行分级分类管理，中央企业总部的境外工程项目备案由商务部负责；地方企业和中央企业下属单位的境外工程项目备案由企业注册地省级商务主管部门负责。特定项目办理由商务部统一负责。

三、企业在决定参与境外工程项目后、进行投（议）标前，办理项目备案手续。企业登录"商务部业务系统统一平台——对外投资合作信息服务——对外承包工程数据库系统（以下简称系统）"在线填报《对外承包工程项目备案表》（以下简称《备案表》），打印并加盖印章后，扫描为PDF或图片文件后提交至系统。企业对备案信息的真实性、准确性和完整性负责。初次从事对外承包工程业务的企业或企业信息发生变更的企业，应先在系统中录入或更改企业信息，再按照上述要求填报《备案表》。

四、企业在线提交《备案表》后，备案机关对项目是否属于特定项目管理范围进行甄别。属于备案管理范围、且《备案表》填写信息完整、准确的，备案机关应在3个工作日内完成备案；属于特定项目管理范围的，备案机关应在3个工作日内在线通知企业按照有关规定办理。备案机关发现《备案表》填写不完整、不准确的，应在 3 个工作日内在线通知企业补充提交。

五、备案完成后，备案机关向申请企业出具《对外承包工程项目备案回执》（以下简称《备案回执》）《备案回执》由系统统一编号，编号规则为：区位代码＋年度＋6 位排列数字。

六、开展对外承包工程业务的企业须按照《商务部关于废止和修改部分规章的决定》（商务部令 2017 年第 3 号）和《商务部办公厅海关总署办公厅质检总局办公厅关于做好对外承包工程资格审批取消后有关政策衔接工作的通知》（商办合函〔2017〕390 号）要求，及时足额缴存备用金。

七、企业须在系统中填报备案项目的后续中标、签约、实施及完工等阶段进展情况；在合同生效后，按照《对外承包工程业务统计制度》要求报送统计资料。

八、企业与境外项目发包方签订合同后，应按规定及时向中国驻项目所在国（地区）使（领）馆经商机构报告，相关驻外经商机构在系统中登记企业项目报告情况。

九、依据"谁备案、谁监管"原则，商务主管部门对所负责备案的项目信息开展"双随机、一公开"抽查，或根据举报进行调查，对影响重大的项目不定期开展专项检查。发现违法违规行为的，依照《对外承包工程管理条例》予以处理并会同有关部门列入对外投资合作领域不良信用记录。

十、对未及时办理备案，或备案信息不真实、对监督检查不予配合的企业，商务主管部门可采取约谈、通报、限期整改等方式予以处理；逾期不整改或情节严重的，依法依规严肃处理。

本通知自 2017 年 12 月 1 日起施行。

2017 年 11 月 22 日

# 商务部办公厅 海关总署办公厅 质检总局办公厅关于做好对外承包工程资格审批取消后有关政策衔接工作的通知

## （商办合函〔2017〕390 号）

根据国务院关于取消对外承包工程资格审批的决定，商务部印发了《关于废止和修改部分规章的决定》（商务部令 2017 年第 3 号）。为落实该《决定》精神，深入推进"放管服"改革，做好资格审批取消后的对外承包工程项下外派人员管理、设备材料出口及检验检疫等政策的衔接，现就有关工作通知如下：

一、企业初次从事对外承包工程业务，需登录"走出去"公共服务平台或商务部业务系统统一平台，通过对外承包工程企业信息登记系统填写并上传企业基本信息，获得平台用户名及密码。初次从事对外承包工程业务的企业可凭此用户名及密码，登录对外承包工程项目数据库系统，依照《对外承包工程项目投标（议标）管理办法》（商务部 银监会 保监会令 2011 年第 3 号）的规定，为有关项目申请《对外承包工程项目投（议）标核准证》（以下简称《核准证》）。在项目签约和执行阶段，企业需在对外承包工程项目数据库系统中填报项目进展情况，并登录对外承包工程业务统计系统，报送业务统计资料。在《国务院关于修改和废止部分行政法规的决定》（国务院第 676 号令，以下简称"国务院第 676 号令"）公布前已取得《对外承包工程资格证书》（以下简称《资格证书》）的企业不需进行信息登记。所有从事对外承包工程业务的企业，如发生所登记基本信息变更，则需及时在信息登记系统变更信息。

二、对外承包工程企业应当按照修订后的《对外劳务合作风险处置备用金管理办法（试行）》（商务部 财政部令 2014 年第 2 号）第二十三条规定缴存备用金。在国务院第 676 号令公布前已取得《资格证书》的企业，需在本通知下发后 20 个工作日内将备用金补足至 300 万元人民币。省级商务主管部门应在备用金缴存或动用后 3 个工作日内，登录对外承包工程企业信息登记系统，更新相关企业备用金状态。在国务院第676号令公布前已取得《资格证书》但不再从事对外承包工程业务的企业，可向注册地省级商务主管部门申请退还备用金或撤销保函，具体办理程序参照《对外劳务合作风险处置备用金管理办法（试行）》第十七条。

三、企业依据《关于对外承包工程项目项下出口设备材料的工作规程》（外经贸合发〔2001〕579号）办理设备材料的出口报关的，可根据该工作规程第六条规定办理海关验放手续。企业无需凭《资格证书》到海关办理注册登记手续，取得相应的编码。原《资格证书》不再有效。

四、企业依据《国家质量监督检验检疫总局关于对外承包工程项目项下出口设备材料检验检疫有关问题的通知》（国质检通函〔2002〕80号）办理出入境检验检疫手续的，可凭《核准证》复印件以及企业与境外业主签订的项目合同正本复印件（均需加盖公司印章）或其他文件向检验检疫机构办理报检。企业报检时，需在报检单上注明《核准证》的编号，并将货物按照施工材料、施工器械和自用办公生活物资等分类列出，以方便检验检疫机构对施工器械和自用办公生活物资办理免检放行手续。原《资格证书》不再有效。

附件：备用金缴存申请表（略）

商务部办公厅、海关总署办公厅、质检总局办公厅

2017年9月27日

# 商务部 外交部 国资委关于规范
# 对外承包工程外派人员管理的通知

## （商合函〔2015〕877号）

各省、自治区、直辖市、计划单列市及新疆生产建设兵团商务主管部门、外事管理部门、国有资产管理部门，各驻外使领馆，对外承包工程商会，有关中央企业：

2015年以来，我对外承包工程项目多次发生因劳资纠纷、现场管理不规范等引发的群体性事件，不仅损害了外派人员合法权益，影响了项目的顺利实施，也损害了中国企业的对外形象，在当地造成不良影响。为规范对外承包工程外派人员管理，保障对外承包工程项目顺利实施，现就有关工作通知如下：

一、对外承包工程企业应高度重视外派人员管理工作。外派人员管理是对外承包工程项目管理的重要组成部分，外派人员成本应纳入项目成本核算中。同时对外承包工程企业要严格按照有关规定完善外派人员管理制度，积极履行社会责任，塑造企业良好形象。

二、对外承包工程企业应当按照《对外承包工程管理条例》与其招用的外派人员订立劳动合同，办理工伤、意外伤害等保险，履行用人单位职责。通过对外劳务合作企业招用外派人员的，应按照《对外劳务合作管理条例》，协助外派人员与境外公司订立确定劳动关系的合同。不得通过未取得资质的中介机构招收外派人员，不得向外派人员收取押金或者要求提供财产担保。

三、对外承包工程企业应当做好外派人员的现场管理，按照项目所在国家、地区法律法规和合同约定为其提供生产生活条件并足额按时支付工资，定期向驻外使领馆报备项目进展和人员变化情况。

四、对外承包工程企业应当建立专门的外派人员管理队伍，制订境外纠纷应急处置预案，随时了解外派人员的思想动态，做好心理疏导工作，出现纠纷苗头后及时化解矛盾，并按照预案妥善处置，重大情况及时向驻外使领馆汇报。

五、对外承包工程总包企业应对项目的外派人员管理全面负责，建立统一的外派人员管理体系和制度，对分包企业外派人员的合同签订、工资支付、工作生活条件和日常管理等提出明确要求并定期检查。总包企业不得将劳务单独分包或转包，分包企业不得将其承包的工程及项下外派劳务再分包或转包。

六、对外承包工程企业应当加强外派人员的派出前适应性培训工作，提高外派人员素质和技能水平，如实告知外派人员的工资待遇、工作生活条件等情况，教育外派人员尊重当地宗教信仰和风土人情，遵守当地法律规定和公司各项管理制度，避免过激维权。

七、各地商务主管部门和中央企业应当建立并完善境外纠纷处置工作机制，按照"谁派出、谁负责"的原则，及时处理对外承包工程外派人员纠纷和突发事件。驻外使领馆充分发挥一线监管作用，对当地中资企业和派出人员情况实行登记备案管理，指导、监督企业守法合规经营，指导企业妥善处置纠纷和突发事件，及时协调，避免事态恶化。

八、对外承包工程的行业商协会应当继续发挥行业自律作用，加强行业协调，将对外承包工程外派人员管理和境外纠纷处置情况作为企业信用评级的重要指标。

九、请各地商务主管部门对本地对外承包工程企业外派人员管理情况开展专项检查，发现问题及时整改，违规企业严肃查处，查处情况按照不良信用记录管理办法向社会公布。请中央企业组织所属对外承包工程企业对外派人员管理情况开展自查。

各地商务主管部门和中央企业检查自查情况请于2015年12月底前报商务部（合作司），中央企业抄报国资委。

2015 年 10 月 21 日

# 商务部关于印发
# 《对外承包工程行业社会责任指引》的通知

## （商合函〔2012〕779号）

各省、自治区、直辖市、计划单列市及新疆生产建设兵团商务主管部门，各中央企业：

为进一步规范对外承包工程企业的海外经营行为，促进企业文化建设和综合实力的提升，推动企业积极履行社会责任，商务部委托中国对外承包工程商会（以下简称承包商会）编写了《中国对外承包工程行业社会责任指引》（以下简称《指引》），从质量安全、员工发展、业主权益、供应链管理、公平竞争、环境保护和社区发展等七个方面，对企业履行社会责任提出了具体工作要求，明确了社会责任管理的要点。现将《指引》印发，并就有关事项通知如下：

一、推动对外承包工程企业履行社会责任是深入贯彻落实科学发展现，保障"走出去"健康发展的重要工作。各地商务主管部门、中央企业要提高认识，组织本地区（或下属）对外承包工程企业认真学习《指引》。

二、请参照《指引》中有关内容，指导本地区（或下属）对外承包工程企业制订相应的履行社会责任工作方案，督促相关企业结合自身业务特点，积极参加承包商会开展的《指引》评价和培训工作

三、及时收集企业社会责任报告、相关案例并通报承包商会以便承包商会定期整理发布相关信息，供行业内企业学习借鉴。

2012年9月5日

# 中国对外承包工程行业社会责任指引

## 目　录

# 前　言

社会责任是企业与其利益相关方实现共同发展的重要保障和路径选择。企业履行社会责任，将社会责任融入企业战略和日常管理，有利于提升企业长期盈利水平和持续发展的能力，有利于维护员工和其他利益相关方的合法权益，有利于营造良好的外部经营环境，最终实现企业和社会的共同和谐发展。中国对外承包工程行业的社会责任建设，关系到行业发展方式的转变，关系到中国互利共赢开放战略的实现，关系到全球承包工程市场的健康发展。

中国对外承包工程行业重视企业社会责任建设，近年来从理念和实践方面全面推进社会责任，履行社会责任的意识和能力明显提升。在广大会员企业积极实践的基础上，中国对外承包工程商会特编制本《中国对外承包工程行业社会责任指引》（以下简称"《指引》"），以树立中国对外承包工程企业的社会责任建设标尺，推动企业树立全球责任观念，以更加负责任的方式开展对外承包工程业务。

本《指引》包括适用范围、社会责任定义和基本原则、社会责任管理、社会责任核心议题等内容。其中，核心议题涵盖工程质量与安全、员工权益与发展、客户（业主）权益、供应链管理、公平竞争、环境保护、社区参与和发展等方面。《指引》在制定过程中借鉴了联合国全球契约和 ISO26000 国际社会责任标准等国际共识的核心思想，总结吸收了行业近年来形成的社会责任最佳实践，明确了对外承包工程行业对社会责任的共同理解。

本《指引》编制过程中，参考相关国际准则制定工作流程，注重过程的规范；增强透明度，通过企业实地调研、调查问卷、座谈会、网上公示等方式充分听取利益相关方的意见和建议。行业企业代表、专家学者对本《指引》的编制给予了大力支持；中德贸易可持续发展与企业行为规范项目通过责扬天下（北京）管理顾问有限公司以及国内外专家的咨询服务，为指引编制提供了支持。

本《指引》作为行业社会责任建设的指导性文件，由中国对外承包工程商会组织编制和发布，并根据中国对外承包工程行业发展状况和企业实施情况进行修订。

## 1　适用范围

1.1　本《指引》适用于中国企业在境外开展承包工程项目的相关活动以及为支

持境外承包工程项目的实施而在国内开展的相关活动。

1.2 本《指引》可用于指导中国对外承包工程企业构建社会责任体系、推进社会责任管理、披露社会责任信息，持续改进社会责任绩效。

1.3 本《指引》没有穷尽社会责任方面所有可能的要求，也不排斥与其他有关社会责任的标准、体系或倡议同时或互补适用。

## 2 社会责任定义和基本原则

2.1 本《指引》所称社会责任是指中国对外承包工程企业在决策和经营活动中以透明和道德的行为方式，对客户（业主）、员工、供应商（分包商）、合作伙伴、当地社区等利益相关方以及为促进经济、社会和环境的可持续发展所应承担的责任。

2.2 对外承包工程企业履行社会责任应遵循如下基本原则：

· 遵守法律法规。维护国家利益和社会公共利益，遵守所在国家或地区的法律法规及中国政府有关规定，遵守国际通行的商业惯例。

· 尊重利益相关方。重视与利益相关方的沟通，并将利益相关方的合理期望和要求纳入企业活动。

· 透明和道德经营。公开对当地社会、经济和环境具有重大影响的决策和活动，并根据道德行为要求开展企业活动。

· 坚持共同发展。促进所在国经济增长、社会进步和环境保护，实现与当地社区的共同持续发展。

· 持续改善绩效。履行社会责任要与企业自身发展阶段和实际情况紧密结合，根据不同责任层次（包括必尽的法律责任、应尽的道德责任和自愿承担的责任）要求，持续改进社会责任绩效。

## 3 社会责任管理

社会责任管理是企业为推进社会责任融入企业决策和活动而开展的一系列管理行为，包括建立组织机构、制定相关制度、开展能力建设、持续改进绩效、识别利益相关方、披露社会责任信息和社会责任危机管理等内容。

### 组织机构

MG1 结合企业治理结构和经营实际，指定或设置社会责任管理的决策机构和协调机构。决策机构负责制定企业社会责任战略、规划和重大行动，并监督执行。协调机构负责开展与社会责任相关的内外部沟通，推进社会责任战略与日常运营结合，确保战略和政策实施的一致性，并应致力于提升企业全员社会责任意识和能力，评估社会责任绩效。

**制度建设**

**MG2** 分析企业可持续发展所面临的机遇与挑战，将社会责任理念融入企业发展战略，并由企业高级管理层公开社会责任方针和相关承诺。

**MG3** 以社会责任管理组织机构为依托，建立和完善包括制定计划、实施计划、跟踪检查、评审、信息披露等环节在内的社会责任制度体系，保证企业社会责任工作的常态化和规范化。

**能力建设**

**MG4** 制定和实施企业社会责任培训计划，根据岗位的社会责任影响实施全员社会责任培训，并对管理岗位进行重点培训，同时积极学习、借鉴国内外成熟的企业社会责任实践。持续改进

**MG5** 建立和完善监督考评机制，将社会责任关键绩效指标（KPI）与岗位职责绩效结合进行考核。定期评估企业运营对社会与环境的各类影响

利益相关方

**MG6** 利益相关方是指任何可能受到组织决策与活动的影响，或可能影响组织决策与活动的各利益个体或群体。对外承包工程企业主要利益相关方包括：股东、投资者、员工、客户（业主）、合作伙伴（供应商、分包商）、政府、行业组织、社区（公众、媒体）等。企业应建立利益相关方参与机制，保障利益相关方知情权、监督权和参与权。

表1　利益相关方主要参与方式

| 沟通目的 | 主要涉及的利益相关方 | 主要沟通方式 | 基本要求 |
|---|---|---|---|
| 告知信息 | 员工、股东、投资者、客户（业主）、政府、合作伙伴、社区（媒体/NGO） | 员工培训、函件往来、公司手册、公司网站、公司展示、新闻发布、工作汇报 | 选择合适的信息披露方式，及时回答利益相关方关心的问题 |

续　表

| 了解需求 | 客户（业主）、合作伙伴、社区（媒体/NGO）、员工 | 问卷调查、专家访谈、专题论坛、专程拜访 | 充分考虑各方建议、意见 |
|---|---|---|---|
| 双向交流 | 员工、股东、投资者、政府、社区（媒体/NGO） | 多方论坛、高层对话、集体谈判、定期协商 | 相互信任，平等对话，充分沟通，形成共识，实现共赢 |
| 共同合作 | 客户（业主）、政府、合作伙伴、社区（媒体/NGO）、行业组织 | 参加行业组织、项目合作、联合活动、组织联盟 | 充分合作，优势互补，共同创造综合价值 |

**社会责任信息披露**

MG7　建立、健全企业社会责任信息的披露机制，及时向利益相关方披露社会责任信息和绩效。披露方式包括内部刊物、公司网站等日常信息沟通，定期发布的社会责任或可持续发展报告，以及专项沟通活动。

**社会责任危机管理**

MG8　树立危机和风险意识，根据业务及其运作环境识别对外承包工程活动中的社会责任风险及其影响，建立和完善防范机制，并通过与利益相关方的有效沟通避免危机发生。

MG9　建立完整、有效的应对预案，控制和处理社会责任危机和有关事件，并防止不利影响的扩大。

## 4　社会责任核心议题

**工程质量与安全**

工程质量和安全是中国对外承包工程行业的立命之本。企业应加强质量安全管理体系建设，在项目建设全过程进行严格的质量控制，优化和创新施工工艺，持续提升工程质量。

### 4.1.1　工程质量

QS1　建立工程质量管理体系和制度，开展质量管理体系和资质认证，在资质等级许可的范围内承揽工程。

QS2　设置工程质量管理机构或监理岗位，负责工程质量日常管理。

QS3　建立健全教育培训制度，提升员工的质量意识和质量控制技能。

QS4　建立健全原材料和设备等的采购制度以及工程质量检验制度，按照工程设计要求、施工技术标准和合同约定，对建筑材料、设备、工程方法和流程等进行检验和检查。

QS5　对不同类型的承包工程项目，根据合同承担相应的质量责任。严格选择和要求分包商，并对分包商的工程质量统一协调、管理。

QS6　优化、创新施工工艺和流程，提高工程实施质量和效率。

QS7　根据工程设计和施工技术标准开展承包工程，业主或所在国的工程质量标准低于本企业或中国标准时，向业主推荐采用较高标准。

### 4.1.2　工程安全

QS8　建立工程安全管理制度，设置工程安全管理机构或岗位，负责工程安全日常管理工作。

QS9　建立安全教育培训制度，提升员工工程安全意识和技能。

QS10　制定工程安全应急预案，妥善处理境外承包工程安全事故，并按规定及时、如实报告。

## 员工权益与发展

员工是企业最核心的利益相关方之一，是企业发展最具创造性的资源。企业应尊重人权，保障中外员工合法权益，尊重、关爱员工，实现员工与企业共同发展。

### 4.2.1　平等和规范雇佣

HR1　建立平等雇佣制度，公平对待不同民族、性别、种族、国籍、年龄、宗教信仰、残疾、婚姻状况等的应聘者，保护应聘者个人信息和隐私。

HR2　不招聘使用童工，不使用、不接受任何形式的强迫或强制劳动，遵守当地对劳动时间的规定。

HR3　不以盈利为目的向外派员工收取工作服务费、管理费等，不向外派员工收取履约保证金或要求提供法律法规禁止的担保。

HR4　依法与员工签订劳动合同或提供其它证明雇用关系的文件。

### 4.2.2　薪酬福利

HR5　薪酬不低于当地最低工资标准或行业一般标准，按时足额发放薪酬并提供法律规定的其它保障，如社会保障费用。

HR6　建立员工薪酬增长机制。

HR7　为外派员工购买境外人身意外伤害保险。

HR8　为员工提供符合当地习俗和商业习惯的必要福利。

HR9　引导或帮助外派员工合理规划薪酬。

### 4.2.3　健康与安全

HR10　建立和完善健康安全管理体系、操作规范和应急预案，建立安全生产责任追究制度。

HR11　组织员工接受安全施工培训，提高员工职业风险意识，掌握安全知识和技能。

HR12　建立系统的健康安全风险评价和检测体系，分析境外承包工程中的健康安全风险，记录和调查工作场所发生的健康安全事件和问题。

HR13　控制和消除威胁员工健康安全的隐患，加强施工设备的经常性维护管理，提供健康安全的作业、生活环境，提供预防职业伤害、疾病和事故以及处理紧急情况所需要的安全设备，最大限度降低工作环境中的健康安全隐患。

HR14　针对工程所在地卫生状况，开展员工健康知识宣传和培训，完善疾病，尤其是传染性疾病、艾滋病等的防护措施。

### 4.2.4　员工发展

HR15　建立员工培训制度，提供岗位技能培训。

HR16　开展外派员工出境前语言、文化、法律、技能和心理培训。

HR17　指导员工规划职业生涯，建立员工发展机制。

HR18　重视培养当地员工，推进员工本地化建设和不同文化背景员工之间的尊重、理解和融合。

HR19　支持员工参加提升业务能力和综合素质的培训教育，并保障必要的费用以对员工进行职业技能培训和教育。

### 4.2.5　员工沟通和参与

HR20　依据当地法律和惯例，建立劳资双方的协商机制，支持员工参与企业管理。

HR21　尊重员工，建立与员工双向沟通渠道和机制，及时了解并回应员工期望。

### 4.2.6　员工关爱

HR22　开展帮助员工平衡工作与生活以及消除不利心理影响的活动。

HR23　关心员工及其家庭，帮助困难员工，鼓励员工互助。

### 客户（业主）权益

客户（或业主，下同）是企业生存发展的基础，客户需求是企业存在价值的体现。企业应信守合同，提供优质工程服务，保障客户权益，不断提升客户满意度，帮助客户创造最大价值。

#### 4.3.1　信息沟通

CL1　提供真实、公正和完整的承包工程服务信息，使客户在信息透明和对称的情况下做出决策。

CL2　与承包工程客户建立畅通的沟通渠道，进行定期和专题沟通。

CL3　与承包工程业主及时沟通工程规划、施工工艺、材料等变更等情况。

#### 4.3.2　客户权益和隐私

CL4　依法签订符合惯例的、公平的承包工程合同，按照合同要求施工和交付工程。

CL5　在客户自愿的情况下，以公正、合法的方式获取客户的信息，采取必要措施保障客户隐私和工程信息安全。

CL6　开展客户满意度调查，最大程度满足客户合理需求。

#### 4.3.3　负责任的工程和服务

CL7　为客户提供符合项目所在国法律法规关于质量、安全、环保等要求，并且在承包工程生命周期中有利于社会和环境的工程和服务。

CL8　采取宣传和教育等方式，倡导客户选择可持续、负责任的工程或服务。

CL9　以合理的渠道和方式提供承包工程后续维护等必要服务。

CL10　对新型或特殊的建筑材料、施工工艺或生产方法开展风险评估和生命周期评价，避免因此给承包工程和服务可能带来的隐患。

### 供应链管理

供应链是为企业直接提供商品及服务的供应商的集合，包括制造商、经销商、分包商和其他中介商等。对外承包工程企业的供应链包括材料供应商、设备提供商、分包商、劳务公司等供应商。

供应链管理是对外承包工程行业规避运营风险，建立竞争优势，实现健康发展的重要环节。企业应加强对供应商的统一管理，保障供应商权益，提升供应商社会责任意识和能力。

### 4.4.1 权益保护

SU1 制定保障供应商和分包商合法权益的相应措施，公开采购原则、标准和对供应商和分包商的政策及承诺。

SU2 预防并治理采购、分包过程中的商业贿赂和其它腐败行为。

SU3 签订采购、分包合同，不恶意拖欠合同款项。

### 4.4.2 责任采购与责任分包

SU4 制定境外工程采购和分包管理制度，选择具有相应资质的供应商和分包商，统一管理分包商的工程质量、安全生产、环境保护和用工状况。

SU5 对供应商和分包商明确社会责任要求，将道德、环境等企业社会责任标准纳入采购合同或相关协议，倡导分包商使用安全、节能环保设备和材料，尽可能降低施工对人和环境的影响。

SU6 通过保持或增加订单等措施，鼓励和支持积极履行社会责任的供应商。

SU7 通过审核、培训、辅导，协助供应商和分包商提升社会责任意识并持续改进社会责任绩效。

SU8 鼓励和支持供应商和分包商适用社会责任标准和体系或参加社会责任倡议。

SU9 创新分包合作方式，整合各方优势和资源，实现风险共担和利益共享。

### 4.4.3 本地化采购

SU10 在可能条件下，优先考虑采购项目所在地的产品和服务，提升属地化经营水平。

SU11 帮助项目所在地的供应商和分包商提升技术和管理水平，扶持其发展。

## 公平竞争

公平竞争是指对外承包工程企业之间，包括中国企业与国外同行之间的所进行的公开、公正、平等的竞争。公平竞争对激发创新、提升效率至关重要，有利于同行间建立积极合作的关系，形成统一、开放、竞争、有序的市场体系。企业应尊重竞争对手，依法公平竞争，维护行业发展秩序。

### 4.5.1 维护行业发展秩序

FC1 遵守行业自律规则，提高公平竞争意识。

FC2　根据法律的规定和合同的约定，提高企业经营的透明度，营造行业透明经营的氛围。

FC3　杜绝商业腐败，建立反对商业贿赂的制度和长效机制。

FC4　建立以公平方式在承包工程市场上开展竞争的制度，防止介入或陷入不正当竞争行为。

FC5　支持行业鼓励公平竞争的公共政策，提高对遵守竞争法规和开展公平竞争重要性的认识。

FC6　帮助对外承包工程行业中的中小企业提升社会责任意识和能力。

### 4.5.2　尊重知识产权

FC7　遵守保护知识产权和传统文化的政策与惯例，确保使用或支配的资源拥有合法的所有权。

FC8　对获得或使用的知识产权支付合理的补偿，不参与侵犯知识产权的活动。

### 4.5.3　自主创新和技术进步

FC9　建立和完善技术创新机制，增加研究开发投入，提高自主创新能力，强化核心竞争优势。

FC10　加大行业关键技术创新力度，促进对外承包工程行业技术进步，增强行业整体国际竞争力。

## 环保

环境是人类生存和繁荣的先决条件，是企业社会责任的重要方面。企业应积极避免或减少施工对环境的负面影响，坚持绿色运营，建造绿色工程，保护工程所在地生态环境，并采取有效措施控制温室气体的排放。

### 4.6.1　环境管理

EN1　建立、实施、改进环境管理体系，制定承包工程环境管理制度，聘请专业机构对环境管理体系进行认证/注册。

EN2　施工前实施环境影响评价，从基于风险和可持续发展的角度评估承包工程活动给环境带来的风险和影响，并采取预防性措施控制给环境带来的风险和影响。

EN3　实施环境风险管理，设置工程环境管理机构或岗位，确定环境保护目标和方案，定期审查环保绩效。

EN4　建立承包工程环保培训机制，通过宣传教育和培训等形式，提升从事承包工程活动员工的环境保护、资源节约的意识和能力。

### 4.6.2　资源节约与综合利用

EN5　建立科学合理的能源、资源利用控制体系，将节约资源、能源的理念融入承包工程项目设计、施工的全过程，负责任地使用能源、原材料、土地、水等资源，提高资源利用率。

EN6　积极开发可替代资源，如可再生能源和清洁能源。

EN7　提高承包工程废弃物的再利用与资源化水平，发展循环经济。

### 4.6.3　降污减排

EN8　制定承包工程降污减排的相关制度，提供专项资金，确保污染物、化学品与其他危险物质的排放、处理与销毁的程序与标准达到或者超过适用的法律法规要求。

EN9　防治污染的措施应当与承包项目主体工程同时设计、同时施工、同时投产使用。

EN10　在承包工程项目执行中，采用环保施工工艺和建筑材料，减少施工中建筑垃圾的产生。

EN11　承包工程发生紧急、重大环境污染事件时，应当启动应急机制，及时报告和处理。

EN12　采取措施控制温室气体的排放，减少承包工程对气候变化的影响，将适应气候变化纳入决策过程。

### 4.6.4　生态保护

EN13　保护珍稀动植物物种及其自然栖息地，减少承包工程对生物多样性的影响。

EN14　在承包工程项目执行过程中，注重生态系统（湿地、野生动物走廊、保护区和农业用地）保护，对已造成的损害应及时修复。

EN15　倡导和组织员工和项目所在地居民开展保护和恢复生态系统的公益行动。

**社区参与和发展**

社区是企业重要的外部利益相关方。企业应尊重当地社区传统和文化，尊重人权，参与和支持社区建设、改善民生，实现与当地社区共同发展。

### 4.7.1 社区参与和沟通

SC1　在施工前实地考察工程所在社区，评估承包工程活动对社区的影响，了解社区需求并确认优先发展事项。

SC2　主动与社区沟通工程相关信息，了解并回应利益相关方的意见和建议。

SC3　制定社区参与计划，参与社区公共服务和管理。

SC4　组织和支持员工发挥工程技术专业优势，参与社区志愿活动。

### 4.7.2 就业和培训

SC5　结合工程实际，为社区提供尽可能的就业岗位。

SC6　结合社区实际，组织、参与或开发技能培训项目，提升社区居民技能水平。

SC7　通过与当地组织合作、定制培训等方式，增加社区弱势群体就业机会。

### 4.7.3 社区发展

SC8　主动了解当地税收制度，按照当地法律纳税，保障社区发展的基础。

SC9　发挥工程技术专业优势，支持社区交通、通讯、饮水、卫生等公共基础设施建设。

SC10　提高社区公共服务、管理水平和卫生医疗水平，改善社区居住环境。

SC11　结合社区实际，发掘当地传统知识和技能、开发特色资源，帮助社区发展特色产业。

### 4.7.4 文化和教育

SC12　尊重和保护社区文化传统和文化遗产，并在必要时为相关活动和项目提供便利。

SC13　支持社区教育发展，增加社区儿童和弱势群体受教育机会，减少社区文盲。

SC14　帮助社区改善教育设施和提高教育质量。

### 4.7.5 捐赠和救灾

SC15　支持社区慈善事业发展，为社区发展和防灾减灾提供捐赠。

SC16　发挥工程技术和设备优势，参与社区防灾减灾活动。

**附件**

## 1. 定义和术语

1）利益相关方

任何可能受到组织决策与活动的影响，或可能影响组织决策与活动的各利益个体或群体。

2）责任层次

企业履行社会责任是有层次之分，通常可分为必尽责任、应尽责任和愿尽责任。其中必尽责任指法律法规规定的必须承担的责任；应尽责任指高于法律法规要求、利益相关方明确期望、有助于增强企业竞争力的、企业应该承担的责任；愿尽责任指法律法规没有明确规定、利益相关方没有明确期望、但有助于社会可持续发展的、企业自愿承担的责任。

3）组织治理

组织为实现特定目标而制订和实施决策的系统。

4）社会责任信息披露

企业就其决策和活动产生的经济、社会和环境影响所进行的系统性信息披露，包括企业履行社会责任的理念、行动、绩效和未来计划等内容。社会责任报告是企业披露社会责任信息的重要载体和工具。

5）属地化经营

企业在境外经营活动中，遵守东道国法律法规和商业习惯，制定发展战略和规划，合理配置当地资源，实现与东道国共同发展的行为。属地化经营既是一种管理方式和管理规范思路，也是对外承包工程企业应当履行的重要社会责任。

6）职业健康与安全

影响或可能影响工作场所中员工、暂时性工作人员、供应商与承包方人员、参观者以及其他人员的健康和安全的条件与因素。

7）童工和未成年工

童工是指未满 16 周岁，与企业发生劳动关系从事有经济收入的劳动的少年儿童。如果当地法律规定最低工作年龄低于 16 周岁且符合国际劳工组织相关公约例外规定，则以较低年龄为准。未成年工是指年满 16 周岁未满 18 周岁的劳动者任何超过上述最低工作年龄但不满十八周岁的人。

8）强迫劳动

以惩罚相威胁，强迫任何人从事的非本人自愿的一切劳动或服务。

9）业主

工程建设项目的投资主体或投资人专门为工程建设项目设立的独立法人。

10）供应商

直接提供商品及服务的企业及其分支机构、个体工商户，包括制造商、经销商、分包商和其他中介商等。对外承包工程企业的供应商包括建材供应商、设备提供商、分包商、劳务公司等。

11）商业贿赂

企业为销售或者购买产品或服务而采用无对价或对价虚假地给付财物或者其他手段贿赂交易对方或者个人的行为。企业的员工采用商业贿赂手段为其销售或者购买产品和服务的行为属于企业的商业贿赂行为。

12）环境评价

对规划和建设项目实施后可能造成的环境影响进行分析、预测和评估，提出预防或者减轻不良环境影响的对策和措施，进行跟踪监测的方法与制度。

13）生物多样性

指所有来源的活的生物体间的变异性和多元性，这些来源主要包括陆地、海洋和其他水生生态系统及其所构成的生态综合体。生物多样性包括物种内、物种之间和生态系统多样性。

2. 参考文件（略）

3. 社会责任测评（略）

# 商务部 住房和城乡建设部 安监总局
## 关于印发《对外承包工程违法违规
## 行为行政处罚规定》的通知

（商合发〔2011〕91号）

各省、自治区、直辖市、计划单列市及新疆生产建设兵团商务主管部门、住房城乡建设主管部门、安全生产监督管理部门，各驻外使领馆经商机构：

为规范对外承包工程违法违规行为行政处罚工作，维护对外承包工程正常经营秩序，推动此项业务又好又快发展，根据《中华人民共和国行政处罚法》、《对外承包工程管理条例》等有关法律法规，商务部、住房城乡建设部、安全监管总局制定了《对外承包工程违法违规行为行政处罚规定》，现予印发，请遵照执行。

2011年3月31日

## 对外承包工程违法违规行为行政处罚规定

第一条 为规范对外承包工程违法违规行为行政处罚工作，维护对外承包工程正常经营秩序，根据《中华人民共和国行政处罚法》、《对外承包工程管理条例》等有关法律、行政法规，制定本规定。

第二条 商务部、住房城乡建设部、安全监管总局和省级人民政府商务、住房城乡建设、安全生产监管部门（以下合称相关主管部门）查处对外承包工程违法违规行为，适用本规定。

第三条 相关主管部门须在对外承包工程法规、规章规定的行政处罚行为、种类和幅度范围内实施行政处罚。

第四条　商务部、住房城乡建设部、安全监管总局负责对中央企业的对外承包工程违法违规行为实施处罚。省级商务、住房城乡建设、安全生产监管部门负责对本行政区域内注册单位的对外承包工程违法违规行为实施处罚。

第五条　以下对外承包工程违法违规行为，由商务主管部门实施处罚：

（一）未取得对外承包工程资格，擅自开展对外承包工程。

（二）与境外工程项目发包人订立合同后，未及时向中国驻该工程项目所在国使（领）馆报告。

（三）在境外发生突发事件，未立即向中国驻该国工程项目所在国使（领）馆和国内有关主管部门报告。

（四）未定期向商务主管部门报告其开展对外承包工程的情况，或者未按照规定报送业务统计资料。

（五）通过未依法取得许可或者有重大违法行为的中介机构招用外派人员。

（六）对外承包工程的单位未依法与其招用的外派人员订立劳动合同，按照合同约定向外派人员提供工作条件和支付报酬，履行用人单位义务。

（七）未按规定为外派人员购买境外人身意外伤害保险。

（八）未按规定存缴备用金。

（九）未经许可擅自从事对外承包工程外派人员中介服务。

（十）申请对外承包工程资格的单位隐瞒有关情况或者提供虚假材料；或者以欺骗、贿赂等不正当手段取得《资格证书》。

（十一）涂改、倒卖、出租、出借《对外承包工程资格证书》或者以其他形式非法转让对外承包工程资格。

（十二）对外承包工程法律、法规规定的其他违法违规行为。

第六条　以下对外承包工程违法违规行为，由商务主管部门商住房城乡建设主管部门和安全生产监管部门实施处罚：

（一）未建立并严格执行工程质量和安全生产管理的规章制度。

（二）没有专门的安全管理机构和人员负责保护外派人员的生命和财产安全，或者未根据所承包工程项目的具体情况制定保护外派人员生命和财产安全的方案并落实所需经费。

（三）未对外派人员进行安全防范教育和应急知识培训。

（四）未制定突发事件应急预案，或者在境外发生突发事件，未及时、妥善处理。

（五）发生生产安全事故后，迟报、谎报或瞒报事故的。

（六）以不正当的低价承揽工程项目、串通投标或者进行商业贿赂。

（七）未与分包单位订立专门的工程质量和安全生产管理协议，或者未在分包合同中约定各自的工程质量和安全生产管理责任，或者未对分包单位的工程质量和安全生产工作统一协调、管理。

（八）将工程项目分包给不具备国家规定的相应资质或未依法取得安全生产许可证的境内建筑施工企业。

（九）未在分包合同中明确约定分包单位不得将工程项目转包或者再分包。

上述行为造成重大工程质量问题、发生较大及以上生产安全事故或者造成其他严重后果的，由商务主管部门吊销其对外承包工程资格证书；由安全生产监管部门按照国务院或省级人民政府批复后的事故调查报告和处理意见依法实施处罚；对工程建设类单位，由住房城乡建设主管部门或者其他有关主管部门对其企业资质、人员资格依法实施处罚。

第七条　分包单位将其承包的工程项目转包或者再分包的，由住房城乡建设主管部门责令改正，实施处罚。造成重大工程质量问题，或者发生较大及以上生产安全事故的，由住房城乡建设主管部门或者其他有关主管部门依法对其企业资质、人员资格等方面实施处罚；由安全生产监管部门按照国务院或省级人民政府批复后的事故调查报告和处理意见依法实施处罚。

第八条　相关主管部门实施对外承包工程违法违规行政处罚，应当严格遵守《中华人民共和国行政处罚法》规定的行政处罚程序。

第九条　相关主管部门应当参照《生产安全事故报告和调查处理条例》以及国务院有关部门关于加强境外中资企业安全生产监督管理工作有关文件的精神，妥善处理境外工程质量和生产安全事故。

第十条　商务部应当加强对对外承包工程违法违规行为的监督和检查。商务部和省级商务主管部门应当设立对外承包工程违法违规举报电话，接受社会组织或个人举报和投诉，并将举报和投诉在72小时内函告其他有关部门。有关举报和投诉同时抄送外事主管部门；涉及国有企业的，一并抄送国有资产监管部门。

第十一条　驻外使（领）馆经商机构应在发现对外承包工程违法违规行为72小时内，按照本规定明确的职责分工，向国内相关主管部门报告。有关情况同时抄送外事主管部门；涉及国有企业的，一并抄送国有资产监管部门。

工程质量问题和生产安全事故按照有关规定要求时限报送。

第十二条　省级商务、住房城乡建设、安全生产监管部门应当在对本行政区域内注册单位的对外承包工程违法违规行为做出处理后一个月内，将处理结果报上级主管部门。

第十三条　相关主管部门做出的对外承包工程行政处罚决定，同时抄送同级外事、国有资产监管部门，由上述部门根据有关法律、法规和规章视情给予处理。

第十四条　相关主管部门可以通过官方网站对违法违规企业名称、受罚行为、处理依据和处罚内容等情况予以公布，备公众查询。

对违法违规企业在法律规定的有效期限内对行政处罚提起行政复议或行政诉讼，尚未做出终局性决定、裁定或判决的，不予或暂不予以公告。

第十五条　相关主管部门应当加强企业诚信体系建设。受到对外承包工程行政处罚的企业将纳入黑名单，不予享受国家对外承包工程等有关政策支持。

第十六条　本规定由商务部、住房城乡建设部、安全监管总局负责解释。

第十七条　本规定自印发之日起施行。

# 商务部办公厅关于印发
# 《对外承包工程通报制度》的通知

## （商办合函〔2011〕457号）

各省、自治区、直辖市、计划单列市及新疆生产建设兵团商务主管部门，各驻外经商机构，中央企业：

2010年5月起，商务部会同外交部、发展改革委、财政部、住房城乡建设部、国资委和安全监管总局开展了为期近一年的对外承包工程条例专项检查。虽然专项检查取得了显著效果，劳资纠纷和质量安全事件同比下降43%，但加强对对外承包工程的规范管理任务仍然十分艰巨，需要不断完善体制机制，创新管理方式与手段，从严规范，长抓不懈。为促进对外承包工程健康发展，商务部将对不具备资格擅自开展对外承包工程、不办理项目投（议）标核准、外派人员劳务纠纷和境外工程项目质量安全事故四类情况予以通报，并制定了《对外承包工程通报制度》（以下简称《通报制度》），现予印发，请遵照执行。

2011年5月30日

**附件**

# 对外承包工程通报制度

一、为规范对外承包工程，促进对外承包工程健康发展，特制订本制度。

二、商务部在政府网站合作司子站上设立"对外承包工程情况通报"专栏，专栏下设"重大情况"和"后续情况"两个子栏目，对有关情况做出通报。具体如下：

（一）重大情况：对不具备资格擅自开展对外承包工程、不办理项目投议标核准、劳资纠纷、质量安全事故等情况予以通报。

（二）后续情况：通报"重大情况"栏目中所列事件后续情况，公布受到处罚的企业违法违规经营行为。

三、各地方商务主管部门应将对有关企业与对外承包工程有关的违法违规经营行为的处罚决定予以通报，并抄送本地区其他相关部门、其他各地方商务主管部门、有关商会、各有关银行、出口信用保险公司及商务部（合作司）。

四、中央管理企业因与对外承包工程有关的违法违规经营受到处罚的，由商务部（合作司）将处罚决定予以通报，并抄送外交部、住房城乡建设部、国资委、安全监管总局、海关总署、税务总局等"对外承包工程部际促进协调机制"有关成员单位、工商总局及各地方商务主管部门、有关商会及各有关银行和出口信用保险公司。

五、处罚决定书面自发文之日起算，通报期限一年。吊销经营资格证书的处罚长期通报，受到一定期限内不得对外承包新的工程项目处罚的，通报期限为禁止期限加一年。受到通报的企业在此期间不再享受对外承包工程相关各项支持政策。

六、本制度由商务部负责解释。

七、本制度自 2011 年 7 月 1 日起施行。

# 商务部关于印发《对外承包工程项下外派劳务管理暂行办法》的通知

## （商合发〔2005〕726号）

各省、自治区、直辖市、计划单列市及新疆生产建设兵团商务主管部门，各有关中央企业，各驻外使（领）馆：

对外承包工程项下外派劳务是我国对外承包工程业务的一个有机组成部分。近年来，随着我国对外承包工程业务规模的不断扩大，工程项下外派劳务不断增多，对保证有关项目的按期完工，促进此项业务的发展起到了积极的作用。但与此同时，由于部分对外承包工程企业存在相关管理制度不健全、不完善等问题，工程项下外派劳务纠纷也呈逐年上升趋势，已发生多起外派劳务人员违反当地法律到我驻外使（领）馆静坐，上街游行示威，甚至与当地警方发生冲突等群体性和恶性事件。上述事件不仅影响了对外承包工程项目的实施，也损害了中国企业的整体形象，有的甚至对外交和双边经贸关系造成了负面影响。

造成劳务纠纷事件频发的主要原因：一是部分企业在派出对外承包工程项下劳务人员时有章不循，劳务人员的招收、派出及管理不规范，制度落实不到位，重派出，轻管理；二是对外签约单位将工程项下劳务单独分包或层层转包，甚至分包或转包给无任何经营资质的企业，造成管理责任多次转嫁，难以明确和落实；三是部分企业单纯追求利润，通过压低劳务价格，克扣拖欠工资，恶意侵害劳务人员合法权益等不正当手段谋取利益；四是部分企业相关预防、管理措施和制度不健全，造成对劳务纠纷事件的处理措施不到位，处理不及时；五是个别劳务人员为达个人目的，故意挑起事端，激化矛盾，致使劳务纠纷升级和恶化。

为加强对对外承包工程项下外派劳务的管理，进一步完善相关制度，保证对外承包工程事业的健康有序发展，同时参照和借鉴对外劳务合作的各项相关管理规定，商务部制定了《对外承包工程项下外派劳务管理暂行办法》（以下简称《办法》），现印发给你们，请转发本地区相关部门和企业认真执行。

各地商务主管部门、有关企业和各驻外使（领）馆经济商务机构要依据上述《办法》，对涉及在建对外承包工程项目的外派劳务情况进行全面清查，发现问题立即纠正，并将清查结果及处理意见于 2006 年 4 月 30 日前报商务部（合作司）。《办法》执行过程中有何问题，也请及时报告。

特此通知。

2006 年 1 月 10 日

# 对外承包工程项下外派劳务管理暂行办法

## 第一章　总　则

第一条　为加强对外承包工程项下外派劳务工作的管理，切实保障对外承包工程项下外派劳务人员合法权益，促进对外承包工程事业的健康有序发展，参照对外劳务合作的有关管理规定，并结合工程项下外派劳务的特点，制订本办法。

第二条　本办法所称"对外承包工程项下外派劳务"是指具有对外承包工程经营资格的企业（以下简称有关企业）向其在境外签约实施的承包工程项目（含分包项目）派遣各类劳务人员的经济活动。所派各类劳务人员受雇有关企业，而非外方雇主。

第三条　对外承包工程项下外派劳务是对外承包工程业务的有机组成部分。为支持对外承包工程业务的发展，国家允许有关企业向其在境外承揽的承包工程项目派遣各类劳务人员，但相关工作应参照对外劳务合作的有关管理规定。

## 第二章　企业责任与义务

第四条　对外承包工程项下外派劳务应由总包商（对外签约单位）自营，或由总包商通过签署分包合同将承包工程中的部分工程连同其项下外派劳务整体分包给具有对外承包工程经营资格的分包商。

第五条　总包商不得将工程项下外派劳务单独分包或转包。分包商不得将其承包的工程及项下外派劳务再分包或转包。

第六条　总包商或分包商须直接与外派劳务人员签订《劳务派遣和雇用合同》，不得委托任何中介机构或个人招收外派劳务。

第七条　总包商和分包商依据双方签署的分包合同明确各自的责任与义务。分包商应接受总包商对其承包的工程项下外派劳务的相关管理，总包商对整个工程项下外派劳务管理负总责。

第八条　总包商和分包商均须参照《对外劳务合作备用金暂行办法》（对外贸易经济合作部、财政部令2001年第7号）和《关于修改〈对外劳务合作备用金暂行办法〉的决定》（商务部、财政部令2003年第2号）的规定，执行对外劳务合作备用金制度。

第九条　总包商和分包商须在外派劳务离境赴项目现场前与其签订《劳务派遣和雇用合同》。所签合同应符合《对外贸易经济合作部关于印发〈劳务输出合同主要条款内容〉的通知》（〔1996〕外经贸合发第105号）的有关规定，并保证外派劳务人员的工资水平不低于项目所在地同工种人员的工资水平，以切实维护和保障劳务人员的合法权益。

第十条　总包商和分包商须在对外派劳务进行出国前培训时，全面、详细、如实地向外派劳务介绍派往国别（地区）和项目的有关情况、工作生活条件及工资待遇，并教育外派劳务遵守项目所在国法律法规，不应采取任何不正当方式激化矛盾。

第十一条　在项目实施过程中，总包商和分包商对外派劳务反映的问题和提出的合理要求应予以认真对待，及时答复，妥善解决。

## 第三章　项目审查

第十二条　有关企业在申办需自带劳务的对外承包工程项目的投（议）标许可时，除按现行相关文件要求向商务部提交有关材料外，需提交以下材料：

（一）《对外承包工程项下外派劳务事项表》（见附件）。如总包商将承包工程中的部分工程连同项下外派劳务业务整体分包，总包商需提交分包合同及由分包商填写的《对外承包工程项下外派劳务事项表》。

（二）我驻外使（领）馆经济商务机构对工程项下外派劳务出具的明确意见。

## 第四章　劳务纠纷处理

第十三条　各地商务主管部门、各驻外使（领）馆经济商务机构及各有关企业应高度重视对外承包工程项下劳务纠纷和突发事件处理工作，尽快建立健全对外承包工程项下外派劳务纠纷或突发事件快速反应机制，做到出现问题及时、妥善处理，以保护外派劳务人员的合法权益，避免造成有损我国声誉或引起外交争端的涉外事件。

第十四条　各地商务主管部门应切实加强对有关企业的管理和指导，监督和督促有关企业建立责任追究制度。各企业法定代表人对本企业对外承包工程项下外派劳务工作负全责。

第十五条　各驻外使（领）馆经济商务机构应指派专人负责受理和处置劳务纠纷或突发事件。

第十六条　在发生劳务纠纷或突发事件时，各有关企业不得以任何方式限制外派劳务通过适当方式向我驻当地使（领）馆经济商务机构反映情况。

第十七条　在处理对外承包工程项下劳务纠纷和突发事件过程中，各相关部门分工及处理程序可参照《商务部关于处理境外劳务纠纷或突发事件有关问题的通知》（商合发〔2003〕249号）执行。

## 第五章　罚　则

第十八条　违反本办法的，商务部将依据有关规定，视情节给予处罚。

## 第六章　其　他

第十九条　本办法由商务部负责解释。

第二十条　本办法自公布之日起30天后施行。

**附件：**

## 《对外承包工程项下外派劳务事项表》

| | | | |
|---|---|---|---|
| 项目名称 | | | |
| 工期 | | | |
| 预计施工总人数 | | | |
| 项目总包商 | | | |
| 联系人 | | | |
| 联系方式 | | | |
| 项目分包商 | | | |
| 联系人 | | | |
| 联系方式 | | | |
| 人员安排计划 | 管理人员 | 人数 | |
| | | 构成 | |
| | | 来源 | |
| | 工人 | 人数 | |
| | | 来源明细 | |
| 备注 | | | |

填表单位：　　　　　　填表单位盖章：

填表时间：　年　月　日

# 财政部 商务部关于印发《对外承包工程保函风险专项资金管理暂行办法》补充规定的通知

## （财企〔2003〕137 号）

各省、自治区、直辖市、计划单列市财政厅（局）、外经贸委（厅、局），新疆生产建设兵团财务局，各中央管理企业：

财政部、原外经贸部联合制定的《对外承包工程保函风险专项资金管理暂行办法》（财企〔2001〕625 号，以下简称办法）颁发以来，对实施"走出去"发展战略，促进我国对外承包工程发展，提高企业的国际竞争能力起到了积极的作用。根据业务发展需要，现做如下补充规定：

一、扩大保函风险资金的支出范围

办法第三条第（一）款调整为：为符合条件的项目开具的投标保函、履约保函和预付款保函提供担保。

二、放宽申请使用保函风险资金的企业条件

办法第六条第（二）款调整为：资产总额在 8000 万元人民币以上（含 8000 万元人民币），所有者权益在 1500 万元人民币以上（含 1500 万元人民币），连续两年赢利。

三、增加企业使用保函风险资金开立保函的额度

办法第十二条调整为：同一企业累计开立保函余额为 3000 万美元。对承接发展前景良好，确有经济效益的特大型对外承包工程项目的企业不得超过 4000 万美元。

特此通知。

2003 年 3 月 31 日

# 财政部 外经贸部关于印发《对外承包工程保函风险专项资金管理暂行办法》的通知

## （财企〔2001〕625号）

各省、自治区、直辖市、计划单列市财政厅（局）、外经贸委（厅、局），新疆生产建没兵团财务局，各中央直管企业：

为进一步扩大对外承包工程规模，解决对外经济合作企业承揽对外承包工程项目出现的开立保函资金困难问题，财政部和外经贸部联合制定了《对外承包工程保函风险专项资金管理暂行办法》。现印发给你们，请遵照执行。执行中有何问题，请及时反馈。

附件：对外承包工程保函风险专项资金管理暂行办法

2001 年 10 月 10 日

附件

# 对外承包工程保函风险专项资金管理暂行办法

## 第一章 总 则

第一条 为进一步扩大对外承包工程规模，解决对外经济合作企业承揽对外承包工程项目出现的开立保函资金困难问题，根据国办发〔2000〕32 号文件的有关精神。特制定本办法。

第二条 对外承包工程保函风险专项资金（以下简称保函风险资金）系指由中央财政出资设立．为符合本办法规定的对外承包工程项目（以下简称项目）开具的有关保函提供担保、垫支赔付款的专项资金。

第三条 保函风险资金支出范围：

（一）为符合条件的项目开具的投标保函和履约保函提供担保；

（二）垫支对外赔付资金；

（三）垫支赔付资金的核销。

第四条 保函风险资金由财政部、外经贸部委托中国银行及其授权分行具体办理。

第五条 企业应积极在银行申请授信额度。获得授信额度的企业须先使用其授信额度开立保函。

## 第二章 申请与审批

第六条 申请使用保函风险资金的企业须具备以下条件：

（一）经对外贸易经济合作部（以下简称外经贸部）批准，具有对外经济合作经营资格并在工商行政管理部门登记注册的企业法人；

（二）资产总额在 1 亿元人民币以上（含 1 亿元人民币），所有者权益在 2000 万元人民币以上（含 2000 万元人民币），连续两年盈利；

（三）未发生拖欠或挪用各类国家专项基金、资金及其他违法违规经营记录。

第七条 申请使用保函风险资金的项目须具备以下条件：

（一）合同额（或投标金额）在 500 万美元或其他等值货币以上（含 500 万美元）；

（二）取得《对外承包工程项目投（议）标许可证》；

（三）符合我国外经贸政策。

第八条 中央管理的在京企业向中国银行总行提出申请，各地方企业及在地方的中央管理企业向当地或就近的中国银行授权分行提出申请。

第九条 企业向中国银行及其授权分行提出使用保函风险资金开具投标保函须提供以下材料：

（一）企业营业执照副本及复印件；

（二）中国人民银行颁发的贷款卡；

（三）企业近两年来经会计师事务所审计的财务会计报告及审计报告；

（四）项目基本情况介绍，包括项目背景、实施项目的资金来源、项目可行性研究报告、项目收支预算表；

（五）招标文件副本，包括项目介绍部分及商务部分；

（六）外经贸部颁发的《对外承包工程项目投（议）标许可证》；

（七）中国银行及其授权分行要求提供的有关材料。

第十条 企业向中国银行及其授权分行申请使用保函风险资金开具履约保函须提供以下材料：

（一）企业营业执照副本及复印件；

（二）中国人民银行颁发的贷款卡；

（三）企业近两年来经会计师事务所审计的财务会计报告及审计报告；

（四）项目的基本情况介绍，包括项目背景、实施项目的资金来源、项目可行性研究报告、项目收支预算表等；

（五）中标通知书或合同副本，包括项目介绍部分及商务部分；

（六）外经贸部颁发的《对外承包工程项目投（议）标许可证》；

（七）中国银行及其授权分行要求提供的有关材料。

第十一条 中国银行及其授权分行对上述材料审核后，即可为可行的项目开具保函。上述工作应在中国银行规定的工作日内完成。并有责任为企业提供有关保函咨询等方面的服务。

经审核，如中国银行及其授权分行不同意为企业开具保函，应向企业说明理由。

第十二条　同一企业累计开立保函余额不得超过 3000 万美元。

第十三条　中国银行须按月向财政部、外经贸部报送保函风险资金使用情况。

第十四条　开具的保函发生赔付时，如企业无力按业主要求及时支付赔付款，可向中国银行提出使用保函风险资金垫支的申请。中国银行及其授权分行应在中国银行规定的工作日内完成资金的对外垫付工作。

第十五条　发生垫支赔付款的企业应在中国银行对外支付垫款之日起 15 日内归还垫付款，如未能按期归还，在 180 天内按中国银行公布的同期外汇贷款利率，交纳保函风险资金占用费；超过 180 天按中国银行公布的逾期外汇贷款利率交纳保函风险资金占用费。

第十六条　中国银行负责于垫支赔付款后 180 天内向企业收回垫支款及占用费并存入保函风险资金帐户。

## 第三章　管理、监督、检查

第十七条　保函风险资金纳入中央财政预算管理。

（一）外经贸部负责编报保函风险资金年度预、决算，并根据财政部的决算批复进行帐务处理；

（二）财政部负责对保函风险资金的使用情况进行年度审核。

第十八条　财政部、外经贸部对中国银行及其授权分行、企业和项目情况进行监督和检查。

中国银行及其授权分行在保函风险资金的使用动作过程中，应当遵循国家有关金融法律法规的有关规定，对于违反规定的工作人员和主要负责人要依法追究相应责任。

## 第四章　罚　　则

第十九条　申请使用保函风险资金的企业有下列情形之一，均构成违规行为：

（一）报送虚假文件；

（二）不按期归还赔付款；

（三）拒绝相关部门对使用保函风险资金项目的监督、检查或对相关部门的监督和检查不予配合的。

第二十条　根据外经贸部有关对外经济合作企业管理的有关规定，对发生违规的企业，视其情节轻重，给予警告。

第二十一条　对负有直接责任的企业主管人员和其他人员，建议有关部门给予行政处分。构成犯罪的，应移交司法机关处理。

## 第五章　附　则

第二十二条　各地财政、外经贸主管部门可根据本地实际情况，参照本办法设立本地区的保函风险资金。

第二十三条　本办法由财政部、外经贸部负责解释和修订。

第二十四条　本办法自发布之日起实施。

# 国家质量监督检验检疫总局关于对外承包工程项目项下出口设备材料检验检疫有关问题的通知

## （国质检通函〔2002〕80 号）

各直属检验检疫局：

为促进对外承包工程业务的发展，为企业履行项目合同创造良好的外部环境，根据《商检法》实施条例及外经贸部、海关总署的有关规定，现就对外承包工程项目项下出口设备材料的检验检疫有关问题通知如下：

一、对外承包工程业务是指企业在国（境）外开展对外承包工程、对外劳务合作、对外设计咨询、资源开发等业务。外经贸部向获得对外承包工程业务经营资格的企业颁发《中华人民共和国对外经济合作经营资格证书》（以下简称《经营资格证书》），并授权省级外经贸主管部门于每年的 3 月 1 日至 4 月 30 日对《经营资格证书》进行年审。

二、检验检疫机构对开展对外承包工程业务所需出境的施工器械（含配件）和人员自用的办公生活物资等免于检验检疫；对项目完工后属从国内运出返回的物资（不得含有食品）免于检验；免检项目不收取费用。对施工材料（包括安装设备）按有关规定实施检验检疫。

三、检验检疫机构凭企业的《经营资格证书》复印件（含年审页、复印件加盖公司印章）以及企业与境外业主签订的项目合同正本复印件（加盖公司印章）或其他文件受理报检。企业报检时，应在报检单上注明《经营资格证书》的证书编号，并将货物按照施工材料、施工器械和自用办公生活物资等分类列出，以方便检验检疫机构对施工器械和自用办公生活物资办理免检放行手续。

国家质量监督检验检疫总局

2002 年 2 月 10 日

# 外经贸部 海关总署关于印发
# 《关于对外承包工程项目项下出口设备
# 材料的工作规程》 补充规定的通知

## （外经贸合发〔2002〕451 号）

内蒙古自治区、辽宁省、吉林省、黑龙扛省、广西壮族自治区、云南省、西藏自治区、甘肃省、新疆维吾尔族自治区、新疆生产建设兵团外经贸厅（局），呼和浩特、满洲里、大连、长春、哈尔滨、南宁、昆明、拉萨、兰州、乌鲁木齐海关：

为促进我国边境地区经济发展，鼓励我国边境地区积极开展与毗邻国家的对外经济技术合作，方便企业出口，特对《关于对外承包工程项目项下出口设备材料的工作规程》作如下补充规定：

一、符合对外贸易经济合作、海关总署《关于印发〈边境小额贸易和边境地区对外经济技术合作管理办法〉的通知》（〔1996〕外经贸政发第 222 号，以下简称 222 号文）和《关于进一步发展边境贸易的补充规定的通知》（〔1998〕外经贸政发第 844 号，以下简称 844 号文）规定的边境小额贸易企业，与毗邻国家边境地区开展对外承包工程、对外劳务合作、对外设计咨询、资源开发等业务出口设备、材料、施工器械及人员自用的生活物资，海关仍然按照 222 号文和 844 号文规定的办法办理海关验收手续。

二、本规定自印发之日起执行，由外经贸部和海关总署负责解释。

对外贸易经济合作部

海　关　总　署

二〇〇二年九月十七日

# 外经贸部 海关总署关于印发《关于对外承包工程项目项下出口设备材料的工作规程》的通知

## （外经贸合发〔2001〕579号）

各省、自治区、直辖市及计划单列市外经贸委（厅、局），海关广东分署，各直属海关：

为促进对外承包工程业务的发展，为企业履行项目合同创造良好的外部环境，方便企业出口对外承包工程项目项下所需设备（含成套设备）、材料、施工器械及人员自用的生活物资等，对外贸易经济合作部和海关总署制定了《关于对外承包工程项目项下出口设备材料的工作规程》，现印发给你们，请遵照执行。

特此通知

对外贸易经济合作部

海 关 总 署

二〇〇一年十二月二十五日

附件

# 关于对外承包工程项目项下出口设备材料的工作规程

为促进对外承包工程业务的发展，为企业履行项目合同创造良好的外部环境，方便企业出口，特制定本规程。

一、企业在国（境）外开展对外承包工程、对外劳务合作、对外设计咨询、资源开发等业务（以下简称对外承包工程业务）出口设备（含成套设备）、材料、施工器械及人员自用的生活物资等执行本规程。

二、对外承包工程业务实行经营资格许可制度，凡从事国（境）外对外承包工程业务的企业，须事先向对外贸易经济合作部（以下简称外经贸部）申请对外经济合作经营资格。

三、经外经贸部核准获得对外经济合作经营资格，并已由工商行政管理部门核发营业执照的企业，向注册地省级外经贸主管部门（含计划单列市，下同）申领《中华人民共和国对外经济合作经营资格证书》（以下简称《经营资格证书》，格式附后）。

四、外经贸部对《经营资格证书》实行年审制度，年审时间为每年的 3 月 1 日至 4 月 30 日，由外经贸部授权省级外经贸主管部门组织实施。

五、企业凭《经营资格证书》到海关办理注册登记手续，取得相应的编码，以备报关出口。

六、对外承包工程项目项下出口的设备（含成套设备）、材料、施工器械及人员自用的生活物资等，海关凭企业与境外业主签订的项目合同或其他文件和出口许可证件，办理海关验放手续：（一）不属出口许可证件管理的设备、材料、施工机械等商品，海关凭企业与境外业主签订的项目合同（正本复印件并加盖公司印章，下同）或其他文件接受报关，办理海关验放手续。监管方式为"对外承包出口"，代码为 3422；项目完工后运回的上述商品，监管方式为"退运货物"，代码为 4561。（二）属于出口许可证管理的商品，企业须事先持有效项目合同或其他有效文件向外经贸主管部门办理报批手续，出口许可证发证机构按外经贸部制定的《出口许可证管理商品发证目录》发证范围，凭外经贸主管部门的批准文件和有效项目合同或其他有效文件签发出口许可证。属于配额有偿招标商品、配额有偿使用商品，出口许可证发证机构按外经贸部制定的《出口许可证管理商品发证目录》发证范围，凭外经贸部配额招标、配额有偿使用主管部门的批准文件签发出口许可证。（三）出口自用的生活物资报关时监管方式为"其它"，代码为9900。

七、属于国家法定检验检疫及其它管制的出口商品，企业需在报关出口前办妥有关手续。

八、对于对外承包工程项目项下设备材料出口程序方面本规程未规定事项，适用《对外贸易法》、《海关法》及其配套法规的有关规定。

九、本规程由外经贸部、海关总署负责解释。

十、本规程自二○○二年一月一日起执行，外经贸部《关于办理对外承包工程带动设备材料出口手续问题的通知》（〔90〕外经贸合字第28号）同时废止。

# 质检总局关于发布《中国—哈萨克斯坦霍尔果斯国际边境合作中心出入境检验检疫监督管理办法》的公告

## （质检总局公告 2012 年第 131 号）

为规范中国－哈萨克斯坦霍尔果斯国际边境合作中心出入境检验检疫和监督管理工作，根据有关出入境检验检疫法律法规和中国—哈萨克斯坦两国关于"霍尔果斯国际边境合作中心"政府间协议，制定了《中国—哈萨克斯坦霍尔果斯国际边境合作中心出入境检验检疫监督管理办法》，现予以公布，自公布之日起执行。

附件：中国—哈萨克斯坦霍尔果斯国际边境合作中心出入境检验检疫监督管理办法

2012 年 9 月 12 日

# 中国—哈萨克斯坦霍尔果斯国际边境合作中心出入境检验检疫监督管理办法

## 第一章 总 则

第一条 为规范中国—哈萨克斯坦霍尔果斯国际边境合作中心（以下简称"中心"）出入境检验检疫和监督管理工作，根据《中华人民共和国政府和哈萨克斯坦共和国政府关于建立"霍尔果斯国际边境合作中心"的框架协议》、《中华人民共和国政府和哈萨克斯坦共和国政府关于霍尔果斯国际边境合作中心活动管理的协定》、《中华人民共和国进出口商品检验法》及其实施条例、《中华人民共和国进出境动植物检疫法》及其实施条例、《中华人民共和国国境卫生检疫法》及其实施细则、《中华人民共和国食品安全法》及其实施条例、《国务院关于中国—哈萨克斯坦霍尔果斯国际边境合作中心有关问题的批复》（国函〔2006〕15 号）以及其他相关法律法规，制定本办法。

第二条 本办法适用于中心中方区域入出口、中心中方区域和中心跨界通道中方一侧的检验检疫和监督管理工作。

前款所称的中心中方区域入出口指《中华人民共和国政府和哈萨克斯坦共和国政府关于霍尔果斯国际边境合作中心活动管理的协定》第五条第三款所称的中方部分检查通道（站点）；中心中方区域依照《国务院关于中国—哈萨克斯坦霍尔果斯国际边境合作中心有关问题的批复》（国函〔2006〕15 号）确定；中心跨界通道指《中华人民共和国政府和哈萨克斯坦共和国政府关于霍尔果斯国际边境合作中心活动管理的协定》第四条第二款所称的跨越两国国界的专门通道。

第三条 国家质量监督检验检疫总局（以下简称"质检总局"）主管中心中方区域入出口、中心中方区域和中心跨界通道中方一侧的检验检疫和监督管理工作。

新疆出入境检验检疫局及其设在中心中方区域的出入境检验检疫机构（以下简称"检验检疫机构"）负责中心中方区域入出口、中心中方区域和中心跨界通道中方一侧的检验检疫和监督管理工作。

第四条 检验检疫机构应当按照诚信管理、分类管理、风险评估、便利通关的原则，做好中心的检验检疫和监督管理工作。

第五条 检验检疫机构应当建立和完善突发公共卫生事件和重大动植物疫情的信息收集、分析、报告制度。

发生突发公共卫生事件和重大动植物疫情时，检验检疫机构应当及时启动有关应急预案，临时实施管制或者中止双方区域之间的通行。

第六条 中心中方区域入出口、中心中方区域和中心跨界通道中方一侧是检验检疫机构依法监管的特殊区域和场所，检验检疫机构在实施检验检疫和监督管理时，中心中方区域的管理机构、有关单位和个人应当予以配合，不得干预和阻挠。

## 第二章 中心中方区域入出口的检验检疫

第七条 检验检疫机构依法对经中心中方区域入出口进出中心的人员及其携带

物、邮寄物、交通运输工具、集装箱和货物以及装载动植物、动植物产品和其他检疫物的装载容器、包装物实施检验检疫和监督管理。

需要办理检疫审批手续的，应当依法办理。

第八条　检验检疫机构依法对进出中心的人员实施检疫查验和传染病监测。

第九条　检验检疫机构依法对进出中心人员的携带物、邮寄物实施检疫。对超出自用合理数量的携带物，须向中心检验检疫机构申报检验。

前款所称自用合理数量由新疆出入境检验检疫局确定，报国家质检总局备案后对外公布执行。

中国出入境检验检疫法律法规禁止携带、邮寄入境的物品不得以携带、邮寄方式通过中心中方区域入出口带出中心，哈萨克斯坦共和国检验检疫法律法规禁止携带、邮寄入境的物品不得以携带、邮寄方式通过中心中方区域入出口带入中心。

第十条　经中方区域入出口带入中心的活动物（仅限犬或者猫，以下简称"宠物"），须持家庭所在地县级以上兽医卫生防疫部门出具的有效动物健康证书及狂犬病疫苗接种证书，经检验检疫机构现场检疫合格的，予以放行。

经中方区域入出口运（带）出中心的宠物（每人每次限带一只），须持有官方动物检疫机关出具的有效检疫证书和狂犬病疫苗接种证书，宠物应当具有芯片或者其他有效身份证明。检验检疫机构依法实施检疫。

第十一条　检验检疫机构依法对经中心中方区域入出口进出中心的交通工具和司乘人员，实施检疫查验和传染病监测。应当实施检疫处理的交通工具，检疫处理合格后予以放行。

第十二条　凡经中方区域入出口进出中心的货物，应向中心检验检疫机构申报。依法应当接受检验检疫的，应向中心检验检疫机构报检。

第十三条　对于进入中心并应依法接受检验检疫的下列货物，由中心中方区域内企业申请，经检验检疫机构风险评估，并实施备案后，可以免于实施检验：

（一）中方区域内企业的基础性建设物资（公共基础设施除外）和区内设施自用设备。

（二）中方区域内企业的施工机械、自用办公用品、自用生活物资（不含食品、农产品）。

第十四条　从中心中方区域入出口进入中心又通过中方入出口离开中心的货物，由中心中方区域内企业申请，经中心检验检疫机构风险评估，并实施备案后，可以免于实施检验，但在中心中方区域内经生产加工的除外。

第十五条　中心中方区域内生产生活产生的垃圾需经中心中方区域入出口离开中心的，所有人、承运人或者其代理人凭中心中方区域管理机构出具的证明，向检验检疫机构申报，并在检验检疫机构的监督下，由具备检疫处理资格的单位在中心中方区域内实施检疫处理。

中心哈方区域生产生活产生的垃圾不得进入中方区域。

第十六条　从中心中方入出口进入中心的展品，免予检验。但用于展销的除外。

第十七条　在中心中方区域内，企业间销售、转移的货物，不予实施检验检疫。

## 第三章　跨界通道的监督管理

第十八条　中心检验检疫机构在跨界通道中方一侧，对进出人员开展传染病监测，接受主动申报，实施医学巡查。发现染疫嫌疑人时，按现行法律法规处理。

第十九条　检验检疫机构在跨界通道中方一侧，对经跨界通道进入中方区域的携带物、邮寄物实施检验检疫监管，需经中方区域入出口带出时按本办法第九条、第十条规定办理。

第二十条　在发生突发公共卫生事件、重大动植物疫病疫情时，检验检疫机构在中心跨界通道中方一侧采取措施，临时管制或者中止中心中哈双方区域之间的通行。中心中方区域的管理机构应当予以配合。

第二十一条　中心中方区域的管理机构应当在中心跨界通道中方一侧设立必要的设施，保障检验检疫机构有效开展监管工作。

## 第四章　中心中方区域的监督管理

第二十二条　检验检疫机构依法对中心中方区域实施检验检疫监督管理，并将中方区域内企业纳入企业诚信管理体系进行管理。

第二十三条　检验检疫机构在中方区域内开展医学媒介生物监测、公共区域微小气候监测等卫生监督工作，对中方区域内的人员实施传染病监测，并采取必要的预防控制措施。发现检疫传染病染疫人或者染疫嫌疑人，依法采取留验、隔离等检疫措施。

在中心区域内发现检疫传染病、疑似检疫传染病，或者有人非因意外伤害死亡或者死因不明时，有关单位及交通工具负责人应当立即向中心检验检疫机构报告。

第二十四条　检验检疫机构在中方区域内依法实施动植物疫情监测，采取必要的预防控制措施。发现疫情的，应当及时进行处理。

第二十五条　检验检疫机构对中心中方区域内公共服务行业实施卫生检疫、动植物检疫和其他检验检疫监管。

中心中方区域内的生产、加工、存放企业应当向中心检验检疫机构申请备案，依法应当注册登记的，应当按照规定办理注册登记。

第二十六条　检验检疫机构对中心中方区域内食品实施监督管理。

中心中方区域内食品生产经营单位、货物储存场地、公共服务行业应当取得检验检疫机构签发的口岸卫生许可证，未取得有效口岸卫生许可证的，不得营业。

第二十七条　中心中方区域内的食品生产经营人员每年应当进行健康检查，取得健康证明后方可从业。

第二十八条　中方区域内应当建设符合检验检疫机构要求的检疫处理场所，并接受检验检疫机构的日常监督管理。

中方区域内的检疫处理单位应当依法向检验检疫机构申请许可。未经许可的，不得从事检疫处理业务。

第二十九条　中心中方区域内企业生产加工的出境货物，需要检验检疫机构出具检验检疫证书的，由检验检疫机构按照国家有关规定办理。

中心中方区域内企业生产加工的出境货物，符合相关原产地规则的，可向检验检疫机构申请签发各类原产地证书。

第三十条　检验检疫机构对经跨境通道暂准进入中方区域，用于研发、监测和维修的旧机电产品实施监督管理，免予办理进口旧机电产品备案手续。

进入中方区域产品的强制性认证要求按现有规定执行。

第三十一条　对于从跨境通道进入中方区域的货物，应当符合中国检验检疫要求。

第三十二条　对于中心中方区域内产生的、经中心中方入出口离开中心的可用作原料的固体废物，免予提供供货商注册登记证明、国内收货人的注册登记证明和废物原料进口许可证，免予实施装运前检验。

## 第五章  附  则

第三十三条  检验检疫机构应当同哈萨克斯坦共和国相关主管机构建立联络协调机制，加强沟通与合作。

第三十四条  双方禁止对方国家法律禁止进口的货物（商品）进入中心区域。禁止进口的货物（商品）进入·（含携带）中心中方区域的，依法进行处理。

第三十五条  中心中方区域的检验检疫设施应当符合国家质检总局的有关规定。

中心中方区域管理机构应当建立公共信息平台，实现区内企业与检验检疫机构间的物流信息共享。

第三十六条  检验检疫机构依照本办法实施检验检疫和监督管理，按照国家有关规定收取检验检疫费用。

第三十七条  对于违反本办法的行为，检验检疫机构依照有关法律规定予以处理。

第三十八条  本办法由国家质检总局负责解释。

第三十九条  本办法自发布之日起施行。

# 第五章 对外劳务合作

# 对外劳务合作管理条例

（2012 年 6 月 4 日国务院令第 620 号公布，2012 年 8 月 1 日施行）

## 第一章 总 则

第一条 为了规范对外劳务合作，保障劳务人员的合法权益，促进对外劳务合作健康发展，制定本条例。

第二条 本条例所称对外劳务合作，是指组织劳务人员赴其他国家或者地区为国外的企业或者机构（以下统称国外雇主）工作的经营性活动。

国外的企业、机构或者个人不得在中国境内招收劳务人员赴国外工作。

第三条 国家鼓励和支持依法开展对外劳务合作，提高对外劳务合作水平，维护劳务人员的合法权益。

国务院有关部门制定和完善促进对外劳务合作发展的政策措施，建立健全对外劳务合作服务体系以及风险防范和处置机制。

第四条 国务院商务主管部门负责全国的对外劳务合作监督管理工作。国务院外交、公安、人力资源社会保障、交通运输、住房城乡建设、渔业、工商行政管理等有关部门在各自职责范围内，负责对外劳务合作监督管理的相关工作。

县级以上地方人民政府统一领导、组织、协调本行政区域的对外劳务合作监督管理工作。县级以上地方人民政府商务主管部门负责本行政区域的对外劳务合作监督管理工作，其他有关部门在各自职责范围内负责对外劳务合作监督管理的相关工作。

## 第二章 从事对外劳务合作的企业与劳务人员

第五条 从事对外劳务合作，应当按照省、自治区、直辖市人民政府的规定，经省级或者设区的市级人民政府商务主管部门批准，取得对外劳务合作经营资格。

第六条　申请对外劳务合作经营资格，应当具备下列条件：

（一）符合企业法人条件；

（二）实缴注册资本不低于600万元人民币；

（三）有3名以上熟悉对外劳务合作业务的管理人员；

（四）有健全的内部管理制度和突发事件应急处置制度；

（五）法定代表人没有故意犯罪记录。

第七条　申请对外劳务合作经营资格的企业，应当向所在地省级或者设区的市级人民政府商务主管部门（以下称负责审批的商务主管部门）提交其符合本条例第六条规定条件的证明材料。负责审批的商务主管部门应当自收到证明材料之日起20个工作日内进行审查，作出批准或者不予批准的决定。予以批准的，颁发对外劳务合作经营资格证书；不予批准的，书面通知申请人并说明理由。

申请人持对外劳务合作经营资格证书，依法向工商行政管理部门办理登记。

负责审批的商务主管部门应当将依法取得对外劳务合作经营资格证书并办理登记的企业（以下称对外劳务合作企业）名单报至国务院商务主管部门，国务院商务主管部门应当及时通报中国驻外使馆、领馆。

未依法取得对外劳务合作经营资格证书并办理登记，不得从事对外劳务合作。

第八条　对外劳务合作企业不得允许其他单位或者个人以本企业的名义组织劳务人员赴国外工作。

任何单位和个人不得以商务、旅游、留学等名义组织劳务人员赴国外工作。

第九条　对外劳务合作企业应当自工商行政管理部门登记之日起5个工作日内，在负责审批的商务主管部门指定的银行开设专门账户，缴存不低于300万元人民币的对外劳务合作风险处置备用金（以下简称备用金）。备用金也可以通过向负责审批的商务主管部门提交等额银行保函的方式缴存。

负责审批的商务主管部门应当将缴存备用金的对外劳务合作企业名单向社会公布。

第十条　备用金用于支付对外劳务合作企业拒绝承担或者无力承担的下列费用：

（一）对外劳务合作企业违反国家规定收取，应当退还给劳务人员的服务费；

（二）依法或者按照约定应当由对外劳务合作企业向劳务人员支付的劳动报酬；

（三）依法赔偿劳务人员的损失所需费用；

（四）因发生突发事件，劳务人员回国或者接受紧急救助所需费用。

备用金使用后，对外劳务合作企业应当自使用之日起 20 个工作日内将备用金补足到原有数额。

备用金缴存、使用和监督管理的具体办法由国务院商务主管部门会同国务院财政部门制定。

第十一条　对外劳务合作企业不得组织劳务人员赴国外从事与赌博、色情活动相关的工作。

第十二条　对外劳务合作企业应当安排劳务人员接受赴国外工作所需的职业技能、安全防范知识、外语以及用工项目所在国家或者地区相关法律、宗教信仰、风俗习惯等知识的培训；未安排劳务人员接受培训的，不得组织劳务人员赴国外工作。

劳务人员应当接受培训，掌握赴国外工作所需的相关技能和知识，提高适应国外工作岗位要求以及安全防范的能力。

第十三条　对外劳务合作企业应当为劳务人员购买在国外工作期间的人身意外伤害保险。但是，对外劳务合作企业与国外雇主约定由国外雇主为劳务人员购买的除外。

第十四条　对外劳务合作企业应当为劳务人员办理出境手续，并协助办理劳务人员在国外的居留、工作许可等手续。

对外劳务合作企业组织劳务人员出境后，应当及时将有关情况向中国驻用工项目所在国使馆、领馆报告。

第十五条　对外劳务合作企业、劳务人员应当遵守用工项目所在国家或者地区的法律，尊重当地的宗教信仰、风俗习惯和文化传统。

对外劳务合作企业、劳务人员不得从事损害国家安全和国家利益的活动。

第十六条　对外劳务合作企业应当跟踪了解劳务人员在国外的工作、生活情况，协助解决劳务人员工作、生活中的困难和问题，及时向国外雇主反映劳务人员的合理要求。

对外劳务合作企业向同一国家或者地区派出的劳务人员数量超过 100 人的，应当安排随行管理人员，并将随行管理人员名单报中国驻用工项目所在国使馆、领馆备案。

第十七条　对外劳务合作企业应当制定突发事件应急预案。国外发生突发事件的，对外劳务合作企业应当及时、妥善处理，并立即向中国驻用工项目所在国使馆、领馆和国内有关部门报告。

第十八条　用工项目所在国家或者地区发生战争、暴乱、重大自然灾害等突发事件，中国政府作出相应避险安排的，对外劳务合作企业和劳务人员应当服从安排，予以配合。

第十九条　对外劳务合作企业停止开展对外劳务合作的，应当对其派出的尚在国外工作的劳务人员作出妥善安排，并将安排方案报负责审批的商务主管部门备案。负责审批的商务主管部门应当将安排方案报至国务院商务主管部门，国务院商务主管部门应当及时通报中国驻用工项目所在国使馆、领馆。

第二十条　劳务人员有权向商务主管部门和其他有关部门投诉对外劳务合作企业违反合同约定或者其他侵害劳务人员合法权益的行为。接受投诉的部门应当按照职责依法及时处理，并将处理情况向投诉人反馈。

## 第三章　与对外劳务合作有关的合同

第二十一条　对外劳务合作企业应当与国外雇主订立书面劳务合作合同；未与国外雇主订立书面劳务合作合同的，不得组织劳务人员赴国外工作。

劳务合作合同应当载明与劳务人员权益保障相关的下列事项：

（一）劳务人员的工作内容、工作地点、工作时间和休息休假；

（二）合同期限；

（三）劳务人员的劳动报酬及其支付方式；

（四）劳务人员社会保险费的缴纳；

（五）劳务人员的劳动条件、劳动保护、职业培训和职业危害防护；

（六）劳务人员的福利待遇和生活条件；

（七）劳务人员在国外居留、工作许可等手续的办理；

（八）劳务人员人身意外伤害保险的购买；

（九）因国外雇主原因解除与劳务人员的合同对劳务人员的经济补偿；

（十）发生突发事件对劳务人员的协助、救助；

（十一）违约责任。

第二十二条　对外劳务合作企业与国外雇主订立劳务合作合同，应当事先了解国外雇主和用工项目的情况以及用工项目所在国家或者地区的相关法律。

用工项目所在国家或者地区法律规定企业或者机构使用外籍劳务人员需经批准

的，对外劳务合作企业只能与经批准的企业或者机构订立劳务合作合同。

对外劳务合作企业不得与国外的个人订立劳务合作合同。

第二十三条　除本条第二款规定的情形外，对外劳务合作企业应当与劳务人员订立书面服务合同；未与劳务人员订立书面服务合同的，不得组织劳务人员赴国外工作。服务合同应当载明劳务合作合同中与劳务人员权益保障相关的事项，以及服务项目、服务费及其收取方式、违约责任。

对外劳务合作企业组织与其建立劳动关系的劳务人员赴国外工作的，与劳务人员订立的劳动合同应当载明劳务合作合同中与劳务人员权益保障相关的事项；未与劳务人员订立劳动合同的，不得组织劳务人员赴国外工作。

第二十四条　对外劳务合作企业与劳务人员订立服务合同或者劳动合同时，应当将劳务合作合同中与劳务人员权益保障相关的事项以及劳务人员要求了解的其他情况如实告知劳务人员，并向劳务人员明确提示包括人身安全风险在内的赴国外工作的风险，不得向劳务人员隐瞒有关信息或者提供虚假信息。

对外劳务合作企业有权了解劳务人员与订立服务合同、劳动合同直接相关的个人基本情况，劳务人员应当如实说明。

第二十五条　对外劳务合作企业向与其订立服务合同的劳务人员收取服务费，应当符合国务院价格主管部门会同国务院商务主管部门制定的有关规定。

对外劳务合作企业不得向与其订立劳动合同的劳务人员收取服务费。

对外劳务合作企业不得以任何名目向劳务人员收取押金或者要求劳务人员提供财产担保。

第二十六条　对外劳务合作企业应当自与劳务人员订立服务合同或者劳动合同之日起 10 个工作日内，将服务合同或者劳动合同、劳务合作合同副本以及劳务人员名单报负责审批的商务主管部门备案。负责审批的商务主管部门应当将用工项目、国外雇主的有关信息以及劳务人员名单报至国务院商务主管部门。

商务主管部门发现服务合同或者劳动合同、劳务合作合同未依照本条例规定载明必备事项的，应当要求对外劳务合作企业补正。

第二十七条　对外劳务合作企业应当负责协助劳务人员与国外雇主订立确定劳动关系的合同，并保证合同中有关劳务人员权益保障的条款与劳务合作合同相应条款的内容一致。

第二十八条　对外劳务合作企业、劳务人员应当信守合同，全面履行合同约定的各自的义务。

第二十九条　劳务人员在国外实际享有的权益不符合合同约定的，对外劳务合作企业应当协助劳务人员维护合法权益，要求国外雇主履行约定义务、赔偿损失；劳务人员未得到应有赔偿的，有权要求对外劳务合作企业承担相应的赔偿责任。对外劳务合作企业不协助劳务人员向国外雇主要求赔偿的，劳务人员可以直接向对外劳务合作企业要求赔偿。

劳务人员在国外实际享有的权益不符合用工项目所在国家或者地区法律规定的，对外劳务合作企业应当协助劳务人员维护合法权益，要求国外雇主履行法律规定的义务、赔偿损失。

因对外劳务合作企业隐瞒有关信息或者提供虚假信息等原因，导致劳务人员在国外实际享有的权益不符合合同约定的，对外劳务合作企业应当承担赔偿责任。

## 第四章　政府的服务和管理

第三十条　国务院商务主管部门会同国务院有关部门建立对外劳务合作信息收集、通报制度，为对外劳务合作企业和劳务人员无偿提供信息服务。

第三十一条　国务院商务主管部门会同国务院有关部门建立对外劳务合作风险监测和评估机制，及时发布有关国家或者地区安全状况的评估结果，提供预警信息，指导对外劳务合作企业做好安全风险防范；有关国家或者地区安全状况难以保障劳务人员人身安全的，对外劳务合作企业不得组织劳务人员赴上述国家或者地区工作。

第三十二条　国务院商务主管部门会同国务院统计部门建立对外劳务合作统计制度，及时掌握并汇总、分析对外劳务合作发展情况。

第三十三条　国家财政对劳务人员培训给予必要的支持。

国务院商务主管部门会同国务院人力资源社会保障部门应当加强对劳务人员培训的指导和监督。

第三十四条　县级以上地方人民政府根据本地区开展对外劳务合作的实际情况，按照国务院商务主管部门会同国务院有关部门的规定，组织建立对外劳务合作服务平台（以下简称服务平台），为对外劳务合作企业和劳务人员无偿提供相关服务，鼓励、引导对外劳务合作企业通过服务平台招收劳务人员。

国务院商务主管部门会同国务院有关部门应当加强对服务平台运行的指导和监督。

第三十五条　中国驻外使馆、领馆为对外劳务合作企业了解国外雇主和用工项目的情况以及用工项目所在国家或者地区的法律提供必要的协助，依据职责维护对外劳务合作企业和劳务人员在国外的正当权益，发现违反本条例规定的行为及时通报国务院商务主管部门和有关省、自治区、直辖市人民政府。

劳务人员可以合法、有序地向中国驻外使馆、领馆反映相关诉求，不得干扰使馆、领馆正常工作秩序。

第三十六条　国务院有关部门、有关县级以上地方人民政府应当建立健全对外劳务合作突发事件预警、防范和应急处置机制，制定对外劳务合作突发事件应急预案。

对外劳务合作突发事件应急处置由组织劳务人员赴国外工作的单位或者个人所在地的省、自治区、直辖市人民政府负责，劳务人员户籍所在地的省、自治区、直辖市人民政府予以配合。

中国驻外使馆、领馆协助处置对外劳务合作突发事件。

第三十七条　国务院商务主管部门会同国务院有关部门建立对外劳务合作不良信用记录和公告制度，公布对外劳务合作企业和国外雇主不履行合同约定、侵害劳务人员合法权益的行为，以及对对外劳务合作企业违法行为的处罚决定。

第三十八条　对违反本条例规定组织劳务人员赴国外工作，以及其他违反本条例规定的行为，任何单位和个人有权向商务、公安、工商行政管理等有关部门举报。接到举报的部门应当在职责范围内及时处理。

国务院商务主管部门会同国务院公安、工商行政管理等有关部门，建立健全相关管理制度，防范和制止非法组织劳务人员赴国外工作的行为。

# 第五章　法律责任

第三十九条　未依法取得对外劳务合作经营资格，从事对外劳务合作的，由商务主管部门提请工商行政管理部门依照《无照经营查处取缔办法》的规定查处取缔；构成犯罪的，依法追究刑事责任。

第四十条　对外劳务合作企业有下列情形之一的，由商务主管部门吊销其对外劳务合作经营资格证书，有违法所得的予以没收：

（一）以商务、旅游、留学等名义组织劳务人员赴国外工作；

（二）允许其他单位或者个人以本企业的名义组织劳务人员赴国外工作；

（三）组织劳务人员赴国外从事与赌博、色情活动相关的工作。

第四十一条　对外劳务合作企业未依照本条例规定缴存或者补足备用金的，由商务主管部门责令改正；拒不改正的，吊销其对外劳务合作经营资格证书。

第四十二条　对外劳务合作企业有下列情形之一的，由商务主管部门责令改正；拒不改正的，处 5 万元以上 10 万元以下的罚款，并对其主要负责人处 1 万元以上 3 万元以下的罚款：

（一）未安排劳务人员接受培训，组织劳务人员赴国外工作；

（二）未依照本条例规定为劳务人员购买在国外工作期间的人身意外伤害保险；

（三）未依照本条例规定安排随行管理人员。

第四十三条　对外劳务合作企业有下列情形之一的，由商务主管部门责令改正，处 10 万元以上 20 万元以下的罚款，并对其主要负责人处 2 万元以上 5 万元以下的罚款；在国外引起重大劳务纠纷、突发事件或者造成其他严重后果的，吊销其对外劳务合作经营资格证书：

（一）未与国外雇主订立劳务合作合同，组织劳务人员赴国外工作；

（二）未依照本条例规定与劳务人员订立服务合同或者劳动合同，组织劳务人员赴国外工作；

（三）违反本条例规定，与未经批准的国外雇主或者与国外的个人订立劳务合作合同，组织劳务人员赴国外工作；

（四）与劳务人员订立服务合同或者劳动合同，隐瞒有关信息或者提供虚假信息；

（五）在国外发生突发事件时不及时处理；

（六）停止开展对外劳务合作，未对其派出的尚在国外工作的劳务人员作出安排。

有前款第四项规定情形，构成犯罪的，依法追究刑事责任。

第四十四条　对外劳务合作企业向与其订立服务合同的劳务人员收取服务费不符合国家有关规定，或者向劳务人员收取押金、要求劳务人员提供财产担保的，由价格主管部门依照有关价格的法律、行政法规的规定处罚。

对外劳务合作企业向与其订立劳动合同的劳务人员收取费用的，依照《中华人民共和国劳动合同法》的规定处罚。

第四十五条　对外劳务合作企业有下列情形之一的，由商务主管部门责令改正；

拒不改正的，处 1 万元以上 2 万元以下的罚款，并对其主要负责人处 2000 元以上 5000 元以下的罚款：

（一）未将服务合同或者劳动合同、劳务合作合同副本以及劳务人员名单报商务主管部门备案；

（二）组织劳务人员出境后，未将有关情况向中国驻用工项目所在国使馆、领馆报告，或者未依照本条例规定将随行管理人员名单报负责审批的商务主管部门备案；

（三）未制定突发事件应急预案；

（四）停止开展对外劳务合作，未将其对劳务人员的安排方案报商务主管部门备案。

对外劳务合作企业拒不将服务合同或者劳动合同、劳务合作合同副本报商务主管部门备案，且合同未载明本条例规定的必备事项，或者在合同备案后拒不按照商务主管部门的要求补正合同必备事项的，依照本条例第四十三条的规定处罚。

第四十六条　商务主管部门、其他有关部门在查处违反本条例行为的过程中，发现违法行为涉嫌构成犯罪的，应当依法及时移送司法机关处理。

第四十七条　商务主管部门和其他有关部门的工作人员，在对外劳务合作监督管理工作中有下列行为之一的，依法给予处分；构成犯罪的，依法追究刑事责任：

（一）对不符合本条例规定条件的对外劳务合作经营资格申请予以批准；

（二）对外劳务合作企业不再具备本条例规定的条件而不撤销原批准；

（三）对违反本条例规定组织劳务人员赴国外工作以及其他违反本条例规定的行为不依法查处；

（四）其他滥用职权、玩忽职守、徇私舞弊，不依法履行监督管理职责的行为。

## 第六章　附　则

第四十八条　有关对外劳务合作的商会按照依法制定的章程开展活动，为成员提供服务，发挥自律作用。

第四十九条　对外承包工程项下外派人员赴国外工作的管理，依照《对外承包工程管理条例》以及国务院商务主管部门、国务院住房城乡建设主管部门的规定执行。

外派海员类（不含渔业船员）对外劳务合作的管理办法，由国务院交通运输主管部门根据《中华人民共和国船员条例》以及本条例的有关规定另行制定。

第五十条 组织劳务人员赴香港特别行政区、澳门特别行政区、台湾地区工作的，参照本条例的规定执行。

第五十一条 对外劳务合作企业组织劳务人员赴国务院商务主管部门会同国务院外交等有关部门确定的特定国家或者地区工作的，应当经国务院商务主管部门会同国务院有关部门批准。

第五十二条 本条例施行前按照国家有关规定经批准从事对外劳务合作的企业，不具备本条例规定条件的，应当在国务院商务主管部门规定的期限内达到本条例规定的条件；逾期达不到本条例规定条件的，不得继续从事对外劳务合作。

第五十三条 本条例自 2012 年 8 月 1 日起施行。

# 对外劳务合作风险处置备用金管理办法（试行）

（2014 年 7 月 18 日商务部、财政部令 2014 年第 2 号发布，

2014 年 8 月 17 日施行，根据 2017 年 3 月 1 日

《国务院关于修改和废止部分行政法规的决定》修订）

## 第一章 总 则

第一条 为规范对外劳务合作企业的经营行为，保障外派劳务人员合法权益，根据《对外劳务合作管理条例》，制定本办法。

第二条 对外劳务合作风险处置备用金（以下简称备用金）是指对外劳务合作企业缴存，用于《对外劳务合作管理条例》第十条所规定使用范围的专用资金。

第三条 对外劳务合作企业缴存备用金的银行，由负责对外劳务合作经营资格审批的商务主管部门（以下简称商务主管部门）会同同级财政部门指定。

第四条 商务主管部门和财政部门应根据本地区对外劳务合作企业数量和外派劳务规模等实际情况，在本行政区域内择优指定一家或多家信用等级良好、服务水平优良，并承诺按照要求提供相关服务的银行作为备用金缴存银行。

第五条 对外劳务合作企业应到指定银行办理备用金缴存和取款手续。

## 第二章 备用金的缴存

第六条 对外劳务合作企业应当自获得对外劳务合作经营资格并在工商行政管理部门登记之日起 5 个工作日内，在指定银行缴存备用金。

第七条 备用金缴存标准为 300 万元人民币，以现金或等额银行保函形式缴存。

第八条　对外劳务合作企业以现金形式缴存备用金的，需持《营业执照》副本和《对外劳务合作经营资格证书》到指定银行开设专门账户并办理存款手续。缴存备用金的对外劳务合作企业应与指定银行签订《对外劳务合作风险处置备用金存款协议书》（附件1），并将复印件送商务主管部门备案。

第九条　备用金本金和利息归对外劳务合作企业所有，对外劳务合作企业可自由提取和使用备用金利息。

第十条　对外劳务合作企业以银行保函形式缴存备用金的，由指定银行出具受益人为商务主管部门的不可撤销保函（附件2），保证在发生《对外劳务合作管理条例》第十条规定使用情形时履行担保责任。对外劳务合作企业应在其对外劳务合作经营资格存续期间提供有效的保函，保函有效期至少为两年。商务主管部门应在保函到期前一个月提醒对外劳务合作企业延长保函的有效期。保函正本由商务主管部门保存。

第十一条　商务主管部门应当将缴存备用金的对外劳务合作企业名单向社会公布。

## 第三章　备用金的使用

第十二条　对外劳务合作企业拒绝或无力承担违反国家规定收取应退还给劳务人员的服务费或按照约定应向劳务人员支付的劳动报酬的，在劳务人员向商务主管部门投诉并提供相关合同以及收费凭证或者工资凭条等证据后，商务主管部门应书面通知对外劳务合作企业在5个工作日内退还或支付劳务人员有关费用。

对外劳务合作企业在规定时间内未退还或支付有关费用的，商务主管部门应做出使用备用金的决定并书面通知有关对外劳务合作企业和指定银行，同时出具《对外劳务合作风险处置备用金取款通知书》（附件3，以下简称《取款通知书》）。指定银行根据书面通知和《取款通知书》，从备用金中将相应数额的款项以现金或转账方式支付给商务主管部门指定的劳务人员。

第十三条　对外劳务合作企业拒绝或无力承担依法应向劳务人员支付的劳动报酬或赔偿劳务人员的损失所需费用的，商务主管部门凭人民法院判决、裁定及其他生效法律文书使用备用金。

第十四条　对外劳务合作企业拒绝或无力承担因发生突发事件，劳务人员回国或接受紧急救助所需费用的，商务主管部门应向对外劳务合作企业提供发生劳务人员回国或接受紧急救助所发生的费用证明，并书面通知对外劳务合作企业在 5 个工作日内支付有关费用。

对外劳务合作企业在规定时间内未支付有关费用的，商务主管部门应做出使用备用金的决定，并书面通知有关对外劳务合作企业和指定银行，同时出具《取款通知书》。指定银行根据书面通知和《取款通知书》，从备用金中将相应数额的款项以现金或转账方式支付给商务主管部门指定的人员或单位。

第十五条　提供保函的指定银行应在收到书面通知和《取款通知书》5 个工作日内，履行担保责任。

第十六条　备用金使用后，对外劳务合作企业应当自使用之日起 20 个工作日内将备用金补足到 300 万元人民币。

第十七条　对外劳务合作企业停止开展对外劳务合作的，应当对其派出的尚在国外工作的劳务人员做出妥善安排，并将安排方案连同 2 年内有效的备用金缴存凭证或者保函报商务主管部门备案。

对外劳务合作企业自备案之日起 2 年内未发生针对其的劳务纠纷投诉或者诉讼的，商务主管部门应出具书面通知和《取款通知书》，指定银行根据书面通知和《取款通知书》，退还其缴存的备用金或允许其撤销保函。

第十八条　指定银行应每季度分别向对外劳务合作企业和商务主管部门提供备用金存款对账单。

第十九条　对外劳务合作企业对商务主管部门使用备用金的决定持有异议的，可以依法申请行政复议或者向人民法院提起行政诉讼。

## 第四章　备用金的管理

第二十条　备用金实行专款专用。

第二十一条　对外劳务合作企业未依据《对外劳务合作管理条例》和本办法规定缴存或者补足备用金的，商务主管部门责令其在备用金应缴存或补足之日起一个月内改正；拒不改正的，吊销其对外劳务合作经营资格证书。

第二十二条　备用金由商务主管部门负责使用、管理，同级财政部门负责监督，并接受审计部门的审计。

## 第五章  附  则

第二十三条  对外承包工程的单位应当自收到中标文件或签署项目商务合同后 15 个工作日内，在指定银行缴存备用金。备用金缴存标准为 300 万元人民币，以现金或等额银行保函形式缴存。对外承包工程的单位已取得对外劳务合作经营资格并足额缴存备用金的，不需依照本条再次缴存备用金。

以现金形式缴存备用金的，对外承包工程的单位应当在对外承包工程项目数据库系统中填写并打印《备用金缴存申请表》，连同《营业执照》副本或《事业单位法人证书》副本，到指定银行开设专门账户并办理存款手续，签订《备用金存款协议书》，并将复印件送注册地省级商务主管部门备案（原备用金账户余额已达到缴存标准的除外）。

对外承包工程的单位以银行保函形式缴存备用金的，由指定银行出具受益人为注册地省级商务主管部门的不可撤销保函，保证在发生《对外承包工程管理条例》第十九条规定使用情形时履行担保责任。保函有效期至少为两年，注册地省级商务主管部门应在保函到期前一个月提醒对外承包工程的单位视情延长保函的有效期。保函正本由商务主管部门留存。

备用金账户余额达到规定标准或持有效备用金保函的单位，可以就相关项目向境内金融机构申请办理履约保函、信贷或信用保险。向境内金融机构申请办理履约保函、信贷或信用保险时，应当提交备用金足额缴存的证明。

除本条规定外，对外承包工程单位备用金的使用和管理由注册地省级商务主管部门会同同级财政部门依照《对外承包工程管理条例》及本办法相关规定执行。

第二十四条  本办法施行前从事对外劳务合作经营的企业，如不再从事对外劳务合作经营的，应向商务主管部门、财政部门申请退还备用金；如继续从事对外劳务合作经营的，应按照《对外劳务合作管理条例》和本办法的有关规定及时缴存备用金。未取得对外劳务合作经营资格或未及时缴存备用金的，分别按照《对外劳务合作管理条例》第三十九条和第四十一条有关规定处理。

第二十五条  本办法由商务部会同财政部负责解释。

第二十六条  本办法自 2014 年 8 月 17 日起施行，2001 年 11 月 27 日原对外贸易经济合作部、财政部发布的《对外劳务合作备用金暂行办法》（原对外贸易经济合作

部 财政部二○○一年第 7 号令）及其补充规定同时废止。

附件：对外劳务合作风险处置备用金存款协议书（略）
对外劳务合作风险处置备用金银行保函（略）
对外劳务合作风险处置备用金取款通知书（略）

# 商务部办公厅关于进一步加强
# 对外劳务合作管理的通知

## （商合字〔2017〕9号）

各省、自治区、直辖市、计划单列市及新疆生产建设兵团商务主管部门：

近日，商务部办公厅下发了《关于开展规范外派劳务市场秩序专项行动的通知》（商办合函〔2017〕215号），我部会同外交部、公安部、国资委和工商总局决定于2017年5—9月在全国范围内开展规范外派劳务市场专项行动。经全面排查，仍发现存在少数企业违规经营、未按规定缴存对外劳务合作风险处置备用金（以下简称备用金）、非法中介未经许可从事对外劳务合作、劳务纠纷处理不及时和劳务培训不规范等现象，为进一步加强对外劳务合作管理，规范外派劳务市场经营秩序，杜绝违法违规现象，维护外派劳务人员合法权益和社会稳定，现就有关工作通知如下。

### 一、严格执行备用金管理规定

根据《对外劳务合作风险处置备用金管理办法〈试行〉》（商务部、财政部2014第2号令）要求，及时督促对外劳务合作企业缴存（补足）备用金，对未按规定缴存或者补足备用金的企业，负责审批对外劳务合作经营资格的商务主管部门要责令其在一个月内改革，拒不改正的，吊销其对外劳务合作经营资格。商务部已在对外劳务合作经营资格管理系统中增设了提示功能，提醒各地商务主管部门及时向欠缴企业催缴备用金，各地商务主管部门应定期登陆查询，并根据备用金实际缴存情况，在系统中及时更新状态，向社会公布和更新对外劳务合作企业名单。

### 二、加强外派劳务培训工作

做好本地区的外派劳务培训工作，督促指导外派劳务企业加强对外派劳务人员的适应性培训和技能培训，使派出人员熟悉派驻国别的法律法规、宗教习俗和风土人情，胜任国外工作岗位，避免因不了解当地法律法规或宗教习俗产生矛盾纠纷，甚至发生人身伤害事件，引导外派劳务人员自觉遵守我国和所在国别（地区）的有关法律规定，尊重当地的传统文化、宗教信仰和风俗习惯，拒绝参加色情、赌博、吸毒、酗酒等活动，不从事损害我国安全利益和形象及自身尊严的活动。

**三、继续做好规范经营秩序和涉外劳务纠纷处置工作**

监督指导企业规范经营，联合外事、公安，工商第部门形成联动，打击非法中介，对未依法取得对外劳务合作经营资格，从事对外劳务合作的，按照《涉外劳务纠纷投诉警报处置办法》的规定，提请工商行政管理部门进行处置，构成犯罪的，依法追究刑事责任，依法取缔各类虚报广告，引导劳务人员通过正规渠道出国务工，保护外派劳务人员合法权益；按照"谁派出，谁负责"和"属地管理、分工合作"等原则，明确分工责任，及时妥善处理涉外劳务纠纷和突发事件。

**四、健全对外劳务合作不良信用记录和公告制度**

定期检查本地区对外劳务合作企业依法经营情况，对有违法违规行为的企业依法依法予以处理，并依照《企业信息公示暂行条例》，和《对外投资合作和对外贸易领域不良借用记录试行办法》，将相关情况列入不良信用记录，予以公告。

**五、加强对外劳务合作业务的事中事后监管**

将对外劳务合作业务纳入"双随机、一公开"抽查范围，对辖区内对外劳务合作企业合规经营等管理事项进行随机抽查，对抽查中发现的问题及时研究处理。

各级商务主管部门要大力宣传和贯彻《对外劳务合作管理条例》、《对外劳务合作风险处置备用金管理办法》等各项对外劳务合作法规政策，对外劳务合作经营资格审批权限下放至设区的市级商务主管部门的，相关省级商务主管部门要加强对其各项管理工作的监督检查和培训指导，切实加强对外派劳务人员合法权益的维护。

商务部办公厅

2017 年 7 月 14 日

# 商务部办公厅关于继续做好对外
# 劳务合作管理有关工作的通知

## （商办合函〔2015〕35 号）

各省、自治区、直辖市、计划单列市及新疆生产建设兵团商务主管：

《商务部关于加强对外劳务合作管理的通知》（商合函〔2014〕733 号，以下简称《通知》）下发以来，各地商务主管部门会同有关部门严格对外劳务合作管理，清理整顿本地区外派劳务市场秩序，取得一定成效。按照《通知》要求，山东、北京、吉林等 16 省（市）商务主管部门报送了加强对外劳务合作管理的工作报告以及对外劳务合作企业名单。针对各地报送情况中反映的问题，现就继续做好对外劳务合作管理有关工作通知如下：

一、严格执行《对外劳务合作风险处置备用金管理办法（试行）》（以下简称《管理办法》），对未足额缴存备用金的企业，商务主管部门应以书面形式责令其限期内改正；拒不改正的，吊销其对外劳务合作经营资格证书，并在对外劳务合作经营资格管理系统中予以注销。

二、请各地结合《管理办法》，做好对外劳务合作经营资格管理工作，统计本地区对外劳务合作企业数量和名单，填写附后表格并于 2015 年 1 月 30 日前传真至商务部（合作司），电子版请发至 hzsfwc@ mofcom. gov. cn。未报送加强对外劳务合作管理工作报告的，请一并报送。

三、继续指导和督促服务平台和派出企业做好对外投资合作在外人员信息管理系统 2014 年数据补报工作，服务平台应补报报名劳务人员信息和被外派企业选中信息，外派企业补报从服务平台招收劳务人员的派出信息，补报工作应于 2015 年 3 月底前完成。

附件：对外劳务合作经营资格统计表（略）

2015 年 1 月 20 日

# 商务部关于加强对外劳务合作管理的通知

## （商合函〔2014〕733 号）

各省、自治区、直辖市、计划单列市及新疆生产建设兵团商务主管部门：

自 2012 年 8 月《对外劳务合作管理条例》（以下简称《条例》）施行以来，各地商务主管部门会同有关部门严格对外劳务合作管理，市场经营秩序进一步好转，但违法违规现象依然屡禁不止：一些非法中介未经许可擅自从事对外劳务合作；少数对外劳务合作企业违规经营，劳务纠纷处理不及时，向劳务人员收取押金，培训不到位，未足额缴存备用金等。为规范对外劳务合作，保障劳务人员合法权益，请各地商务主管部门继续加强对外劳务合作管理，清理整顿本地区外派劳务市场秩序，做好以下工作：

一、认真贯彻落实《条例》。加强对外劳务合作政策宣传，要求对外劳务合作企业依法经营，引导劳务人员通过正规渠道出境务工，维护劳务人员合法权益。

二、加强制度建设。报请地方人民政府尽快制订本地区对外劳务合作经营资格管理办法，对新申请经营资格的企业按照《条例》严格审查，不符合条件的，一律不予批准。

三、严格执行备用金管理规定。根据《对外劳务合作风险处置备用金管理办法（试行）》（商务部、财政部 2014 年第 2 号令），要求未足额缴存 300 万元人民币备用金的对外劳务合作企业在 2014 年 9 月 17 日前补足，否则吊销对外劳务合作经营资格证书，并在政府网站上重新公布本地区对外劳务合作企业名单。

四、规范对外劳务合作企业经营行为。全面检查本地区对外劳务合作企业依法经营情况，对违规企业按照《条例》进行严肃查处。

五、加强外派劳务市场秩序监管。会同有关部门清理整顿外派劳务市场秩序，对未依法取得对外劳务合作经营资格从事对外劳务合作的，提请工商行政管理部门查处取缔；构成犯罪的，依法追究刑事责任。

六、做好对外劳务合作领域不良信用记录的发布工作。收集对外劳务合作企业的行政处罚信息和非法中介的查处取缔信息，并及时公开发布不良信用记录。

请于 2014 年 10 月底前将加强对外劳务合作管理的有关情况连同对外劳务合作企业名单报商务部（合作司）。

2014 年 9 月 5 日

# 商务部办公厅关于继续做好对外劳务合作
# 服务平台名单公布和数据填报工作的通知

## （商办合函〔2014〕100号）

各省、自治区、直辖市、计划单列市及新疆生产建设兵团商务主管部门：

自2010年《对外劳务合作服务平台建设试行办法》（以下简称《办法》）印发以来，各地积极推进对外劳务合作服务平台（以下简称服务平台）建设，引导劳务人员通过正规渠道出境务工，对促进和规范对外劳务合作发展发挥了重要作用。2012年国务院公布实施的《对外劳务合作管理条例》明确规定，县级以上地方人民政府根据本地区开展对外劳务合作的实际情况组织建立服务平台。

根据《试行办法》和《对外劳务合作管理条例》的要求，为进一步规范服务平台的建设和运营，现将继续做好服务平台名单公布和数据填报工作的有关事宜通知如下：

一、各地商务主管部门应加强对本地区服务平台建设和运营的指导和服务，做好服务平台名单公布的有关工作。

（一）本部门政府网站开设对外劳务合作服务平台专栏，及时公布本地区服务平台名单，包括名称、简介和联系方式等。

（二）在对外劳务合作服务平台专栏公布投诉举报电话、传真、电子邮箱等联系方式，指定专人负责受理投诉举报。

商务部将在政府网站对外劳务合作服务平台专栏中建立各地服务平台专栏的链接。

二、各地商务主管部门应指导和督促服务平台做好服务平台数据填报的相关工作。

（一）要求服务平台及时在对外投资合作在外人员信息管理系统（以下简称信息

管理系统）填报报名劳务人员信息和被外派企业选中信息。

（二）要求从服务平台招收劳务人员的外派企业及时填报劳务人员派出信息。

（三）统一为尚未开通信息管理系统端口的服务平台在中国国际电子商务中心代表处免费开通 VPN 专网账号，并向中国国际电子商务中心免费领取系统账号密码，指导服务平台及时填报有关数据。

（四）对未及时填报 2013 年劳务人员信息的服务平台，要求其于 2014 年 4 月底前补报完成。

服务平台填报的被外派企业选中并经外派企业在信息管理系统中确认 2013 年派出的劳务人员数量，视为服务平台 2013 年外派人数，将作为享受相关扶持政策的依据。

中国国际电子商务中心联系电话：01067870108，65198178

2014 年 3 月 11 日

# 商务部办公厅关于发布
# 《对外投资合作在外人员培训教材》的通知

## （商办合函〔2014〕756号）

各省、自治区、直辖市、计划单列市及新疆生产建设兵团商务主管部门、承包商会，有关中央企业：

为保障对外投资合作在外人员（以下简称投资合作人员）合法权益，指导各地做好投资合作人员出境前教育培训工作，提高投资合作人员综合素质和境外工作适应能力，根据《对外劳务合作管理条例》等相关规定，商务部委托中国对外承包工程商会编写了《对外投资合作在外人员适应性培训教材》（以下简称《培训教材》），并在商务部网站对外投资合作在外人员信息管理系统发布。现将有关事宜通知如下：

一、《培训教材》共24册，其中：综合性教材4册，分别是《素质教育》，《行前安全教育指引》，《旅行与职业健康指南》和《简明手册》；国别地区教材11册，包括亚洲、非洲、拉美和欧洲等四大洲以及日本、韩国、新加坡、俄罗斯、德国、澳门和台湾等重点国别和地区的法律法规、风俗禁忌、国别咨询以及工作生活、出入境和安全须知等。语言教材9册，包括英、法、俄、阿、日、韩、德、西、葡等语言的日常用语、应急用语和警示标识等。此外，录制了配套的视频讲座12讲（共1200分钟），制作了包含有注意事项、常用联系方式、应急外语等内容的随身携带卡片。

二、各地商务主管部门、对外投资合作企业和对外劳务合作服务平台可登录对外投资合作在外人员信息管理系统免费下载《培训教材》。视频讲座光盘和随身携带卡片另发至各地商务主管部门。

三、对外投资合作企业和对外劳务合作服务平台可将《培训教材》作为基础教材，组织投资合作人员开展出境前适应性培训，也可根据投资合作人员实际情况和境外雇主要求，自行编写适应性培训教材。

四、各地商务主管部门要高度重视投资合作人员培训工作，加强指导和监督，确保培训质量。

五、中国对外承包工程商会要做好投资合作人员培训的师资能力建设，并对培训教材定期修改完善。

六、适应性培训中的意见和建议请及时反馈商务部（合作司），对《培训教材》内容的意见和建议请及时反馈中国对外承包工程商会。

七、《培训教材》的版权归商务部所有，仅作为投资合作人员适应性培训使用，不得用于任何商业目的，不得向投资合作人员收取与《培训教材》相关的任何费用。

2014 年 11 月 25 日

# 商务部关于对外劳务合作
# 经营资格管理有关工作的函

## （商合函〔2012〕644号）

各省、自治区、直辖市、计划单列市人民政府，新疆生产建设兵团：

2012年6月4日，温家宝总理签署第620号国务院令，公布《对外劳务合作管理条例》（以下简称《条例》），自2012年8月1日起施行。根据《条例》，企业从事对外劳务合作，应当按照省、自治区、直辖市人民政府的规定，经省级或者设区的市级人民政府商务主管部门批准，取得对外劳务合作经营资格。

为做好对外劳务合作经营资格管理工作，特请开展以下工作：

一、请各省、自治区、直辖市、计划单列市人民政府，新疆生产建设兵团尽快出台本地区对外劳务合作经营资格管理办法。根据《条例》第二章和第四章的规定，管理办法应明确本地区对外劳务合作经营资格核准的行政层级、企业申请经营资格需满足的条件和应提交的材料、经营资格的申请和受理程序，以及相关管理要求等。

二、《条例》施行前已取得对外劳务合作经营资格的企业，应在2013年对外劳务合作经营资格证书年审工作结束（2013年4月30日）前，达到本地区对外劳务合作经营资格条件。逾期达不到规定条件的企业，不得继续从事对外劳务合作。请要求商务主管部门按此规定做好对外劳务合作经营管理工作。

2012年8月16日

# 商务部 外交部 公安部 工商总局关于印送
# 《对外劳务合作服务平台建设试行办法》的函

## （商合函〔2010〕484号）

各省、自治区、直辖市、计划单列市人民政府及新疆生产建设兵团：

为进一步推进对外劳务合作管理体制改革，统筹对外劳务和国内劳务市场，强化政府服务，引导劳务人员通过正规渠道出境务工，维护劳务人员合法权益，在充分借鉴各地促进和规范对外劳务合作实践经验的基础上，商务部、外交部、公安部、工商总局制定了《对外劳务合作服务平台建设试行办法》，现印送给你们，请根据本地实际情况，在县级以上行政区域推进对外劳务合作服务平台建设工作。

各省级商务主管部门负责汇总各地服务平台建设情况，并及时函告商务部。商务部将会同有关部门定期在政府网站上公布服务平台名单。

2010年7月1日

## 对外劳务合作服务平台建设试行办法

一、为促进和规范对外劳务合作，强化政府公共服务，制订本办法。

二、对外劳务合作服务平台（以下简称服务平台）是政府建立的向对外投资合作企业（以下称外派企业）提供劳务人员的唯一平台。

三、外派企业通过服务平台招收劳务人员，不得委托招收劳务人员，也不允许任何企业、单位或个人挂靠经营，严禁在社会上"私招乱募"。

四、服务平台系集对外劳务合作服务、促进、保障、规范和管理为一体的政府公共服务机构。

五、服务平台在地方人民政府领导下，由商务部门以及外事、公安、工商行政管理等部门具体指导，开展本地区的对外劳务合作服务工作。

六、服务平台可由县级或县级以上人民政府根据本地区外派劳务业务发展的实际情况单独建立，也可依托现有各类机构、外派劳务服务中心及外派劳务基地等机构建立。

七、服务平台应强化政府服务，为劳务人员把关，维护劳务人员的合法权益。

八、服务平台由县级以上人民政府认定并予以扶持，国家将根据各地服务平台建设情况予以相应的支持。

九、境外劳务人员数量超过 1000 人的县级行政区域，应尽快建立服务平台。

十、服务平台提供以下服务：

（一）为劳务人员和外派企业免费提供对接服务。

（二）设立劳务人员报名窗口，接受有意出国务工人员报名，并建立劳务人员信息系统，统一录入劳务人员信息和出国务工意向，做好统计。

（三）发布外派企业招收的准确信息，向外派企业推荐合格的劳务人员并组织招聘。

（四）监督外派企业与劳务人员依法签署合同，落实相关劳动保障。

（五）为劳务人员提供政策咨询、就业指导、认证、体检、保险等相关服务。

（六）对劳务人员进行出国前的适应性培训。

（七）加强对劳务人员的宣传教育和出境后的跟踪服务，掌握境外劳务人员动态。

（八）为劳务人员提供纠纷调解和司法援助等各项服务。

（九）为归国劳务人员就业和创业提供服务。

（十）其他必要的服务事项。

十一、服务平台承担以下责任：

（一）促进本地区对外劳务合作规范发展。

（二）加强对本地有意出国务工人员的宣传教育，引导劳务人员通过服务平台报名，循正规渠道出境务工。

（三）监督外派企业通过服务平台在本地区招收劳务人员。

（四）监督服务平台以外的任何企业、单位和个人不得向外派企业提供劳务人员。

（五）核实外派企业的经营资格、项目审查和招收备案等情况。

（六）核查外派企业招收信息的准确性、合同的合法性、劳务人员权利义务的公正性、境外工作生活条件的合理性、收费标准的合规性等情况。

（七）对不符合条件的外派企业，不得允许其在本地区招收劳务人员。

（八）对不符合境外务工条件的劳务人员，不得向外派企业推荐。

（九）建立外派企业和劳务人员不良记录档案。对有不良记录的外派企业，不向其推荐劳务人员；对有不良记录的劳务人员，告知外派企业。

（十）发生境外劳务纠纷后，协助外派企业妥善处理，维护劳务人员合法权益，做好劳务人员家属工作。

十二、地方各级人民政府应加强对服务平台的指导、服务、监督和管理，严格要求各有关部门切实负起责任，保障服务平台的平稳运行，规范和促进本地区对外劳务合作。

# 商务部 交通运输部关于加强外派海员类
# 对外劳务合作管理有关事宜的通知

## （商合发〔2010〕148 号）

各省、自治区、直辖市、计划单列市及新疆生产建设兵团商务主管部门、交通运输主管部门、交通运输部各直属海事局：

为促进外派海员业务健康发展，积极拓展中高端外派劳务市场，充分发挥各职能部门的作用，加强管理和规范，根据《中华人民共和国船员条例》和对外劳务合作管理规定，现就加强外派海员类对外劳务合作管理有关事宜通知如下，请遵照执行。

### 一、工作原则

结合海员行业的专业性和特殊性，充分发挥商务部和交通运输部的各自管理优势，加强和完善外派海员类对外劳务合作的管理，在"平稳过渡、责权一致"的前提下，实现外派海员管理职责分工的合理调整。

### 二、职责分工

（一）商务部负责制订对外劳务合作总体规划、制订对外劳务合作相关法律法规和政策措施、签署双边劳务合作协议、归口数据统计等工作。

（二）交通运输部负责所有赴外籍船舶或港澳台地区籍船舶工作的外派海员类劳务人员的管理，包括外派企业经营资格管理、证件管理、人员培训、项目审查、项目招收备案、境外管理，会同国务院有关部门和地方政府处理境外突发事件和船员劳务纠纷、打击违规违法外派及整顿市场秩序、强化政府公共服务等。

（三）外派海员类对外劳务合作的各项促进、服务和监管办法应与对外劳务合作管理的总体要求相一致。

（四）在已经签有双边劳务合作协议的国家和地区开展外派海员类为对外劳务合作，依据协议办理。

### 三、资质管理

（一）交通运输部负责按照船员管理和对外劳务合作企业经营资格管理等有关法规，制订符合海员外派管理专业特点和实际需要的经营资格管理办法（以下简称新办法），商商务部后颁布施行。交通运输部及其下属授权机构负责按照新办法的规定审批新申请的外派海员类经营资格并签发相应的资格证书。

（二）现已取得商务部批准的外派海员类对外劳务合作经营资格的企业在证书有效期内，可直接向交通部门申请换领新证。各级商务主管部门不再受理企业关于外派海员类对外劳务合作经营资格申请。

### 四、统计归口

交通运输部按照国家对外劳务合作统计制度的要求，责成外派海员企业按规定向商务部和交通运输部报送统计数据。

### 五、政策扶持

外派海员业务作为船员管理和国家对外劳务合作的重要组成部分，按照国家规定享受支持船员和对外劳务合作发展的相关优惠、促进和服务政策。

### 六、行业自律

继续发挥中国对外承包工程商会所属外派海员协调机构在外派海员业务中的行业协调自律、反映诉求、提供服务、开展国际间行业交往方面的积极作用，要求具有外派海员对外劳务合作经营资格的企业加入中国外派海员协调机构，中国外派海员协调机构接受商务部和交通运输部的业务指导。

本通知未尽事宜，由商务部和交通运输部共同协商解决。

2010 年 5 月 5 日

# 商务部关于对外劳务合作
# 经营资格核准有关事宜的通知

## （商合发〔2010〕375 号）

各省、自治区、直辖市、计划单列市及新疆生产建设兵团商务主管部门：

根据《国务院关于第五批取消和下放管理层级行政审批项目的决定》（国发〔2010〕21 号）（以下简称《决定》），对外劳务合作经营资格核准从《决定》下发之日（2010 年 7 月 4 日）起交由省级商务主管部门负责。为做好对外劳务合作经营资格核准的有关工作，经商相关部门，现将有关事宜通知如下：

一、《对外劳务合作经营资格管理办法》（商务部工商总局令 2004 年第 3 号）、《〈对外劳务合作经营资格管理办法〉补充规定》（商务部工商总局令 2005 年第 14 号）（以下简称《管理办法》）及与对外劳务合作经营资格核准相关文件中规定由商务部负责的对外劳务合作经营资格核准工作交由省级商务主管部门负责。

二、企业从事对外劳务合作，应向所在地省级商务主管部门提出申请，并根据《管理办法》的要求提交相关材料。省级商务主管部门应在收到企业全部申请材料 15 日内，做出是否核准对外劳务合作经营资格的批复（样式见附件 1），抄送商务部及其他相关部门。不予核准的，应书面说明理由。

三、省级商务主管部门应根据《商务部关于印发〈对外劳务合作经营资格证书管理办法〉的通知》（商合发〔2004〕474 号），负责本地区《对外劳务合作经营资格证书》（以下简称《资格证书》）的印制、发放、换发和补发等工作。《资格证书》由省级商务主管根据统一样本分别印制（样本见附件 2）。

四、经商务部核准取得《资格证书》的企业应于 2010 年 10 月底前向所在地省级商务主管部门申请换领《资格证书》。商务部印制的《资格证书》自 2010 年 11 月 1 日起作废。

五、省级商务主管部门在核准或变更《资格证书》之日起5个工作日内，及时通知同级企业登记机关。

六、对外劳务合作企业的登记事宜，按照《对外劳务合作经营资格管理办法》（商务部工商总局令2004年第3号）的相关规定执行。

七、县级以上地方人民政府有关部门根据各自职责，对对外劳务合作中的违法违规行为依照有关法律法规和对外劳务合作管理规定予以查处。

八、省级商务主管部门定期或不定期发布对外劳务合作企业名单和处罚信息，并抄报商务部和其他相关部门。

请尽快将本文件精神通知相关企业。对未按《管理办法》规定开展对外劳务合作经营资格核准工作的省级商务主管部门，商务部将予以通报批评并要求整改。


附件：1. 对外劳务合作经营资格批件（样式）（略）
　　　2. 对外劳务合作经营资格证书（样本）（略）


2010年9月15日

# 商务部 外交部 公安部 工商总局
# 关于实行外派劳务招收备案制的通知

## （商合发〔2008〕343号）

各省、自治区、直辖市、计划单列市及新疆生产建设兵团商务主管部门、外事办公室、公安厅（局）、工商行政管理局：

为加强对外劳务合作管理，规范外派劳务市场秩序，遏制违规违法行为，净化市场环境，实现管理关口前移，有效防范风险，维护劳务人员的合法权益，商务部、外交部、公安部、工商总局研究决定，对招收并向境外派遣劳务人员实行备案制度。现将有关事宜通知如下：

一、经国家批准具备对外劳务合作经营资格或对外承包工程经营资格的企业（以下简称外派企业）招收劳务人员时，必须在劳务人员户籍所在地省级商务主管部门办理备案手续。

二、外派劳务人员户籍所在地省级商务主管部门应认真做好外派劳务招收备案工作，在3个工作日内为外派企业办理备案手续，并将盖章确认的《外派劳务人员招收备案表》（以下简称《备案表》，附后）抄送本地省级人民政府公安机关和外事主管部门。省级商务主管部门不得为外派企业以外的任何单位、企业和个人办理外派劳务备案手续。

三、外派劳务人员数量较多或问题突出的地区，可由省级人民政府公安机关按照办理护照的有关规定报公安部批准后，根据外派企业提交的《备案表》依法为外派劳务人员办理护照；对以出国劳务为由但不能提供《备案表》的护照申请人，应依法拒绝受理其护照申请。省级商务主管部门根据商务部关于外派劳务招收备案有关规定，商同级公安机关制定本地区的外派劳务备案管理规定。

四、各级人民政府外事主管部门及其所属外事服务中心按照办理签证的有关规定，根据外派企业提交的《备案表》，为外派企业招收的劳务人员代为申办赴境外工作签证。

对不能提供《备案表》的任何单位、企业或个人以外派劳务为由委托代办工作签证时，各级人民政府外事主管部门及其所属外事服务中心应予拒绝。

五、广告发布者发布涉及招收外派劳务人员内容的广告，应当查验省级商务主管部门出具的《备案表》，并据此核实广告内容。内容不实或者证明不全的广告，不得发布。

六、外派企业如未经备案招收劳务人员，商务部将视情节轻重，予以警告、不予通过《对外劳务合作经营资格证书》年审、宣布其丧失对外劳务合作经营资格。

七、外派劳务人员户籍所在地省级商务主管部门未按规定办理外派劳务招收备案手续的，商务部将予以通报批评，并责成省级商务主管部门对相关责任人予以处理。

八、在按本《通知》第三条规定报公安部批准的地区，外派劳务人员户籍所在地公安机关未经查验《备案表》，为外派劳务人员办理出国劳务护照手续的，由上级公安机关予以通报批评或者由公安部暂停、终止其受理、审批签发护照的权限。

九、外派劳务人员户籍所在地人民政府外事主管部门未经查验《备案表》，接受外派企业委托为劳务人员代为申办赴境外工作签证的，由上级人民政府外事主管部门予以通报批评或警告的处罚。

十、广告发布者未查验《备案表》发布招收外派劳务人员广告的，由工商行政管理机关依照《广告管理条例施行细则》有关规定予以处罚。

十一、各级人民政府商务、外事、公安、工商行政主管部门要高度重视外派劳务招收备案工作，密切协调配合，做好有关工作。

十二、各省级商务主管部门要会同外事、公安、工商行政主管部门，每年汇总本地区的外派劳务招收备案工作的执行情况，报送商务部，并抄报外交部、公安部、工商总局。

十三、各省级商务主管部门应负责将本《通知》转发给本地区的外派企业并督促其认真执行。

十四、本《通知》所称外派劳务人员，是指外派企业按照与国（境）外的机构、企业或个人所签订的劳务合作、承包工程、设计咨询等合同规定而派出的人员，外派企业的经营管理人员除外。

十五、根据《境外就业中介管理规定》（劳动保障部、公安部、工商总局 2002 年

15 号令）开展的境外就业中介活动，参照本《通知》执行。

十六、本《通知》自发布之日起 30 日后实施。《外派劳务人员出国手续的办法》
（原外经贸部、外交部、公安部 2002 年第 2 号令）有关内容中与本《通知》不符的，
以本《通知》为准。

特此通知。

附件：外派劳务人员招收备案表（略）

2008 年 9 月 5 日

# 商务部关于做好外派劳务招收备案工作的通知

## （商合发〔2008〕382 号）

各省、自治区、直辖市、计划单列市及新疆生产建设兵团商务主管部门：

为加强对外劳务合作管理，规范对外劳务合作，根据《商务部、外交部、公安部、工商总局关于实行外派劳务招收备案制的通知》（商合发〔2008〕343 号），现就做好外派劳务招收备案工作的有关事宜通知如下：

一、经商务部批准具备对外劳务合作经营资格或对外承包工程经营资格的企业（以下简称外派企业），必须在办理外派劳务招收备案手续后，才能招收外派劳务人员。

二、外派劳务人员所在地省级商务主管部门负责为在本地区招收劳务人员的外派企业办理备案手续。

（一）外派企业办理备案手续时，应提交以下材料：

1. 填写完整、准确的《外派劳务人员招收备案表》（以下简称《备案表》）；

2. 外派企业所在地省级商务主管部门或外交部（领事司）授权自办签证的企业盖章确认的《外派劳务项目审查表》（以下简称《审查表》，见附件）。

（二）外派劳务人员所在地省级商务主管部门在收到外派劳务企业的备案申请材料后，应在 3 个工作日内在《备案表》上盖章确认，并抄送本地省级公安机关和外事主管部门。

（三）在下列情况下，外派劳务人员所在地省级商务主管部门可拒绝为外派企业办理备案手续：

1. 本《通知》所列的备案申请材料不全的；

2. 外派企业在当地招收劳务人员有正在处理或久拖未决的劳务纠纷和突发事件的。

三、外派企业所在地省级商务主管部门负责为本地区外派企业办理外派劳务项目审查手续。

（一）外派劳务项目审查的内容包括：

1. 外派企业与外方雇主签订的合同是否符合国家有关规定；

2. 需由我驻外使领馆经商参处（室）进行项目确认的项目是否已经确认；

3. 外派企业是否向国家禁止的博彩、色情等行业派遣劳务人员；

4. 外派劳务人员前往的国家或地区是否为国家有关部门劝告勿前往、建议谨慎前往或提醒留意安全风险的国家或地区；

5. 外派企业是否超范围经营以及是否通过上年度经营资格年审。

（二）外派企业在办理项目审查手续时，须提交以下材料：

1. 填写完整、准确的《审查表》；

2. 与外方雇主签订的《劳务合作合同》；

3. 需要进行项目确认的，应按规定提供我驻外使领馆经商参处（室）出具的《对外劳务合作项目确认函》；

4. 对外承包工程项目劳务需提供经我驻外使领馆经商参处（室）确认的《对外承包工程项下外派劳务事项表》；

5. 向国家有关部门建议谨慎前往或提醒留意安全风险的国家或地区派遣劳务人员，须提交我驻外使馆的意见。

（三）外派企业所在地省级商务主管部门在收到《审查表》后的 3 个工作日内，对符合规定的予以盖章确认，对不符合规定的应向外派企业书面反馈意见。

（四）具有外交部（领事司）授权自办签证的企业可自行审查外派劳务项目。

四、外派企业在所在省（区、市）内招收外派劳务人员，可同时提交《审查表》和《备案表》，由省级商务主管部门一并办理审查和备案手续。

五、外派企业在劳务人员出境后，应严格按照《商务部关于启用外派劳务人员基本信息数据库的通知》（商合函〔2007〕36 号）的规定及时填报劳务人员的相关信息。

六、外派企业所在地各级商务主管部门负责辖区内外派劳务工作的宏观监测和对外派企业的监管。外派企业对外派劳务项目的真实性负责，按照国家外派劳务培训管理的规定承担对外派劳务人员的培训责任，负责劳务人员的境外管理，处置境外纠纷及突发事件。

七、外派劳务人员所在地各级商务主管部门负责与劳务人员招选相关的管理工作，同时，协助有关省市和相关外派企业处理境外纠纷或突发事件。

八、输港澳台地区和未建交国家劳务项目仍按现行有关规定办理项目审核、项目备案或项目立项，但在招收劳务人员时，也须凭有关批准文件向劳务人员所在地省级商务部门备案。

九、请各省级商务主管部门将本《通知》转发给本地区的外派企业并督促其认真执行。

十、本通知自下发之日起执行，此前有关外派劳务项目审查的有关规定与本《通知》不符的，以本《通知》为准。

特此通知。

附件：外派劳务项目审查表（略）

2008 年 9 月 25 日

# 商务部办公厅关于做好对外
# 劳务合作项目确认工作的通知

## （商合字〔2007〕27 号）

各省、自治区、直辖市、计划单列市及新疆生产建设兵团商务主管部门，各驻外使（领）馆经商参处（室），塞班中国经济发展协会：

随着"走出去"战略的加快实施，我对外劳务合作规模日益扩大，截至 2006 年底，我累计向境外派遣各类劳务人员 382 万人，2006 年末在外劳务人员共计 67.5 万人。为有效防范我外派劳务人员可能面临的出境后无劳可务等风险，以及由此引发的境外劳务纠纷或突发事件，原外经贸部及我部曾陆续下发《关于印发〈对外劳务合作项目审查有关问题的规定〉的通知》（外经贸合发〔2002〕137 号）和《关于印发〈对外劳务合作项目审查有关问题的补充通知〉的通知》（商合发〔2003〕44 号），要求驻外使（领）馆经商机构对境外雇主和项目的真实性以及项目的可行性进行确认（以下简称项目确认）。在实施过程中，各驻外使（领）馆经商机构认真执行有关规定，为对外劳务合作企业提供项目确认服务，保障了对外劳务合作项目的顺利开展，总体效果较好。但近来也出现了一些项目未确认、确认不及时以及确认不准确的情况。

为继续做好项目确认工作，保障对外劳务合作的健康发展，现特就有关事项通知如下：

一、项目确认的对象是经商务部批准的对外劳务合作企业（以下简称经营公司）开展的对外劳务合作项目。经营公司名单可在商务部网站合作司子站"在线查询栏目"中的对外劳务企业名录中查询。通过其他渠道出境务工或就业的人员属"中国公民个人出境谋生"性质，不在项目确认之列。

二、项目确认的内容：

（一）境外雇主是否真实存在，其在雇用中国劳务人员方面是否曾有过不良记录。

（二）外派劳务项目是否真实。

（三）其他应提醒经营公司注意的事项。

三、经营公司是项目确认的申请人。在下列情况下经营公司须向我驻外使（领）馆经商机构提交"对外劳务合作项目确认申请"（见附件1）：

（一）经营公司首次签约进入某国（地区）市场开展对外劳务合作业务；

（二）经营公司向同一项目派出劳务人员超过50人；

（三）经营公司向服务行业派出女性；

（四）其他须我驻外使领馆经商机构确认的事项。

四、驻外使（领）馆经商机构应在收到"对外劳务合作项目确认申请"10日内完成项目确认工作，向经营公司回复"对外劳务合作项目确认函"（见附件2）并抄送经营公司所在地省级商务主管部门。对不符合条件的项目，亦应明确提出意见。

五、各省级商务主管部门应组织经营公司认真学习项目确认的规定，并在项目审查时严格审核经营公司是否具有驻外使（领）馆经商机构出具的"对外劳务合作项目确认函"。

六、对外承包工程项下派出劳务人员的确认工作参照本通知的规定执行。

附件：1. 对外劳务合作项目确认申请

2. 对外劳务合作项目确认函

2007 年 3 月 23 日

**附件1：**

## 对外劳务合作项目确认申请

中国驻　　　大使馆（总领事馆）经商处（室）：

我公司与国家（地区）的公司签署协议，拟向工厂（公司）派遣　名劳务人员从事工作（项目详细情况附后），请予以协助确认。

联系人：　　　电话：　　　传真：　　　电子邮箱：

公司（盖章）

年　月　日

| 对外劳务合作项目情况 | | | |
|---|---|---|---|
| 项目名称 | 中文 | | |
| | 外文 | | |
| 境外雇主 | 名称 | 中文 | |
| | | 外文 | |
| | 联系人 | 中文 | |
| | | 外文 | |
| | | 电话 | |
| | 地址 | 中文 | |
| | | 外文 | |
| 境外工作单位 | 名称 | 中文 | |
| | | 外文 | |
| | 电话 | | |
| | 地址 | 中文 | |
| | | 外文 | |
| （项目简要信息） | | | |

注：1. 本表可加页。2. 本表由各公司自行印制。

**附件2：**

## 对外劳务合作项目确认函

公司并抄商务（外经贸）厅（委、局）：

你公司月日关于拟与国家（地区）的公司合作向工厂（公司）派遣名劳务人员的对外劳务合作项目确认申请函悉。经了解，现提出如下意见：

|  |
|  |

驻大使馆（总领馆）经商处（室）

（盖　章）

年　　月　　日

# 商务部 公安部关于严禁向境外
# 博彩色情经营场所派遣劳务人员的通知

## （商合发〔2005〕318 号）

各省、自治区、直辖市、计划单列市及新疆生产建设兵团商务主管部门、公安厅（局），各驻外经商机构：

为加强对外劳务合作管理，规范外派劳务经营企业及外派劳务人员行为，根据《中华人民共和国对外贸易法》、《中华人民共和国公民出境入境管理法》及其实施细则、《中华人民共和国治安管理处罚条例》的有关规定，现就严禁向境外博彩、色情经营场所派遣劳务人员的有关问题通知如下：

一、各地商务主管部门不得批准本地区企业向境外博彩、色情经营场所提供劳务人员的项目。

二、各地公安机关不得为辖区内赴境外博彩、色情经营场所工作的人员办理出入境证件。根据有关部门提供的名单等信息，公安机关可视情限制曾赴境外博彩、色情经营场所工作人员 1 至 5 年内不准出境。

三、各驻外经商机构不得为企业向驻在国（地区）博彩、色情经营场所提供劳务人员的项目出具确认意见。

四、对外劳务合作经营企业不得以任何直接或间接的方式为境外博彩、色情经营场所提供劳务人员。上述企业须加强对所派劳务人员的管理，严禁其到博彩、色情经营场所参与赌博、色情活动。

五、对违反上述规定的企业、机构或部门，公安部、商务部将会同有关部门追究有关责任人的责任。

六、对违反上述规定的企业，商务部将会同有关部门依照有关法规进行处理。

特此通知。

2005 年 6 月 30

# 商务部 外交部关于加强我驻外使（领）馆
# 对对外劳务合作业务管理的通知

## （商合发〔2005〕285号）

各驻外使（领）馆：

近期，约旦、阿联酋和毛里求斯相继发生了我外派劳务人员大规模罢工事件，劳务人员到我使（领）馆请愿、上街游行，甚至与当地警察发生冲突。此类事件不仅干扰了我使（领）馆的正常工作，且对外造成严重的不良影响。

为加强一线的管理和协调，尽量减少和避免境外劳务纠纷和突发事件（以下简称劳务事件）的发生，推动对外劳务合作规范有序发展，保障我外派劳务人员的合法权益，根据我驻外使（领）馆的主要任务和职责，现就加强使（领）馆对对外劳务合作管理的有关问题通知如下：

一、对外劳务合作业务涉及面广、政策性强，劳务事件对外影响大，使（领）馆应从讲政治的高度出发，把对外劳务合作的管理和促进列入日常工作范围，并作为一项重要内容来抓。

二、使（领）馆应与驻在国相关部门建立磋商机制，定期通报双边劳务合作的总体情况及存在问题，共同探讨解决办法，并要求其加强对雇主的监管。

三、使（领）馆经商处（室）和领事部在馆党委领导下，各司其职，发挥各自优势，密切配合，共同妥善处理各类劳务事件。

四、使（领）馆经商处（室）应认真做好以下工作：

（一）指定专人负责对外劳务合作业务，组织有关经营公司派驻机构（以下简称中资机构）负责人或委托管理代表成立劳务工作小组，定期组织座谈会或经验交流会，分析当地劳务市场供求变化趋势及对我业务的影响；探讨规范市场经营秩序，加强劳务人员管理的措施；切实做好项目确认工作。

（二）指导中资机构或委托管理代表建立劳务人员—经营公司代表—雇主沟通机制；要求经营公司代表对劳务人员遇到的困难、问题和思想状况做到早了解、早发现、早沟通、早解决，并及时向雇主反映、交涉，要求其严格履行合同条款，尊重我劳务人员的合法权益；对不认真履行职责或现场管理不力的经营公司代表，可建议公司总部予以撤换。

（三）指导和督促中资机构或委托管理代表加强宣传教育，提高劳务人员自觉遵守当地法规和认真履行合同的意识，增强自我保护能力，冷静对待当地有关部门的执法行为；设立咨询、投诉电话，并向全体劳务人员公布，为劳务人员反映情况提供正常渠道，注意引导劳务人员通过正当渠道反映问题，避免采取过激行为。

（四）每年 2 月 1 日前和 8 月 1 日前将驻在国半年劳务合作情况、存在问题及工作建议报送商务部（合作司），抄送外交部（领事司）和中国对外承包工程商会（以下简称承包商会）。

五、使（领）馆领事部门应认真做好以下工作：

（一）研究加强对外派劳务人员的领事保护工作的措施，依法保护我外派劳务人员合法权益。

（二）促请驻在国有关部门公正合理地处理涉我外派劳务人员事件，并为有关人员提供必要的领事保护和协助。

（三）与经商处（室）一起，定期或不定期到劳务人员中走访，全面了解和掌握劳务人员的工作、生活及思想动态等方面的情况。

六、使（领）馆可根据业务开展情况和行业协调需要，建议承包商会在驻在国设立分支机构，协助和配合使（领）馆做好有关工作。

七、如驻在国发生我重大劳务事件，使（领）馆在做好劳务人员思想稳定工作、指导并协助有关公司妥善处理的同时，应立即将有关情况和处理意见报国内。如劳务人员通过具有对外劳务合作经营资格公司（公司名录可通过商务部网站合作司子站查找）派出，径告公司注册地商务主管部门和承包商会；如劳务人员通过其它渠道派出或自行出国务工，径报公司注册地或劳务人员户籍所在地省级人民政府；有关情况视情抄报商务部、劳动和社会保障部、外交部、公安部及劳务人员所在地省级人民政府。

请遵照执行。

2005 年 6 月 28 日

# 商务部办公厅关于进一步加强外派
# 劳务培训管理工作有关问题的通知

## （商合字〔2004〕53号）

各省、自治区、直辖市及计划单列市商务主管部门，中国对外承包工程商会：

外派劳务培训是对外劳务合作业务的重要内容之一。近年来，各级商务主管部门和行业组织根据国家外派劳务培训的有关规定，不断加大外派劳务培训工作的力度，努力提高外派劳务培训工作的水平，取得了较好的效果。但近期社会上对培训工作的一些反映，如个别培训中心未严格执行有关培训时间和培训内容的规定、超标准收费和对劳务人员进行体罚等问题，应引起我们的高度重视。

为进一步加强外派劳务培训工作，不断提高外派劳务人员的综合素质，增强外派劳务人员的安全防范意识和自我保护能力，切实保护外派劳务人员的合法权益，现就有关问题紧急通知如下：

一、各省、自治区、直辖市及计划单列市商务主管部门（以下简称"地方商务主管部门"）和中国对外承包工程商会（以下简称"承包商会"）要坚持"以人为本"的原则，高度重视和认真抓好外派劳务培训工作，根据国家外派劳务培训的有关规定，结合本地区和行业协调的实际，制订出切实可行的管理措施和协调办法，努力把外派劳务培训工作的各项规定落到实处，以规范和促进对外劳务合作事业的发展。

二、各地商务主管部门要进一步加强对本地区具有对外劳务合作经营资格的企业（以下简称"经营公司"）的管理，要求和监督经营公司切实做好外派劳务人员的培训工作，不得向国（境）外派遣未经培训的劳务人员，对违反外派劳务培训管理规定的经营公司，要责令其限期整改，并向商务部提出处理意见。

三、地方商务主管部门应进一步加强对各考试中心的监督和检查力度，不断完善相关政策措施，对违反外派劳务考试相关规定的考试中心，要督促其制订切实可行的整改措施，并视情暂停或停止委托其对外派劳务人员进行考试。

四、对已建立外派劳务培训基地的地区，相关地方商务主管部门和承包商会应进一步加强对其培训工作的指导和监督，对于违反外派劳务培训管理规定的外派劳务基地，应暂停或取消其作为本地区或行业组织外派劳务培训基地的资格。

五、各地商务主管部门和承包商会要进一步加强对外劳务合作的宣传工作，加强正面引导，自觉接受社会和舆论监督，妥善处理外派劳务培训中存在的问题。

六、自本《通知》下发之日起，各地商务主管部门和承包商会要根据各自的职责对外派劳务培训工作进行一次全面检查，检查的重点包括：经营公司的培训管理制度是否健全、自建或委托的培训机构是否具备相应的条件、是否存在超标准收费和侵害外派劳务人员合法权益的问题等。

各地商务主管部门和承包商会制订的有关外派劳务培训的措施和办法、对本地区外派劳务培训工作的检查情况和改进措施、对进一步加强外派劳务培训工作的相关意见和建议，请于 2004 年 10 月底前报商务部（合作司）。

特此通知。

2004 年 9 月 23 日

# 商务部关于印发《外派劳务培训管理办法》的通知

## （商合发〔2004〕63号）

各省、自治区、直辖市及计划单列市外经贸委（厅、局）、商务厅（局）：

外派劳务培训是增强外派劳务人员在国（境）外工作的适应能力和自我保护能力、提高外派劳务人员素质、促进对外劳务合作持续健康发展的重要保证。为进一步加强外派劳务培训工作，商务部制订了《外派劳务培训管理办法》，现印发给你们，请转发本地区相关部门和企业贯彻执行。

特此通知。

附件：外派劳务培训管理办法

2004年2月16日

附件：

# 外派劳务培训管理办法

第一条　为加强外派劳务培训管理，提高外派劳务人员素质，保障外派劳务人员合法权益，促进对外劳务合作持续健康发展，根据《中华人民共和国对外贸易法》及相关规定，制订本办法。

第二条　本办法所称"外派劳务培训"是指具有对外劳务合作经营资格的企业（以下简称"经营公司"）对外派劳务人员（含研修生）在出国（境）前进行的适应性培训。

适应性培训是指外派劳务人员必须了解和掌握的国内外法律规章教育、外事教育、所在国（地区）风俗习惯和日常语言教育。

第三条　经营公司开展对外劳务合作，须承担对外派劳务人员的培训义务。外派劳务人员应经过培训。

第四条　经营公司对外派劳务人员的培训可采取自行组织培训或委托相关培训机构培训的方式进行。

第五条　经营公司应指定专门的外派劳务培训管理人员，负责组织外派劳务人员培训，对培训质量负责，并通过考试检验外派劳务人员是否具备适应国（境）外工作的基本能力。

第六条　外派劳务培训教材由中国对外承包工程商会（以下简称"承包商会"）统一编写，供外派劳务人员使用。

第七条　各省、自治区、直辖市及计划单列市商务主管部门（以下简称"地方商务主管部门"）应委托1家专门机构作为本地区的外派劳务考试中心。考试中心可根据本地区实际需要，设立考试点。考试中心或考试点（以下简称"考试中心"）须与培训机构分开。

第八条　经营公司负责组织已培训的外派劳务人员到考试中心进行考试。

第九条　外派劳务培训考试试卷由承包商会统一命题，供考试中心使用。地方商务主管部门和承包商会负责对考试情况进行监督和检查。

第十条　外派劳务人员考试合格后，由考试中心向劳务人员发放《外派劳务人员（研修生）培训合格证》（以下简称《合格证》）。《合格证》由考试中心向承包商会领取。

第十一条  外派劳务人员的培训费用原则上应自行负担。

第十二条  外派劳务考试费包含在培训费中。

第十三条  培训费（含考试费，下同）由经营公司向外派劳务人员一次性收取，支付给培训机构和考试中心。经营公司收取培训费须按国家有关规定明示标准，不得巧立名目多收费、乱收费。

第十四条  未通过考试需再培训或再考试的外派劳务人员，不得另行收取费用。

第十五条  经营公司和考试中心须以提高外派劳务人员素质为宗旨，切实加强外派劳务培训和考试工作，严格遵守国家有关法律、法规和政策，自觉接受各级商务主管部门的监督管理和承包商会的协调指导。

第十六条  经营公司与劳务人员签订的外派劳务合同主要条款中应包括外派劳务人员培训的内容。

第十七条  地方商务主管部门应于每年1月1日至3月1日对本地区的外派劳务培训和考试工作进行定期检查及总结，报商务部，抄送承包商会。外派劳务培训检查结果作为经营公司年审的重要依据。

第十八条  经营公司违反外派劳务培训规定的，按对外劳务合作管理有关规定处理。

第十九条  在外派劳务考试工作中，对违反本办法有关规定的考试中心，视情节轻重，由地方商务主管部门给予通告批评或停止委托其进行考试工作。承包商会可对考试中心在外派劳务考试工作中存在的问题，向地方商务主管部门提出处理意见。

第二十条  地方商务主管部门可根据本办法，制订本地区的外派劳务培训及考试工作实施细则。

承包商会可根据本办法，制订与外派劳务培训教材、考试试卷及《合格证》相关的实施办法。

第二十一条  本办法自颁布之日起30日后生效。原外经贸部制订的有关外派劳务培训管理规定中有关条款如与本办法不符，以本办法为准。根据双边政府协议设立的外派劳务培训中心或考试中心除外。

第二十二条  本办法由商务部负责解释。

# 商务部关于印发《对外劳务合作项目审查有关问题的补充通知》的通知

## （商合发〔2003〕44 号）

各省、自治区、直辖市及计划单列市外经贸厅（厅、局）、各有关中央管理的企业：

为进一步规范和简化劳务人员出国手续，加强对外劳务合作管理工作，公安部商原外经贸部印发了《关于执行〈办理劳务人员出国手续的办法〉有关问题的补充通知》（公境出〔2003〕352 号，商务部已于 2003 年 4 月 4 日转发，以下简称"公安部的补充通知"）。为配合做好此项工作，完善对外劳务合作项目审查办法，商务部特印发《对外劳务合作项目审查有关问题的补充通知》（见附件），请你单位遵照执行并转发有关部门。

鉴于公安部的补充通知将于 2003 年 5 月 1 日起施行，为做好配合工作，请你委（厅、局）务必于 4 月 15 日前将出境证明编号样式、公章印模、出境证明签发人（2 人，应为厅领导）签字手迹、联系电话及传真报我部（合作司）。

特此通知。

附件：对外劳务合作项目审查有关问题的补充通知

2003 年 4 月 9 日

**附件：**

# 对外劳务合作项目审查有关问题的补充通知

为完善对外劳务合作项目审查办法，明确为劳务人员开具出境证明的做法和程序，进一步做好办理劳务人员出国手续工作，特下发本补充通知如下：

## 一、对外劳务合作项目审查

具有对外劳务合作经营资格的企业（下称经营公司）向所在地省、自治区、直辖市及计划单列市外经贸主管部门（下称省级外经贸主管部门，名单见附件1）报送劳务项目审查材料时，除提供《关于印发〈对外劳务合作项目审查有关问题的规定〉的通知》（外经贸合发〔2002〕137号）规定的材料外，还须提供我国驻外使（领）馆经商机构的意见。除特殊情况外，各省级外经贸主管部门不再另行征求我驻外使（领）馆经商机构的意见。

具有外交部（领事司）授权自办签证的企业在自行审查劳务项目前亦须向我国驻项目所在国（地区）使（领）馆经商机构征求意见。

经营公司对所提供材料的真实性负全责。

## 二、劳务人员出境证明

（一）经营公司外派劳务人员凡须持《劳务人员出境证明》出境的，应由经营公司所在地省级外经贸主管部门出具。省级外经贸主管部门在出具劳务人员出境证明前，须查验经营公司项目送审情况，按规定严格把关。具有外交部（领事司）授权自办签证的企业派出的劳务人员如需开具出境证明，应由其注册所在地省级外经贸主管部门进行项目审查后出具。

（二）出境证明由各省级外经贸主管部门自行印制，由指定经办人员使用蓝黑钢笔填写，统一编号（如：京外经贸出境字〔2003〕XX号）。出境证明一式两份，一份交由经营公司为劳务人员办理出境手续时使用，另一份留各省级外经贸主管部门存档。

（三）各省级外经贸主管部门应在每年6月15日及次年1月15日前将每半年出具出境证明的统计表（见附件2）报商务部（合作司）并抄送公安部出入境管理局及中国对外承包工程商会，在每年1月15日前将上年出具出境证明的总体情况报商务部（合作司）。

三、《关于印发〈对外劳务合作项目审查有关问题的规定〉的通知》中与本补充通知不符的内容，以本补充通知为准。

四、本补充通知自 2003 年 5 月 1 日起执行。

附件：如文

2003 年 4 月 9 日

附件 1：

<h2 style="text-align:center">有权出具劳务人员出境证明的省级外经贸<br>主管部门名单</h2>

北京市对外经济贸易委员会
天津市对外经济贸易委员会
河北省对外贸易经济合作厅
山西省对外贸易经济合作厅
内蒙古自治区对外贸易经济合作厅
辽宁省对外贸易经济合作厅
大连市对外经济贸易局
吉林省对外贸易经济合作厅
黑龙江省对外贸易经济合作厅
上海市对外经济贸易委员会
江苏省对外贸易经济合作厅
浙江省对外贸易经济合作厅
宁波市对外贸易经济合作局
安徽省对外贸易经济合作厅
福建省对外贸易经济合作厅
厦门市贸易发展局
江西省对外贸易经济合作厅

山东省对外贸易经济合作厅

青岛市对外贸易经济合作局

河南省对外贸易经济合作厅

湖北省对外贸易经济合作厅

湖南省对外贸易经济合作厅

广东省对外经济贸易合作厅

深圳市对外贸易经济合作局

广西壮族自治区对外贸易经济合作厅

海南省对外贸易经济合作厅

重庆市对外贸易经济委员会

四川省对外贸易经济合作厅

贵州省贸易合作厅

云南省对外贸易经济合作厅

西藏自治区对外贸易经济合作厅

陕西省对外贸易经济合作厅

甘肃省贸易经济合作厅

青海省对外贸易经济合作厅

宁夏回族自治区对外贸易经济合作厅

新疆维吾尔族自治区对外贸易经济合作厅

新疆生产建设兵团对外贸易经济合作局

**附件2**：出境证明统计表（略）

# 财政部 商务部关于取消对外经济合作企业向外派劳务人员收取履约保证金的通知

（财企〔2003〕278 号）

各省、自治区、直辖市、计划单列市财政厅（局）、外经贸委（厅、局），各中央管理企业：

1997 年，财政部、原外经贸部《关于印发〈对外经济合作企业外派人员工资管理办法的补充规定〉的通知》（财外字〔1997〕8 号）中规定："为保证外派劳务人员履行劳务合同，企业可以向外派劳务人员收取不超过劳务合同工资总额的 20％ 的履约保证金"。该规定实施以来，对规范外派劳务人员的履约行为，加强对外劳务合作业务管理起到了较好的作用。

为适应业务发展需要，进一步规范对外劳务合作业务的经营秩序，切实减轻外派劳务人员的经济负担，经研究，财政部、商务部决定取消企业向外派劳务人员收取履约保证金的规定，改为由外派劳务人员投保"履约保证保险"。现将有关事项通知如下：

一、本通知所称对外经济合作企业（以下简称企业）是指经商务部核准取得对外经济合作经营资格的企业。

二、自本通知生效之日起，企业不得再向外派劳务人员收取履约保证金，也不得由此向外派劳务人员加收管理费及其他费用或要求外派劳务人员提供其他任何形式的担保、抵押。

三、为了化解经营风险，规范外派劳务人员履行双方之间签订的外派劳务合同或协议（以下简称合同或协议）约定的义务，企业可要求外派劳务人员投保"履约保证保险"。

四、对于在本通知生效之日前已经交纳了履约保证金的外派劳务人员，仍执行财外字〔1997〕8号文件的规定。企业应在合同或协议期满后，及时向外派劳务人员退还履约保证金本息；双方如就履约保证金的归属发生争议，首先应协商解决，协商未果的，应通过司法或仲裁手段解决。

五、财政部、商务部负责对企业执行本通知的情况进行监督检查，并根据有关规定，视其违规情节轻重给予相应处罚。

六、本通知自2004年1月1日起生效，财政部、原外经贸部《关于印发〈对外经济合作企业外派人员工资管理办法的补充规定〉的通知》（财外字〔1997〕8号）第十条同时废止。

特此通知。

2003年10月29日

# 商务部关于转发《关于执行〈办理劳务人员出国手续的办法〉有关问题的补充规定》的通知

## （商合函〔2003〕7号）

各省、自治区、直辖市及计划单列市外经贸委（厅、局），各有关中央管理企业：

针对 2002 年 4 月 1 日原外经贸部、外交部、公安部联合下发《办理劳务人员出国手续的办法》后出现的一些问题，公安部制定了《关于执行〈办理劳务人员出国手续的办法〉有关问题的补充通知》（公境出〔2003〕352 号）（见附件），现转发给你们，请认真研究并与公安、边防部门积极配合，做好落实工作。

特此通知。

附件：关于执行《办理劳务人员出国手续的办法》有关问题的补充通知

2003 年 3 月 26 日

附件

# 公安部关于执行《办理劳务人员出国手续的办法》有关问题的补充通知

## （公境出〔2003〕352 号）

各出入境边防检查总站，各省、自治区、直辖市公安厅（局）出入境管理处（局）、公安边防总队：

根据《办理劳务人员出国手续的办法》（外经贸部、外交部、公安部二〇〇二年第 2 号令）（以下简称《办法》，见附件一）及《关于执行〈办理劳务人员出国手续的办法〉有关问题的通知》（公境出〔2002〕302 号）（以下简称《通知》，见附件二），自 2002 年 4 月 1 日起，劳务人员统一改持由公安机关签发的普通护照，公安机关出入境管理部门相应简化了护照办理手续，进一步方便劳务人员出国，收到良好效果。但在具体工作中也出现了一些问题。主要表现为：少数地方对实施《办法》的重要意义认识不足，未能认真、有效地贯彻执行；有的要求经营公司或劳务人员额外提交证明材料，增加繁琐手续或要求填写自行修改的《中国公民出国（境）申请审批表》给经营公司申办护照增加困难，甚至多次往返奔波；有的以地方规定为依据代收其他费用，造成事实上的多收费、乱收费；有的对非本地区的经营公司未能一视同仁；有的对经营公司放弃监督管理，对妨碍国（边）境管理秩序的违法犯罪行为查处不力。

为进一步提高办事效率，规范办理劳务人员出国手续，方便劳务人员出国，经商外经贸部国外经济合作司，现就《办法》执行中的有关问题补充通知如下：

一、各级公安机关要树立为改革开放和经济建设服务的意识，积极支持我国劳务事业的发展。要严格执行《办法》及《通知》，加强规范化管理，提高办事效率，支持经营公司合法经营，在职责范围内帮助经营公司和劳务人员解决困难，提供方便。

二、允许经营公司跨省际、跨地区招聘劳务人员，并可由经营公司按规定直接向省（区）公安厅或地、市级公安机关出入境管理部门集中申请办理护照。经营公司或劳务人员提交的由公安部出入境管理局监制的《中国公民出国（境）申请审批表》（见附件三），各地公安机关不得拒绝受理。《中国公民出国（境）申请审批表》中

"单位或派出所意见"一栏除国家工作人员外，其他人员的单位意见可由经营公司出具，劳务项目的真实性由经营公司承担责任。

三、考虑到劳务项目时效性较强且部分劳务人员居住分散、流动等特点，允许经营公司为在暂住地连续工作半年以上的劳务人员在暂住地集中申请办理护照。由受理申请的暂住地地市级以上公安机关，向劳务人员原户口所在地公安机关联系核查劳务人员是否属于法定不准出境人员及其持照情况，原户口所在地公安机关须在五个工作日内答复（联系核查方式参照往来港澳审批核查工作的有关规定）。申请人或经营公司无须提交常住户口所在地公安派出所的意见。暂住地省（区、市）公安厅（局）或地、市级公安出入境管理部门应在三个工作日内将为暂住人员办理护照情况通报劳务人员常住户口所在地省（区、市）公安厅（局）出入境管理部门。（核查、通报表样式见附件四，由各地自行印制使用）

四、海员、渔工申请办理护照，暂按照普通劳务人员有关规定办理。

五、边防检查机关在严格查验，防止不法分子利用外派劳务渠道从事非法出入境活动的同时，要尽力为劳务人员出境提供便利。对下列情形的劳务人员出境，边检站查验其所持有效护照和经营公司所属省、自治区、直辖市、计划单列市外经贸委（厅、局）开具的，或经外经贸部国外经济合作司、公安部出入境管理局共同授权的劳务经营公司（名单另行下发）开具的《劳务人员出境证明》（式样见附件五，由各地自行印制使用）放行：

1. 前往落地签证、免签证国家；

2. 海员持护照出境登其服务船舶；

3. 首次出境持境外取得的签证；

4. 前往未建交国家或未在我国内设立使、领馆的国家。

如持《劳务人员出境证明》出境的人员被前往或过境国家（地区）拒绝入境（过境），责任由派出单位自负。

六、公安机关要配合外经贸部门加强对经营公司的监督管理，定期通报经营公司组织的劳务人员护照办理及出入境等有关情况，对经营公司的违法、违规行为要依据《办法》及有关法律、法规进行处理，其中违法违规情节严重的，停止为其组织的劳务人员办理出国手续并将有关情况及时通报外经贸部门。

七、公安机关办理劳务人员出国手续，必须严格按照国家物价部门核准的标准收取护照手续费，不得以任何借口多收费、乱收费。对违反规定故意拖延、刁难经营公司和劳务人员或多收费、乱收费的，一经发现，要严肃查处，追究有关责任人及主管领导责任。

八、本通知自二〇〇三年五月一日起执行。工作中如遇重要问题，请及时报我局。

附件：

1. 《办理劳务人员出国手续的办法》（略）

2. 关于执行《办理劳务人员出国手续的办法》有关问题的通知

3. 《中国公民出国（境）申请审批表》（略）

4. 《为非本省（区、市）劳务人员办理护照核查、通报表》（略）

5. 《劳务人员出境证明》（略）

2003 年 3 月 17 日

附件2

# 公安部关于执行《办理劳务人员出国手续办法》
# 有关问题的通知

## （公境出〔2002〕302号）

各省、自治区、直辖市公安厅、局出入境管理处：

为适应加入 WTO 的需要，逐步与国际通行作法接轨，2001 年 10 月，国务院批准废止《关于办理外派劳务人员出国手续暂行规定》。外经贸部、公安部、外交部在总结《关于办理外派劳务人员出国手续暂行规定》（外经贸合发〔1996〕818 号，以下简称《暂行规定》）实施经验的基础上，2002 年 3 月，外经贸部、外交部、公安部联合制定下发《办理劳务人员出国手续办法》（以下简称《办法》）。为更好地贯彻执行《办法》，现就有关问题通知如下：

一、与《暂行规定》相比，《办法》一是调整了办照种类。明确规定劳务人员出国，一律由公安机关办理护照。二是区分责权，减少政府部门审批程序。三是进一步简化劳务人员办理护照手续。四是取消跨地区选派劳务人员的限制。五是增加、细化罚则内容。

各级公安机关出入境管理部门要认真学习、深刻理解该《办法》的主要精神和有关操作规定，树立为改革开放和经济建设服务的意识，通过规范化管理，进一步简化劳务人员出国手续，提高办事效率、缩短办事时限，为从事对外劳务合作的经营公司（以下简称"经营公司"）和劳务人员出国解决困难，提供方便。公安机关出入境管理部门主要负责审查劳务出国申请人的身份资料的真实性和是否具有法定不准出境的情形以及经营公司是否具有外派劳务经营资格，依法审批办理护照，不干预经营公司正常的经营活动。劳务项目的合法、真实、可靠性由经营公司承担全部责任。

二、劳务人员可直接向户口所在地公安机关申请办理护照，也可由经营公司凭劳务项目说明和劳务人员名单，集中向劳务人员户口所在地的地、市级公安机关出入境管理部门代劳务人员申请办理护照。如履行项目时间紧急且劳务人员分散在同一省（区）的多个地区，也可由经营公司直接向省（区）公安厅出入境管理处申请办理。公安机关可在受理申请或颁发护照环节面见申请人。

三、办理劳务人员出国护照需提交以下材料

1. 经营公司出具的对外经济合作资格证明（复印件），已备案的，再次办理时可不要求提交；

2. 劳务人员的户口本、身份证或其它户籍证明（留存复印件）；

3. 填写完整的《中国公民因私出国（境）申请审批表》；

4. 经营公司出具的劳务项目说明。

四、执行《办法》中有关事项的说明。

1. 经营公司提交的《中国公民因私出国（境）申请审批表》中的"派出所或单位意见"，除国家公职人员、国有和国有控股企业、事业单位按管理权限出具意见外，其他人员的单位意见可由该经营公司出具。

2. 经营公司出具的"劳务项目说明"，主要包括签订的劳务项目、前往国家、派出时间以及外派劳务人员名单等内容，同时要加盖经营公司印章，法人代表签字。

3. 劳务人员领取护照后，因经营公司取消劳务合同或因劳务人员自身原因不能出境的，经营公司应当向原发照机关备案。

4. 海员、渔工办理护照手续，将参照《办法》的有关规定，另行制定。

5. 劳务项目、前往国家（或地区）等属国务院主管部门另有调控措施的，按有关规定办理出国手续。

五、公安机关出入境管理部门要主动听取经营公司的意见，沟通情况，加强法制宣传，指导劳务公司建立规范的办照制度、设立护照专办员，支持经营公司合法经营，在职责范围内帮助经营公司解决困难。同时，对经营公司的违法、违规行为要依法处理，对弄虚作假、骗领护照或组织他人偷越国（边）境的，要停止为其办理护照并通报外经贸部门。

六、省级公安机关要了解本省经营公司的基本情况，及时将经营公司名单通报给地、市公安机关出入境管理部门，加强对基层公安机关的指导和对效率、廉政、收费、服务态度等方面的监督，及时纠正违规行为，对故意刁难经营公司、劳务人员或者乱收费的，要视情追究有关当事人和相关领导责任。同时，配合外经贸部门，加强对经营公司的动态管理。

本通知自 2002 年 4 月 1 日起执行。执行中遇到的问题请及时报告。

2002 年 3 月 15 日

# 办理劳务人员出国手续的办法

（2002 年 3 月 12 日对外贸易经济合作部、外交部、公安部令 2002 年第 2 号发布，2002 年 4 月 1 日施行）

## 第一章 总 则

第一条 为适应我国改革开放和经济建设的需要，进一步简化劳务人员出国审批手续，逐步与国际通行做法接轨，促进我国对外经济合作业务发展，特制定本办法。

第二条 本办法所称"对外劳务合作经营公司"（以下简称"经营公司"）系指经对外贸易经济合作部许可并持有对外经济合作经营资格证书的企业。

第三条 本办法所称的"劳务人员"系指经营公司按照与国（境）外的机构、企业或个人（以下简称"外方"）所签订的劳务合作、承包工程、设计咨询等合同规定而派出的人员，经营公司的经营管理人员除外。

## 第二章 护照的申办

第四条 劳务人员出国，应向公安机关申办中华人民共和国普通护照（以下简称"护照"）。

第五条 申请办理劳务人员护照时，应向公安机关提交下列材料：

（一）经营公司出具的对外劳务合作项目说明；

（二）申请人的户籍证明和填写完整的《中国公民因私出国（境）申请审批表》；

（三）经营公司的对外经济合作经营资格证书复印件。

第六条 公安机关依据《中华人民共和国公民出境入境管理法》及其实施细则受理劳务人员出国申请，并主要审查以下内容：

（一）经营公司是否具有对外经济合作经营资格；

（二）劳务人员的身份资料；

（三）劳务人员是否具有法定不准出境的情形。

第七条　经营公司为跨省（自治区、直辖市和计划单列市）招聘的劳务人员申办护照时，劳务人员户口所在地的公安机关应按本办法予以办理。

第八条　办理劳务人员护照，应当按国家物价部门核准的收费标准交费。

第九条　劳务人员办妥出国手续后因故不能出国（境）的，经营公司应当向原发照机关登记备案。

第十条　公安机关应在受理之日起 15 个工作日内完成护照办理工作。

对于外方要求时间紧迫的对外劳务合作项目，公安机关应当按急件在 5 个工作日内办结。

## 第三章　签证的申办

第十一条　劳务人员的签证由经营公司统一通过外交部或其授权的地方外事办公室（以下简称"外事部门"）或自办单位办理。

第十二条　外事部门在受理经营公司签证申请时，主要审查下列内容：

（一）经营公司是否具有对外经济合作经营资格；

（二）省、自治区、直辖市及计划单列市外经贸主管部门（以下简称"地方外经贸主管部门"）对经营公司的对外劳务合作项目的审查意见。

第十三条　外事部门应公布经当地物价部门核准的签证代办费及各国签证的相应收费标准和收费项目。

第十四条　外事部门受理经营公司签证申请后，应在 5 个工作日内送至外国驻华使（领）馆。如遇特殊情况，应向经营公司说明原因。

第十五条　办理海员、渔工等特殊行业劳务人员的签证，经营公司应按我国及有关国家和地区的签证规定办理。

第十六条　外事部门负责协调和管理劳务人员的签证申办工作。

## 第四章　罚　则

第十七条　经营公司违反本办法的，由地方外经贸主管部门给予警告处罚，有违法所得的，处以人民币 30000 元以下罚款；无违法所得的，处以人民币 10000 元以下罚款。构成犯罪的，依法追究刑事责任。

第十八条　个人以出国劳务为名，弄虚作假，骗取出入境证件供本人使用的，依照《中华人民共和国公民出境入境管理法》及其实施细则的有关规定处罚。

单位和个人在对外劳务合作经营活动中，为他人骗取出入境证件编造情况、出具假证明，有违法所得的，由县级以上公安机关处以人民币 30000 元以下罚款；无违法所得的，由县级以上公安机关处以 10000 元以下罚款。

违反前两款规定，构成犯罪的，依法追究刑事责任。

第十九条　在对外劳务合作工作中失职、渎职的国家工作人员，其所属单位应依法给予行政处分。构成犯罪的，依法追究刑事责任。

## 第五章　附　则

第二十条　本办法适用于劳务性质的外派研修生。

第二十一条　向我国香港、澳门特别行政区和台湾地区派出劳务人员，不适用本办法。

# 外派劳务人员培训工作管理规定（修订稿）

（2002 年 1 月 24 日对外贸易经济合作部令
2002 年第 1 号发布，2002 年 2 月 1 日施行）

## 第一章　总　则

第一条　为加强对我国外派劳务人员培训工作的管理，提高我国外派劳务人员素质，促进对外劳务合作业务发展，特制定本规定。

第二条　本规定所称"外派劳务人员培训"，是指具有对外经济合作业务经营资格（以下简称"经营资格"）的企业拟派出的各类劳务人员（包括劳务性质的研修生等，下同）在出国（境）前应接受的适应性培训。

第三条　本规定所称的"外派劳务人员培训中心"（以下简称"培训中心"）是指经对外贸易经济合作部（以下简称"外经贸部"）核准的具有外派劳务培训、考核资格的单位。

## 第二章　培训管理体制

第四条　外经贸部归口管理全国的外派劳务培训工作；各省、自治区、直辖市及计划单列市外经贸委（厅、局）（以下简称"省级地方外经贸主管部门"）负责归口管理本地区的外派劳务培训工作。中央大型企业工作委员会管理的企业（以下简称"中央企业"）负责管理本企业的外派劳务培训工作。中国对外承包工程商会（以下简称"承包商会"）依照外经贸部制订的有关规定和政策，具体负责协调、指导培训中心的工作。

# 第三章　培训中心的设立与资格核准

第五条　设立培训中心，应由地方外经贸主管部门或中央企业逐级申请。各级地方外经贸主管部门和中央企业可根据本地区、本企业对外劳务合作业务的开展情况和外派劳务培训工作的需要，利用社会或本部门、本企业现有的培训设施和教学条件，申请设立由其直接管理的综合性或专业（行业）性的培训中心，或申请赋予现有培训单位外派劳务培训资格（以下统简称"申请设立培训中心"）。其它单位或企业原则上不能申请设立培训中心。

第六条　省级地方外经贸主管部门或中央企业应依据本规定的标准，会同有关部门组成联合核查组，对本地区（本企业）培训中心的情况进行核查，经核查符合标准的，方可报外经贸部申请核准。

省级地方外经贸主管部门根据外经贸部的核准文件向培训中心颁发《外派劳务人员（研修生）培训资格证书》（以下简称"《资格证书》"）。未经外经贸部核准，任何单位不具备外派劳务培训资格。外经贸部授权省级地方外经贸主管部门负责对本地区（包括中央企业）的培训中心进行《外派劳务人员（研修生）培训资格证书》的年度审核和管理工作。《资格证书》管理办法另行制订、颁布。

第七条　地方外经贸主管部门申请设立培训中心，本地区年外派劳务人数应连续两年超过 1000 人次；中央企业申请设立培训中心，年外派劳务人数应连续两年超过 1500 人次。西部省区和距离现有培训中心较远、交通不便的地区，若年外派劳务人数连续两年超过 200 人次，可申请设立培训中心。原则上每个地级及地级以下城市最多只核准一家培训中心，省会城市不超过两家，直辖市和计划单列市不超过四家。如果地级及地级以下城市年外派人数超过 3000 人次，省会城市年外派人数超过 6000 人次，直辖市和计划单列市年外派人数超过 10000 人次，可在上述基数上适当增加。

外经贸部根据各地区和各中央企业历年来外派劳务情况，按照既满足培训业务需要、又保证各培训中心生源的原则，兼顾行业与地域优势，统筹规划全国培训中心的布局，并根据各地区和各中央企业外派劳务业务的发展情况及时进行调整，实行动态管理。

第八条　培训中心应具备的条件：

一、拥有固定的培训场所和培训设施，可同时培训 100 人以上。

二、拥有熟悉对外劳务合作业务及政策、具备良好政治素质、职业道德和较高教学水平的专、兼职教师队伍。原则上专职教师人数应不少于 3 人，并有明确的教学分工。

三、拥有保证外派劳务培训工作正常运行的管理人员和规章制度。

四、拥有适应国际劳务市场需求变化、及时调整培训方向和培训方式的能力。

第九条　申请设立培训中心需向外经贸部报送的材料：

一、申请报告；

二、培训中心情况介绍（包括培训中心的组织机构、教学设施、师资情况、专业构成及培训实绩等）；

三、省级地方外经贸主管部门或中央企业的核查报告；

四、本地区或本企业外派劳务情况（包括累计派出人数、近两年外派劳务人数、目前在外人数、分布情况及前景分析等）。

## 第四章　培　训

第十条　培训的内容

一、我国对外劳务合作方面的法律、法规和规定。

二、安全保密、外事纪律、涉外礼仪等方面的出国常识。

三、派出单位与国外雇主、劳务人员所签合同的内容与条款的具体含义。

四、从事国（境）外劳务工作应承担的义务和享有的权利及正确处理与外方雇主的关系、提高服务意识、保证工作质量、依法履行合同和正当保护自身合法权益等。

五、派往国家（地区）的政治、经济、人文、地理等方面的情况。

六、派往国家（地区）的有关法律、宗教、民俗等方面的情况，特别要提高对带有反动性质的外国宗教势力和邪教组织的鉴别与抵制能力。

七、语言、专业技能及其他需要培训的内容。

第十一条　培训教材

一、培训教材包括公共课教材、语言培训教材和专业技能教材。

二、公共课、语言培训课的教材、教学大纲和考核大纲由承包商会根据外经贸部制订的标准和要求，统一组织编写和修订。专业技能教材，各培训中心可根据我国或派往国家有关技术标准及国外业主的要求编写。根据培训工作的需要，外经贸部委托承包商会或其它单位组织编写专业技能补充教材。

三、各培训中心应严格执行外经贸部审定的教学大纲和考核大纲。在实施培训中，公共课必须使用统编教材，外派劳务人员要人手一册。非公共课教材，各培训中心可根据外派劳务项目的实际需要自行选编。

第十二条　具有初级以上职称（含初级职称）从事技术劳务的，如已熟练掌握拟派往国家（地区）的官方语言或相应技术，凭外语考试证书（成绩表）或技术职称证书，可不进行外语培训或技能培训，只进行规定时间内的公共课程培训。

第十三条　培训时间

一、公共课程内容的培训一般不得少于40个课时；

二、语言培训时间应根据劳务人员拟派往国家企业提出的标准进行安排，如外语水平未达到第十二条所述标准，至少需进行40个课时的简单生活用语和工作用语的强化培训；

三、专业技能的培训时间，由外派单位根据劳务人员的技术情况和国外雇主的要求与培训中心协商确定。

第十四条　培训地点

为减轻劳务人员的经济负担，劳务人员应尽可能就地、就近培训。一般情况下，不得跨省（市）或中央企业培训。

第十五条　培训中心的师资和教学

一、各培训中心的教师应具备相应的学历，专业技能课教师应具有相应的实践经验。对于培训经验丰富、教学质量较高的教师，学历要求可适当放宽。

二、各培训中心的教师应根据教学大纲和培训计划的要求搞好教学工作，并根据外派劳务的特点进行教学研究，改进教学方法，提高培训质量。

三、承包商会应不定期组织培训中心的师资培训和教学经验交流会；并配合外经贸部对部分培训中心业务进行年度评估。对评估结果较差的培训中心，外经贸部按本文有关规定进行处理。

四、各培训中心可充分利用网络培训方式，大力发挥兼职教师的作用，以适应外派劳务培训多专业、多层次的特点。

五、各培训中心应不断完善管理系统，建立健全教学管理、考核和教学质量检查评估制度，建立培训人员档案。

第十六条　考试

为保证培训质量，参加培训的外派劳务人员，应在规定的培训时间内接受所有规定培训内容的培训。培训结束时，培训中心须按考核大纲对劳务人员进行考试；对考试不合格者，不能发给资格证书。

第十七条　各培训中心应树立良好的服务意识，与本地区内有经营资格的企业保持经常性联系，接受他们的培训委托，并努力保证培训质量，严禁"走过场"。

## 第五章　经　费

第十八条　培训中心的办公经费及人员工资、福利待遇等，可按其隶属关系由所属部门解决，也可采取自筹自支的方式解决。

第十九条　各培训中心应根据专款专用的原则合理使用国家、地方的专项拨款及社会的捐助款。

第二十条　外派劳务人员的培训费用原则上应自行负担，承包工程项下派出的劳务人员可由派出单位负担。各培训中心收取培训费的标准必须符合外经贸部的有关规定，严禁乱收费。

## 第六章　培训合格证的颁发

第二十一条　《外派劳务（研修生）培训合格证》（以下简称"《合格证》"）是外派劳务人员的资格证明，是外派劳务人员办理出国（境）手续的证明文件之一。

第二十二条　《合格证》由外经贸部统一监制。外经贸部委托省级外经贸主管部门审核、发放其所属培训中心的《合格证》和本地方行政区域内中央企业培训中心的《合格证》，委托北京市外经贸委审核、发放在京各中央企业培训中心的《合格证》。

第二十三条　《合格证》须在照片处加盖"中国外派劳务培训（　）号"钢印、并由外经贸部委托的审核部门在第4页盖章后生效。地方培训中心的《合格证》加盖省级外经贸主管部门的公章，中央企业培训中心的《合格证》加盖所在地省级外经贸主管部门的公章。

第二十四条　各培训中心申请发放《合格证》时，须填写《外派劳务（研修生）培训合格人员送审表》（以下简称《送审表》，样式见附件）一式二份，与《合格证》一并送外经贸部委托审核部门审核。外经贸部委托审核部门须在收到《送审表》后的二个工作日内完成审核。

第二十五条　《合格证》的收费标准由外经贸部商财政部制订，任何部门不得以任何理由加价。

第二十六条　《合格证》的有效期

一、《合格证》的有效期为三年，根据劳务合同需要，可适当延长。

二、在《合格证》有效期内，如果劳务人员派往《合格证》规定以外的国家（地区），在接受相应的国别（地区）概况和语言培训后，可申请办理新的《合格证》。

三、有效期满后二年内派往同一国家（地区），可凭原《合格证》和派出单位证明办理新的《合格证》，超过二年需重新接受培训。

第二十七条　外派劳务人员出国（境）后必须妥善保存《合格证》，可视情况向国（境）外雇主和单位出示，不得出售、伪造或挪作它用。

如《合格证》遗失，应立即凭个人申请、派出单位证明及《送审表》向原培训中心申请补办，并在补办的《合格证》上注明遗失补办，有效期为原《合格证》有效期。

第二十八条　《合格证》由承包商会代部发放。各培训中心可直接向承包商会购买，也可委托地方外经贸主管部门统一订购。

## 第七章　培训中心的管理

第二十九条　各培训中心应以提高外派劳务人员的素质为宗旨，不得以盈利为目的，要严格遵守国家有关法律、法规和政策，在培训过程中认真执行外经贸部审定的教学大纲和考核大纲，保证培训质量。

第三十条　在从事外派劳务人员培训工作中，持证单位有以下行为之一者，外经贸部将给予警告处分：

一、违反培训工作的有关规定；

二、不服从或逃避省级外经贸主管部门和承包商会的管理或协调；

三、年培训人数过少（200 人次以下）；

四、无特殊理由，逾期 6 个月不办理申领或更换《资格证书》手续。

第三十一条　在从事外派劳务培训过程中，持证单位有以下行为之一者，外经贸部将暂停其外派劳务人员培训资格：

一、违反培训工作的有关规定，给国家、企业或劳务人员的利益带来损害；

二、不服从省级外经贸主管部门和承包商会的管理或协调，扰乱了培训工作的正常秩序；

三、培训中心管理不善，培训制度不健全，培训流于形式、走过场；

四、培训工作开展不力（连续两年培训不足 200 人）；

五、逾期一年不办理申领或更换《资格证书》手续；

六、违反外派劳务培训收费的有关规定，巧立名目高收费、乱收费。

第三十二条　在从事外派劳务培训过程中，持证单位有以下行为之一者，外经贸部将吊销其外派劳务人员培训资格：

一、严重违反培训工作的有关规定，给国家、企业或劳务人员的利益带来严重损害；

二、不服从省级外经贸主管部门和承包商会的管理或协调，干扰、破坏了外派劳务业务和外派劳务培训工作的正常秩序；

三、弄虚作假、倒卖或变相倒卖《合格证》；

四、受到警告、暂停培训资格处罚后，培训工作仍达不到有关规定要求。

第三十三条　省级外经贸主管部门和承包商会应经常监督、检查和指导培训中心的工作，及时将培训工作中存在的问题、解决意见和改进培训工作的建议报外经贸部。

## 第八章　附　则

第三十四条　本规定自二〇〇二年二月一日起实施，〔1996〕外经贸合发第 101 号文同时废止。外经贸部以往有关外派劳务培训的文件与本规定不相一致的内容一律以本规定为准。

附件：培训中心外派劳务（研修生）培训合格人员送审表（略）

# 对外贸易经济合作部关于印发
# 《对外劳务合作项目审查有关问题的规定》的通知

（外经贸合发〔2002〕137 号）

各省、自治区、直辖市及计划单列市外经贸委（厅、局）：

为确实简化和规范劳务人员办理出国手续，明确外经贸主管部门审查劳务项目的程序，根据外经贸部、外交部、公安部联合发布的《办理劳务人员出国手续的办法》（2002 年第 2 号令）的有关规定，特制定《对外劳务合作项目审查有关问题的规定》（见附件）。现印发给你们，请遵照执行并转发有关单位。

2002 年 3 月 14 日

**附件**

# 对外劳务合作项目审查有关问题的规定

一、为确实简化和规范劳务人员办理出国手续，明确国务院各有关部委、各省、自治区、直辖市及计划单列市外经贸主管部门（下称外经贸主管部门）审查劳务项目的做法和程序，根据外经贸部、外交部、公安部联合发布的《办理劳务人员出国手续的办法》（2002 年第 2 号令），制定本规定。

二、外经贸主管部门负责对本部门或本地区具有对外劳务合作经营资格企业的外派劳务项目进行审查，详细了解项目情况并登记在案。具有外交部（领事司）授权自办签证的企业可自行审查劳务项目。

劳务项目审查的内容应包括：经营公司与外方及劳务人员所签订的合同是否符合国家有关规定；经营公司是否超范围经营；合同是否由具有执业资格的人员签订；劳务人员是否培训合格等。

三、在审查项目时，如该项目属下列情况，外经贸主管部门应就项目可行性、真实性向我国驻项目所在国（地区）使（领）馆经商机构征求意见后，方可予以审批：

1. 经营公司首次自行签约进入某国（地区）市场开展对外劳务合作业务；

2. 经营公司所签合同派出劳务人员数量较多或向服务行业派出女性（标准由外经贸主管部门自行掌握）；

3. 其他需我驻外使（领）馆经商机构确认的事项。

四、经营公司向外经贸主管部门报送的审查材料应包括：

1. 填写完整、准确的《外派劳务项目审查表》（见附表）（以下简称审查表）；

2. 与外方、劳务人员签订的合同以及外方与劳务人员签订的雇佣合同（如已签订）；

3. 项目所在国政府批准的工作许可证明（验原件，存复印件）；

4. 外方（雇主或中介）的当地合法经营及居住身份证明（复印件）；

5. 劳务人员的有效护照及培训合格证（复印件）；

五、外经贸主管部门应在收到经营公司送审材料后五个工作日内，对符合规定的在《审查表》上予以盖章确认。

六、经营公司应将实际派出的劳务人员名单报送出具《审查表》的外经贸主管部门备案。

七、对外承包工程和勘察、设计、咨询、监理项下派出劳务人员（包括技术人员）的审查，可参照本规定执行。

八、在与我无外交关系的国家开展劳务合作业务的，仍需报外经贸部审批。

九、本规定自 2002 年 4 月 1 日起执行。

**附表**

### 外派劳务项目审查表

| | | |
|---|---|---|
| 经营公司名称 | | |
| 经营资格证号 | | |
| 项目名称 | 中文 | |
| | 英文 | |
| 外方雇主和（或）中介名称 | 中文 | |
| | 英文 | |
| 合同名称及项目简要说明 | | |
| 派往国家（地区） | | 外派　等　人（名单附后） |
| 工作期限 | 年　月　日　至　年　月　日 | |
| 经营公司 | 负责人（签字）<br><br><br><br>（单位公章）<br>年　　月　　日 | |
| 外经贸主管部门意见 | 负责人（签字）<br><br><br><br>（单位公章）<br>年　　月　　日 | |
| | 批准号： | |
| | 审核人： | 经办人： |

# 对外贸易经济合作部
# 关于外派劳务培训收费标准的规定的通知

## （〔1996〕外经贸合函字第 8 号）

各外派劳务培训中心：

为加强外派劳务培训工作的管理，提高培训质量，保证培训工作健康有序地发展，避免乱收费现象的发生，根据《外派劳务培训工作管理规定》（〔1996〕外经贸合字第 6 号）第二十四条，现对各外派劳务培训中心的培训费用收费标准规定如下：

一、根据接受培训的课时长短，每个学员的培训费为：

40 至 60 课时 150 至 250 元人民币

61 至 84 课时 250 至 350 元人民币

85 至 180 课时 350 至 450 元人民币

181 至 360 课时 450 至 600 元人民币

二、上述培训费用含教材和《外派劳务培训合格证》费，不包括食、宿及交通费。

三、各培训中心应严格遵守上述收费标准，严禁乱收费。如因特殊原因需超标准收费，应报外经贸部（合作司）批准。

1996 年 3 月 5 日

# 商务部 外交部 公安部 交通运输部 农业部 工商总局 国台办关于促进 对台渔船船员劳务合作有关问题的通知

## （商合函〔2011〕333号）

浙江、福建、河南、四川省商务主管部门、外办、公安厅（局）、交通厅（局）、渔业行政主管厅（局）、台办，中国对外承包工程商会：

2006年，根据国务院批准的原则，对台渔船船员劳务合作在浙江、福建、河南和四川四省进行试点。2009年12月22日，海峡两岸关系协会会长陈云林和台湾海峡交流基金会董事长江丙坤签署了《海峡两岸渔船船员劳务合作协议》（以下简称《协议》）。《协议》签署以来，两岸业务主管部门各自完善了制度建设，两岸渔船船员劳务合作日益规范，大陆渔船船员权益保护日益加强。

根据国务院批准的对台渔船船员劳务合作采取"稳步实施，加强管理、保护权益"的原则，为进一步加强两岸渔船船员劳务合作，落实好《协议》的各项规定，现就促进对台渔船船员劳务合作有关工作通知如下：

## 一、调整试点招收范围

（一）放宽对台渔船船员劳务合作试点企业（以下简称试点企业）招收对台渔船船员的范围，允许在全国范围内招收渔船船员，但应从对外劳务合作服务平台招收。

（二）请试点省份商务主管部门对本省试点企业进行调整，优胜劣汰。在目前11家试点企业数量不变前提下，请试点省份商务主管部门根据《关于做好对台渔工劳务合作管理工作的通知》（商合发〔2006〕95号）的要求，对本省试点企业开展对台渔船船员劳务合作情况进行评估，淘汰近年来开展对台劳务合作业绩不佳、管理不到位的企业，增补管理规范、具有开展对台渔船船员劳务合作能力的企业。调整后的企业名单报商务部，商务部在征求有关部门和行业组织意见后确定。

## 二、保障渔船船员安全权益

（一）试点企业负责对台渔船船员派出后的管理和安全权益保护，各地服务平台负责协助管理。

（二）试点企业应确保所招收的渔船船员经农业部认定的对台渔船船员培训机构培训合格，并对其进行行前适应性培训，以保证赴台渔船船员胜任所从事的工作和作业安全。

（三）试点企业必须保证大陆渔船船员持两岸认可的有效证件和指定的交通方式赴台船工作，以保证大陆渔船船员的安全权益。

## 三、加强业务监管和协调

（一）试点省份应完善本省对台渔船船员劳务合作管理措施，督促本省试点企业严格遵守对台渔船船员劳务合作各项政策，根据《协议》的原则开展对台渔船船员劳务合作，服务平台所在省予以配合；各地对违反国家对台渔船船员劳务合作政策和对外劳务合作规定的试点企业和服务平台进行查处，必要时可建议商务部取消试点企业及服务平台资格。

（二）海峡两岸渔工劳务合作协调委员会负责协调试点企业间、试点企业与各地服务平台间的业务协调，组织实施《协议》议定事项。

（三）各地区、有关部门和海峡两岸渔工劳务合作协调委员会应加强对台渔船船员劳务合作政策宣传，引导大陆渔船船员通过正规渠道到台船工作。

（四）各地区、有关部门在各自职责范围内对无证经营、超范围经营、以旅游和商务等名义组织对台渔船船员劳务合作业务、非法组织私登台船等行为予以严肃查处。

2011 年 5 月 25 日

# 商务部关于内地输港澳劳务合作
# 项目备案有关工作的通知

## （商合函〔2016〕216号）

根据《国务院关于第二批取消152项中央指定地方实施行政审批事项的决定》（国发〔2016〕9号）要求，定于2016年6月1日起，取消输港澳劳务合作项目的立项审核，改为备案管理。现就有关工作通知如下：

一、根据《对外劳务合作管理条例》第26条，输港澳劳务合作经营企业（以下简称经营公司），应当自与劳务人员订立派遣合同之日起10个工作日内，通过输港澳劳务合作项目管理系统，将《对港、澳劳务合作项目备案表》报北京市商务委、上海市商务委、福建省商务厅以及广东省商务厅（以下简称有关地方商务主管部门）备案。

二、劳务人员的往来港澳通行证件可按照公安部门的规定，凭经营公司出具的《关于办理内地劳务人员赴香港（澳门）证件的函》（见附件）向公安机关出入境管理部门办理。

三、各经营公司须严格执行对外劳务合作法律法规和输港澳劳务合作政策，接受中资（澳门）职介所协会的协调和指导，遵守行业规范和协调办法。

四、各经营公司须严格执行《商务部公安部关于严禁向境外博彩色情经营场所派遣劳务人员的通知》（商合发〔2005〕318号），不得向博彩色情经营场所派遣劳务人员。

五、有关地方商务主管部门要切实履行职责，加强输港澳劳务合作事中事后监管，对未按规定进行备案及违反往来港澳通行证件办理规定的经营公司，要严格按照《对外劳务合作管理条例》以及输港澳劳务合作政策，依法严肃处理。

六、执行中有任何问题、意见和建议，请及时报告商务部（合作司）。

附件：关于办理内地劳务人员赴香港（澳门）证件的函（略）

商务部

2016年5月16日

# 商务部 国务院港澳办关于开展内地输澳门
# 家政人员合作有关事宜的通知

## （商合函〔2013〕1018 号）

近年来，随着澳门特区经济持续增长，澳门社会对家政服务的需求逐年增加，对聘用内地家政人员的要求日益强烈。应澳门特区政府要求，经研究，商务部、港澳办决定于 2013 年年底前启动内地输澳门家政人员合作，现就有关事宜通知如下：

一、内地输澳门家政人员合作按照"先行试点、积极稳妥、逐步推进"的原则进行。合作初期试点省份为广东和福建省，取得经验后逐步推开。广东和福建省试点企业名单附后。

二、请广东省外经贸厅、福建省外经贸厅分别会同当地有关部门，根据"属地管理"原则监督管理本省企业开展输澳门家政人员业务，制订管理办法。

试点企业应遵守内地和澳门相关法律法规和政策规定，做好内地赴澳门家政人员的服务和管理工作。

三、商务部和港澳办对内地输澳门家政人员合作进行指导和监督。

附件：内地输澳门家政人员合作试点企业名单

商务部、国务院港澳办
2013 年 12 月 16 日

附件：

# 内地输澳门家政人员合作试点企业名单

广东南粤集团人力资源有限公司
福建中福对外劳务合作有限公司

# 商务部办公厅关于内地输澳门劳务合作管理有关事宜的通知

## （商办合函〔2011〕1056 号）

为进一步规范内地输澳门劳务管理，简化工作流程，经商港澳办，自即日起对输澳劳务项目立项审核等有关事宜进行调整，现通知如下：

**一、简化立项审核材料**

（一）普通劳务项目：输澳劳务经营公司申报项目立项时，不再报送《劳动合同》和《赴澳门特别行政区劳务派遣合同》（以下简称《派遣合同》），但应报送经澳门特区政府批准的《劳务合作共同声明书》，并在劳务人员派出后 10 个工作日内填报人员信息，同时报送一份《派遣合同》复印件。

（二）技术劳务项目：输澳劳务经营公司申报项目立项时，不再报送《劳动合同》，但应报送《派遣合同》和经澳门特区政府批准的《劳务合作共同声明书》，同时填报人员信息。

（三）其他所需材料报送，按照《商务部办公厅关于备案登记输港澳劳务合作项目的通知》（商办合函〔2007〕116 号）办理。

**二、删除《派遣合同》部分条款**

根据澳门有关法律对《派遣合同》标准合同进行调整，删除"赴澳劳务人员合同期内不能在澳结婚、怀孕"以及相关违约责任条款。输澳劳务经营公司可作为内部纪律要求赴澳劳务人员合同期内不得在澳怀孕，并在劳务人员赴澳前加强宣传、教育。

商务部办公厅

2011 年 10 月 9 日

# 商务部办公厅关于变更中韩
# 雇佣制劳务合作执行机构的通知

## （商办合函〔2013〕900 号）

各省、自治区、直辖市商务主管部门：

2007 年 4 月，我部与韩国雇佣劳动部签署了《关于输韩劳务人员的谅解备忘录》，确定中韩雇佣制劳务合作执行机构为商务部经济合作事务局。

由于我部内职能分工调整，现将中韩雇佣制劳务合作执行机构变更为商务部投资促进事务局，经济合作事务局不再承担中韩雇佣制劳务合作执行机构工作。

商务部办公厅

2013 年 12 月 6 日

# 商务部办公厅关于印送《中韩雇佣制 劳务合作公共机构管理暂行办法》的函

## （商办合函〔2010〕856号）

各省、自治区、直辖市、计划单列市人民政府办公厅和新疆生产建设兵团办公厅：

根据《中华人民共和国商务部和大韩民国劳动部关于输韩劳务人员的谅解备忘录》和《关于中韩雇佣制劳务合作有关事宜的通知》（商合函〔2008〕10号），商务部制订了《中韩雇佣制劳务合作公共机构管理暂行办法》。现印送给你们，请在工作中参照执行。

商务部办公厅

2010年6月12日

## 中韩雇佣制劳务合作公共机构管理暂行办法

### 第一章 总 则

**第一条** 为加强中韩雇佣制劳务合作公共机构管理，促进中韩雇佣制劳务合作规范有序发展，根据《中华人民共和国商务部和大韩民国劳动部关于输韩劳务人员的谅解备忘录》（以下简称《备忘录》）及国家有关对外劳务合作管理规定，制订本办法。

**第二条** 本办法中的公共机构是指从事中韩雇佣制劳务合作的执行机构及配合其开展相关工作的地方公共机构。

**第三条** 执行机构、地方公共机构在实施中韩雇佣制劳务合作业务中应遵循公平、公正、透明的原则，确保业务健康有序发展。

第四条　执行机构、地方公共机构应坚持"以人为本"的原则，维护劳务人员合法权益。

第五条　中韩雇佣制劳务合作由政府部门和公共机构共同实施，任何企业、中介和个人不得介入。

## 第二章　机构选定

第六条　根据《备忘录》要求，商务部指定所属公共机构国际经济合作事务局作为中韩雇佣制劳务合作中方执行机构，负责劳务人员选拔、求职者名簿制订和劳务人员后续管理服务等相关工作。

第七条　根据《关于中韩雇佣制劳务合作有关事宜的通知》（商合函〔2008〕10号）的原则和相关标准，商务部选择确定若干地方公共机构，委托其进行行前教育，并协助经济合作局开展相关工作。地方公共机构应向所在地的省级商务主管部门交纳一定数量的备用金。

## 第三章　机构职责

第八条　执行机构在商务部指导和监督下组织实施中韩雇佣制劳务合作的各项工作。

（一）与韩方对口机构韩国产业人力公团商签韩国语考试实施协议；建立沟通磋商工作机制，及时协调解决业务实施中出现的问题，总结评估业务进展情况，完善业务流程和措施。

（二）指导、监督、检查地方公共机构开展中韩雇佣制劳务合作业务情况，提出考核意见。

（三）根据《备忘录》规定及商务部统一部署，组织开展中韩雇佣制劳务合作业务宣传工作。

（四）组织编写行前教育有关培训教材。

（五）设立驻韩办事机构，为在韩劳务人员提供咨询与服务，协助韩方管理劳务人员，维护劳务人员合法权益，并自觉接受中国驻韩国大使馆的指导和监督。

（六）建立雇佣制劳务突发事件应急机制，及时有效地解决出现的纠纷和问题。

第九条　地方公共机构在商务部和执行机构的指导和监督下配合执行机构做好相关工作。

（一）积极宣传雇佣制业务，包括雇佣制流程、韩国语水平考试、行前教育、合同条款、收费标准等内容，尤其是应向劳务人员说明即使在求职者名簿内也不能完全保证可以赴韩工作。

（二）根据中韩双方有关韩国语考试实施协议，协助开展韩国语考试所涉及的各项工作。

（三）对已签署合同的劳务人员进行行前教育，内容包括现行外派劳务人员适应性培训和考试、中韩雇佣制项下培训等。

（四）根据执行机构的具体要求，协助开展劳务人员选拔、求职者名簿制订和劳务人员后续管理服务等工作。

（五）向被雇主选定的劳务人员如实介绍韩国务工环境、充分解释拟签劳动合同条款内容等赴韩务工情况，保证劳务人员在自愿前提下与雇主签署劳动合同。

（六）协助劳务人员办理体检、护照、签证等事宜。

（七）建立详细的输韩劳务人员档案，及时了解劳务人员在韩工作岗位变更等情况。通过雇佣制下计算机网络系统，对劳务人员信息进行动态录入和调整，并按规定向商务部和执行机构报送有关情况和数据。

（八）与赴韩劳务人员家属建立定期回访和电话查访等联系机制，了解劳务人员国外工作生活情况和困难，督促合同期满人员按期回国，消除劳务人员非法滞留、脱岗等隐患。

（九）做好劳务人员在韩期间的咨询服务和协助管理。派遣驻韩管理人员，在执行机构的指导下为本地区所派劳务人员提供咨询、联络、协调等服务，协助做好劳务人员在韩工作期间的咨询服务、权益保障、突发事件处置等工作；承担有关驻韩费用。

（十）细化落实突发事件应急措施，妥善处置各类纠纷和问题。

第十条　执行机构、地方公共机构应严格按照上述职责和程序开展工作，并制订详细的流程图和管理措施。

## 第四章　收费管理

第十一条　经济合作局应在商务部的指导和监督下，制订向劳务人员收费项目及上限，在与韩方协商一致后实施。有关收费项目包括韩国语水平考试费、体检费、护照费、行前教育费、签证费、机票费、材料邮递及通讯费和不可预见费等8项费用，各项收费上限详见附件1。其中，体检费、护照费、签证费、机票费为代收代缴费用，按有关部门公布的费用标准据实收取。

第十二条　地方公共机构应向所在地省级价格主管部门办理完备雇佣制合作韩国语水平考试费、行前教育费、材料邮寄及通讯费和不可预见费等费用的申报手续，制定收费管理制度并经所在地省级商务主管部门审批后实施，不得超标准收费或额外收费。有关收费情况须接受审计部门的审计。其他任何单位或机构不得参与收费。

第十三条　商务部、经济合作局和地方公共机构将收费项目、收费标准及收费流程通过网站及媒体等渠道予以公布和宣传。报名现场必须张贴，接受公众监督。

劳务人员自行申办事项（如护照和体检）的费用，按照有关部门公布的标准交纳，地方公共机构不再另行收费。

第十四条　地方公共机构如为劳务人员提供韩国语培训，有关费用应按当地物价部门核准的标准收取，由劳务人员自主决定是否参加。

第十五条　执行机构应对地方公共机构有关收费情况进行检查和监督。

## 第五章　工作测评

第十六条　商务部对地方公共机构实行年度考核评分制度，每年第一季度对上年度地方公共机构相关工作进行测评，由执行机构具体负责考核测评工作。

第十七条　考核和测评的主要内容包括：

（一）遵守国家对外劳务合作政策、《备忘录》及相关规定情况。

（二）执行本办法各项要求情况。

（三）基础设施建设、组织结构建设、体制机制建设和工作制度建设情况。

（四）当地政府促进对韩劳务合作及保护劳务人员合法权益的政策措施和财政投入情况。

（五）工作流程及收费标准的公开、公正和透明执行情况。

（六）劳务人员韩语考试、选拔、行前教育等的执行情况。

（七）驻韩管理人员的选派及其工作开展情况。

（八）对所派劳务人员的后期服务和管理情况。

（九）其他需要了解和评价的情况。

## 第六章　测评程序

第十八条　考核测评分为材料报送、考核与网上公示、发布测评结果三个步骤。

第十九条　每年 1 月 10 日前，地方公共机构向所在地省级商务主管部门报送上年度工作总结，并填报《地方公共机构考核测评表》（附件 2），进行自评。地方商务主管部门在 10 个工作日内对地方公共机构报送的材料进行审核打分，并填报意见后报送执行机构复核。

第二十条　执行机构将《中韩雇佣制劳务人员意见调查表》（附件 3）在网站公布，作为长期性意见反馈栏目，由雇佣制下劳务人员出境前后自行填报，执行机构负责收集有关填报情况。

第二十一条　执行机构按照考核标准，结合地方公共机构的自评材料、省级商务主管部门和执行机构驻韩代表处的意见以及劳务人员意见调查表，对地方公共机构进行复核评分，确定考核等级，必要时可实地抽查。

第二十二条　考核结果分为 A、B、C 和不合格四个等级，考核分值实行百分制，其中 100 分至 90 分为 A 级，89 分至 75 分为 B 级，74 分至 60 分为 C 级，59 分以下为不合格。

第二十三条　执行机构收到地方商务主管部门报送的材料后，在 15 个工作日内完成复核工作，并将复核结果在网上公示，公示结束后 5 个工作日内将测评情况报商务部。

第二十四条　商务部公布测评结果，并对地方公共机构实行动态管理，优胜劣汰。

## 第七章　奖励及惩罚

第二十五条　执行机构根据考核结果，按以下方式对地方公共机构进行奖励和惩罚：

（一）当年 A 级机构，在下一年求职者名簿名额分配时给予多于年度计划平均数 5% 的奖励；

（二）当年 B 级机构，在下一年求职者名簿名额分配时给予年度计划的平均数；

（三）当年 C 级机构，在下一年求职者名簿名额分配时扣减年度计划平均数的 5%；

（四）当年不合格机构，暂停一年委托其开展中韩雇佣制劳务合作，并给予批评警示。

第二十六条　凡有下列情况之一者，不再委托该地方公共机构开展中韩雇佣制劳务合作：

（一）复核不达标，且整改后仍不合格；

（二）一年内出现所派劳务人员 10 人（含 10 人）以上因体检不合格被遣返；

（三）年脱岗人数超过 10 人（含 10 人）以上（脱岗认定以韩方最终认定为准）；

（四）一年内出现 2 次违规乱收费情况或累计违规收费人次超过 20 人；

（五）连续两年测评不合格；

（六）不按规定参加年度测评或测评报送材料弄虚作假。

第二十七条　对于地方公共机构超标准收费，商务部将责成其所在的省级商务主管部门追缴其超标准收费部分，并可扣留其备用金。

# 第八章　附　则

第二十八条　有关附件内容可根据工作需要进行调整。

第二十九条　本办法自发布之日起施行。

第三十条　本办法由商务部负责解释。


附件：1. 中韩雇佣制合作收费项目及上限（略）

2. 地方公共机构考核测评表（略）

3. 中韩雇佣制劳务人员意见调查表（略）

# 商务部办公厅关于启动中韩
# 雇佣制劳务合作有关工作的通知

（商办合函〔2010〕1063 号）

2010 年 5 月 28 日，商务部和韩国劳动部签署了《关于启动雇佣许可制劳务合作的谅解备忘录》。为积极稳妥启动中韩雇佣制劳务合作，根据中韩关于雇佣制劳务合作的有关协议、《商务部关于中韩雇佣制劳务合作有关事宜的通知》（商合函〔2008〕10 号）和《中韩雇佣制劳务合作公共机构管理办法》（商办合函〔2008〕856 号），现将有关工作通知如下：

一、根据 2007 年商务部和韩国劳动部《关于输韩劳务人员的谅解备忘录》，中韩雇佣制劳务合作是由中韩双方政府部门签署协议，分别指定一家政府公共机构负责劳务人员派遣接收工作的一种双边劳务合作方式，并指定商务部国际经济合作事务局（以下简称经济合作局）作为中方派遣机构；同时选择多家地方公共机构，负责配合派遣机构做好劳务人员行前教育等工作。根据商务部公告（2008 年第 64 号），吉林省对外经济合作事务中心、黑龙江省商务厅国外经济合作处、山东省青州市外派劳务服务中心和河南省新县对外劳务合作管理局为中韩雇佣制劳务合作首批地方公共机构（以下简称四省地方公共机构）。

为稳妥启动中韩雇佣制劳务合作，经济合作局作为中韩雇佣制劳务合作的派遣机构，吉林、黑龙江、山东、河南省商务主管部门（以下简称四省商务主管部门）作为输韩劳务合作工作的地方主管部门，应制定详细工作预案，在各项制度措施落实到位后，方可启动赴韩劳务人员的派遣工作，并在工作中不断完善各项制度措施。

二、经济合作局应按照中韩雇佣制劳务合作的有关协议，做好相关组织实施工作。

（一）尽快制定求职者名簿并提交韩方，同时牵头做好劳务人员派遣、后期管理以及政策宣传等工作。

（二）抓紧设立驻韩办事处。驻韩办事处在我驻韩使馆的领导下，为在韩劳务人员提供咨询和服务，并协助韩方做好劳务人员后期管理工作。

（三）抓紧与韩国产业人力公团协商，明确双方管理责任，建立劳务人员在韩劳务纠纷投诉和调解机制。

（四）联系地方商务主管部门，指导地方公共机构开展相关工作。

（五）建立雇佣制劳务合作突发事件应急机制，及时有效地解决出现的纠纷和问题。重大事项及时报商务部。

三、四省商务主管部门在省人民政府领导下，做好本省中韩雇佣制劳务合作有关工作。

（一）报请本省人民政府，加大对地方公共机构的扶持力度，将各项财政补助和扶持措施落到实处，保证地方公共机构正常开展业务。

（二）要求本省地方公共机构尽快向省价格主管部门办理完备雇佣制劳务合作有关收费标准的申报手续，在此之前不得收费。

（三）要求本省地方公共机构，协助经济合作局做好劳务人员后续管理工作。

（四）会同有关部门做好中韩雇佣制劳务合作的宣传工作，正确引导社会公众，严厉打击和查处各类违法违规开展雇佣制劳务合作的行为。

四、四省地方公共机构应全力配合经济合作局做好有关具体工作。未经商务部同意，不得设立分支机构从事中韩雇佣制考试、招聘等有关工作。

五、商务部有关司局将会同经济合作局和四省商务主管部门，对四省公共机构开展中韩雇佣制劳务合作首次派出工作进行检查，并将有关结果纳入到地方公共机构年度测评结果。

六、经济合作局和四省商务主管部门制定的工作预案，请于 2010 年 8 月 13 日前报商务部（合作司）。经济合作局与韩国产业人力公团签订的协议以及劳务人员派出情况，请及时报商务部（合作司）。

商务部办公厅

2010 年 7 月 20 日

# 商务部关于中韩雇佣制劳务合作有关事宜的通知

## （商合函〔2008〕10 号）

各省、自治区、直辖市人民政府：

2007 年 4 月温家宝总理访问韩国期间，中国商务部和韩国劳动部签署了《关于输韩劳务人员的谅解备忘录》（以下简称《备忘录》）。目前，双方正就《备忘录》具体操作办法进行协商并取得了积极进展。为保证中韩雇佣制劳务合作的顺利启动和有效实施，现就有关事宜通知如下：

## 一、关于中韩雇佣制劳务合作

中韩雇佣制劳务合作是由双方政府主管部门签署协议，并分别指定一家政府公共机构负责劳务人员派遣接收工作，任何企业、中介和个人不得介入的一种双边劳务合作方式。其宗旨是通过双边政府间合作，营造中韩劳务合作公开、透明的政策环境，最大程度减轻劳务人员负担，促进和规范中韩劳务合作。

根据《备忘录》，中方负责中韩雇佣制劳务合作的政府部门是中国商务部，负责劳务人员派遣工作的执行机构是商务部国际经济合作事务局（以下简称经济合作局）；韩方负责此项合作的政府部门为韩国劳动部，其具体负责劳务人员接收工作的执行机构为韩国产业人力公团。

中韩双方政府部门和执行机构协商制订劳务人员派遣接收、韩国语水平测试等具体操作办法，明确派遣流程和收费标准，服务劳务人员。

经济合作局作为对韩派遣雇佣制劳务的中方执行机构，负责赴韩劳务人员的招募、选拔、制定求职者名簿和派遣工作。

商务部和经济合作局建立雇佣制下计算机网络系统，与韩国劳动部和韩方接收机构韩国产业人力公团系统对接，有意赴韩工作的劳务人员可在网上报名，经韩语考试合格后进入由经济合作局制成的求职者名簿，通过网络系统向韩国产业人力公团及雇主提供。

劳务人员与雇主之间的雇佣合同通过网络系统由雇主与劳务人员直接签署，保证派遣过程的公开透明。

经济合作局将在韩设立机构，接受中国驻韩国使馆的指导，协助韩方做好劳务人员派出后的管理。

中韩雇佣制劳务合作是一种新的双边劳务合作方式，目前尚在起步阶段，双方正抓紧协商细化有关操作办法。另，韩方通报中方计划首批输入的中国劳务人员为3500 名。

## 二、关于地方公共机构的选定

根据《备忘录》，商务部将选择若干地方公共机构，协助经济合作局做好赴韩劳务人员行前教育等有关工作。

鉴于目前中韩雇佣制劳务合作的实际情况，商务部将按照"积极稳妥、先行试点、逐步推开"的原则，在以往有一定对韩研修生合作经验、且按统计 2006 年底前在韩人数超过 1500 人的吉林省、山东省、辽宁省、天津市、黑龙江省、河南省中，根据综合评分及实地考察的结果，先优选 3 - 5 个地方公共机构进行试点，以后再根据实际需要逐步放开，并实行动态管理。有关推选地方公共机构的基本条件和要求以及申请材料详见附件。

地方公共机构的推选应充分考虑有利于促进和规范对外劳务合作，有利于加强政府公共服务。请责成地方商务主管部门严格按照有关条件，做好组织推选地方公共机构工作，数量原则上不超过 2 个。在推选地方公共机构过程中，要有明确的办法和流程，体现公平、公开、公正的原则。推选地方公共机构的申请材料最迟于 2008 年 5月 20 日前报送商务部（合作司）。

## 三、关于打击违规违法行为

为防止一些企业、中介和个人以输韩劳务为名，违规违法组织各类招收和培训活动，收取费用，损害公众利益，请责成有关部门认真做好中韩雇佣制劳务合作的宣传工作，正确引导社会公众，严厉打击和查处各类违规违法行为，保护公民权益，保证中韩雇佣制劳务合作的顺利实施。

特此通知

附件：推选地方公共机构的基本条件和要求以及申请材料（略）

商务部

2008 年 4 月 17 日

# 公安部《关于印发〈内地居民从事劳务往来香港或者澳门特别行政区审批管理工作暂行办法〉的通知》

## （公境港〔2004〕1136 号）

各出入境边防检查总站，本部四局边检处，各省、自治区、直辖市公安厅、局出入境管理处（局）：

根据公安部、国务院港澳事务办公室、商务部《关于调整内地赴港澳劳务人员审批办证手续的通知》（〔2004〕港办交字第 261 号）的文件精神，我局制订了《内地居民从事劳务往来香港或者澳门特别行政区审批管理工作暂行办法》，现印发给你们，请遵照执行。各地公安机关出入境管理部门从今年 8 月 1 日起开始受理审批内地居民赴港澳地区从事劳务的申请。

本办法此前曾以公传发〔2004〕2203 号文件下发各地，各地执行时以本通知为准。工作中有何问题请及时报我局。

附：《内地居民从事劳务往来香港或者澳门特别行政区审批管理工作暂行办法》

公安部出入境管理局

2004 年 7 月 29 日

附件

# 内地居民从事劳务往来香港或者
# 澳门特别行政区审批管理工作暂行办法

为规范内地居民从事劳务往来香港或者澳门特别行政区（以下简称"港澳地区"）的出入境管理工作，根据《中国公民因私事往来香港地区或者澳门地区的暂行管理办法》等有关规定，制订本办法。

## 一、申请和受理

经香港或者澳门特别行政区政府有关部门批准赴港澳地区从事劳务的内地居民，可由本人或者通过商务部指定的劳务经营公司（名单见附件1）向其常住户口所在地的公安机关出入境管理部门申请往来港澳地区。内地居民通过劳务经营公司办理有关手续的，由本人常住户口所在地或者劳务经营公司所在地的地（市）级或者省级公安机关出入境管理部门受理申请。

经澳门特别行政区政府有关部门批准在澳门教育、科技、文化、卫生等部门工作的内地居民，可向其常住户口所在地的公安机关出入境管理部门申请往来澳门。

## 二、申请材料

（一）填写完整并贴有申请人近期正面免冠彩色照片（48×33mm）的《中国公民往来港澳地区申请审批表》（以下简称《申请审批表》）和相同规格照片一张。

（二）申请人有效居民身份证、户口簿原件并提交复印件。

已持有效通行证，再次申请往来香港或者澳门的，还须提交通行证。

（三）工作单位或者公安派出所意见。已实行按需申领护照的地区，除有关国家工作人员按照《印发〈关于加强国家工作人员因私事出国（境）管理的暂行规定〉的通知》（公通字〔2003〕13号）有关规定办理外，其他人员申请时无须提交该意见。

（四）与赴香港或者澳门事由相应的证明材料：

1. 赴香港从事劳务的，提交香港入境事务处签发的补充劳工计划类"进入许可"（见附件2）；商务部《对香港、澳门特别行政区劳务合作项目审批表》（见附件3）复印件；劳务经营公司出具的赴香港从事劳务的证明。

2. 赴澳门从事劳务的，提交经澳门治安警察局出入境事务厅核准的"受雇非本地劳工预报名单"（见附件4）；商务部《对香港、澳门特别行政区劳务合作项目审批表》复印件；劳务经营公司出具的赴澳门从事劳务的证明。

3. 赴澳门教育、科技、文化、卫生等部门工作的，提交澳门社会文化司或者经济财政司出具的批准文件。

### 三、审批

（一）内地居民通过劳务经营公司在非常住户口所在地申请赴香港或者澳门从事劳务的，审批机关应向申请人常住户口所在地公安机关出入境管理部门发函核查申请人是否具有法定不准出境的情形、是否属于登记备案的国家工作人员以及是否重复领往来港澳通行证。

（二）内地居民因从事劳务或者应聘在澳门教育、科技、文化、卫生等部门工作赴港澳地区的申请，由地（市）级或者省级公安机关出入境管理部门做出审批决定。

### 四、证件签发

（一）内地居民从事劳务申请往来香港的，经批准后，发给往来港澳通行证及赴香港就业签注（J）。签注首次进入截止日期、有效期根据香港"进入许可"确定，签注多次进入有效。

（二）内地居民从事劳务申请往来澳门的，经批准后，发给往来港澳通行证及赴澳门就业签注（J）。签注首次进入截止日期与有效期相同，具体期限根据澳门治安警察局出入境事务厅核准的"受雇非本地劳工预报名单"上注明的劳务人员工作期限确定，签注多次进入有效。

（三）内地居民申请赴澳门教育、科技、文化、卫生等部门工作的，经批准后，发给往来港澳通行证及赴澳门就业签注（J）。签注首次进入截止日期与有效期相同，具体期限根据澳门社会文化司或者经济财政司批准的工作期限确定，签注多次进入有效。

### 五、延期签注手续

（一）申请

在香港或者澳门从事劳务的内地居民所持证件的签注有效期届满，需继续留港澳地区从事劳务的，可由原派遣劳务人员的劳务经营公司在港澳地区设立的机构（名单见附件5）或者该机构通过香港或者澳门中国旅行社向广东省公安厅深圳出入境签证办事处（以下简称"深圳签证处"）或者珠海出入境签证办事处（以下简称"珠海签证处"）申请办理延期签注。赴港劳务人员申请延期签注时须提交香港入境事务处签发的补充劳工计划类"延期逗留"标签（见附件6），并提交商务部或者中央人民政府驻香港联络办公室有关部门出具的公函。赴澳劳务人员申请时须提交澳门经济财政司的批准文件，并提交商务部出具的公函。

在澳门教育、科技、文化、卫生等部门工作的内地居民签注有效期届满，需继续留澳工作的，可由本人或者通过澳门中国旅行社向珠海签证处申请办理延期签注。申请时须提交澳门社会文化司或者经济财政司的批准文件。

（二）审批发证

深圳或者珠海签证处负责受理在香港或者澳门的内地居民往来港澳延期签注申请，经批准后为申请人办理延期签注。

（三）签注填写

延期签注字头同原签注。发给在香港申请人的延期签注进入截止期限和有效期与香港入境事务处签发的"延期逗留"标签规定的准许逗留的截止日期相同，签发地栏填写："深圳签证处"。发给在澳门申请人的延期签注进入截止期限和有效期相同，根据澳门有关部门的批准文件确定，签发地栏填写："珠海签证处"。

**六、遗失证件补办手续**

（一）申请

赴港澳地区从事劳务的内地居民遗失往来港澳通行证的，可由原派遣劳务人员的劳务经营公司在香港或者澳门设立的机构或者该机构通过香港或者澳门中国旅行社向深圳或者珠海签证处申请补发往来港澳通行证和就业签注。在澳门教育、科技、文化、卫生等部门工作的内地居民遗失往来港澳通行证的，可由本人或者通过澳门中国旅行社向珠海签证处申请补发往来港澳通行证和就业签注。

在香港劳务人员申请时须提供香港入境事务处发给的在港劳务人员身份的确认函件（见附件7）。

在澳门劳务人员或者在澳门教育、科技、文化、卫生等部门工作的内地居民申请时须提供澳门治安警察局出入境事务厅签发的"非本地劳工身份咭"（见附件8）。

（二）审批发证

深圳或者珠海签证处负责受理在香港或者澳门内地居民的补发通行证件申请，经批准后为申请人办理往来港澳通行证和相应签注。

（三）签注填写

补发的赴香港签注字头同原签注，进入截止期限和有效期与香港劳务人员身份的确认函件规定的准许逗留的截止日期相同，签注签发地栏填写："深圳签证处"。

补发的赴澳门签注字头同原签注，进入截止期限和有效期相同，根据澳门"非本地劳工身份咭"确定，签注签发地栏填写："珠海签证处"。

**七、换发证件手续**

（一）申请

持往来港澳通行证在香港或者澳门从事劳务的内地居民，如有《中华人民共和国往来港澳通行证签注审批、签发管理工作规范》规定的证件换发情形之一的，由原派遣劳务人员的劳务经营公司在香港或者澳门设立的机构或者该机构通过香港或者澳门中国旅行社向深圳或者珠海签证处申请换发通行证件。

在澳门教育、科技、文化、卫生等部门工作的内地居民符合上述换发情形的，可由本人或者通过澳门中国旅行社向珠海签证处申请换发通行证件。

（二）审批发证

深圳或者珠海签证处负责受理在香港或者澳门内地居民的换发通行证件申请，经批准后为申请人换发往来港澳通行证，并将申请人原持用的通行证件打孔或剪角后交还申请人，与新证件同时使用。

**八、过渡性安排**

（一）因公通行证在签注有效期内继续使用

已在港澳地区或者已办理因公往来香港澳门特别行政区通行证（以下简称"因公通行证"）的劳务人员仍可在原劳务签注有效期内继续使用原证件。

（二）持因公通行证的劳务人员换领往来港澳通行证

因公劳务签注有效期满仍需继续在香港或者澳门从事劳务的，可由原派遣劳务人员的劳务经营公司在香港或者澳门设立的机构或者该机构通过香港或者澳门中国旅行社向深圳或者珠海签证处为劳务人员申请换发往来港澳通行证及就业签注；因公签注有效期满需继续在澳门教育、科技、文化、卫生等部门工作的，可由本人或者通过澳门中国旅行社向珠海签证处申请换发往来港澳通行证及就业签注。

因公通行证换领往来港澳通行证的手续与办理往来港澳延期签注的手续相同。

换领往来港澳通行证和就业签注时，深圳或者珠海签证处应复印因公通行证和登记证件资料页信息，并将因公通行证打孔或剪角作废后交还申请人。

（三）遗失因公通行证办理往来港澳通行证

内地劳务人员在香港或者澳门遗失因公通行证而又需留香港或者澳门工作的，由原派遣劳务人员的劳务经营公司在香港或者澳门设立的机构或者该机构通过香港或者澳门中国旅行社向深圳或者珠海签证处申请办理往来港澳通行证及就业签注。在澳门教育、科技、文化、卫生等部门就业的内地居民在澳门遗失因公通行证而又需留澳工作的，可由本人或者通过澳门中国旅行社向珠海签证处申请办理往来港澳通行证及就业签注。

遗失因公通行证再办理往来港澳通行证的手续与往来港澳通行证遗失补办手续相同。

**九、工作时限**

（一）地（市）级或者省级公安机关出入境管理部门受理内地居民赴港澳地区从事劳务申请的，应自受理申请之日起 10 个工作日内完成证件、签注的制作。

（二）赴港澳地区从事劳务的内地居民因合同期限等原因急需办证的，公安机关出入境管理部门应按照急事急办的原则，优先审批办理。

附件（略）

# 商务部办公厅关于贯彻落实内地输澳劳务管理体制改革（有关问题）的紧急通知

## （商合字〔2004〕28 号）

各有关省、自治区、直辖市及计划单列市外经贸委（厅、局）、商务厅（局），各有关经营公司：

2003 年 8 月 1 日，商务部、国务院港澳办、中央政府驻澳门联络办联合下发了《关于内地输澳劳务管理体制改革的通知》（商合发〔2003〕262 号，以下简称《通知》）。《通知》已于 2003 年 9 月 1 日起实施。为全面贯彻落实《通知》精神，经商国务院港澳办、中央政府驻澳门联络办，现就内地输澳门劳务工作的有关问题紧急通知如下：

一、关于全面执行《通知》的时间鉴于所有输澳劳务经营公司及其在澳职介所（以下简称"职介所"）和中资（澳门）职业介绍所协会（以下简称"协会"）已全部完成在澳注册手续，自本通知下发之日起，所有输澳劳务业务（包括普通劳务和技术劳务）全面按《通知》要求执行，输澳劳务经营公司、"职介所"及"协会"须严格遵守有关规定。

二、关于合同（一）《提供劳务合同》和《劳动合同》以内地主管部门与特区政府主管部门商定并由特区政府主管部门下发的标准合同文本为准。（二）《派遣合同》须由经营公司与外派劳务人员直接签订，标准合同文本附后。《劳务合同》须由劳务人员与雇主直接签定，不得由经营公司代签。（三）中澳服务有限公司（以下简称"中澳公司"）、"职介所"、澳门雇主、不具备输澳劳务经营资格的公司之间，须在 2004 年 8 月 1 日前按《通知》规定完成合同主体的变更和确认事宜。（四）根据澳门特区政府"49 - GM - 88 号"批示派出的劳务人员，"职介所"应督促雇主将《提供劳务合同》和《劳动合同》一并报特区政府劳工局。

三、关于收费（一）根据《财政部、商务部关于取消对外经济合作企业向外派劳务人员收取履约保证金的通知》（财企〔2003〕278 号），2004 年 1 月 1 日前，经营公司已收取的履约保证金，在劳务人员完成合同返回内地或续约的同时，全额予以退还；2004 年 1 月 1 日之后收取的履约保证金，须在本《通知》下发之日起一个月内全额退还劳务人员，经营公司可要求劳务人员投保履约保证保险。（二）"协会"可在国家和特区政府法律法规及相关政策范围内，制订有关经营公司服务费收费、为在澳劳务人员办理通行证额外收费及"职介所"缴纳会费等行业规范，各经营公司和"职介所"须严格按照执行。（三）《通知》中关于"'职介所'按月向'协会'秘书处书面报送业务情况报告"的内容，须包括经营公司向外派劳务人员的收费情况。（四）"职介所"应为新入澳、替换及续约劳务人员在一个月内办妥工作时间以外在澳人身意外伤害及医疗保险，并按照"协会"的要求，每月按规定时间报备。

四、关于管理（一）各经营公司及"职介所"须严格执行《通知》的有关规定及"协会"制订的行业规范，经营公司及"职介所"如违规，将按《通知》规定严肃处理。（二）经批准的"职介所"内派人员须全部到位，明确责任，切实加强管理。（三）经营公司及其在澳"职介所"须建立健全各项管理制度，制订应急预案，加强与雇主和劳务人员的联系和沟通，切实维护劳务人员合法权益。

特此通知

附件：赴澳门特别行政区劳务派遣合同（标准合同范本）（略）

2004 年 6 月 14 日

# 商务部 国务院港澳办 中央政府驻澳门联络办 关于内地输澳劳务管理体制改革的通知

## （商合发〔2003〕262 号）

各省、自治区、直辖市及计划单列市外经贸委（厅、局），中澳服务有限公司，各有关经营公司：

内地与澳门的劳务合作业务自上世纪 80 年代初开展以来，密切了两地的联系，扩大了两地的交流，促进了澳门经济与社会发展。内地在此过程中形成的输澳劳务管理体制对规范内地输澳劳务业务的发展、保证劳务人员稳定起到了积极作用，但也存在如经营公司过多、管理层次复杂、经营公司与雇主及劳务人员之间的法律关系不明确、不利于特区政府管理、经营不够规范等问题，需要改革与完善。

为适应改革开放的新形势，保证内地与澳门劳务合作健康有序开展，根据十六大精神和"一国两制"的方针，决定对现行的输澳劳务管理体制进行改革。现就有关事项通知如下：

一、改革的目的

通过减少管理层次和经营公司数量，明确劳务合作各方的法律地位，实现权、责、利统一，维护劳资双方合法权益，规范内地经营公司经营行为，以利于两地劳务合作的持续、健康发展和促进澳门的社会稳定与经济发展。

二、改革的内容

（一）改变现行输澳劳务管理办法与管理方式，全面实施《内地对澳门特别行政区开展劳务合作暂行管理办法》（附件1）。撤销中澳服务有限公司，不再设立归口管理公司。经重新核定的具有输澳劳务经营资格的内地经营公司在澳门注册设立职业介绍所，依法经营。

（二）减少经营公司数量。根据澳门回归后经济和社会发展需要及目前各经营公司的管理水平和经营规模，重新核定《具有输澳劳务经营资格的公司名单》（附件2），将原有的 40 家经营公司减少至 17 家。

（三）理顺法律关系，明确各方权利、义务。经营公司在澳职业介绍所与雇主、经营公司与劳务人员、雇主与劳务人员须根据澳门特区政府与内地政府主管部门商定的《外地雇员输入/续期申请之提供劳务合同》、《赴澳门特别行政区劳务派遣合同》、《外地雇员输入/续期申请之劳动合同》标准合同范本签订合同。

（四）建立行业自律组织，规范经营秩序。成立内地经营公司在澳所设职业介绍所的行业自律组织——中资（澳门）职业介绍所协会。该协会按照商务部和国务院港澳事务办公室的政策要求，在中央人民政府驻澳门特别行政区联络办公室的指导下，负责内地输澳劳务在澳门的内部协调、服务、监督和管理。

三、为保证此次输澳劳务管理体制改革顺利进行，各地、相关单位要做好以下工作：（一）各有关地方政府主管部门对此次输澳劳务管理体制改革应高度重视，监督经营公司严格执行新的管理办法，确保各地输澳劳务业务健康、有序地开展。要始终把维护澳门社会稳定放在首位，不能片面追求商业利益。

（二）各经营公司应严格执行新管理办法，依法经营，严格履约，加强对劳务人员的选派、培训和管理工作。

（三）经重新核定具有输澳劳务经营权的经营公司应在本通知执行之日起 2 个月内完成在澳门成立职业介绍所的注册手续，并按照核定编制，为职业介绍所配备具有一定政策水平和业务能力的劳务管理人员，切实维护劳务人员的合法权益。

（四）妥善处理正在执行的劳务合同，确保劳务人员的稳定和改革的平稳过渡。

对于保留输澳劳务经营资格的公司目前仍在执行的劳务合同，经商澳门特区政府，承认其继续有效，按以下方法处理：自本《通知》执行之日起，剩余有效期不足半年（含半年）的合同，可继续执行。期满后如续期，则按照新的管理办法办理相关手续；剩余有效期超过半年的，须在 4 个月内由中澳服务有限公司、在澳职业介绍所与雇主签署《有关内地输澳劳务管理工作之联合声明书》，并报澳门特区政府劳工暨就业局核准后继续有效，期满后如续约，则按新的管理办法办理。

对于未被重新核定具有输澳劳务经营资格的公司目前仍在执行的劳务合同，经商澳门特区政府，按以下方法处理：自本《通知》执行之日起，剩余有效期不足半年（含半年）的合同，由中澳服务有限公司和原经营公司继续执行，但合同期满后不得续期，其劳务人员和管理人员调回内地；剩余有效期超过半年的，须在 4 个月内由中澳服务有限公司与原经营公司、雇主及拟接管经营公司在澳职业介绍所签署《内地输澳劳务合同转让联合声明书》及合同，由拟接管的经营公司报商务部（合作司）核准后由其在澳职业介绍所将转让联合声明书和合同报澳门特区政府劳工暨就业局加签确认。有关劳务人员缴纳的履约保证金及相关档案资料一并移交接管经营公司。

自本通知执行之日起，对于仍在澳继续履行合同的劳务人员，其收费项目和标准仍按原管理办法执行至合同期满止。

（五）本通知自下发之日起 30 日后执行。经营公司在澳职业介绍所成立后开始与雇主自签原由中澳服务有限公司代签的劳务合同。中澳服务有限公司在完成与所有职业介绍所交接等手续后适时撤销。

特此通知。请遵照执行。

附件：1.《内地对澳门特别行政区开展劳务合作暂行管理办法》（略）

2.《具有输澳劳务经营资格的公司名单》（略）

商务部、国务院港澳办、中央政府驻澳门联络办

2003 年 8 月 1 日

# 商务部关于不再受理
# 高级劳务人员赴港申请的通知

## （商合函〔2003〕142 号）

国务院有关部委，中央人民政府驻香港特别行政区联络办公室，外交部驻香港特派员公署，有关省、市外经贸委（厅、局）：

香港特区政府将于 2003 年 7 月 15 日起开始实施新的"输入内地人才计划"，并明确规定自该日起内地高级劳务人员申请赴港将纳入此计划之中。香港雇主可直接聘请内地有关专业人员赴港工作。据此，经研究并商国务院港澳办，自 2003 年 7 月 15 日起，我部及国务院港澳办不再受理内地高级劳务人员赴港申请，《对香港特别行政区开展高级劳务合作业务的暂行管理办法》（〔2000〕外经贸合发第 660 号）同时废止。

特此通知

商务部

2003 年 6 月 25 日

# 关于印发《中华人民共和国政府和俄罗斯联邦政府关于中华人民共和国公民在俄罗斯联邦和俄罗斯联邦公民在中华人民共和国的短期劳务协定》的通知

## （外经贸合发〔2001〕123 号）

外交部，公安部，海关总署，国家税务总局，各省、自治区、直辖市及计划单列市外经贸委（厅、局）、劳动和社会保障厅、外国专家局，中央管理的外经贸企业，驻俄罗斯联邦经商参处，驻哈巴罗夫斯克经商室：

《中华人民共和国政府和俄罗斯联邦政府关于中华人民共和国公民在俄罗斯联邦和俄罗斯联邦公民在中华人民共和国的短期劳务协定》（以下简称《协定》，见附件）已于 2000 年 11 月 3 日，由我国对外贸易经济合作部部长石广生和俄罗斯联邦联邦、民族和移民政策事务部部长亚·维·勃洛欣分别代表本国政府在北京签字。目前，双方已履行完《协定》生效所必需的国内程序。《协定》于 2001 年 2 月 5 日正式生效。现将《协定》印发给你们，请有关单位遵照执行。在执行过程中，要继续按照各部门分工和有关管理规定，办理相应的审查、审批及入出境、居留等手续。有何意见和问题，请及时告外经贸部（国外经济合作司）、劳动和社会保障部（国际合作司）及国家外国专家局（法规与联络司）。

对外贸易经济合作部、劳动和社会保障部、国家外国专家局

2001 年 6 月 3 日

附件：

# 中华人民共和国政府和俄罗斯联邦政府关于中华人民共和国公民在俄罗斯联邦和俄罗斯联邦公民在中华人民共和国的短期劳务协定

中华人民共和国政府和俄罗斯联邦政府（以下简称双方），遵循中华人民共和国和俄罗斯联邦睦邻友好关系的原则，将一国公民在对方国家从事短期劳务现为中俄两国极具前途的合作领域，同时根据在处理劳动力吸收和利用过程中的相互利益，并考虑到中华人民共和国和俄罗斯联邦劳动市场的状况，达成协议如下：

第一条

本协定适用于在中华人民共和国境内和俄罗斯联邦境内（以下简称"长期居住国"）长期居住、在另一国（以下简称"接受国"）境内依法从事短期劳务的下列中华人民共和国公民和俄罗斯联邦公民（以下简称劳动者）：

A、执行具有劳动关系的长期居住国企业法人与接受国企业法人或自然人（以下简称"业主"）签定的有关完成工作或提供服务的协议（以下简称"协议"）的劳动者；

B、执行劳动者本人与接受国法人雇主达成劳动协议（合同）的劳动者。

第二条

1. 双方负责本协定实施的机关（以下简称"双方主管机关"）为：

在中华人民共和国一中华人民共和国对外贸易经济合作部、中华人民共和国劳动和社会保障部、中华人民共和国国家外国专家局；

在俄罗斯联邦一俄罗斯联邦联邦、民族和移民政策事务部和俄罗斯联邦劳动和社会发展部。

2. 双方主管机关成立工作小组，以解决与执行本协定有关的问题。必要时，工作小组可轮流在中华人民共和国或俄罗斯联邦举行例会。

第三条

1. 吸收和利用劳动者应根据双方国家的法规和本协定的规定办理。

2. 双方主管机关应及时将本国有关引进和利用外国劳动力法规中的变动通告对方。

3. 接受国可根据本国国内劳动力市场对外国劳动力的需求确定从对方国引进劳动

者的数量。

第四条

1. 劳动者在获得根据接受国引进和利用外国劳动力的法规而颁发的许可证后，方可在接受国进行劳动。

2. 许可证的有效期不超过一年。如雇主请求理由充分，许可证有效期可以延长，但延长期不超过一年。

第五条

1. 保证劳动者在接受国境内居留期间享有该国法律所规定的权利和自由。

2. 劳动者必须遵守接受国法律、外国公民在该国境内居留的规定和本协定的规定。

第六条

1. 本协定第 1 条 A 款所指劳动者的劳动报酬和其他劳动条件由与长期居住国企业法人所签的劳动协议（合同）和协议条款予以规定。

劳动协议（合同）和协议应书面签定。劳动协议（合同）和协议所签条款应符合中华人民共和国和俄罗斯联邦劳动法规及本协定的规定。

2. 本协定第 1 条 B 款所指劳动者的劳动报酬和其他劳动条件由同接受国雇主所签的劳动协议（合同）予以规定。

劳动协议（合同）应书面签定。劳动协议（合同）所签条款应符合接受国劳动法规和本协定的规定，并包含所有与劳动者在接受国劳动和居留相关的基本条件。

3. 本协定第 1 条 B 款所指劳动者的劳动报酬和劳动条件不应低于或差于接受国同一雇主处从事同等工种、同等技术水平的公民的劳动报酬和劳动条件。

关联法规：

第七条

劳动者的健康状况应适合从事向其提供的工作，并具有相应的健康证明，劳动者年龄必须在十八周岁以上。

第八条

如劳动者从事行业属于特定行业、有特种技能要求，则应出具相应的专业证书和特种技能证书，该证书须附有用接受国官方语言书就的译文并依法进行公证。

第九条

1. 劳动者不得从事许可证指定范围之外的任何其他有偿劳动。

2. 如查实劳动者正在从事或从事了许可证指定范围之外的其他有偿劳动或私自更换雇主，则许可证将被取消。

3. 许可证不得转让给其他雇主。许可证项下招收的劳动者不得被转为其他雇主工作。

第十条

1. 当协议由于业主原因提前解除或终止时，长期居住国企业法人向与其有劳动关系的劳动者提供补偿。业主根据协议中的有关上述情况发生时的责任条款规定偿还该企业法人用于支付补偿的费用。

2. 本协定第一条 B 款所指劳动者所签劳动协议（合同）因雇主停止经营活动或采取缩编减员措施而被提前解除时，应根据接受国为由于上述原因而被解雇的劳动者所作出的法律规定对劳动者提供赔偿。

在这种情况下，如果距原劳动许可证有效期满三个月以上并取得新的劳动许可证，劳动者有权同接受国其他雇主签订劳动协议，期限为距原劳动许可证期满所剩时间。

3. 当许可证有效期满及发生本协定第 9 条第 2 款所指情况时，劳动者应离开接受国。

第十一条

1. 劳动者出入接受国的程序应按接受国法律和中华人民共和国和俄罗斯联邦签署的相关协定的规定办理。

2. 劳动者办理出入接受国、在接受国居留手续的费用按劳动协议（合同）或协议的规定处理。

如劳动协议（合同）或协议条款未规定上述费用负担问题，则劳动者从接受国出境的费用由业主承担。

第十二条

1. 本协定第 1 条 A 款所指劳动者的养老保险（保障）、失业保险（补贴）、医疗保险（保障）问题以及劳动者在劳动期间发生的和由于劳动直接造成的工伤、职业病及其他健康损害的赔偿，按照长期居住国的法律规定办理。

2. 本协定第 1 条 B 款所指劳动者的养老保险（保障）和失业保险（补贴）问题按长期居住国的法律规定办理。

劳动者的强制性医疗保险以及劳动者在劳动期间发生的和由于劳动直接造成的工

伤、职业病及其他健康损害的赔偿，由雇主按照接受国的法律规定办理。

第十三条

1. 当本协定第 1 条 A 款所指劳动者死亡时，与其存在劳动关系的长期居住国企业法人在业主的协助下将死者骨灰（遗体）运回长期居住国，并承担运送、邮寄或汇回死者财物的一切费用及根据长期居住国法律应进行的赔偿。业主根据协议中有关发生上述情况时的双方责任条款补偿上述法人遭受的损失。

2. 当本协定第 1 条 B 款所指劳动者死亡时，雇主出资、组织将死者遗体（骨灰）运送回长期居住国，同时承担运送、邮寄或汇回死者财物的一切费用。劳动者由于雇主过失及工伤死亡时，雇主按接受国法律支付赔偿金和补贴。

3. 雇主和（或）业主应立即将劳动者死亡事件通知劳动者注册地的公安部门和死者长期居住国的领事机构，并向其提供死亡事实的材料。

第十四条

1. 根据本协定进行劳动的劳动者，可按接受国有关法律规定，将赚取的外汇或实物（即以实物作为劳动报酬支付劳动者的商品）运回、寄回或汇回其长期居住国。

2. 对劳动者所得征税的程序与数额，应按接受国法律和 1994 年 5 月 27 日签署的《中华人民共和国政府和俄罗斯联邦政府关于对所得避免双重征税和防止偷漏税的协定》办理。

第十五条

劳动者的个人财产、进行劳动所必需的工具和其他商品出入接受国国境应依据接受国有关规定办理。

第十六条

1. 本协定第 1 条 A 款所指劳动者根据长期居住国法律规定享有休息和休假的权利。

2. 本协定第 1 条 B 款所指劳动者根据接受国法律规定享有休息和休假的权利，根据劳动协议（合同）规定在长期居住国法定节日期间可以不工作。

第十七条

1. 本协定自双方最终收到确认使本协定生效所必需的国内程序履行完毕的通知之日起生效。

2. 本协定有效期为三年。如双方中的任何一方未在本协定相应有效期满前六个月内书面通知另一方终止本协定，则本协定的有效期每次将自动延长一年。

3. 本协定终止时，协定有效期间颁发的劳动许可证，在许可证到期之前继续有效。本协定终止时，协定规定对在协定有效期内已经签订的协议和劳动协议（合同）继续有效，直至其期满。

4. 自本协定生效之日起，1992 年 8 月 19 日签署的《中华人民共和国政府与俄罗斯联邦政府关于派遣和吸收中国公民在俄罗斯联邦企业、联合公司及机构工作的原则协定》和中华人民共和国国家外国专家局与俄罗斯联邦劳动部 1992 年 12 月 18 日签署的《关于俄罗斯联邦向中华人民共和国派遣技术专家的协定》将终止生效。

本协定于二〇〇〇年十一月三日在北京签订，共两份，每份均用中文和俄文书就，两种文本同等作准。

中华人民共和国政府　　俄罗斯联邦政府

代表　　　　　　　　代表

石广生　　　　　亚·维·勃洛欣

第六章 　财税金融政策

# 财政部 国家税务总局
# 关于全面推开营业税改征增值税试点的通知

## （财税〔2016〕36 号）

各省、自治区、直辖市、计划单列市财政厅（局）、国家税务局、地方税务局，新疆生产建设兵团财务局：

经国务院批准，自 2016 年 5 月 1 日起，在全国范围内全面推开营业税改征增值税（以下称营改增）试点，建筑业、房地产业、金融业、生活服务业等全部营业税纳税人，纳入试点范围，由缴纳营业税改为缴纳增值税。现将《营业税改征增值税试点实施办法》、《营业税改征增值税试点有关事项的规定》、《营业税改征增值税试点过渡政策的规定》和《跨境应税行为适用增值税零税率和免税政策的规定》印发你们，请遵照执行。

本通知附件规定的内容，除另有规定执行时间外，自 2016 年 5 月 1 日起执行。《财政部 国家税务总局关于将铁路运输和邮政业纳入营业税改征增值税试点的通知》（财税〔2013〕106 号）、《财政部 国家税务总局关于铁路运输和邮政业营业税改征增值税试点有关政策的补充通知》（财税〔2013〕121 号）、《财政部 国家税务总局关于将电信业纳入营业税改征增值税试点的通知》（财税〔2014〕43 号）、《财政部 国家税务总局关于国际水路运输增值税零税率政策的补充通知》（财税〔2014〕50 号）和《财政部 国家税务总局关于影视等出口服务适用增值税零税率政策的通知》（财税〔2015〕118 号），除另有规定的条款外，相应废止。

各地要高度重视营改增试点工作，切实加强试点工作的组织领导，周密安排，明确责任，采取各种有效措施，做好试点前的各项准备以及试点过程中的监测分析和宣传解释等工作，确保改革的平稳、有序、顺利进行。遇到问题请及时向财政部和国家税务总局反映。

附件：1. 营业税改征增值税试点实施办法

2. 营业税改征增值税试点有关事项的规定

3. 营业税改征增值税试点过渡政策的规定

4. 跨境应税行为适用增值税零税率和免税政策的规定

2016 年 3 月 23 日

附件1：

# 营业税改征增值税试点实施办法

## 第一章　纳税人和扣缴义务人

第一条　在中华人民共和国境内（以下称境内）销售服务、无形资产或者不动产（以下称应税行为）的单位和个人，为增值税纳税人，应当按照本办法缴纳增值税，不缴纳营业税。

单位，是指企业、行政单位、事业单位、军事单位、社会团体及其他单位。

个人，是指个体工商户和其他个人。

第二条　单位以承包、承租、挂靠方式经营的，承包人、承租人、挂靠人（以下统称承包人）以发包人、出租人、被挂靠人（以下统称发包人）名义对外经营并由发包人承担相关法律责任的，以该发包人为纳税人。否则，以承包人为纳税人。

第三条　纳税人分为一般纳税人和小规模纳税人。

应税行为的年应征增值税销售额（以下称应税销售额）超过财政部和国家税务总局规定标准的纳税人为一般纳税人，未超过规定标准的纳税人为小规模纳税人。

年应税销售额超过规定标准的其他个人不属于一般纳税人。年应税销售额超过规定标准但不经常发生应税行为的单位和个体工商户可选择按照小规模纳税人纳税。

第四条　年应税销售额未超过规定标准的纳税人，会计核算健全，能够提供准确税务资料的，可以向主管税务机关办理一般纳税人资格登记，成为一般纳税人。

会计核算健全，是指能够按照国家统一的会计制度规定设置账簿，根据合法、有效凭证核算。

第五条　符合一般纳税人条件的纳税人应当向主管税务机关办理一般纳税人资格登记。具体登记办法由国家税务总局制定。

除国家税务总局另有规定外，一经登记为一般纳税人后，不得转为小规模纳税人。

第六条　中华人民共和国境外（以下称境外）单位或者个人在境内发生应税行为，在境内未设有经营机构的，以购买方为增值税扣缴义务人。财政部和国家税务总局另有规定的除外。

第七条　两个或者两个以上的纳税人，经财政部和国家税务总局批准可以视为一个纳税人合并纳税。具体办法由财政部和国家税务总局另行制定。

第八条　纳税人应当按照国家统一的会计制度进行增值税会计核算。

## 第二章　征税范围

第九条　应税行为的具体范围，按照本办法所附的《销售服务、无形资产、不动产注释》执行。

第十条　销售服务、无形资产或者不动产，是指有偿提供服务、有偿转让无形资产或者不动产，但属于下列非经营活动的情形除外：

（一）行政单位收取的同时满足以下条件的政府性基金或者行政事业性收费。

1. 由国务院或者财政部批准设立的政府性基金，由国务院或者省级人民政府及其财政、价格主管部门批准设立的行政事业性收费；

2. 收取时开具省级以上（含省级）财政部门监（印）制的财政票据；

3. 所收款项全额上缴财政。

（二）单位或者个体工商户聘用的员工为本单位或者雇主提供取得工资的服务。

（三）单位或者个体工商户为聘用的员工提供服务。

（四）财政部和国家税务总局规定的其他情形。

第十一条　有偿，是指取得货币、货物或者其他经济利益。

第十二条　在境内销售服务、无形资产或者不动产，是指：

（一）服务（租赁不动产除外）或者无形资产（自然资源使用权除外）的销售方或者购买方在境内；

（二）所销售或者租赁的不动产在境内；

（三）所销售自然资源使用权的自然资源在境内；

（四）财政部和国家税务总局规定的其他情形。

第十三条　下列情形不属于在境内销售服务或者无形资产：

（一）境外单位或者个人向境内单位或者个人销售完全在境外发生的服务。

（二）境外单位或者个人向境内单位或者个人销售完全在境外使用的无形资产。

（三）境外单位或者个人向境内单位或者个人出租完全在境外使用的有形动产。

（四）财政部和国家税务总局规定的其他情形。

第十四条 下列情形视同销售服务、无形资产或者不动产：

（一）单位或者个体工商户向其他单位或者个人无偿提供服务，但用于公益事业或者以社会公众为对象的除外。

（二）单位或者个人向其他单位或者个人无偿转让无形资产或者不动产，但用于公益事业或者以社会公众为对象的除外。

（三）财政部和国家税务总局规定的其他情形。

## 第三章 税率和征收率

第十五条 增值税税率：

（一）纳税人发生应税行为，除本条第（二）项、第（三）项、第（四）项规定外，税率为6%。

（二）提供交通运输、邮政、基础电信、建筑、不动产租赁服务，销售不动产，转让土地使用权，税率为11%。

（三）提供有形动产租赁服务，税率为17%。

（四）境内单位和个人发生的跨境应税行为，税率为零。具体范围由财政部和国家税务总局另行规定。

第十六条 增值税征收率为3%，财政部和国家税务总局另有规定的除外。

## 第四章 应纳税额的计算

### 第一节 一般性规定

第十七条 增值税的计税方法，包括一般计税方法和简易计税方法。

第十八条 一般纳税人发生应税行为适用一般计税方法计税。

一般纳税人发生财政部和国家税务总局规定的特定应税行为，可以选择适用简易计税方法计税，但一经选择，36个月内不得变更。

第十九条 小规模纳税人发生应税行为适用简易计税方法计税。

第二十条 境外单位或者个人在境内发生应税行为，在境内未设有经营机构的，扣缴义务人按照下列公式计算应扣缴税额：

应扣缴税额＝购买方支付的价款÷（1＋税率）×税率

## 第二节　一般计税方法

第二十一条　一般计税方法的应纳税额，是指当期销项税额抵扣当期进项税额后的余额。应纳税额计算公式：

应纳税额＝当期销项税额－当期进项税额

当期销项税额小于当期进项税额不足抵扣时，其不足部分可以结转下期继续抵扣。

第二十二条　销项税额，是指纳税人发生应税行为按照销售额和增值税税率计算并收取的增值税额。销项税额计算公式：

销项税额＝销售额×税率

第二十三条　一般计税方法的销售额不包括销项税额，纳税人采用销售额和销项税额合并定价方法的，按照下列公式计算销售额：

销售额＝含税销售额÷（1＋税率）

第二十四条　进项税额，是指纳税人购进货物、加工修理修配劳务、服务、无形资产或者不动产，支付或者负担的增值税额。

第二十五条　下列进项税额准予从销项税额中抵扣：

（一）从销售方取得的增值税专用发票（含税控机动车销售统一发票，下同）上注明的增值税额。

（二）从海关取得的海关进口增值税专用缴款书上注明的增值税额。

（三）购进农产品，除取得增值税专用发票或者海关进口增值税专用缴款书外，按照农产品收购发票或者销售发票上注明的农产品买价和13%的扣除率计算的进项税额。计算公式为：

进项税额＝买价×扣除率

买价，是指纳税人购进农产品在农产品收购发票或者销售发票上注明的价款和按照规定缴纳的烟叶税。

购进农产品，按照《农产品增值税进项税额核定扣除试点实施办法》抵扣进项税额的除外。

（四）从境外单位或者个人购进服务、无形资产或者不动产，自税务机关或者扣缴义务人取得的解缴税款的完税凭证上注明的增值税额。

第二十六条　纳税人取得的增值税扣税凭证不符合法律、行政法规或者国家税务总局有关规定的，其进项税额不得从销项税额中抵扣。

增值税扣税凭证，是指增值税专用发票、海关进口增值税专用缴款书、农产品收购发票、农产品销售发票和完税凭证。

纳税人凭完税凭证抵扣进项税额的，应当具备书面合同、付款证明和境外单位的对账单或者发票。资料不全的，其进项税额不得从销项税额中抵扣。

第二十七条　下列项目的进项税额不得从销项税额中抵扣：

（一）用于简易计税方法计税项目、免征增值税项目、集体福利或者个人消费的购进货物、加工修理修配劳务、服务、无形资产和不动产。其中涉及的固定资产、无形资产、不动产，仅指专用于上述项目的固定资产、无形资产（不包括其他权益性无形资产）、不动产。

纳税人的交际应酬消费属于个人消费。

（二）非正常损失的购进货物，以及相关的加工修理修配劳务和交通运输服务。

（三）非正常损失的在产品、产成品所耗用的购进货物（不包括固定资产）、加工修理修配劳务和交通运输服务。

（四）非正常损失的不动产，以及该不动产所耗用的购进货物、设计服务和建筑服务。

（五）非正常损失的不动产在建工程所耗用的购进货物、设计服务和建筑服务。

纳税人新建、改建、扩建、修缮、装饰不动产，均属于不动产在建工程。

（六）购进的旅客运输服务、贷款服务、餐饮服务、居民日常服务和娱乐服务。

（七）财政部和国家税务总局规定的其他情形。

本条第（四）项、第（五）项所称货物，是指构成不动产实体的材料和设备，包括建筑装饰材料和给排水、采暖、卫生、通风、照明、通讯、煤气、消防、中央空调、电梯、电气、智能化楼宇设备及配套设施。

第二十八条　不动产、无形资产的具体范围，按照本办法所附的《销售服务、无形资产或者不动产注释》执行。

固定资产，是指使用期限超过 12 个月的机器、机械、运输工具以及其他与生产经营有关的设备、工具、器具等有形动产。

非正常损失，是指因管理不善造成货物被盗、丢失、霉烂变质，以及因违反法律法规造成货物或者不动产被依法没收、销毁、拆除的情形。

第二十九条　适用一般计税方法的纳税人，兼营简易计税方法计税项目、免征增值税项目而无法划分不得抵扣的进项税额，按照下列公式计算不得抵扣的进项税额：

不得抵扣的进项税额＝当期无法划分的全部进项税额×（当期简易计税方法计税项目销售额＋免征增值税项目销售额）÷当期全部销售额

主管税务机关可以按照上述公式依据年度数据对不得抵扣的进项税额进行清算。

第三十条　已抵扣进项税额的购进货物（不含固定资产）、劳务、服务，发生本办法第二十七条规定情形（简易计税方法计税项目、免征增值税项目除外）的，应当将该进项税额从当期进项税额中扣减；无法确定该进项税额的，按照当期实际成本计算应扣减的进项税额。

第三十一条　已抵扣进项税额的固定资产、无形资产或者不动产，发生本办法第二十七条规定情形的，按照下列公式计算不得抵扣的进项税额：

不得抵扣的进项税额＝固定资产、无形资产或者不动产净值×适用税率

固定资产、无形资产或者不动产净值，是指纳税人根据财务会计制度计提折旧或摊销后的余额。

第三十二条　纳税人适用一般计税方法计税的，因销售折让、中止或者退回而退还给购买方的增值税额，应当从当期的销项税额中扣减；因销售折让、中止或者退回而收回的增值税额，应当从当期的进项税额中扣减。

第三十三条　有下列情形之一者，应当按照销售额和增值税税率计算应纳税额，不得抵扣进项税额，也不得使用增值税专用发票：

（一）一般纳税人会计核算不健全，或者不能够提供准确税务资料的。

（二）应当办理一般纳税人资格登记而未办理的。

### 第三节　简易计税方法

第三十四条　简易计税方法的应纳税额，是指按照销售额和增值税征收率计算的增值税额，不得抵扣进项税额。应纳税额计算公式：

应纳税额＝销售额×征收率

第三十五条　简易计税方法的销售额不包括其应纳税额，纳税人采用销售额和应纳税额合并定价方法的，按照下列公式计算销售额：

销售额＝含税销售额÷（1＋征收率）

第三十六条　纳税人适用简易计税方法计税的，因销售折让、中止或者退回而退

还给购买方的销售额，应当从当期销售额中扣减。扣减当期销售额后仍有余额造成多缴的税款，可以从以后的应纳税额中扣减。

## 第四节 销售额的确定

第三十七条 销售额，是指纳税人发生应税行为取得的全部价款和价外费用，财政部和国家税务总局另有规定的除外。

价外费用，是指价外收取的各种性质的收费，但不包括以下项目：

（一）代为收取并符合本办法第十条规定的政府性基金或者行政事业性收费。

（二）以委托方名义开具发票代委托方收取的款项。

第三十八条 销售额以人民币计算。

纳税人按照人民币以外的货币结算销售额的，应当折合成人民币计算，折合率可以选择销售额发生的当天或者当月 1 日的人民币汇率中间价。纳税人应当在事先确定采用何种折合率，确定后 12 个月内不得变更。

第三十九条 纳税人兼营销售货物、劳务、服务、无形资产或者不动产，适用不同税率或者征收率的，应当分别核算适用不同税率或者征收率的销售额；未分别核算的，从高适用税率。

第四十条 一项销售行为如果既涉及服务又涉及货物，为混合销售。从事货物的生产、批发或者零售的单位和个体工商户的混合销售行为，按照销售货物缴纳增值税；其他单位和个体工商户的混合销售行为，按照销售服务缴纳增值税。

本条所称从事货物的生产、批发或者零售的单位和个体工商户，包括以从事货物的生产、批发或者零售为主，并兼营销售服务的单位和个体工商户在内。

第四十一条 纳税人兼营免税、减税项目的，应当分别核算免税、减税项目的销售额；未分别核算的，不得免税、减税。

第四十二条 纳税人发生应税行为，开具增值税专用发票后，发生开票有误或者销售折让、中止、退回等情形的，应当按照国家税务总局的规定开具红字增值税专用发票；未按照规定开具红字增值税专用发票的，不得按照本办法第三十二条和第三十六条的规定扣减销项税额或者销售额。

第四十三条 纳税人发生应税行为，将价款和折扣额在同一张发票上分别注明的，以折扣后的价款为销售额；未在同一张发票上分别注明的，以价款为销售额，不得扣减折扣额。

第四十四条　纳税人发生应税行为价格明显偏低或者偏高且不具有合理商业目的的，或者发生本办法第十四条所列行为而无销售额的，主管税务机关有权按照下列顺序确定销售额：

（一）按照纳税人最近时期销售同类服务、无形资产或者不动产的平均价格确定。

（二）按照其他纳税人最近时期销售同类服务、无形资产或者不动产的平均价格确定。

（三）按照组成计税价格确定。组成计税价格的公式为：

组成计税价格 = 成本 × （1 + 成本利润率）

成本利润率由国家税务总局确定。

不具有合理商业目的，是指以谋取税收利益为主要目的，通过人为安排，减少、免除、推迟缴纳增值税税款，或者增加退还增值税税款。

## 第五章　纳税义务、扣缴义务发生时间和纳税地点

第四十五条　增值税纳税义务、扣缴义务发生时间为：

（一）纳税人发生应税行为并收讫销售款项或者取得索取销售款项凭据的当天；先开具发票的，为开具发票的当天。

收讫销售款项，是指纳税人销售服务、无形资产、不动产过程中或者完成后收到款项。

取得索取销售款项凭据的当天，是指书面合同确定的付款日期；未签订书面合同或者书面合同未确定付款日期的，为服务、无形资产转让完成的当天或者不动产权属变更的当天。

（二）纳税人提供建筑服务、租赁服务采取预收款方式的，其纳税义务发生时间为收到预收款的当天。

（三）纳税人从事金融商品转让的，为金融商品所有权转移的当天。

（四）纳税人发生本办法第十四条规定情形的，其纳税义务发生时间为服务、无形资产转让完成的当天或者不动产权属变更的当天。

（五）增值税扣缴义务发生时间为纳税人增值税纳税义务发生的当天。

第四十六条　增值税纳税地点为：

（一）固定业户应当向其机构所在地或者居住地主管税务机关申报纳税。总机构

和分支机构不在同一县（市）的，应当分别向各自所在地的主管税务机关申报纳税；经财政部和国家税务总局或者其授权的财政和税务机关批准，可以由总机构汇总向总机构所在地的主管税务机关申报纳税。

（二）非固定业户应当向应税行为发生地主管税务机关申报纳税；未申报纳税的，由其机构所在地或者居住地主管税务机关补征税款。

（三）其他个人提供建筑服务，销售或者租赁不动产，转让自然资源使用权，应向建筑服务发生地、不动产所在地、自然资源所在地主管税务机关申报纳税。

（四）扣缴义务人应当向其机构所在地或者居住地主管税务机关申报缴纳扣缴的税款。

第四十七条 增值税的纳税期限分别为 1 日、3 日、5 日、10 日、15 日、1 个月或者 1 个季度。纳税人的具体纳税期限，由主管税务机关根据纳税人应纳税额的大小分别核定。以 1 个季度为纳税期限的规定适用于小规模纳税人、银行、财务公司、信托投资公司、信用社，以及财政部和国家税务总局规定的其他纳税人。不能按照固定期限纳税的，可以按次纳税。

纳税人以 1 个月或者 1 个季度为 1 个纳税期的，自期满之日起 15 日内申报纳税；以 1 日、3 日、5 日、10 日或者 15 日为 1 个纳税期的，自期满之日起 5 日内预缴税款，于次月 1 日起 15 日内申报纳税并结清上月应纳税款。

扣缴义务人解缴税款的期限，按照前两款规定执行。

## 第六章 税收减免的处理

第四十八条 纳税人发生应税行为适用免税、减税规定的，可以放弃免税、减税，依照本办法的规定缴纳增值税。放弃免税、减税后，36 个月内不得再申请免税、减税。

纳税人发生应税行为同时适用免税和零税率规定的，纳税人可以选择适用免税或者零税率。

第四十九条 个人发生应税行为的销售额未达到增值税起征点的，免征增值税；达到起征点的，全额计算缴纳增值税。

增值税起征点不适用于登记为一般纳税人的个体工商户。

第五十条 增值税起征点幅度如下：

（一）按期纳税的，为月销售额 5000－20000 元（含本数）。

（二）按次纳税的，为每次（日）销售额 300－500 元（含本数）。

起征点的调整由财政部和国家税务总局规定。省、自治区、直辖市财政厅（局）和国家税务局应当在规定的幅度内，根据实际情况确定本地区适用的起征点，并报财政部和国家税务总局备案。

对增值税小规模纳税人中月销售额未达到 2 万元的企业或非企业性单位，免征增值税。2017 年 12 月 31 日前，对月销售额 2 万元（含本数）至 3 万元的增值税小规模纳税人，免征增值税。

## 第七章　征收管理

第五十一条　营业税改征的增值税，由国家税务局负责征收。纳税人销售取得的不动产和其他个人出租不动产的增值税，国家税务局暂委托地方税务局代为征收。

第五十二条　纳税人发生适用零税率的应税行为，应当按期向主管税务机关申报办理退（免）税，具体办法由财政部和国家税务总局制定。

第五十三条　纳税人发生应税行为，应当向索取增值税专用发票的购买方开具增值税专用发票，并在增值税专用发票上分别注明销售额和销项税额。

属于下列情形之一的，不得开具增值税专用发票：

（一）向消费者个人销售服务、无形资产或者不动产。

（二）适用免征增值税规定的应税行为。

第五十四条　小规模纳税人发生应税行为，购买方索取增值税专用发票的，可以向主管税务机关申请代开。

第五十五条　纳税人增值税的征收管理，按照本办法和《中华人民共和国税收征收管理法》及现行增值税征收管理有关规定执行。

附：销售服务、无形资产、不动产注释

附：

# 销售服务、无形资产、不动产注释

### 一、销售服务

销售服务，是指提供交通运输服务、邮政服务、电信服务、建筑服务、金融服务、现代服务、生活服务。

（一）交通运输服务。

交通运输服务，是指利用运输工具将货物或者旅客送达目的地，使其空间位置得到转移的业务活动。包括陆路运输服务、水路运输服务、航空运输服务和管道运输服务。

1. 陆路运输服务。

陆路运输服务，是指通过陆路（地上或者地下）运送货物或者旅客的运输业务活动，包括铁路运输服务和其他陆路运输服务。

（1）铁路运输服务，是指通过铁路运送货物或者旅客的运输业务活动。

（2）其他陆路运输服务，是指铁路运输以外的陆路运输业务活动。包括公路运输、缆车运输、索道运输、地铁运输、城市轻轨运输等。

出租车公司向使用本公司自有出租车的出租车司机收取的管理费用，按照陆路运输服务缴纳增值税。

2. 水路运输服务。

水路运输服务，是指通过江、河、湖、川等天然、人工水道或者海洋航道运送货物或者旅客的运输业务活动。

水路运输的程租、期租业务，属于水路运输服务。

程租业务，是指运输企业为租船人完成某一特定航次的运输任务并收取租赁费的业务。

期租业务，是指运输企业将配备有操作人员的船舶承租给他人使用一定期限，承租期内听候承租方调遣，不论是否经营，均按天向承租方收取租赁费，发生的固定费用均由船东负担的业务。

3. 航空运输服务。

航空运输服务，是指通过空中航线运送货物或者旅客的运输业务活动。

航空运输的湿租业务，属于航空运输服务。

湿租业务，是指航空运输企业将配备有机组人员的飞机承租给他人使用一定期限，承租期内听候承租方调遣，不论是否经营，均按一定标准向承租方收取租赁费，发生的固定费用均由承租方承担的业务。

航天运输服务，按照航空运输服务缴纳增值税。

航天运输服务，是指利用火箭等载体将卫星、空间探测器等空间飞行器发射到空间轨道的业务活动。

4. 管道运输服务。

管道运输服务，是指通过管道设施输送气体、液体、固体物质的运输业务活动。

无运输工具承运业务，按照交通运输服务缴纳增值税。

无运输工具承运业务，是指经营者以承运人身份与托运人签订运输服务合同，收取运费并承担承运人责任，然后委托实际承运人完成运输服务的经营活动。

（二）邮政服务。

邮政服务，是指中国邮政集团公司及其所属邮政企业提供邮件寄递、邮政汇兑和机要通信等邮政基本服务的业务活动。包括邮政普遍服务、邮政特殊服务和其他邮政服务。

1. 邮政普遍服务。

邮政普遍服务，是指函件、包裹等邮件寄递，以及邮票发行、报刊发行和邮政汇兑等业务活动。

函件，是指信函、印刷品、邮资封片卡、无名址函件和邮政小包等。

包裹，是指按照封装上的名址递送给特定个人或者单位的独立封装的物品，其重量不超过五十千克，任何一边的尺寸不超过一百五十厘米，长、宽、高合计不超过三百厘米。

2. 邮政特殊服务。

邮政特殊服务，是指义务兵平常信函、机要通信、盲人读物和革命烈士遗物的寄递等业务活动。

3. 其他邮政服务。

其他邮政服务，是指邮册等邮品销售、邮政代理等业务活动。

（三）电信服务。

电信服务，是指利用有线、无线的电磁系统或者光电系统等各种通信网络资源，提供语音通话服务，传送、发射、接收或者应用图像、短信等电子数据和信息的业务活动。包括基础电信服务和增值电信服务。

1. 基础电信服务。

基础电信服务，是指利用固网、移动网、卫星、互联网，提供语音通话服务的业务活动，以及出租或者出售带宽、波长等网络元素的业务活动。

2. 增值电信服务。

增值电信服务，是指利用固网、移动网、卫星、互联网、有线电视网络，提供短信和彩信服务、电子数据和信息的传输及应用服务、互联网接入服务等业务活动。

卫星电视信号落地转接服务，按照增值电信服务缴纳增值税。

（四）建筑服务。

建筑服务，是指各类建筑物、构筑物及其附属设施的建造、修缮、装饰，线路、管道、设备、设施等的安装以及其他工程作业的业务活动。包括工程服务、安装服务、修缮服务、装饰服务和其他建筑服务。

1. 工程服务。

工程服务，是指新建、改建各种建筑物、构筑物的工程作业，包括与建筑物相连的各种设备或者支柱、操作平台的安装或者装设工程作业，以及各种窑炉和金属结构工程作业。

2. 安装服务。

安装服务，是指生产设备、动力设备、起重设备、运输设备、传动设备、医疗实验设备以及其他各种设备、设施的装配、安置工程作业，包括与被安装设备相连的工作台、梯子、栏杆的装设工程作业，以及被安装设备的绝缘、防腐、保温、油漆等工程作业。

固定电话、有线电视、宽带、水、电、燃气、暖气等经营者向用户收取的安装费、初装费、开户费、扩容费以及类似收费，按照安装服务缴纳增值税。

3. 修缮服务。

修缮服务，是指对建筑物、构筑物进行修补、加固、养护、改善，使之恢复原来的使用价值或者延长其使用期限的工程作业。

4. 装饰服务。

装饰服务，是指对建筑物、构筑物进行修饰装修，使之美观或者具有特定用途的工程作业。

5. 其他建筑服务。

其他建筑服务，是指上列工程作业之外的各种工程作业服务，如钻井（打井）、拆除建筑物或者构筑物、平整土地、园林绿化、疏浚（不包括航道疏浚）、建筑物平移、搭脚手架、爆破、矿山穿孔、表面附着物（包括岩层、土层、沙层等）剥离和清理等工程作业。

（五）金融服务。

金融服务，是指经营金融保险的业务活动。包括贷款服务、直接收费金融服务、保险服务和金融商品转让。

1. 贷款服务。

贷款，是指将资金贷与他人使用而取得利息收入的业务活动。

各种占用、拆借资金取得的收入，包括金融商品持有期间（含到期）利息（保本收益、报酬、资金占用费、补偿金等）收入、信用卡透支利息收入、买入返售金融商品利息收入、融资融券收取的利息收入，以及融资性售后回租、押汇、罚息、票据贴现、转贷等业务取得的利息及利息性质的收入，按照贷款服务缴纳增值税。

融资性售后回租，是指承租方以融资为目的，将资产出售给从事融资性售后回租业务的企业后，从事融资性售后回租业务的企业将该资产出租给承租方的业务活动。

以货币资金投资收取的固定利润或者保底利润，按照贷款服务缴纳增值税。

2. 直接收费金融服务。

直接收费金融服务，是指为货币资金融通及其他金融业务提供相关服务并且收取费用的业务活动。包括提供货币兑换、账户管理、电子银行、信用卡、信用证、财务担保、资产管理、信托管理、基金管理、金融交易场所（平台）管理、资金结算、资金清算、金融支付等服务。

3. 保险服务。

保险服务，是指投保人根据合同约定，向保险人支付保险费，保险人对于合同约定的可能发生的事故因其发生所造成的财产损失承担赔偿保险金责任，或者当被保险人死亡、伤残、疾病或者达到合同约定的年龄、期限等条件时承担给付保险金责任的商业保险行为。包括人身保险服务和财产保险服务。

人身保险服务，是指以人的寿命和身体为保险标的的保险业务活动。

财产保险服务，是指以财产及其有关利益为保险标的的保险业务活动。

4. 金融商品转让。

金融商品转让，是指转让外汇、有价证券、非货物期货和其他金融商品所有权的业务活动。

其他金融商品转让包括基金、信托、理财产品等各类资产管理产品和各种金融衍生品的转让。

（六）现代服务。

现代服务，是指围绕制造业、文化产业、现代物流产业等提供技术性、知识性服务的业务活动。包括研发和技术服务、信息技术服务、文化创意服务、物流辅助服务、租赁服务、鉴证咨询服务、广播影视服务、商务辅助服务和其他现代服务。

1. 研发和技术服务。

研发和技术服务，包括研发服务、合同能源管理服务、工程勘察勘探服务、专业技术服务。

（1）研发服务，也称技术开发服务，是指就新技术、新产品、新工艺或者新材料及其系统进行研究与试验开发的业务活动。

（2）合同能源管理服务，是指节能服务公司与用能单位以契约形式约定节能目标，节能服务公司提供必要的服务，用能单位以节能效果支付节能服务公司投入及其合理报酬的业务活动。

（3）工程勘察勘探服务，是指在采矿、工程施工前后，对地形、地质构造、地下资源蕴藏情况进行实地调查的业务活动。

（4）专业技术服务，是指气象服务、地震服务、海洋服务、测绘服务、城市规划、环境与生态监测服务等专项技术服务。

2. 信息技术服务。

信息技术服务，是指利用计算机、通信网络等技术对信息进行生产、收集、处理、加工、存储、运输、检索和利用，并提供信息服务的业务活动。包括软件服务、电路设计及测试服务、信息系统服务、业务流程管理服务和信息系统增值服务。

（1）软件服务，是指提供软件开发服务、软件维护服务、软件测试服务的业务活动。

（2）电路设计及测试服务，是指提供集成电路和电子电路产品设计、测试及相关技术支持服务的业务活动。

（3）信息系统服务，是指提供信息系统集成、网络管理、网站内容维护、桌面管理与维护、信息系统应用、基础信息技术管理平台整合、信息技术基础设施管理、数据中心、托管中心、信息安全服务、在线杀毒、虚拟主机等业务活动。包括网站对非自有的网络游戏提供的网络运营服务。

（4）业务流程管理服务，是指依托信息技术提供的人力资源管理、财务经济管理、审计管理、税务管理、物流信息管理、经营信息管理和呼叫中心等服务的活动。

（5）信息系统增值服务，是指利用信息系统资源为用户附加提供的信息技术服务。包括数据处理、分析和整合、数据库管理、数据备份、数据存储、容灾服务、电子商务平台等。

3．文化创意服务。

文化创意服务，包括设计服务、知识产权服务、广告服务和会议展览服务。

（1）设计服务，是指把计划、规划、设想通过文字、语言、图画、声音、视觉等形式传递出来的业务活动。包括工业设计、内部管理设计、业务运作设计、供应链设计、造型设计、服装设计、环境设计、平面设计、包装设计、动漫设计、网游设计、展示设计、网站设计、机械设计、工程设计、广告设计、创意策划、文印晒图等。

（2）知识产权服务，是指处理知识产权事务的业务活动。包括对专利、商标、著作权、软件、集成电路布图设计的登记、鉴定、评估、认证、检索服务。

（3）广告服务，是指利用图书、报纸、杂志、广播、电视、电影、幻灯、路牌、招贴、橱窗、霓虹灯、灯箱、互联网等各种形式为客户的商品、经营服务项目、文体节目或者通告、声明等委托事项进行宣传和提供相关服务的业务活动。包括广告代理和广告的发布、播映、宣传、展示等。

（4）会议展览服务，是指为商品流通、促销、展示、经贸洽谈、民间交流、企业沟通、国际往来等举办或者组织安排的各类展览和会议的业务活动。

4．物流辅助服务。

物流辅助服务，包括航空服务、港口码头服务、货运客运场站服务、打捞救助服务、装卸搬运服务、仓储服务和收派服务。

（1）航空服务，包括航空地面服务和通用航空服务。

航空地面服务，是指航空公司、飞机场、民航管理局、航站等向在境内航行或者在境内机场停留的境内外飞机或者其他飞行器提供的导航等劳务性地面服务的业务活动。包括旅客安全检查服务、停机坪管理服务、机场候机厅管理服务、飞机清洗消毒服务、空中飞行管理服务、飞机起降服务、飞行通讯服务、地面信号服务、飞机安全服务、飞机跑道管理服务、空中交通管理服务等。

通用航空服务，是指为专业工作提供飞行服务的业务活动，包括航空摄影、航空培训、航空测量、航空勘探、航空护林、航空吊挂播洒、航空降雨、航空气象探测、航空海洋监测、航空科学实验等。

（2）港口码头服务，是指港务船舶调度服务、船舶通讯服务、航道管理服务、航道疏浚服务、灯塔管理服务、航标管理服务、船舶引航服务、理货服务、系解缆服务、停泊和移泊服务、海上船舶溢油清除服务、水上交通管理服务、船只专业清洗消毒检测服务和防止船只漏油服务等为船只提供服务的业务活动。

港口设施经营人收取的港口设施保安费按照港口码头服务缴纳增值税。

（3）货运客运场站服务，是指货运客运场站提供货物配载服务、运输组织服务、中转换乘服务、车辆调度服务、票务服务、货物打包整理、铁路线路使用服务、加挂铁路客车服务、铁路行包专列发送服务、铁路到达和中转服务、铁路车辆编解服务、车辆挂运服务、铁路接触网服务、铁路机车牵引服务等业务活动。

（4）打捞救助服务，是指提供船舶人员救助、船舶财产救助、水上救助和沉船沉物打捞服务的业务活动。

（5）装卸搬运服务，是指使用装卸搬运工具或者人力、畜力将货物在运输工具之间、装卸现场之间或者运输工具与装卸现场之间进行装卸和搬运的业务活动。

（6）仓储服务，是指利用仓库、货场或者其他场所代客贮放、保管货物的业务活动。

（7）收派服务，是指接受寄件人委托，在承诺的时限内完成函件和包裹的收件、分拣、派送服务的业务活动。

收件服务，是指从寄件人收取函件和包裹，并运送到服务提供方同城的集散中心的业务活动。

分拣服务，是指服务提供方在其集散中心对函件和包裹进行归类、分发的业务活动。

派送服务，是指服务提供方从其集散中心将函件和包裹送达同城的收件人的业务活动。

5. 租赁服务。

租赁服务，包括融资租赁服务和经营租赁服务。

（1）融资租赁服务，是指具有融资性质和所有权转移特点的租赁活动。即出租人根据承租人所要求的规格、型号、性能等条件购入有形动产或者不动产租赁给承租人，合同期内租赁物所有权属于出租人，承租人只拥有使用权，合同期满付清租金后，承租人有权按照残值购入租赁物，以拥有其所有权。不论出租人是否将租赁物销售给承租人，均属于融资租赁。

按照标的物的不同，融资租赁服务可分为有形动产融资租赁服务和不动产融资租赁服务。

融资性售后回租不按照本税目缴纳增值税。

（2）经营租赁服务，是指在约定时间内将有形动产或者不动产转让他人使用且租赁物所有权不变更的业务活动。

按照标的物的不同，经营租赁服务可分为有形动产经营租赁服务和不动产经营租赁服务。

将建筑物、构筑物等不动产或者飞机、车辆等有形动产的广告位出租给其他单位或者个人用于发布广告，按照经营租赁服务缴纳增值税。

车辆停放服务、道路通行服务（包括过路费、过桥费、过闸费等）等按照不动产经营租赁服务缴纳增值税。

水路运输的光租业务、航空运输的干租业务，属于经营租赁。

光租业务，是指运输企业将船舶在约定的时间内出租给他人使用，不配备操作人员，不承担运输过程中发生的各项费用，只收取固定租赁费的业务活动。

干租业务，是指航空运输企业将飞机在约定的时间内出租给他人使用，不配备机组人员，不承担运输过程中发生的各项费用，只收取固定租赁费的业务活动。

6. 鉴证咨询服务。

鉴证咨询服务，包括认证服务、鉴证服务和咨询服务。

（1）认证服务，是指具有专业资质的单位利用检测、检验、计量等技术，证明产品、服务、管理体系符合相关技术规范、相关技术规范的强制性要求或者标准的业务活动。

（2）鉴证服务，是指具有专业资质的单位受托对相关事项进行鉴证，发表具有证明力的意见的业务活动。包括会计鉴证、税务鉴证、法律鉴证、职业技能鉴定、工程造价鉴证、工程监理、资产评估、环境评估、房地产土地评估、建筑图纸审核、医疗事故鉴定等。

（3）咨询服务，是指提供信息、建议、策划、顾问等服务的活动。包括金融、软件、技术、财务、税收、法律、内部管理、业务运作、流程管理、健康等方面的咨询。

翻译服务和市场调查服务按照咨询服务缴纳增值税。

7. 广播影视服务。

广播影视服务，包括广播影视节目（作品）的制作服务、发行服务和播映（含放映，下同）服务。

（1）广播影视节目（作品）制作服务，是指进行专题（特别节目）、专栏、综艺、体育、动画片、广播剧、电视剧、电影等广播影视节目和作品制作的服务。具体包括与广播影视节目和作品相关的策划、采编、拍摄、录音、音视频文字图片素材制作、场景布置、后期的剪辑、翻译（编译）、字幕制作、片头、片尾、片花制作、特效制作、影片修复、编目和确权等业务活动。

（2）广播影视节目（作品）发行服务，是指以分账、买断、委托等方式，向影院、电台、电视台、网站等单位和个人发行广播影视节目（作品）以及转让体育赛事等活动的报道及播映权的业务活动。

（3）广播影视节目（作品）播映服务，是指在影院、剧院、录像厅及其他场所播映广播影视节目（作品），以及通过电台、电视台、卫星通信、互联网、有线电视等无线或者有线装置播映广播影视节目（作品）的业务活动。

8. 商务辅助服务。

商务辅助服务，包括企业管理服务、经纪代理服务、人力资源服务、安全保护服务。

（1）企业管理服务，是指提供总部管理、投资与资产管理、市场管理、物业管理、日常综合管理等服务的业务活动。

（2）经纪代理服务，是指各类经纪、中介、代理服务。包括金融代理、知识产权代理、货物运输代理、代理报关、法律代理、房地产中介、职业中介、婚姻中介、代理记账、拍卖等。

货物运输代理服务，是指接受货物收货人、发货人、船舶所有人、船舶承租人或者船舶经营人的委托，以委托人的名义，为委托人办理货物运输、装卸、仓储和船舶进出港口、引航、靠泊等相关手续的业务活动。

代理报关服务，是指接受进出口货物的收、发货人委托，代为办理报关手续的业务活动。

（3）人力资源服务，是指提供公共就业、劳务派遣、人才委托招聘、劳动力外包等服务的业务活动。

（4）安全保护服务，是指提供保护人身安全和财产安全，维护社会治安等的业务活动。包括场所住宅保安、特种保安、安全系统监控以及其他安保服务。

9. 其他现代服务。

其他现代服务，是指除研发和技术服务、信息技术服务、文化创意服务、物流辅助服务、租赁服务、鉴证咨询服务、广播影视服务和商务辅助服务以外的现代服务。

（七）生活服务。

生活服务，是指为满足城乡居民日常生活需求提供的各类服务活动。包括文化体育服务、教育医疗服务、旅游娱乐服务、餐饮住宿服务、居民日常服务和其他生活服务。

1. 文化体育服务。

文化体育服务，包括文化服务和体育服务。

（1）文化服务，是指为满足社会公众文化生活需求提供的各种服务。包括：文艺创作、文艺表演、文化比赛，图书馆的图书和资料借阅，档案馆的档案管理，文物及非物质遗产保护，组织举办宗教活动、科技活动、文化活动，提供游览场所。

（2）体育服务，是指组织举办体育比赛、体育表演、体育活动，以及提供体育训练、体育指导、体育管理的业务活动。

2. 教育医疗服务。

教育医疗服务，包括教育服务和医疗服务。

（1）教育服务，是指提供学历教育服务、非学历教育服务、教育辅助服务的业务活动。

学历教育服务，是指根据教育行政管理部门确定或者认可的招生和教学计划组织教学，并颁发相应学历证书的业务活动。包括初等教育、初级中等教育、高级中等教育、高等教育等。

非学历教育服务，包括学前教育、各类培训、演讲、讲座、报告会等。

教育辅助服务，包括教育测评、考试、招生等服务。

（2）医疗服务，是指提供医学检查、诊断、治疗、康复、预防、保健、接生、计划生育、防疫服务等方面的服务，以及与这些服务有关的提供药品、医用材料器具、救护车、病房住宿和伙食的业务。

3. 旅游娱乐服务。

旅游娱乐服务，包括旅游服务和娱乐服务。

（1）旅游服务，是指根据旅游者的要求，组织安排交通、游览、住宿、餐饮、购物、文娱、商务等服务的业务活动。

（2）娱乐服务，是指为娱乐活动同时提供场所和服务的业务。

具体包括：歌厅、舞厅、夜总会、酒吧、台球、高尔夫球、保龄球、游艺（包括射击、狩猎、跑马、游戏机、蹦极、卡丁车、热气球、动力伞、射箭、飞镖）。

4. 餐饮住宿服务。

餐饮住宿服务，包括餐饮服务和住宿服务。

（1）餐饮服务，是指通过同时提供饮食和饮食场所的方式为消费者提供饮食消费服务的业务活动。

（2）住宿服务，是指提供住宿场所及配套服务等的活动。包括宾馆、旅馆、旅社、度假村和其他经营性住宿场所提供的住宿服务。

5. 居民日常服务。

居民日常服务，是指主要为满足居民个人及其家庭日常生活需求提供的服务，包括市容市政管理、家政、婚庆、养老、殡葬、照料和护理、救助救济、美容美发、按摩、桑拿、氧吧、足疗、沐浴、洗染、摄影扩印等服务。

6. 其他生活服务。

其他生活服务，是指除文化体育服务、教育医疗服务、旅游娱乐服务、餐饮住宿服务和居民日常服务之外的生活服务。

**二、销售无形资产**

销售无形资产，是指转让无形资产所有权或者使用权的业务活动。无形资产，是指不具实物形态，但能带来经济利益的资产，包括技术、商标、著作权、商誉、自然资源使用权和其他权益性无形资产。

技术，包括专利技术和非专利技术。

自然资源使用权，包括土地使用权、海域使用权、探矿权、采矿权、取水权和其他自然资源使用权。

其他权益性无形资产，包括基础设施资产经营权、公共事业特许权、配额、经营权（包括特许经营权、连锁经营权、其他经营权）、经销权、分销权、代理权、会员权、席位权、网络游戏虚拟道具、域名、名称权、肖像权、冠名权、转会费等。

**三、销售不动产**

销售不动产，是指转让不动产所有权的业务活动。不动产，是指不能移动或者移动后会引起性质、形状改变的财产，包括建筑物、构筑物等。

建筑物，包括住宅、商业营业用房、办公楼等可供居住、工作或者进行其他活动的建造物。

构筑物，包括道路、桥梁、隧道、水坝等建造物。

转让建筑物有限产权或者永久使用权的，转让在建的建筑物或者构筑物所有权的，以及在转让建筑物或者构筑物时一并转让其所占土地的使用权的，按照销售不动产缴纳增值税。

附件2：

# 营业税改征增值税试点有关事项的规定

一、营改增试点期间，试点纳税人〔指按照《营业税改征增值税试点实施办法》（以下称《试点实施办法》）缴纳增值税的纳税人〕有关政策

（一）兼营。

试点纳税人销售货物、加工修理修配劳务、服务、无形资产或者不动产适用不同税率或者征收率的，应当分别核算适用不同税率或者征收率的销售额，未分别核算销售额的，按照以下方法适用税率或者征收率：

1. 兼有不同税率的销售货物、加工修理修配劳务、服务、无形资产或者不动产，从高适用税率。

2. 兼有不同征收率的销售货物、加工修理修配劳务、服务、无形资产或者不动产，从高适用征收率。

3. 兼有不同税率和征收率的销售货物、加工修理修配劳务、服务、无形资产或者不动产，从高适用税率。

（二）不征收增值税项目。

1. 根据国家指令无偿提供的铁路运输服务、航空运输服务，属于《试点实施办法》第十四条规定的用于公益事业的服务。

2. 存款利息。

3. 被保险人获得的保险赔付。

4. 房地产主管部门或者其指定机构、公积金管理中心、开发企业以及物业管理单位代收的住宅专项维修资金。

5. 在资产重组过程中，通过合并、分立、出售、置换等方式，将全部或者部分实物资产以及与其相关联的债权、负债和劳动力一并转让给其他单位和个人，其中涉及的不动产、土地使用权转让行为。

（三）销售额。

1. 贷款服务，以提供贷款服务取得的全部利息及利息性质的收入为销售额。

2. 直接收费金融服务，以提供直接收费金融服务收取的手续费、佣金、酬金、管

理费、服务费、经手费、开户费、过户费、结算费、转托管费等各类费用为销售额。

3. 金融商品转让，按照卖出价扣除买入价后的余额为销售额。

转让金融商品出现的正负差，按盈亏相抵后的余额为销售额。若相抵后出现负差，可结转下一纳税期与下期转让金融商品销售额相抵，但年末时仍出现负差的，不得转入下一个会计年度。

金融商品的买入价，可以选择按照加权平均法或者移动加权平均法进行核算，选择后36个月内不得变更。

金融商品转让，不得开具增值税专用发票。

4. 经纪代理服务，以取得的全部价款和价外费用，扣除向委托方收取并代为支付的政府性基金或者行政事业性收费后的余额为销售额。向委托方收取的政府性基金或者行政事业性收费，不得开具增值税专用发票。

5. 融资租赁和融资性售后回租业务。

（1）经人民银行、银监会或者商务部批准从事融资租赁业务的试点纳税人，提供融资租赁服务，以取得的全部价款和价外费用，扣除支付的借款利息（包括外汇借款和人民币借款利息）、发行债券利息和车辆购置税后的余额为销售额。

（2）经人民银行、银监会或者商务部批准从事融资租赁业务的试点纳税人，提供融资性售后回租服务，以取得的全部价款和价外费用（不含本金），扣除对外支付的借款利息（包括外汇借款和人民币借款利息）、发行债券利息后的余额作为销售额。

（3）试点纳税人根据2016年4月30日前签订的有形动产融资性售后回租合同，在合同到期前提供的有形动产融资性售后回租服务，可继续按照有形动产融资租赁服务缴纳增值税。

继续按照有形动产融资租赁服务缴纳增值税的试点纳税人，经人民银行、银监会或者商务部批准从事融资租赁业务的，根据2016年4月30日前签订的有形动产融资性售后回租合同，在合同到期前提供的有形动产融资性售后回租服务，可以选择以下方法之一计算销售额：

①以向承租方收取的全部价款和价外费用，扣除向承租方收取的价款本金，以及对外支付的借款利息（包括外汇借款和人民币借款利息）、发行债券利息后的余额为销售额。

纳税人提供有形动产融资性售后回租服务，计算当期销售额时可以扣除的价款本金，为书面合同约定的当期应当收取的本金。无书面合同或者书面合同没有约定的，为当期实际收取的本金。

试点纳税人提供有形动产融资性售后回租服务，向承租方收取的有形动产价款本金，不得开具增值税专用发票，可以开具普通发票。

②以向承租方收取的全部价款和价外费用，扣除支付的借款利息（包括外汇借款和人民币借款利息）、发行债券利息后的余额为销售额。

（4）经商务部授权的省级商务主管部门和国家经济技术开发区批准的从事融资租赁业务的试点纳税人，2016年5月1日后实收资本达到1.7亿元的，从达到标准的当月起按照上述第（1）、（2）、（3）点规定执行；2016年5月1日后实收资本未达到1.7亿元但注册资本达到1.7亿元的，在2016年7月31日前仍可按照上述第（1）、（2）、（3）点规定执行，2016年8月1日后开展的融资租赁业务和融资性售后回租业务不得按照上述第（1）、（2）、（3）点规定执行。

6. 航空运输企业的销售额，不包括代收的机场建设费和代售其他航空运输企业客票而代收转付的价款。

7. 试点纳税人中的一般纳税人（以下称一般纳税人）提供客运场站服务，以其取得的全部价款和价外费用，扣除支付给承运方运费后的余额为销售额。

8. 试点纳税人提供旅游服务，可以选择以取得的全部价款和价外费用，扣除向旅游服务购买方收取并支付给其他单位或者个人的住宿费、餐饮费、交通费、签证费、门票费和支付给其他接团旅游企业的旅游费用后的余额为销售额。

选择上述办法计算销售额的试点纳税人，向旅游服务购买方收取并支付的上述费用，不得开具增值税专用发票，可以开具普通发票。

9. 试点纳税人提供建筑服务适用简易计税方法的，以取得的全部价款和价外费用扣除支付的分包款后的余额为销售额。

10. 房地产开发企业中的一般纳税人销售其开发的房地产项目（选择简易计税方法的房地产老项目除外），以取得的全部价款和价外费用，扣除受让土地时向政府部门支付的土地价款后的余额为销售额。

房地产老项目，是指《建筑工程施工许可证》注明的合同开工日期在2016年4月30日前的房地产项目。

11. 试点纳税人按照上述4－10款的规定从全部价款和价外费用中扣除的价款，应当取得符合法律、行政法规和国家税务总局规定的有效凭证。否则，不得扣除。

上述凭证是指：

（1）支付给境内单位或者个人的款项，以发票为合法有效凭证。

（2）支付给境外单位或者个人的款项，以该单位或者个人的签收单据为合法有效凭证，税务机关对签收单据有疑议的，可以要求其提供境外公证机构的确认证明。

（3）缴纳的税款，以完税凭证为合法有效凭证。

（4）扣除的政府性基金、行政事业性收费或者向政府支付的土地价款，以省级以上（含省级）财政部门监（印）制的财政票据为合法有效凭证。

（5）国家税务总局规定的其他凭证。

纳税人取得的上述凭证属于增值税扣税凭证的，其进项税额不得从销项税额中抵扣。

（四）进项税额。

1. 适用一般计税方法的试点纳税人，2016 年 5 月 1 日后取得并在会计制度上按固定资产核算的不动产或者 2016 年 5 月 1 日后取得的不动产在建工程，其进项税额应自取得之日起分 2 年从销项税额中抵扣，第一年抵扣比例为 60%，第二年抵扣比例为 40%。

取得不动产，包括以直接购买、接受捐赠、接受投资入股、自建以及抵债等各种形式取得不动产，不包括房地产开发企业自行开发的房地产项目。

融资租入的不动产以及在施工现场修建的临时建筑物、构筑物，其进项税额不适用上述分 2 年抵扣的规定。

2. 按照《试点实施办法》第二十七条第（一）项规定不得抵扣且未抵扣进项税额的固定资产、无形资产、不动产，发生用途改变，用于允许抵扣进项税额的应税项目，可在用途改变的次月按照下列公式计算可以抵扣的进项税额：

可以抵扣的进项税额 = 固定资产、无形资产、不动产净值/(1 + 适用税率) × 适用税率

上述可以抵扣的进项税额应取得合法有效的增值税扣税凭证。

3. 纳税人接受贷款服务向贷款方支付的与该笔贷款直接相关的投融资顾问费、手续费、咨询费等费用，其进项税额不得从销项税额中抵扣。

（五）一般纳税人资格登记。

《试点实施办法》第三条规定的年应税销售额标准为 500 万元（含本数）。财政部和国家税务总局可以对年应税销售额标准进行调整。

（六）计税方法。

一般纳税人发生下列应税行为可以选择适用简易计税方法计税：

1. 公共交通运输服务。

公共交通运输服务，包括轮客渡、公交客运、地铁、城市轻轨、出租车、长途客运、班车。

班车，是指按固定路线、固定时间运营并在固定站点停靠的运送旅客的陆路运输服务。

2. 经认定的动漫企业为开发动漫产品提供的动漫脚本编撰、形象设计、背景设计、动画设计、分镜、动画制作、摄制、描线、上色、画面合成、配音、配乐、音效合成、剪辑、字幕制作、压缩转码（面向网络动漫、手机动漫格式适配）服务，以及在境内转让动漫版权（包括动漫品牌、形象或者内容的授权及再授权）。

动漫企业和自主开发、生产动漫产品的认定标准和认定程序，按照《文化部 财政部 国家税务总局关于印发〈动漫企业认定管理办法（试行）〉的通知》（文市发〔2008〕51号）的规定执行。

3. 电影放映服务、仓储服务、装卸搬运服务、收派服务和文化体育服务。

4. 以纳入营改增试点之日前取得的有形动产为标的物提供的经营租赁服务。

5. 在纳入营改增试点之日前签订的尚未执行完毕的有形动产租赁合同。

（七）建筑服务。

1. 一般纳税人以清包工方式提供的建筑服务，可以选择适用简易计税方法计税。

以清包工方式提供建筑服务，是指施工方不采购建筑工程所需的材料或只采购辅助材料，并收取人工费、管理费或者其他费用的建筑服务。

2. 一般纳税人为甲供工程提供的建筑服务，可以选择适用简易计税方法计税。

甲供工程，是指全部或部分设备、材料、动力由工程发包方自行采购的建筑工程。

3. 一般纳税人为建筑工程老项目提供的建筑服务，可以选择适用简易计税方法计税。

建筑工程老项目，是指：

（1）《建筑工程施工许可证》注明的合同开工日期在2016年4月30日前的建筑工程项目；

（2）未取得《建筑工程施工许可证》的，建筑工程承包合同注明的开工日期在2016年4月30日前的建筑工程项目。

4. 一般纳税人跨县（市）提供建筑服务，适用一般计税方法计税的，应以取得的全部价款和价外费用为销售额计算应纳税额。纳税人应以取得的全部价款和价外费用扣除支付的分包款后的余额，按照 2% 的预征率在建筑服务发生地预缴税款后，向机构所在地主管税务机关进行纳税申报。

5. 一般纳税人跨县（市）提供建筑服务，选择适用简易计税方法计税的，应以取得的全部价款和价外费用扣除支付的分包款后的余额为销售额，按照 3% 的征收率计算应纳税额。纳税人应按照上述计税方法在建筑服务发生地预缴税款后，向机构所在地主管税务机关进行纳税申报。

6. 试点纳税人中的小规模纳税人（以下称小规模纳税人）跨县（市）提供建筑服务，应以取得的全部价款和价外费用扣除支付的分包款后的余额为销售额，按照 3% 的征收率计算应纳税额。纳税人应按照上述计税方法在建筑服务发生地预缴税款后，向机构所在地主管税务机关进行纳税申报。

（八）销售不动产。

1. 一般纳税人销售其 2016 年 4 月 30 日前取得（不含自建）的不动产，可以选择适用简易计税方法，以取得的全部价款和价外费用减去该项不动产购置原价或者取得不动产时的作价后的余额为销售额，按照 5% 的征收率计算应纳税额。纳税人应按照上述计税方法在不动产所在地预缴税款后，向机构所在地主管税务机关进行纳税申报。

2. 一般纳税人销售其 2016 年 4 月 30 日前自建的不动产，可以选择适用简易计税方法，以取得的全部价款和价外费用为销售额，按照 5% 的征收率计算应纳税额。纳税人应按照上述计税方法在不动产所在地预缴税款后，向机构所在地主管税务机关进行纳税申报。

3. 一般纳税人销售其 2016 年 5 月 1 日后取得（不含自建）的不动产，应适用一般计税方法，以取得的全部价款和价外费用为销售额计算应纳税额。纳税人应以取得的全部价款和价外费用减去该项不动产购置原价或者取得不动产时的作价后的余额，按照 5% 的预征率在不动产所在地预缴税款后，向机构所在地主管税务机关进行纳税申报。

4. 一般纳税人销售其 2016 年 5 月 1 日后自建的不动产，应适用一般计税方法，以取得的全部价款和价外费用为销售额计算应纳税额。纳税人应以取得的全部价款和价外费用，按照 5% 的预征率在不动产所在地预缴税款后，向机构所在地主管税务机关进行纳税申报。

5. 小规模纳税人销售其取得（不含自建）的不动产（不含个体工商户销售购买的住房和其他个人销售不动产），应以取得的全部价款和价外费用减去该项不动产购置原价或者取得不动产时的作价后的余额为销售额，按照5%的征收率计算应纳税额。纳税人应按照上述计税方法在不动产所在地预缴税款后，向机构所在地主管税务机关进行纳税申报。

6. 小规模纳税人销售其自建的不动产，应以取得的全部价款和价外费用为销售额，按照5%的征收率计算应纳税额。纳税人应按照上述计税方法在不动产所在地预缴税款后，向机构所在地主管税务机关进行纳税申报。

7. 房地产开发企业中的一般纳税人，销售自行开发的房地产老项目，可以选择适用简易计税方法按照5%的征收率计税。

8. 房地产开发企业中的小规模纳税人，销售自行开发的房地产项目，按照5%的征收率计税。

9. 房地产开发企业采取预收款方式销售所开发的房地产项目，在收到预收款时按照3%的预征率预缴增值税。

10. 个体工商户销售购买的住房，应按照附件3《营业税改征增值税试点过渡政策的规定》第五条的规定征免增值税。纳税人应按照上述计税方法在不动产所在地预缴税款后，向机构所在地主管税务机关进行纳税申报。

11. 其他个人销售其取得（不含自建）的不动产（不含其购买的住房），应以取得的全部价款和价外费用减去该项不动产购置原价或者取得不动产时的作价后的余额为销售额，按照5%的征收率计算应纳税额。

（九）不动产经营租赁服务。

1. 一般纳税人出租其2016年4月30日前取得的不动产，可以选择适用简易计税方法，按照5%的征收率计算应纳税额。纳税人出租其2016年4月30日前取得的与机构所在地不在同一县（市）的不动产，应按照上述计税方法在不动产所在地预缴税款后，向机构所在地主管税务机关进行纳税申报。

2. 公路经营企业中的一般纳税人收取试点前开工的高速公路的车辆通行费，可以选择适用简易计税方法，减按3%的征收率计算应纳税额。

试点前开工的高速公路，是指相关施工许可证明上注明的合同开工日期在2016年4月30日前的高速公路。

3. 一般纳税人出租其 2016 年 5 月 1 日后取得的、与机构所在地不在同一县（市）的不动产，应按照 3% 的预征率在不动产所在地预缴税款后，向机构所在地主管税务机关进行纳税申报。

4. 小规模纳税人出租其取得的不动产（不含个人出租住房），应按照 5% 的征收率计算应纳税额。纳税人出租与机构所在地不在同一县（市）的不动产，应按照上述计税方法在不动产所在地预缴税款后，向机构所在地主管税务机关进行纳税申报。

5. 其他个人出租其取得的不动产（不含住房），应按照 5% 的征收率计算应纳税额。

6. 个人出租住房，应按照 5% 的征收率减按 1.5% 计算应纳税额。

（十）一般纳税人销售其 2016 年 4 月 30 日前取得的不动产（不含自建），适用一般计税方法计税的，以取得的全部价款和价外费用为销售额计算应纳税额。上述纳税人应以取得的全部价款和价外费用减去该项不动产购置原价或者取得不动产时的作价后的余额，按照 5% 的预征率在不动产所在地预缴税款后，向机构所在地主管税务机关进行纳税申报。

房地产开发企业中的一般纳税人销售房地产老项目，以及一般纳税人出租其 2016 年 4 月 30 日前取得的不动产，适用一般计税方法计税的，应以取得的全部价款和价外费用，按照 3% 的预征率在不动产所在地预缴税款后，向机构所在地主管税务机关进行纳税申报。

一般纳税人销售其 2016 年 4 月 30 日前自建的不动产，适用一般计税方法计税的，应以取得的全部价款和价外费用为销售额计算应纳税额。纳税人应以取得的全部价款和价外费用，按照 5% 的预征率在不动产所在地预缴税款后，向机构所在地主管税务机关进行纳税申报。

（十一）一般纳税人跨省（自治区、直辖市或者计划单列市）提供建筑服务或者销售、出租取得的与机构所在地不在同一省（自治区、直辖市或者计划单列市）的不动产，在机构所在地申报纳税时，计算的应纳税额小于已预缴税额，且差额较大的，由国家税务总局通知建筑服务发生地或者不动产所在地省级税务机关，在一定时期内暂停预缴增值税。

（十二）纳税地点。

属于固定业户的试点纳税人，总分支机构不在同一县（市），但在同一省（自治区、直辖市、计划单列市）范围内的，经省（自治区、直辖市、计划单列市）财政厅

（局）和国家税务局批准，可以由总机构汇总向总机构所在地的主管税务机关申报缴纳增值税。

（十三）试点前发生的业务。

1. 试点纳税人发生应税行为，按照国家有关营业税政策规定差额征收营业税的，因取得的全部价款和价外费用不足以抵减允许扣除项目金额，截至纳入营改增试点之日前尚未扣除的部分，不得在计算试点纳税人增值税应税销售额时抵减，应当向原主管地税机关申请退还营业税。

2. 试点纳税人发生应税行为，在纳入营改增试点之日前已缴纳营业税，营改增试点后因发生退款减除营业额的，应当向原主管地税机关申请退还已缴纳的营业税。

3. 试点纳税人纳入营改增试点之日前发生的应税行为，因税收检查等原因需要补缴税款的，应按照营业税政策规定补缴营业税。

（十四）销售使用过的固定资产。

一般纳税人销售自己使用过的、纳入营改增试点之日前取得的固定资产，按照现行旧货相关增值税政策执行。

使用过的固定资产，是指纳税人符合《试点实施办法》第二十八条规定并根据财务会计制度已经计提折旧的固定资产。

（十五）扣缴增值税适用税率。

境内的购买方为境外单位和个人扣缴增值税的，按照适用税率扣缴增值税。

（十六）其他规定。

1. 试点纳税人销售电信服务时，附带赠送用户识别卡、电信终端等货物或者电信服务的，应将其取得的全部价款和价外费用进行分别核算，按各自适用的税率计算缴纳增值税。

2. 油气田企业发生应税行为，适用《试点实施办法》规定的增值税税率，不再适用《财政部 国家税务总局关于印发〈油气田企业增值税管理办法〉的通知》（财税〔2009〕8号）规定的增值税税率。

**二、原增值税纳税人〔指按照《中华人民共和国增值税暂行条例》（国务院令第538号）（以下称《增值税暂行条例》）缴纳增值税的纳税人〕有关政策**

（一）进项税额。

1. 原增值税一般纳税人购进服务、无形资产或者不动产，取得的增值税专用发票上注明的增值税额为进项税额，准予从销项税额中抵扣。

2016 年 5 月 1 日后取得并在会计制度上按固定资产核算的不动产或者 2016 年 5 月 1 日后取得的不动产在建工程，其进项税额应自取得之日起分 2 年从销项税额中抵扣，第一年抵扣比例为 60%，第二年抵扣比例为 40%。

融资租入的不动产以及在施工现场修建的临时建筑物、构筑物，其进项税额不适用上述分 2 年抵扣的规定。

2. 原增值税一般纳税人自用的应征消费税的摩托车、汽车、游艇，其进项税额准予从销项税额中抵扣。

3. 原增值税一般纳税人从境外单位或者个人购进服务、无形资产或者不动产，按照规定应当扣缴增值税的，准予从销项税额中抵扣的进项税额为自税务机关或者扣缴义务人取得的解缴税款的完税凭证上注明的增值税额。

纳税人凭完税凭证抵扣进项税额的，应当具备书面合同、付款证明和境外单位的对账单或者发票。资料不全的，其进项税额不得从销项税额中抵扣。

4. 原增值税一般纳税人购进货物或者接受加工修理修配劳务，用于《销售服务、无形资产或者不动产注释》所列项目的，不属于《增值税暂行条例》第十条所称的用于非增值税应税项目，其进项税额准予从销项税额中抵扣。

5. 原增值税一般纳税人购进服务、无形资产或者不动产，下列项目的进项税额不得从销项税额中抵扣：

（1）用于简易计税方法计税项目、免征增值税项目、集体福利或者个人消费。其中涉及的无形资产、不动产，仅指专用于上述项目的无形资产（不包括其他权益性无形资产）、不动产。

纳税人的交际应酬消费属于个人消费。

（2）非正常损失的购进货物，以及相关的加工修理修配劳务和交通运输服务。

（3）非正常损失的在产品、产成品所耗用的购进货物（不包括固定资产）、加工修理修配劳务和交通运输服务。

（4）非正常损失的不动产，以及该不动产所耗用的购进货物、设计服务和建筑服务。

（5）非正常损失的不动产在建工程所耗用的购进货物、设计服务和建筑服务。

纳税人新建、改建、扩建、修缮、装饰不动产，均属于不动产在建工程。

（6）购进的旅客运输服务、贷款服务、餐饮服务、居民日常服务和娱乐服务。

（7）财政部和国家税务总局规定的其他情形。

上述第（4）点、第（5）点所称货物，是指构成不动产实体的材料和设备，包括建筑装饰材料和给排水、采暖、卫生、通风、照明、通讯、煤气、消防、中央空调、电梯、电气、智能化楼宇设备及配套设施。

纳税人接受贷款服务向贷款方支付的与该笔贷款直接相关的投融资顾问费、手续费、咨询费等费用，其进项税额不得从销项税额中抵扣。

6. 已抵扣进项税额的购进服务，发生上述第5点规定情形（简易计税方法计税项目、免征增值税项目除外）的，应当将该进项税额从当期进项税额中扣减；无法确定该进项税额的，按照当期实际成本计算应扣减的进项税额。

7. 已抵扣进项税额的无形资产或者不动产，发生上述第5点规定情形的，按照下列公式计算不得抵扣的进项税额：

不得抵扣的进项税额 = 无形资产或者不动产净值×适用税率

8. 按照《增值税暂行条例》第十条和上述第5点不得抵扣且未抵扣进项税额的固定资产、无形资产、不动产，发生用途改变，用于允许抵扣进项税额的应税项目，可在用途改变的次月按照下列公式，依据合法有效的增值税扣税凭证，计算可以抵扣的进项税额：

可以抵扣的进项税额 = 固定资产、无形资产、不动产净值/（1 + 适用税率）×适用税率

上述可以抵扣的进项税额应取得合法有效的增值税扣税凭证。

（二）增值税期末留抵税额。

原增值税一般纳税人兼有销售服务、无形资产或者不动产的，截止到纳入营改增试点之日前的增值税期末留抵税额，不得从销售服务、无形资产或者不动产的销项税额中抵扣。

（三）混合销售。

一项销售行为如果既涉及货物又涉及服务，为混合销售。从事货物的生产、批发或者零售的单位和个体工商户的混合销售行为，按照销售货物缴纳增值税；其他单位和个体工商户的混合销售行为，按照销售服务缴纳增值税。

上述从事货物的生产、批发或者零售的单位和个体工商户，包括以从事货物的生产、批发或者零售为主，并兼营销售服务的单位和个体工商户在内。

附件3：

# 营业税改征增值税试点过渡政策的规定

## 一、下列项目免征增值税

（一）托儿所、幼儿园提供的保育和教育服务。

托儿所、幼儿园，是指经县级以上教育部门审批成立、取得办园许可证的实施0—6岁学前教育的机构，包括公办和民办的托儿所、幼儿园、学前班、幼儿班、保育院、幼儿院。

公办托儿所、幼儿园免征增值税的收入是指，在省级财政部门和价格主管部门审核报省级人民政府批准的收费标准以内收取的教育费、保育费。

民办托儿所、幼儿园免征增值税的收入是指，在报经当地有关部门备案并公示的收费标准范围内收取的教育费、保育费。

超过规定收费标准的收费，以开办实验班、特色班和兴趣班等为由另外收取的费用以及与幼儿入园挂钩的赞助费、支教费等超过规定范围的收入，不属于免征增值税的收入。

（二）养老机构提供的养老服务。

养老机构，是指依照民政部《养老机构设立许可办法》（民政部令第48号）设立并依法办理登记的为老年人提供集中居住和照料服务的各类养老机构；养老服务，是指上述养老机构按照民政部《养老机构管理办法》（民政部令第49号）的规定，为收住的老年人提供的生活照料、康复护理、精神慰藉、文化娱乐等服务。

（三）残疾人福利机构提供的育养服务。

（四）婚姻介绍服务。

（五）殡葬服务。

殡葬服务，是指收费标准由各地价格主管部门会同有关部门核定，或者实行政府指导价管理的遗体接运（含抬尸、消毒）、遗体整容、遗体防腐、存放（含冷藏）、火化、骨灰寄存、吊唁设施设备租赁、墓穴租赁及管理等服务。

（六）残疾人员本人为社会提供的服务。

（七）医疗机构提供的医疗服务。

医疗机构，是指依据国务院《医疗机构管理条例》（国务院令第 149 号）及卫生部《医疗机构管理条例实施细则》（卫生部令第 35 号）的规定，经登记取得《医疗机构执业许可证》的机构，以及军队、武警部队各级各类医疗机构。具体包括：各级各类医院、门诊部（所）、社区卫生服务中心（站）、急救中心（站）、城乡卫生院、护理院（所）、疗养院、临床检验中心，各级政府及有关部门举办的卫生防疫站（疾病控制中心）、各种专科疾病防治站（所），各级政府举办的妇幼保健所（站）、母婴保健机构、儿童保健机构，各级政府举办的血站（血液中心）等医疗机构。

本项所称的医疗服务，是指医疗机构按照不高于地（市）级以上价格主管部门会同同级卫生主管部门及其他相关部门制定的医疗服务指导价格（包括政府指导价和按照规定由供需双方协商确定的价格等）为就医者提供《全国医疗服务价格项目规范》所列的各项服务，以及医疗机构向社会提供卫生防疫、卫生检疫的服务。

（八）从事学历教育的学校提供的教育服务。

1. 学历教育，是指受教育者经过国家教育考试或者国家规定的其他入学方式，进入国家有关部门批准的学校或者其他教育机构学习，获得国家承认的学历证书的教育形式。具体包括：

（1）初等教育：普通小学、成人小学。

（2）初级中等教育：普通初中、职业初中、成人初中。

（3）高级中等教育：普通高中、成人高中和中等职业学校（包括普通中专、成人中专、职业高中、技工学校）。

（4）高等教育：普通本专科、成人本专科、网络本专科、研究生（博士、硕士）、高等教育自学考试、高等教育学历文凭考试。

2. 从事学历教育的学校，是指：

（1）普通学校。

（2）经地（市）级以上人民政府或者同级政府的教育行政部门批准成立、国家承认其学员学历的各类学校。

（3）经省级及以上人力资源社会保障行政部门批准成立的技工学校、高级技工学校。

（4）经省级人民政府批准成立的技师学院。

上述学校均包括符合规定的从事学历教育的民办学校，但不包括职业培训机构等国家不承认学历的教育机构。

3. 提供教育服务免征增值税的收入，是指对列入规定招生计划的在籍学生提供学历教育服务取得的收入，具体包括：经有关部门审核批准并按规定标准收取的学费、住宿费、课本费、作业本费、考试报名费收入，以及学校食堂提供餐饮服务取得的伙食费收入。除此之外的收入，包括学校以各种名义收取的赞助费、择校费等，不属于免征增值税的范围。

学校食堂是指依照《学校食堂与学生集体用餐卫生管理规定》（教育部令第14号）管理的学校食堂。

（九）学生勤工俭学提供的服务。

（十）农业机耕、排灌、病虫害防治、植物保护、农牧保险以及相关技术培训业务，家禽、牲畜、水生动物的配种和疾病防治。

农业机耕，是指在农业、林业、牧业中使用农业机械进行耕作（包括耕耘、种植、收割、脱粒、植物保护等）的业务；排灌，是指对农田进行灌溉或者排涝的业务；病虫害防治，是指从事农业、林业、牧业、渔业的病虫害测报和防治的业务；农牧保险，是指为种植业、养殖业、牧业种植和饲养的动植物提供保险的业务；相关技术培训，是指与农业机耕、排灌、病虫害防治、植物保护业务相关以及为使农民获得农牧保险知识的技术培训业务；家禽、牲畜、水生动物的配种和疾病防治业务的免税范围，包括与该项服务有关的提供药品和医疗用具的业务。

（十一）纪念馆、博物馆、文化馆、文物保护单位管理机构、美术馆、展览馆、书画院、图书馆在自己的场所提供文化体育服务取得的第一道门票收入。

（十二）寺院、宫观、清真寺和教堂举办文化、宗教活动的门票收入。

（十三）行政单位之外的其他单位收取的符合《试点实施办法》第十条规定条件的政府性基金和行政事业性收费。

（十四）个人转让著作权。

（十五）个人销售自建自用住房。

（十六）2018年12月31日前，公共租赁住房经营管理单位出租公共租赁住房。

公共租赁住房，是指纳入省、自治区、直辖市、计划单列市人民政府及新疆生产建设兵团批准的公共租赁住房发展规划和年度计划，并按照《关于加快发展公共租赁住房的指导意见》（建保〔2010〕87号）和市、县人民政府制定的具体管理办法进行管理的公共租赁住房。

（十七）台湾航运公司、航空公司从事海峡两岸海上直航、空中直航业务在大陆取得的运输收入。

台湾航运公司，是指取得交通运输部颁发的"台湾海峡两岸间水路运输许可证"且该许可证上注明的公司登记地址在台湾的航运公司。

台湾航空公司，是指取得中国民用航空局颁发的"经营许可"或者依据《海峡两岸空运协议》和《海峡两岸空运补充协议》规定，批准经营两岸旅客、货物和邮件不定期（包机）运输业务，且公司登记地址在台湾的航空公司。

（十八）纳税人提供的直接或者间接国际货物运输代理服务。

1. 纳税人提供直接或者间接国际货物运输代理服务，向委托方收取的全部国际货物运输代理服务收入，以及向国际运输承运人支付的国际运输费用，必须通过金融机构进行结算。

2. 纳税人为大陆与香港、澳门、台湾地区之间的货物运输提供的货物运输代理服务参照国际货物运输代理服务有关规定执行。

3. 委托方索取发票的，纳税人应当就国际货物运输代理服务收入向委托方全额开具增值税普通发票。

（十九）以下利息收入。

1. 2016年12月31日前，金融机构农户小额贷款。

小额贷款，是指单笔且该农户贷款余额总额在10万元（含本数）以下的贷款。

所称农户，是指长期（一年以上）居住在乡镇（不包括城关镇）行政管理区域内的住户，还包括长期居住在城关镇所辖行政村范围内的住户和户口不在本地而在本地居住一年以上的住户，国有农场的职工和农村个体工商户。位于乡镇（不包括城关镇）行政管理区域内和在城关镇所辖行政村范围内的国有经济的机关、团体、学校、企事业单位的集体户；有本地户口，但举家外出谋生一年以上的住户，无论是否保留承包耕地均不属于农户。农户以户为统计单位，既可以从事农业生产经营，也可以从事非农业生产经营。农户贷款的判定应以贷款发放时的承贷主体是否属于农户为准。

2. 国家助学贷款。

3. 国债、地方政府债。

4. 人民银行对金融机构的贷款。

5. 住房公积金管理中心用住房公积金在指定的委托银行发放的个人住房贷款。

6. 外汇管理部门在从事国家外汇储备经营过程中，委托金融机构发放的外汇贷款。

7. 统借统还业务中，企业集团或企业集团中的核心企业以及集团所属财务公司按不高于支付给金融机构的借款利率水平或者支付的债券票面利率水平，向企业集团或者集团内下属单位收取的利息。

统借方向资金使用单位收取的利息，高于支付给金融机构借款利率水平或者支付的债券票面利率水平的，应全额缴纳增值税。

统借统还业务，是指：

（1）企业集团或者企业集团中的核心企业向金融机构借款或对外发行债券取得资金后，将所借资金分拨给下属单位（包括独立核算单位和非独立核算单位，下同），并向下属单位收取用于归还金融机构或债券购买方本息的业务。

（2）企业集团向金融机构借款或对外发行债券取得资金后，由集团所属财务公司与企业集团或者集团内下属单位签订统借统还贷款合同并分拨资金，并向企业集团或者集团内下属单位收取本息，再转付企业集团，由企业集团统一归还金融机构或债券购买方的业务。

（二十）被撤销金融机构以货物、不动产、无形资产、有价证券、票据等财产清偿债务。

被撤销金融机构，是指经人民银行、银监会依法决定撤销的金融机构及其分设于各地的分支机构，包括被依法撤销的商业银行、信托投资公司、财务公司、金融租赁公司、城市信用社和农村信用社。除另有规定外，被撤销金融机构所属、附属企业，不享受被撤销金融机构增值税免税政策。

（二十一）保险公司开办的一年期以上人身保险产品取得的保费收入。

一年期以上人身保险，是指保险期间为一年期及以上返还本利的人寿保险、养老年金保险，以及保险期间为一年期及以上的健康保险。

人寿保险，是指以人的寿命为保险标的的人身保险。

养老年金保险，是指以养老保障为目的，以被保险人生存为给付保险金条件，并按约定的时间间隔分期给付生存保险金的人身保险。养老年金保险应当同时符合下列条件：

1. 保险合同约定给付被保险人生存保险金的年龄不得小于国家规定的退休年龄。

2. 相邻两次给付的时间间隔不得超过一年。

健康保险，是指以因健康原因导致损失为给付保险金条件的人身保险。

上述免税政策实行备案管理，具体备案管理办法按照《国家税务总局关于一年期以上返还性人身保险产品免征营业税审批事项取消后有关管理问题的公告》（国家税务总局公告 2015 年第 65 号）规定执行。

（二十二）下列金融商品转让收入。

1. 合格境外投资者（QFII）委托境内公司在我国从事证券买卖业务。

2. 香港市场投资者（包括单位和个人）通过沪港通买卖上海证券交易所上市 A 股。

3. 对香港市场投资者（包括单位和个人）通过基金互认买卖内地基金份额。

4. 证券投资基金（封闭式证券投资基金，开放式证券投资基金）管理人运用基金买卖股票、债券。

5. 个人从事金融商品转让业务。

（二十三）金融同业往来利息收入。

1. 金融机构与人民银行所发生的资金往来业务。包括人民银行对一般金融机构贷款，以及人民银行对商业银行的再贴现等。

2. 银行联行往来业务。同一银行系统内部不同行、处之间所发生的资金账务往来业务。

3. 金融机构间的资金往来业务。是指经人民银行批准，进入全国银行间同业拆借市场的金融机构之间通过全国统一的同业拆借网络进行的短期（一年以下含一年）无担保资金融通行为。

4. 金融机构之间开展的转贴现业务。

金融机构是指：

（1）银行：包括人民银行、商业银行、政策性银行。

（2）信用合作社。

（3）证券公司。

（4）金融租赁公司、证券基金管理公司、财务公司、信托投资公司、证券投资基金。

（5）保险公司。

（6）其他经人民银行、银监会、证监会、保监会批准成立且经营金融保险业务的机构等。

（二十四）同时符合下列条件的担保机构从事中小企业信用担保或者再担保业务取得的收入（不含信用评级、咨询、培训等收入）3 年内免征增值税：

1. 已取得监管部门颁发的融资性担保机构经营许可证，依法登记注册为企（事）业法人，实收资本超过 2000 万元。

2. 平均年担保费率不超过银行同期贷款基准利率的 50%。平均年担保费率 = 本期担保费收入/（期初担保余额 + 本期增加担保金额）×100%。

3. 连续合规经营 2 年以上，资金主要用于担保业务，具备健全的内部管理制度和为中小企业提供担保的能力，经营业绩突出，对受保项目具有完善的事前评估、事中监控、事后追偿与处置机制。

4. 为中小企业提供的累计担保贷款额占其两年累计担保业务总额的 80% 以上，单笔 800 万元以下的累计担保贷款额占其累计担保业务总额的 50% 以上。

5. 对单个受保企业提供的担保余额不超过担保机构实收资本总额的 10%，且平均单笔担保责任金额最多不超过 3000 万元人民币。

6. 担保责任余额不低于其净资产的 3 倍，且代偿率不超过 2%。

担保机构免征增值税政策采取备案管理方式。符合条件的担保机构应到所在地县（市）主管税务机关和同级中小企业管理部门履行规定的备案手续，自完成备案手续之日起，享受 3 年免征增值税政策。3 年免税期满后，符合条件的担保机构可按规定程序办理备案手续后继续享受该项政策。

具体备案管理办法按照《国家税务总局关于中小企业信用担保机构免征营业税审批事项取消后有关管理问题的公告》（国家税务总局公告 2015 年第 69 号）规定执行，其中税务机关的备案管理部门统一调整为县（市）级国家税务局。

（二十五）国家商品储备管理单位及其直属企业承担商品储备任务，从中央或者地方财政取得的利息补贴收入和价差补贴收入。

国家商品储备管理单位及其直属企业，是指接受中央、省、市、县四级政府有关部门（或者政府指定管理单位）委托，承担粮（含大豆）、食用油、棉、糖、肉、盐（限于中央储备）等 6 种商品储备任务，并按有关政策收储、销售上述 6 种储备商品，取得财政储备经费或者补贴的商品储备企业。利息补贴收入，是指国家商品储备管理单位及其直属企业因承担上述商品储备任务从金融机构贷款，并从中央或者地方财政取得的用于偿还贷款利息的贴息收入。价差补贴收入包括销售价差补贴收入和轮换价差补贴收入。销售价差补贴收入，是指按照中央或者地方政府指令销售上述储备商品时，由于销售收入小于库存成本而从中央或者地方财政获得的全额价差补贴收入。轮换价差补贴收入，是指根据要求定期组织政策性储备商品轮换而从中央或者地方财政取得的商品新陈品质价差补贴收入。

（二十六）纳税人提供技术转让、技术开发和与之相关的技术咨询、技术服务。

1. 技术转让、技术开发，是指《销售服务、无形资产、不动产注释》中"转让技术"、"研发服务"范围内的业务活动。技术咨询，是指就特定技术项目提供可行性论证、技术预测、专题技术调查、分析评价报告等业务活动。

与技术转让、技术开发相关的技术咨询、技术服务，是指转让方（或者受托方）根据技术转让或者开发合同的规定，为帮助受让方（或者委托方）掌握所转让（或者委托开发）的技术，而提供的技术咨询、技术服务业务，且这部分技术咨询、技术服务的价款与技术转让或者技术开发的价款应当在同一张发票上开具。

2. 备案程序。试点纳税人申请免征增值税时，须持技术转让、开发的书面合同，到纳税人所在地省级科技主管部门进行认定，并持有关的书面合同和科技主管部门审核意见证明文件报主管税务机关备查。

（二十七）同时符合下列条件的合同能源管理服务：

1. 节能服务公司实施合同能源管理项目相关技术，应当符合国家质量监督检验检疫总局和国家标准化管理委员会发布的《合同能源管理技术通则》（GB/T24915—2010）规定的技术要求。

2. 节能服务公司与用能企业签订节能效益分享型合同，其合同格式和内容，符合《中华人民共和国合同法》和《合同能源管理技术通则》（GB/T24915—2010）等规定。

（二十八）2017年12月31日前，科普单位的门票收入，以及县级及以上党政部门和科协开展科普活动的门票收入。

科普单位，是指科技馆、自然博物馆，对公众开放的天文馆（站、台）、气象台（站）、地震台（站），以及高等院校、科研机构对公众开放的科普基地。

科普活动，是指利用各种传媒以浅显的、让公众易于理解、接受和参与的方式，向普通大众介绍自然科学和社会科学知识，推广科学技术的应用，倡导科学方法，传播科学思想，弘扬科学精神的活动。

（二十九）政府举办的从事学历教育的高等、中等和初等学校（不含下属单位），举办进修班、培训班取得的全部归该学校所有的收入。

全部归该学校所有，是指举办进修班、培训班取得的全部收入进入该学校统一账户，并纳入预算全额上缴财政专户管理，同时由该学校对有关票据进行统一管理和开具。

举办进修班、培训班取得的收入进入该学校下属部门自行开设账户的，不予免征增值税。

（三十）政府举办的职业学校设立的主要为在校学生提供实习场所、并由学校出资自办、由学校负责经营管理、经营收入归学校所有的企业，从事《销售服务、无形资产或者不动产注释》中"现代服务"（不含融资租赁服务、广告服务和其他现代服务）、"生活服务"（不含文化体育服务、其他生活服务和桑拿、氧吧）业务活动取得的收入。

（三十一）家政服务企业由员工制家政服务员提供家政服务取得的收入。

家政服务企业，是指在企业营业执照的规定经营范围中包括家政服务内容的企业。

员工制家政服务员，是指同时符合下列 3 个条件的家政服务员：

1. 依法与家政服务企业签订半年及半年以上的劳动合同或者服务协议，且在该企业实际上岗工作。

2. 家政服务企业为其按月足额缴纳了企业所在地人民政府根据国家政策规定的基本养老保险、基本医疗保险、工伤保险、失业保险等社会保险。对已享受新型农村养老保险和新型农村合作医疗等社会保险或者下岗职工原单位继续为其缴纳社会保险的家政服务员，如果本人书面提出不再缴纳企业所在地人民政府根据国家政策规定的相应的社会保险，并出具其所在乡镇或者原单位开具的已缴纳相关保险的证明，可视同家政服务企业已为其按月足额缴纳了相应的社会保险。

3. 家政服务企业通过金融机构向其实际支付不低于企业所在地适用的经省级人民政府批准的最低工资标准的工资。

（三十二）福利彩票、体育彩票的发行收入。

（三十三）军队空余房产租赁收入。

（三十四）为了配合国家住房制度改革，企业、行政事业单位按房改成本价、标准价出售住房取得的收入。

（三十五）将土地使用权转让给农业生产者用于农业生产。

（三十六）涉及家庭财产分割的个人无偿转让不动产、土地使用权。

家庭财产分割，包括下列情形：离婚财产分割；无偿赠与配偶、父母、子女、祖父母、外祖父母、孙子女、外孙子女、兄弟姐妹；无偿赠与对其承担直接抚养或者赡养义务的抚养人或者赡养人；房屋产权所有人死亡，法定继承人、遗嘱继承人或者受遗赠人依法取得房屋产权。

（三十七）土地所有者出让土地使用权和土地使用者将土地使用权归还给土地所有者。

（三十八）县级以上地方人民政府或自然资源行政主管部门出让、转让或收回自然资源使用权（不含土地使用权）。

（三十九）随军家属就业。

1. 为安置随军家属就业而新开办的企业，自领取税务登记证之日起，其提供的应税服务 3 年内免征增值税。

享受税收优惠政策的企业，随军家属必须占企业总人数的 60%（含）以上，并有军（含）以上政治和后勤机关出具的证明。

2. 从事个体经营的随军家属，自办理税务登记事项之日起，其提供的应税服务 3 年内免征增值税。

随军家属必须有师以上政治机关出具的可以表明其身份的证明。

按照上述规定，每一名随军家属可以享受一次免税政策。

（四十）军队转业干部就业。

1. 从事个体经营的军队转业干部，自领取税务登记证之日起，其提供的应税服务 3 年内免征增值税。

2. 为安置自主择业的军队转业干部就业而新开办的企业，凡安置自主择业的军队转业干部占企业总人数 60%（含）以上的，自领取税务登记证之日起，其提供的应税服务 3 年内免征增值税。

享受上述优惠政策的自主择业的军队转业干部必须持有师以上部队颁发的转业证件。

## 二、增值税即征即退

（一）一般纳税人提供管道运输服务，对其增值税实际税负超过 3% 的部分实行增值税即征即退政策。

（二）经人民银行、银监会或者商务部批准从事融资租赁业务的试点纳税人中的一般纳税人，提供有形动产融资租赁服务和有形动产融资性售后回租服务，对其增值税实际税负超过 3% 的部分实行增值税即征即退政策。商务部授权的省级商务主管部门和国家经济技术开发区批准的从事融资租赁业务和融资性售后回租业务的试点纳税人中的一般纳税人，2016 年 5 月 1 日后实收资本达到 1.7 亿元的，从达到标准的当月起按照上述规定执行；2016 年 5 月 1 日后实收资本未达到 1.7 亿元但注册资本达到 1.7 亿元的，在 2016 年 7 月 31 日前仍可按照上述规定执行，2016 年 8 月 1 日后开展的有形动产融资租赁业务和有形动产融资性售后回租业务不得按照上述规定执行。

（三）本规定所称增值税实际税负，是指纳税人当期提供应税服务实际缴纳的增值税额占纳税人当期提供应税服务取得的全部价款和价外费用的比例。

### 三、扣减增值税规定

（一）退役士兵创业就业。

1. 对自主就业退役士兵从事个体经营的，在 3 年内按每户每年 8000 元为限额依次扣减其当年实际应缴纳的增值税、城市维护建设税、教育费附加、地方教育附加和个人所得税。限额标准最高可上浮 20%，各省、自治区、直辖市人民政府可根据本地区实际情况在此幅度内确定具体限额标准，并报财政部和国家税务总局备案。

纳税人年度应缴纳税款小于上述扣减限额的，以其实际缴纳的税款为限；大于上述扣减限额的，应以上述扣减限额为限。纳税人的实际经营期不足一年的，应当以实际月份换算其减免税限额。换算公式为：减免税限额 = 年度减免税限额 ÷ 12 × 实际经营月数。

纳税人在享受税收优惠政策的当月，持《中国人民解放军义务兵退出现役证》或《中国人民解放军士官退出现役证》以及税务机关要求的相关材料向主管税务机关备案。

2. 对商贸企业、服务型企业、劳动就业服务企业中的加工型企业和街道社区具有加工性质的小型企业实体，在新增加的岗位中，当年新招用自主就业退役士兵，与其签订 1 年以上期限劳动合同并依法缴纳社会保险费的，在 3 年内按实际招用人数予以定额依次扣减增值税、城市维护建设税、教育费附加、地方教育附加和企业所得税优惠。定额标准为每人每年 4000 元，最高可上浮 50%，各省、自治区、直辖市人民政府可根据本地区实际情况在此幅度内确定具体定额标准，并报财政部和国家税务总局备案。

本条所称服务型企业是指从事《销售服务、无形资产、不动产注释》中"不动产租赁服务"、"商务辅助服务"（不含货物运输代理和代理报关服务）、"生活服务"

（不含文化体育服务）范围内业务活动的企业以及按照《民办非企业单位登记管理暂行条例》（国务院令第 251 号）登记成立的民办非企业单位。

纳税人按企业招用人数和签订的劳动合同时间核定企业减免税总额，在核定减免税总额内每月依次扣减增值税、城市维护建设税、教育费附加和地方教育附加。纳税人实际应缴纳的增值税、城市维护建设税、教育费附加和地方教育附加小于核定减免税总额的，以实际应缴纳的增值税、城市维护建设税、教育费附加和地方教育附加为限；实际应缴纳的增值税、城市维护建设税、教育费附加和地方教育附加大于核定减免税总额的，以核定减免税总额为限。

纳税年度终了，如果企业实际减免的增值税、城市维护建设税、教育费附加和地方教育附加小于核定的减免税总额，企业在企业所得税汇算清缴时扣减企业所得税。当年扣减不足的，不再结转以后年度扣减。

计算公式为：企业减免税总额 = $\sum$ 每名自主就业退役士兵本年度在本企业工作月份 ÷12 × 定额标准。

企业自招用自主就业退役士兵的次月起享受税收优惠政策，并于享受税收优惠政策的当月，持下列材料向主管税务机关备案：

（1）新招用自主就业退役士兵的《中国人民解放军义务兵退出现役证》或《中国人民解放军士官退出现役证》。

（2）企业与新招用自主就业退役士兵签订的劳动合同（副本），企业为职工缴纳的社会保险费记录。

（3）自主就业退役士兵本年度在企业工作时间表。

（4）主管税务机关要求的其他相关材料。

3. 上述所称自主就业退役士兵是指依照《退役士兵安置条例》（国务院、中央军委令第 608 号）的规定退出现役并按自主就业方式安置的退役士兵。

4. 上述税收优惠政策的执行期限为 2016 年 5 月 1 日至 2016 年 12 月 31 日，纳税人在 2016 年 12 月 31 日未享受满 3 年的，可继续享受至 3 年期满为止。

按照《财政部 国家税务总局 民政部关于调整完善扶持自主就业退役士兵创业就业有关税收政策的通知》（财税〔2014〕42 号）规定享受营业税优惠政策的纳税人，自 2016 年 5 月 1 日起按照上述规定享受增值税优惠政策，在 2016 年 12 月 31 日未享受满 3 年的，可继续享受至 3 年期满为止。

《财政部 国家税务总局关于将铁路运输和邮政业纳入营业税改征增值税试点的通

知》(财税〔2013〕106号)附件3第一条第(十二)项城镇退役士兵就业免征增值税政策,自2014年7月1日起停止执行。在2014年6月30日未享受满3年的,可继续享受至3年期满为止。

(二)重点群体创业就业。

1. 对持《就业创业证》(注明"自主创业税收政策"或"毕业年度内自主创业税收政策")或2015年1月27日前取得的《就业失业登记证》(注明"自主创业税收政策"或附着《高校毕业生自主创业证》)的人员从事个体经营的,在3年内按每户每年8000元为限额依次扣减其当年实际应缴纳的增值税、城市维护建设税、教育费附加、地方教育附加和个人所得税。限额标准最高可上浮20%,各省、自治区、直辖市人民政府可根据本地区实际情况在此幅度内确定具体限额标准,并报财政部和国家税务总局备案。

纳税人年度应缴纳税款小于上述扣减限额的,以其实际缴纳的税款为限;大于上述扣减限额的,应以上述扣减限额为限。

上述人员是指:

(1)在人力资源社会保障部门公共就业服务机构登记失业半年以上的人员。

(2)零就业家庭、享受城市居民最低生活保障家庭劳动年龄内的登记失业人员。

(3)毕业年度内高校毕业生。高校毕业生是指实施高等学历教育的普通高等学校、成人高等学校毕业的学生;毕业年度是指毕业所在自然年,即1月1日至12月31日。

2. 对商贸企业、服务型企业、劳动就业服务企业中的加工型企业和街道社区具有加工性质的小型企业实体,在新增加的岗位中,当年新招用在人力资源社会保障部门公共就业服务机构登记失业半年以上且持《就业创业证》或2015年1月27日前取得的《就业失业登记证》(注明"企业吸纳税收政策")人员,与其签订1年以上期限劳动合同并依法缴纳社会保险费的,在3年内按实际招用人数予以定额依次扣减增值税、城市维护建设税、教育费附加、地方教育附加和企业所得税优惠。定额标准为每人每年4000元,最高可上浮30%,各省、自治区、直辖市人民政府可根据本地区实际情况在此幅度内确定具体定额标准,并报财政部和国家税务总局备案。

按上述标准计算的税收扣减额应在企业当年实际应缴纳的增值税、城市维护建设税、教育费附加、地方教育附加和企业所得税税额中扣减,当年扣减不足的,不得结转下年使用。

本条所称服务型企业是指从事《销售服务、无形资产、不动产注释》中"不动产租赁服务"、"商务辅助服务"（不含货物运输代理和代理报关服务）、"生活服务"（不含文化体育服务）范围内业务活动的企业以及按照《民办非企业单位登记管理暂行条例》（国务院令第 251 号）登记成立的民办非企业单位。

3. 享受上述优惠政策的人员按以下规定申领《就业创业证》：

（1）按照《就业服务与就业管理规定》（劳动和社会保障部令第 28 号）第六十三条的规定，在法定劳动年龄内，有劳动能力，有就业要求，处于无业状态的城镇常住人员，在公共就业服务机构进行失业登记，申领《就业创业证》。其中，农村进城务工人员和其他非本地户籍人员在常住地稳定就业满 6 个月的，失业后可以在常住地登记。

（2）零就业家庭凭社区出具的证明，城镇低保家庭凭低保证明，在公共就业服务机构登记失业，申领《就业创业证》。

（3）毕业年度内高校毕业生在校期间凭学生证向公共就业服务机构按规定申领《就业创业证》，或委托所在高校就业指导中心向公共就业服务机构按规定代为其申领《就业创业证》；毕业年度内高校毕业生离校后直接向公共就业服务机构按规定申领《就业创业证》。

（4）上述人员申领相关凭证后，由就业和创业地人力资源社会保障部门对人员范围、就业失业状态、已享受政策情况进行核实，在《就业创业证》上注明"自主创业税收政策"、"毕业年度内自主创业税收政策"或"企业吸纳税收政策"字样，同时符合自主创业和企业吸纳税收政策条件的，可同时加注；主管税务机关在《就业创业证》上加盖戳记，注明减免税所属时间。

4. 上述税收优惠政策的执行期限为 2016 年 5 月 1 日至 2016 年 12 月 31 日，纳税人在 2016 年 12 月 31 日未享受满 3 年的，可继续享受至 3 年期满为止。

按照《财政部 国家税务总局 人力资源社会保障部关于继续实施支持和促进重点群体创业就业有关税收政策的通知》（财税〔2014〕39 号）规定享受营业税优惠政策的纳税人，自 2016 年 5 月 1 日起按照上述规定享受增值税优惠政策，在 2016 年 12 月 31 日未享受满 3 年的，可继续享受至 3 年期满为止。

《财政部 国家税务总局关于将铁路运输和邮政业纳入营业税改征增值税试点的通知》（财税〔2013〕106 号）附件 3 第一条第（十三）项失业人员就业增值税优惠政策，自 2014 年 1 月 1 日起停止执行。在 2013 年 12 月 31 日未享受满 3 年的，可继续享受至 3 年期满为止。

四、金融企业发放贷款后，自结息日起 90 天内发生的应收未收利息按现行规定缴纳增值税，自结息日起 90 天后发生的应收未收利息暂不缴纳增值税，待实际收到利息时按规定缴纳增值税。上述所称金融企业，是指银行（包括国有、集体、股份制、合资、外资银行以及其他所有制形式的银行）、城市信用社、农村信用社、信托投资公司、财务公司。

五、个人将购买不足 2 年的住房对外销售的，按照 5% 的征收率全额缴纳增值税；个人将购买 2 年以上（含 2 年）的住房对外销售的，免征增值税。上述政策适用于北京市、上海市、广州市和深圳市之外的地区。个人将购买不足 2 年的住房对外销售的，按照 5% 的征收率全额缴纳增值税；个人将购买 2 年以上（含 2 年）的非普通住房对外销售的，以销售收入减去购买住房价款后的差额按照 5% 的征收率缴纳增值税；个人将购买 2 年以上（含 2 年）的普通住房对外销售的，免征增值税。上述政策仅适用于北京市、上海市、广州市和深圳市。

办理免税的具体程序、购买房屋的时间、开具发票、非购买形式取得住房行为及其他相关税收管理规定，按照《国务院办公厅转发建设部等部门关于做好稳定住房价格工作意见的通知》（国办发〔2005〕26 号）、《国家税务总局 财政部 建设部关于加强房地产税收管理的通知》（国税发〔2005〕89 号）和《国家税务总局关于房地产税收政策执行中几个具体问题的通知》（国税发〔2005〕172 号）的有关规定执行。

六、上述增值税优惠政策除已规定期限的项目和第五条政策外，其他均在营改增试点期间执行。如果试点纳税人在纳入营改增试点之日前已经按照有关政策规定享受了营业税税收优惠，在剩余税收优惠政策期限内，按照本规定享受有关增值税优惠。

附件 4：

# 跨境应税行为适用增值税零税率和免税政策的规定

一、中华人民共和国境内（以下称境内）的单位和个人销售的下列服务和无形资产，适用增值税零税率：

（一）国际运输服务。

国际运输服务，是指：

1. 在境内载运旅客或者货物出境。

2. 在境外载运旅客或者货物入境。

3. 在境外载运旅客或者货物。

（二）航天运输服务。

（三）向境外单位提供的完全在境外消费的下列服务：

1. 研发服务。

2. 合同能源管理服务。

3. 设计服务。

4. 广播影视节目（作品）的制作和发行服务。

5. 软件服务。

6. 电路设计及测试服务。

7. 信息系统服务。

8. 业务流程管理服务。

9. 离岸服务外包业务。

离岸服务外包业务，包括信息技术外包服务（ITO）、技术性业务流程外包服务（BPO）、技术性知识流程外包服务（KPO），其所涉及的具体业务活动，按照《销售服务、无形资产、不动产注释》相对应的业务活动执行。

10. 转让技术。

（四）财政部和国家税务总局规定的其他服务。

二、境内的单位和个人销售的下列服务和无形资产免征增值税，但财政部和国家税务总局规定适用增值税零税率的除外：

（一）下列服务：

1. 工程项目在境外的建筑服务。

2. 工程项目在境外的工程监理服务。

3. 工程、矿产资源在境外的工程勘察勘探服务。

4. 会议展览地点在境外的会议展览服务。

5. 存储地点在境外的仓储服务。

6. 标的物在境外使用的有形动产租赁服务。

7. 在境外提供的广播影视节目（作品）的播映服务。

8. 在境外提供的文化体育服务、教育医疗服务、旅游服务。

（二）为出口货物提供的邮政服务、收派服务、保险服务。

为出口货物提供的保险服务，包括出口货物保险和出口信用保险。

（三）向境外单位提供的完全在境外消费的下列服务和无形资产：

1. 电信服务。

2. 知识产权服务。

3. 物流辅助服务（仓储服务、收派服务除外）。

4. 鉴证咨询服务。

5. 专业技术服务。

6. 商务辅助服务。

7. 广告投放地在境外的广告服务。

8. 无形资产。

（四）以无运输工具承运方式提供的国际运输服务。

（五）为境外单位之间的货币资金融通及其他金融业务提供的直接收费金融服务，且该服务与境内的货物、无形资产和不动产无关。

（六）财政部和国家税务总局规定的其他服务。

三、按照国家有关规定应取得相关资质的国际运输服务项目，纳税人取得相关资质的，适用增值税零税率政策，未取得的，适用增值税免税政策。境内的单位或个人提供程租服务，如果租赁的交通工具用于国际运输服务和港澳台运输服务，由出租方按规定申请适用增值税零税率。

境内的单位和个人向境内单位或个人提供期租、湿租服务，如果承租方利用租赁的交通工具向其他单位或个人提供国际运输服务和港澳台运输服务，由承租方适用增值税零税率。境内的单位或个人向境外单位或个人提供期租、湿租服务，由出租方适用增值税零税率。

境内单位和个人以无运输工具承运方式提供的国际运输服务，由境内实际承运人适用增值税零税率；无运输工具承运业务的经营者适用增值税免税政策。

四、境内的单位和个人提供适用增值税零税率的服务或者无形资产，如果属于适用简易计税方法的，实行免征增值税办法。如果属于适用增值税一般计税方法的，生产企业实行免抵退税办法，外贸企业外购服务或者无形资产出口实行免退税办法，外贸企业直接将服务或自行研发的无形资产出口，视同生产企业连同其出口货物统一实行免抵退税办法。

服务和无形资产的退税率为其按照《试点实施办法》第十五条第（一）至（三）项规定适用的增值税税率。实行退（免）税办法的服务和无形资产，如果主管税务机关认定出口价格偏高的，有权按照核定的出口价格计算退（免）税，核定的出口价格低于外贸企业购进价格的，低于部分对应的进项税额不予退税，转入成本。

五、境内的单位和个人销售适用增值税零税率的服务或无形资产的，可以放弃适用增值税零税率，选择免税或按规定缴纳增值税。放弃适用增值税零税率后，36个月内不得再申请适用增值税零税率。

六、境内的单位和个人销售适用增值税零税率的服务或无形资产，按月向主管退税的税务机关申报办理增值税退（免）税手续。具体管理办法由国家税务总局商财政部另行制定。

七、本规定所称完全在境外消费，是指：（一）服务的实际接受方在境外，且与境内的货物和不动产无关。

（二）无形资产完全在境外使用，且与境内的货物和不动产无关。

（三）财政部和国家税务总局规定的其他情形。

八、境内单位和个人发生的与香港、澳门、台湾有关的应税行为，除本文另有规定外，参照上述规定执行。

九、2016年4月30日前签订的合同，符合《财政部 国家税务总局关于将铁路运输和邮政业纳入营业税改征增值税试点的通知》（财税〔2013〕106号）附件4和《财政部 国家税务总局关于影视等出口服务适用增值税零税率政策的通知》（财税〔2015〕118号）规定的零税率或者免税政策条件的，在合同到期前可以继续享受零税率或者免税政策。

# 财政部 国家税务总局关于出口货物劳务增值税和消费税政策的通知

## （财税〔2012〕39号）

各省、自治区、直辖市、计划单列市财政厅（局）、国家税务局，新疆生产建设兵团财务局：

为便于征纳双方系统、准确地了解和执行出口税收政策，财政部和国家税务总局对近年来陆续制定的一系列出口货物、对外提供加工修理修配劳务（以下统称出口货物劳务，包括视同出口货物）增值税和消费税政策进行了梳理归类，并对在实际操作中反映的个别问题做了明确。现将有关事项通知如下：

**一、适用增值税退（免）税政策的出口货物劳务**

对下列出口货物劳务，除适用本通知第六条和第七条规定的外，实行免征和退还增值税〔以下称增值税退（免）税〕政策：

（一）出口企业出口货物。

本通知所称出口企业，是指依法办理工商登记、税务登记、对外贸易经营者备案登记，自营或委托出口货物的单位或个体工商户，以及依法办理工商登记、税务登记但未办理对外贸易经营者备案登记，委托出口货物的生产企业。

本通知所称出口货物，是指向海关报关后实际离境并销售给境外单位或个人的货物，分为自营出口货物和委托出口货物两类。

本通知所称生产企业，是指具有生产能力（包括加工修理修配能力）的单位或个体工商户。

（二）出口企业或其他单位视同出口货物。具体是指：

1. 出口企业对外援助、对外承包、境外投资的出口货物。

2. 出口企业经海关报关进入国家批准的出口加工区、保税物流园区、保税港区、综合保税区、珠澳跨境工业区（珠海园区）、中哈霍尔果斯国际边境合作中心（中方配套区域）、保税物流中心（B型）（以下统称特殊区域）并销售给特殊区域内单位或境外单位、个人的货物。

3. 免税品经营企业销售的货物〔国家规定不允许经营和限制出口的货物（见附件1）、卷烟和超出免税品经营企业《企业法人营业执照》规定经营范围的货物除外〕。具体是指：（1）中国免税品（集团）有限责任公司向海关报关运入海关监管仓库，专供其经国家批准设立的统一经营、统一组织进货、统一制定零售价格、统一管理的免税店销售的货物；（2）国家批准的除中国免税品（集团）有限责任公司外的免税品经营企业，向海关报关运入海关监管仓库，专供其所属的首都机场口岸海关隔离区内的免税店销售的货物；（3）国家批准的除中国免税品（集团）有限责任公司外的免税品经营企业所属的上海虹桥、浦东机场海关隔离区内的免税店销售的货物。

4. 出口企业或其他单位销售给用于国际金融组织或外国政府贷款国际招标建设项目的中标机电产品（以下称中标机电产品）。上述中标机电产品，包括外国企业中标再分包给出口企业或其他单位的机电产品。贷款机构和中标机电产品的具体范围见附件2。

5. 生产企业向海上石油天然气开采企业销售的自产的海洋工程结构物。海洋工程结构物和海上石油天然气开采企业的具体范围见附件3。

6. 出口企业或其他单位销售给国际运输企业用于国际运输工具上的货物。上述规定暂仅适用于外轮供应公司、远洋运输供应公司销售给外轮、远洋国轮的货物，国内航空供应公司生产销售给国内和国外航空公司国际航班的航空食品。

7. 出口企业或其他单位销售给特殊区域内生产企业生产耗用且不向海关报关而输入特殊区域的水（包括蒸汽）、电力、燃气（以下称输入特殊区域的水电气）。

除本通知及财政部和国家税务总局另有规定外，视同出口货物适用出口货物的各项规定。

（三）出口企业对外提供加工修理修配劳务。

对外提供加工修理修配劳务，是指对进境复出口货物或从事国际运输的运输工具进行的加工修理修配。

## 二、增值税退（免）税办法

适用增值税退（免）税政策的出口货物劳务，按照下列规定实行增值税免抵退税或免退税办法。

（一）免抵退税办法。生产企业出口自产货物和视同自产货物（视同自产货物的具体范围见附件4）及对外提供加工修理修配劳务，以及列名生产企业（具体范围见附件5）出口非自产货物，免征增值税，相应的进项税额抵减应纳增值税额（不包括适用增值税即征即退、先征后退政策的应纳增值税额），未抵减完的部分予以退还。

（二）免退税办法。不具有生产能力的出口企业（以下称外贸企业）或其他单位出口货物劳务，免征增值税，相应的进项税额予以退还。

### 三、增值税出口退税率

（一）除财政部和国家税务总局根据国务院决定而明确的增值税出口退税率（以下称退税率）外，出口货物的退税率为其适用税率。国家税务总局根据上述规定将退税率通过出口货物劳务退税率文库予以发布，供征纳双方执行。退税率有调整的，除另有规定外，其执行时间以货物（包括被加工修理修配的货物）出口货物报关单（出口退税专用）上注明的出口日期为准。

（二）退税率的特殊规定：

1. 外贸企业购进按简易办法征税的出口货物、从小规模纳税人购进的出口货物，其退税率分别为简易办法实际执行的征收率、小规模纳税人征收率。上述出口货物取得增值税专用发票的，退税率按照增值税专用发票上的税率和出口货物退税率孰低的原则确定。

2. 出口企业委托加工修理修配货物，其加工修理修配费用的退税率，为出口货物的退税率。

3. 中标机电产品、出口企业向海关报关进入特殊区域销售给特殊区域内生产企业生产耗用的列名原材料（以下称列名原材料，其具体范围见附件6）、输入特殊区域的水电气，其退税率为适用税率。如果国家调整列名原材料的退税率，列名原材料应当自调整之日起按调整后的退税率执行。

4. 海洋工程结构物退税率的适用，见附件3。

（三）适用不同退税率的货物劳务，应分开报关、核算并申报退（免）税，未分开报关、核算或划分不清的，从低适用退税率。

### 四、增值税退（免）税的计税依据

出口货物劳务的增值税退（免）税的计税依据，按出口货物劳务的出口发票（外销发票)、其他普通发票或购进出口货物劳务的增值税专用发票、海关进口增值税专用缴款书确定。

(一)生产企业出口货物劳务(进料加工复出口货物除外)增值税退(免)税的计税依据,为出口货物劳务的实际离岸价(FOB)。实际离岸价应以出口发票上的离岸价为准,但如果出口发票不能反映实际离岸价,主管税务机关有权予以核定。

(二)生产企业进料加工复出口货物增值税退(免)税的计税依据,按出口货物的离岸价(FOB)扣除出口货物所含的海关保税进口料件的金额后确定。

本通知所称海关保税进口料件,是指海关以进料加工贸易方式监管的出口企业从境外和特殊区域等进口的料件。包括出口企业从境外单位或个人购买并从海关保税仓库提取且办理海关进料加工手续的料件,以及保税区外的出口企业从保税区内的企业购进并办理海关进料加工手续的进口料件。

(三)生产企业国内购进无进项税额且不计提进项税额的免税原材料加工后出口的货物的计税依据,按出口货物的离岸价(FOB)扣除出口货物所含的国内购进免税原材料的金额后确定。

(四)外贸企业出口货物(委托加工修理修配货物除外)增值税退(免)税的计税依据,为购进出口货物的增值税专用发票注明的金额或海关进口增值税专用缴款书注明的完税价格。

(五)外贸企业出口委托加工修理修配货物增值税退(免)税的计税依据,为加工修理修配费用增值税专用发票注明的金额。外贸企业应将加工修理修配使用的原材料(进料加工海关保税进口料件除外)作价销售给受托加工修理修配的生产企业,受托加工修理修配的生产企业应将原材料成本并入加工修理修配费用开具发票。

(六)出口进项税额未计算抵扣的已使用过的设备增值税退(免)税的计税依据,按下列公式确定:

退(免)税计税依据=增值税专用发票上的金额或海关进口增值税专用缴款书注明的完税价格×已使用过的设备固定资产净值÷已使用过的设备原值

已使用过的设备固定资产净值=已使用过的设备原值-已使用过的设备已提累计折旧

本通知所称已使用过的设备,是指出口企业根据财务会计制度已经计提折旧的固定资产。

(七)免税品经营企业销售的货物增值税退(免)税的计税依据,为购进货物的增值税专用发票注明的金额或海关进口增值税专用缴款书注明的完税价格。

（八）中标机电产品增值税退（免）税的计税依据，生产企业为销售机电产品的普通发票注明的金额，外贸企业为购进货物的增值税专用发票注明的金额或海关进口增值税专用缴款书注明的完税价格。

（九）生产企业向海上石油天然气开采企业销售的自产的海洋工程结构物增值税退（免）税的计税依据，为销售海洋工程结构物的普通发票注明的金额。

（十）输入特殊区域的水电气增值税退（免）税的计税依据，为作为购买方的特殊区域内生产企业购进水（包括蒸汽）、电力、燃气的增值税专用发票注明的金额。

### 五、增值税免抵退税和免退税的计算

（一）生产企业出口货物劳务增值税免抵退税，依下列公式计算：

1. 当期应纳税额的计算

当期应纳税额 = 当期销项税额 −（当期进项税额 − 当期不得免征和抵扣税额）

当期不得免征和抵扣税额 = 当期出口货物离岸价 × 外汇人民币折合率 ×（出口货物适用税率 − 出口货物退税率）− 当期不得免征和抵扣税额抵减额

当期不得免征和抵扣税额抵减额 = 当期免税购进原材料价格 ×（出口货物适用税率 − 出口货物退税率）

2. 当期免抵退税额的计算

当期免抵退税额 = 当期出口货物离岸价 × 外汇人民币折合率 × 出口货物退税率 − 当期免抵退税额抵减额

当期免抵退税额抵减额 = 当期免税购进原材料价格 × 出口货物退税率

3. 当期应退税额和免抵税额的计算

（1）当期期末留抵税额 ≤ 当期免抵退税额，则

当期应退税额 = 当期期末留抵税额

当期免抵税额 = 当期免抵退税额 − 当期应退税额

（2）当期期末留抵税额 > 当期免抵退税额，则

当期应退税额 = 当期免抵退税额

当期免抵税额 = 0

当期期末留抵税额为当期增值税纳税申报表中"期末留抵税额"。

4. 当期免税购进原材料价格包括当期国内购进的无进项税额且不计提进项税额的

免税原材料的价格和当期进料加工保税进口料件的价格，其中当期进料加工保税进口料件的价格为组成计税价格。

当期进料加工保税进口料件的组成计税价格＝当期进口料件到岸价格＋海关实征关税＋海关实征消费税

（1）采用"实耗法"的，当期进料加工保税进口料件的组成计税价格为当期进料加工出口货物耗用的进口料件组成计税价格。其计算公式为：

当期进料加工保税进口料件的组成计税价格＝当期进料加工出口货物离岸价×外汇人民币折合率×计划分配率

计划分配率＝计划进口总值÷计划出口总值×100%

实行纸质手册和电子化手册的生产企业，应根据海关签发的加工贸易手册或加工贸易电子化纸质单证所列的计划进出口总值计算计划分配率。

实行电子账册的生产企业，计划分配率按前一期已核销的实际分配率确定；新启用电子账册的，计划分配率按前一期已核销的纸质手册或电子化手册的实际分配率确定。

（2）采用"购进法"的，当期进料加工保税进口料件的组成计税价格为当期实际购进的进料加工进口料件的组成计税价格。

若当期实际不得免征和抵扣税额抵减额大于当期出口货物离岸价×外汇人民币折合率×（出口货物适用税率－出口货物退税率）的，则：

当期不得免征和抵扣税额抵减额＝当期出口货物离岸价×外汇人民币折合率×（出口货物适用税率－出口货物退税率）

（二）外贸企业出口货物劳务增值税免退税，依下列公式计算：

1. 外贸企业出口委托加工修理修配货物以外的货物：

增值税应退税额＝增值税退（免）税计税依据×出口货物退税率

2. 外贸企业出口委托加工修理修配货物：

出口委托加工修理修配货物的增值税应退税额＝委托加工修理修配的增值税退（免）税计税依据×出口货物退税率

（三）退税率低于适用税率的，相应计算出的差额部分的税款计入出口货物劳务成本。

（四）出口企业既有适用增值税免抵退项目，也有增值税即征即退、先征后退项目的，增值税即征即退和先征后退项目不参与出口项目免抵退税计算。出口企业应分别核算增值税免抵退项目和增值税即征即退、先征后退项目，并分别申请享受增值税即征即退、先征后退和免抵退税政策。

用于增值税即征即退或者先征后退项目的进项税额无法划分的，按照下列公式计算：

无法划分进项税额中用于增值税即征即退或者先征后退项目的部分 = 当月无法划分的全部进项税额 × 当月增值税即征即退或者先征后退项目销售额 ÷ 当月全部销售额、营业额合计

**六、适用增值税免税政策的出口货物劳务**

对符合下列条件的出口货物劳务，除适用本通知第七条规定外，按下列规定实行免征增值税（以下称增值税免税）政策：

（一）适用范围。

适用增值税免税政策的出口货物劳务，是指：

1. 出口企业或其他单位出口规定的货物，具体是指：

（1）增值税小规模纳税人出口的货物。

（2）避孕药品和用具，古旧图书。

（3）软件产品。其具体范围是指海关税则号前四位为"9803"的货物。

（4）含黄金、铂金成分的货物，钻石及其饰品。其具体范围见附件7。

（5）国家计划内出口的卷烟。其具体范围见附件8。

（6）已使用过的设备。其具体范围是指购进时未取得增值税专用发票、海关进口增值税专用缴款书但其他相关单证齐全的已使用过的设备。

（7）非出口企业委托出口的货物。

（8）非列名生产企业出口的非视同自产货物。

（9）农业生产者自产农产品〔农产品的具体范围按照《农业产品征税范围注释》（财税〔1995〕52号）的规定执行〕。

（10）油画、花生果仁、黑大豆等财政部和国家税务总局规定的出口免税的货物。

（11）外贸企业取得普通发票、废旧物资收购凭证、农产品收购发票、政府非税收入票据的货物。

（12）来料加工复出口的货物。

（13）特殊区域内的企业出口的特殊区域内的货物。

（14）以人民币现金作为结算方式的边境地区出口企业从所在省（自治区）的边境口岸出口到接壤国家的一般贸易和边境小额贸易出口货物。

（15）以旅游购物贸易方式报关出口的货物。

2. 出口企业或其他单位视同出口的下列货物劳务：

（1）国家批准设立的免税店销售的免税货物〔包括进口免税货物和已实现退（免）税的货物〕。

（2）特殊区域内的企业为境外的单位或个人提供加工修理修配劳务。

（3）同一特殊区域、不同特殊区域内的企业之间销售特殊区域内的货物。

3. 出口企业或其他单位未按规定申报或未补齐增值税退（免）税凭证的出口货物劳务。

具体是指：

（1）未在国家税务总局规定的期限内申报增值税退（免）税的出口货物劳务。

（2）未在规定期限内申报开具《代理出口货物证明》的出口货物劳务。

（3）已申报增值税退（免）税，却未在国家税务总局规定的期限内向税务机关补齐增值税退（免）税凭证的出口货物劳务。

对于适用增值税免税政策的出口货物劳务，出口企业或其他单位可以依照现行增值税有关规定放弃免税，并依照本通知第七条的规定缴纳增值税。

（二）进项税额的处理计算。

1. 适用增值税免税政策的出口货物劳务，其进项税额不得抵扣和退税，应当转入成本。

2. 出口卷烟，依下列公式计算：

不得抵扣的进项税额＝出口卷烟含消费税金额÷（出口卷烟含消费税金额＋内销卷烟销售额）×当期全部进项税额

（1）当生产企业销售的出口卷烟在国内有同类产品销售价格时

出口卷烟含消费税金额＝出口销售数量×销售价格

"销售价格" 为同类产品生产企业国内实际调拨价格。如实际调拨价格低于税务机关公示的计税价格的，"销售价格" 为税务机关公示的计税价格；高于公示计税价格的，销售价格为实际调拨价格。

（2）当生产企业销售的出口卷烟在国内没有同类产品销售价格时：

出口卷烟含税金额＝（出口销售额＋出口销售数量×消费税定额税率）÷（1－消费

税比例税率)

"出口销售额"以出口发票上的离岸价为准。若出口发票不能如实反映离岸价，生产企业应按实际离岸价计算，否则，税务机关有权按照有关规定予以核定调整。

3. 除出口卷烟外，适用增值税免税政策的其他出口货物劳务的计算，按照增值税免税政策的统一规定执行。其中，如果涉及销售额，除来料加工复出口货物为其加工费收入外，其他均为出口离岸价或销售额。

### 七、适用增值税征税政策的出口货物劳务

下列出口货物劳务，不适用增值税退（免）税和免税政策，按下列规定及视同内销货物征税的其他规定征收增值税（以下称增值税征税）：

（一）适用范围。

适用增值税征税政策的出口货物劳务，是指：

1. 出口企业出口或视同出口财政部和国家税务总局根据国务院决定明确的取消出口退（免）税的货物〔不包括来料加工复出口货物、中标机电产品、列名原材料、输入特殊区域的水电气、海洋工程结构物〕。

2. 出口企业或其他单位销售给特殊区域内的生活消费用品和交通运输工具。

3. 出口企业或其他单位因骗取出口退税被税务机关停止办理增值税退（免）税期间出口的货物。

4. 出口企业或其他单位提供虚假备案单证的货物。

5. 出口企业或其他单位增值税退（免）税凭证有伪造或内容不实的货物。

6. 出口企业或其他单位未在国家税务总局规定期限内申报免税核销以及经主管税务机关审核不予免税核销的出口卷烟。

7. 出口企业或其他单位具有以下情形之一的出口货物劳务：

（1）将空白的出口货物报关单、出口收汇核销单等退（免）税凭证交由除签有委托合同的货代公司、报关行，或由境外进口方指定的货代公司（提供合同约定或者其他相关证明）以外的其他单位或个人使用的。

（2）以自营名义出口，其出口业务实质上是由本企业及其投资的企业以外的单位或个人借该出口企业名义操作完成的。

（3）以自营名义出口，其出口的同一批货物既签订购货合同，又签订代理出口合同（或协议）的。

（4）出口货物在海关验放后，自己或委托货代承运人对该笔货物的海运提单或其他运输单据等上的品名、规格等进行修改，造成出口货物报关单与海运提单或其他运输单据有关内容不符的。

（5）以自营名义出口，但不承担出口货物的质量、收款或退税风险之一的，即出口货物发生质量问题不承担购买方的索赔责任（合同中有约定质量责任承担者除外）；不承担未按期收款导致不能核销的责任（合同中有约定收款责任承担者除外）；不承担因申报出口退（免）税的资料、单证等出现问题造成不退税责任的。

（6）未实质参与出口经营活动、接受并从事由中间人介绍的其他出口业务，但仍以自营名义出口的。

（二）应纳增值税的计算。

适用增值税征税政策的出口货物劳务，其应纳增值税按下列办法计算：

1. 一般纳税人出口货物

销项税额＝（出口货物离岸价－出口货物耗用的进料加工保税进口料件金额）÷（1＋适用税率）×适用税率

出口货物若已按征退税率之差计算不得免征和抵扣税额并已经转入成本的，相应的税额应转回进项税额。

（1）出口货物耗用的进料加工保税进口料件金额＝主营业务成本×（投入的保税进口料件金额÷生产成本）

主营业务成本、生产成本均为不予退（免）税的进料加工出口货物的主营业务成本、生产成本。当耗用的保税进口料件金额大于不予退（免）税的进料加工出口货物金额时，耗用的保税进口料件金额为不予退（免）税的进料加工出口货物金额。

（2）出口企业应分别核算内销货物和增值税征税的出口货物的生产成本、主营业务成本。未分别核算的，其相应的生产成本、主营业务成本由主管税务机关核定。

进料加工手册海关核销后，出口企业应对出口货物耗用的保税进口料件金额进行清算。清算公式为：

清算耗用的保税进口料件总额＝实际保税进口料件总额－退（免）税出口货物耗用的保税进口料件总额－进料加工副产品耗用的保税进口料件总额

若耗用的保税进口料件总额与各纳税期扣减的保税进口料件金额之和存在差额时，应在清算的当期相应调整销项税额。当耗用的保税进口料件总额大于出口货物离岸金额时，其差额部分不得扣减其他出口货物金额。

2. 小规模纳税人出口货物

应纳税额 = 出口货物离岸价 ÷（1 + 征收率）× 征收率

### 八、适用消费税退（免）税或征税政策的出口货物

适用本通知第一条、第六条或第七条规定的出口货物，如果属于消费税应税消费品，实行下列消费税政策：

（一）适用范围。

1. 出口企业出口或视同出口适用增值税退（免）税的货物，免征消费税，如果属于购进出口的货物，退还前一环节对其已征的消费税。

2. 出口企业出口或视同出口适用增值税免税政策的货物，免征消费税，但不退还其以前环节已征的消费税，且不允许在内销应税消费品应纳消费税款中抵扣。

3. 出口企业出口或视同出口适用增值税征税政策的货物，应按规定缴纳消费税，不退还其以前环节已征的消费税，且不允许在内销应税消费品应纳消费税款中抵扣。

（二）消费税退税的计税依据。

出口货物的消费税应退税额的计税依据，按购进出口货物的消费税专用缴款书和海关进口消费税专用缴款书确定。

属于从价定率计征消费税的，为已征且未在内销应税消费品应纳税额中抵扣的购进出口货物金额；属于从量定额计征消费税的，为已征且未在内销应税消费品应纳税额中抵扣的购进出口货物数量；属于复合计征消费税的，按从价定率和从量定额的计税依据分别确定。

（三）消费税退税的计算。

消费税应退税额 = 从价定率计征消费税的退税计税依据 × 比例税率 + 从量定额计征消费税的退税计税依据 × 定额税率

### 九、出口货物劳务增值税和消费税政策的其他规定

（一）认定和申报。

1. 适用本通知规定的增值税退（免）税或免税、消费税退（免）税或免税政策的出口企业或其他单位，应办理退（免）税认定。

2. 经过认定的出口企业及其他单位，应在规定的增值税纳税申报期内向主管税务机关申报增值税退（免）税和免税、消费税退（免）税和免税。委托出口的货物，

由委托方申报增值税退（免）税和免税、消费税退（免）税和免税。输入特殊区域的水电气，由作为购买方的特殊区域内生产企业申报退税。

3. 出口企业或其他单位骗取国家出口退税款的，经省级以上税务机关批准可以停止其退（免）税资格。

（二）若干征、退（免）税规定

1. 出口企业或其他单位退（免）税认定之前的出口货物劳务，在办理退（免）税认定后，可按规定适用增值税退（免）税或免税及消费税退（免）税政策。

2. 出口企业或其他单位出口货物劳务适用免税政策的，除特殊区域内企业出口的特殊区域内货物、出口企业或其他单位视同出口的免征增值税的货物劳务外，如果未按规定申报免税，应视同内销货物和加工修理修配劳务征收增值税、消费税。

3. 开展进料加工业务的出口企业若发生未经海关批准将海关保税进口料件作价销售给其他企业加工的，应按规定征收增值税、消费税。

4. 卷烟出口企业经主管税务机关批准按国家批准的免税出口卷烟计划购进的卷烟免征增值税、消费税。

5. 发生增值税、消费税不应退税或免税但已实际退税或免税的，出口企业和其他单位应当补缴已退或已免税款。

6. 出口企业和其他单位出口的货物（不包括本通知附件7所列货物），如果原材料成本80%以上为附件9所列原料的，应执行该原料的增值税、消费税政策，上述出口货物的增值税退税率为附件9所列该原料海关税则号在出口货物劳务退税率文库中对应的退税率。

7. 国家批准的免税品经营企业销售给免税店的进口免税货物免征增值税。

（三）外贸企业核算要求

外贸企业应单独设账核算出口货物的购进金额和进项税额，若购进货物时不能确定是用于出口的，先记入出口库存账，用于其他用途时应从出口库存账转出。

（四）符合条件的生产企业已签订出口合同的交通运输工具和机器设备，在其退税凭证尚未收集齐全的情况下，可凭出口合同、销售明细账等，向主管税务机关申报免抵退税。在货物向海关报关出口后，应按规定申报退（免）税，并办理已退（免）税的核销手续。多退（免）的税款，应予追回。生产企业申请时应同时满足以下条件：

1. 已取得增值税一般纳税人资格。

2. 已持续经营 2 年及 2 年以上。

3. 生产的交通运输工具和机器设备生产周期在 1 年及 1 年以上。

4. 上一年度净资产大于同期出口货物增值税、消费税退税额之和的 3 倍。

5. 持续经营以来从未发生逃税、骗取出口退税、虚开增值税专用发票或农产品收购发票、接受虚开增值税专用发票（善意取得虚开增值税专用发票除外）行为。

**十、出口企业及其他单位具体认定办法及出口退（免）税具体管理办法，由国家税务总局另行制定。**

十一、本通知除第一条第（二）项关于国内航空供应公司生产销售给国内和国外航空公司国际航班的航空食品适用增值税退（免）税政策，第六条第（一）项关于国家批准设立的免税店销售的免税货物、出口企业或其他单位未按规定申报或未补齐增值税退（免）税凭证的出口货物劳务、第九条第（二）项关于国家批准的免税品经营企业销售给免税店的进口免税货物适用增值税免税政策的有关规定自 2011 年 1 月 1 日起执行外，其他规定均自 2012 年 7 月 1 日起实施。《废止的文件和条款目录》（见附件 10）所列的相应文件同时废止。

　　附件：1. 国家规定不允许经营和限制出口的货物（略）

　　　　　2. 贷款机构和中标机电产品的具体范围（略）

　　　　　3. 海洋工程结构物和海上石油天然气开采企业的具体范围（略）

　　　　　4. 视同自产货物的具体范围（略）

　　　　　5. 列名生产企业的具体范围（略）

　　　　　6. 列名原材料的具体范围（略）

　　　　　7. 含黄金、铂金成分的货物和钻石及其饰品的具体范围（略）

　　　　　8. 国家计划内出口的卷烟的具体范围（略）

　　　　　9. 原料名称和海关税则号表（略）

　　　　　10. 废止的文件和条款目录（略）

2012 年 5 月 25 日

# 财政部 国家税务总局
# 关于企业境外所得税收抵免有关问题的通知

## （财税〔2009〕125 号）

各省、自治区、直辖市、计划单列市财政厅（局）、国家税务局、地方税务局，新疆
生产建设兵团财务局：

根据《中华人民共和国企业所得税法》（以下简称企业所得税法）及《中华人民
共和国企业所得税法实施条例》（以下简称实施条例）的有关规定，现就企业取得境
外所得计征企业所得税时抵免境外已纳或负担所得税额的有关问题通知如下：

一、居民企业以及非居民企业在中国境内设立的机构、场所（以下统称企业）依
照企业所得税法第二十三条、第二十四条的有关规定，应在其应纳税额中抵免在境外
缴纳的所得税额的，适用本通知。

二、企业应按照企业所得税法及其实施条例、税收协定以及本通知的规定，准确
计算下列当期与抵免境外所得税有关的项目后，确定当期实际可抵免分国（地区）别
的境外所得税税额和抵免限额：

（一）境内所得的应纳税所得额（以下称境内应纳税所得额）和分国（地区）别
的境外所得的应纳税所得额（以下称境外应纳税所得额）；

（二）分国（地区）别的可抵免境外所得税税额；

（三）分国（地区）别的境外所得税的抵免限额。

企业不能准确计算上述项目实际可抵免分国（地区）别的境外所得税税额的，在
相应国家（地区）缴纳的税收均不得在该企业当期应纳税额中抵免，也不得结转以后
年度抵免。

三、企业应就其按照实施条例第七条规定确定的中国境外所得（境外税前所得），
按以下规定计算实施条例第七十八条规定的境外应纳税所得额：

（一）居民企业在境外投资设立不具有独立纳税地位的分支机构，其来源于境外的所得，以境外收入总额扣除与取得境外收入有关的各项合理支出后的余额为应纳税所得额。各项收入、支出按企业所得税法及实施条例的有关规定确定。

居民企业在境外设立不具有独立纳税地位的分支机构取得的各项境外所得，无论是否汇回中国境内，均应计入该企业所属纳税年度的境外应纳税所得额。

（二）居民企业应就其来源于境外的股息、红利等权益性投资收益，以及利息、租金、特许权使用费、转让财产等收入，扣除按照企业所得税法及实施条例等规定计算的与取得该项收入有关的各项合理支出后的余额为应纳税所得额。来源于境外的股息、红利等权益性投资收益，应按被投资方作出利润分配决定的日期确认收入实现；来源于境外的利息、租金、特许权使用费、转让财产等收入，应按有关合同约定应付交易对价款的日期确认收入实现。

（三）非居民企业在境内设立机构、场所的，应就其发生在境外但与境内所设机构、场所有实际联系的各项应税所得，比照上述第（二）项的规定计算相应的应纳税所得额。

（四）在计算境外应纳税所得额时，企业为取得境内、外所得而在境内、境外发生的共同支出，与取得境外应税所得有关的、合理的部分，应在境内、境外（分国（地区）别，下同）应税所得之间，按照合理比例进行分摊后扣除。

（五）在汇总计算境外应纳税所得额时，企业在境外同一国家（地区）设立不具有独立纳税地位的分支机构，按照企业所得税法及实施条例的有关规定计算的亏损，不得抵减其境内或他国（地区）的应纳税所得额，但可以用同一国家（地区）其他项目或以后年度的所得按规定弥补。

四、可抵免境外所得税税额，是指企业来源于中国境外的所得依照中国境外税收法律以及相关规定应当缴纳并已实际缴纳的企业所得税性质的税款。但不包括：

（一）按照境外所得税法律及相关规定属于错缴或错征的境外所得税税款；

（二）按照税收协定规定不应征收的境外所得税税款；

（三）因少缴或迟缴境外所得税而追加的利息、滞纳金或罚款；

（四）境外所得税纳税人或者其利害关系人从境外征税主体得到实际返还或补偿的境外所得税税款；

（五）按照我国企业所得税法及其实施条例规定，已经免征我国企业所得税的境外所得负担的境外所得税税款；

（六）按照国务院财政、税务主管部门有关规定已经从企业境外应纳税所得额中扣除的境外所得税税款。

五、居民企业在按照企业所得税法第二十四条规定用境外所得间接负担的税额进行税收抵免时，其取得的境外投资收益实际间接负担的税额，是指根据直接或者间接持股方式合计持股20%以上（含20%，下同）的规定层级的外国企业股份，由此应分得的股息、红利等权益性投资收益中，从最低一层外国企业起逐层计算的属于由上一层企业负担的税额，其计算公式如下：

本层企业所纳税额属于由一家上一层企业负担的税额 =（本层企业就利润和投资收益所实际缴纳的税额 + 符合本通知规定的由本层企业间接负担的税额）×本层企业向一家上一层企业分配的股息（红利）÷本层企业所得税后利润额。

六、除国务院财政、税务主管部门另有规定外，按照实施条例第八十条规定由居民企业直接或者间接持有20%以上股份的外国企业，限于符合以下持股方式的三层外国企业：

第一层：单一居民企业直接持有20%以上股份的外国企业；

第二层：单一第一层外国企业直接持有20%以上股份，且由单一居民企业直接持有或通过一个或多个符合本条规定持股条件的外国企业间接持有总和达到20%以上股份的外国企业；

第三层：单一第二层外国企业直接持有20%以上股份，且由单一居民企业直接持有或通过一个或多个符合本条规定持股条件的外国企业间接持有总和达到20%以上股份的外国企业。

七、居民企业从与我国政府订立税收协定（或安排）的国家（地区）取得的所得，按照该国（地区）税收法律享受了免税或减税待遇，且该免税或减税的数额按照税收协定规定应视同已缴税额在中国的应纳税额中抵免的，该免税或减税数额可作为企业实际缴纳的境外所得税额用于办理税收抵免。

八、企业应按照企业所得税法及其实施条例和本通知的有关规定分国（地区）别计算境外税额的抵免限额。

某国（地区）所得税抵免限额 = 中国境内、境外所得依照企业所得税法及实施条例的规定计算的应纳税总额×来源于某国（地区）的应纳税所得额÷中国境内、境外应纳税所得总额。

据以计算上述公式中"中国境内、境外所得依照企业所得税法及实施条例的规定计算的应纳税总额"的税率，除国务院财政、税务主管部门另有规定外，应为企业所得税法第四条第一款规定的税率。

企业按照企业所得税法及其实施条例和本通知的有关规定计算的当期境内、境外应纳税所得总额小于零的，应以零计算当期境内、境外应纳税所得总额，其当期境外所得税的抵免限额也为零。

九、在计算实际应抵免的境外已缴纳和间接负担的所得税税额时，企业在境外一国（地区）当年缴纳和间接负担的符合规定的所得税税额低于所计算的该国（地区）抵免限额的，应以该项税额作为境外所得税抵免额从企业应纳税总额中据实抵免；超过抵免限额的，当年应以抵免限额作为境外所得税抵免额进行抵免，超过抵免限额的余额允许从次年起在连续五个纳税年度内，用每年度抵免限额抵免当年应抵税额后的余额进行抵补。

十、属于下列情形的，经企业申请，主管税务机关核准，可以采取简易办法对境外所得已纳税额计算抵免：

（一）企业从境外取得营业利润所得以及符合境外税额间接抵免条件的股息所得，虽有所得来源国（地区）政府机关核发的具有纳税性质的凭证或证明，但因客观原因无法真实、准确地确认应当缴纳并已经实际缴纳的境外所得税税额的，除就该所得直接缴纳及间接负担的税额在所得来源国（地区）的实际有效税率低于我国企业所得税法第四条第一款规定税率50%以上的外，可按境外应纳税所得额的12.5%作为抵免限额，企业按该国（地区）税务机关或政府机关核发具有纳税性质凭证或证明的金额，其不超过抵免限额的部分，准予抵免；超过的部分不得抵免。

属于本款规定以外的股息、利息、租金、特许权使用费、转让财产等投资性所得，均应按本通知的其他规定计算境外税额抵免。

（二）企业从境外取得营业利润所得以及符合境外税额间接抵免条件的股息所得，凡就该所得缴纳及间接负担的税额在所得来源国（地区）的法定税率且其实际有效税率明显高于我国的，可直接以按本通知规定计算的境外应纳税所得额和我国企业所得税法规定的税率计算的抵免限额作为可抵免的已在境外实际缴纳的企业所得税税额。具体国家（地区）名单见附件。财政部、国家税务总局可根据实际情况适时对名单进行调整。

属于本款规定以外的股息、利息、租金、特许权使用费、转让财产等投资性所得，均应按本通知的其他规定计算境外税额抵免。

十一、企业在境外投资设立不具有独立纳税地位的分支机构，其计算生产、经营所得的纳税年度与我国规定的纳税年度不一致的，与我国纳税年度当年度相对应的境外纳税年度，应为在我国有关纳税年度中任何一日结束的境外纳税年度。

企业取得上款以外的境外所得实际缴纳或间接负担的境外所得税，应在该项境外所得实现日所在的我国对应纳税年度的应纳税额中计算抵免。

十二、企业抵免境外所得税额后实际应纳所得税额的计算公式为：

企业实际应纳所得税额＝企业境内外所得应纳税总额－企业所得税减免、抵免优惠税额－境外所得税抵免额。

十三、本通知所称不具有独立纳税地位，是指根据企业设立地法律不具有独立法人地位或者按照税收协定规定不认定为对方国家（地区）的税收居民。

十四、企业取得来源于中国香港、澳门、台湾地区的应税所得，参照本通知执行。

十五、中华人民共和国政府同外国政府订立的有关税收的协定与本通知有不同规定的，依照协定的规定办理。

十六、本通知自 2008 年 1 月 1 日起执行。


附件：法定税率明显高于我国的境外所得来源国（地区）名单


2009 年 12 月 25 日

**附件：**

# 法定税率明显高于我国的境外所得来源国（地区）名单

美国、阿根廷、布隆迪、喀麦隆、古巴、法国、日本、摩洛哥、巴基斯坦、赞比亚、科威特、孟加拉国、叙利亚、约旦、老挝。

# 国家税务总局关于企业境外所得适用简易征收和饶让抵免的核准事项取消后有关后续管理问题的公告

## （国家税务总局公告 2015 年第 70 号）

根据《国家税务总局关于公布已取消的 22 项税务非行政许可审批事项的公告》（国家税务总局公告 2015 年第 58 号），为加强后续管理，经商财政部同意，现就"企业境外所得适用简易征收和饶让抵免的核准"审批事项取消后有关管理问题公告如下：

一、企业境外所得符合《财政部国家税务总局关于企业境外所得税收抵免有关问题的通知》（财税〔2009〕125 号）第十条第（一）项和第（二）项规定情形的，可以采取简易办法对境外所得已纳税额计算抵免。企业在年度汇算清缴期内，应向主管税务机关报送备案资料，备案资料的具体内容按照《国家税务总局关于发布〈企业境外所得税收抵免操作指南〉的公告》（国家税务总局公告 2010 年第 1 号）第 30 条的规定执行。

二、本公告自公布之日起施行。《财政部国家税务总局关于企业境外所得税收抵免有关问题的通知》（财税〔2009〕125 号）第十条中"经企业申请，主管税务机关核准"的规定同时废止。

特此公告。

国家税务总局
2015 年 10 月 10 日

# 国家税务总局关于落实"一带一路"发展战略要求做好税收服务与管理工作的通知

## （税总发〔2015〕60号）

各省、自治区、直辖市和计划单列市国家税务局、地方税务局：

为贯彻落实党中央、国务院关于"一带一路"发展战略的重大决策部署，现就做好相关税收服务与管理工作提出以下要求，请遵照执行。

## 一、总体目标

各地要按照税务总局提出的税收服务"一带一路"发展战略的总体要求，从"执行协定维权益、改善服务谋发展、规范管理促遵从"三个方面，采取有力措施，做好本地区的落实工作。

## 二、主要内容

### （一）执行协定维权益

1. 认真执行税收协定

按照税务总局"便民办税春风行动"和纳税服务规范的要求，认真执行我国对外签署的税收协定及相关解释性文件，保证不同地区执法的一致性，减少涉税争议的发生，并配合税务总局做好非居民享受协定待遇审批改备案相关工作，为跨境纳税人提供良好的税收环境。

2. 加强涉税争议双边协商

落实《国家税务总局关于发布〈税收协定相互协商程序实施办法〉的公告》（国

家税务总局公告 2013 年第 56 号）和《国家税务总局关于印发〈特别纳税调整实施办法（试行）〉的通知》（国税发〔2009〕2 号）的有关规定，及时了解我国与"一带一路"沿线其他国家"引进来"和"走出去"企业涉税诉求和税收争议，主动向企业宣传、解释税收协定相关条款，特别是相互协商程序的规定，及时受理企业提起的相互协商申请，并配合税务总局完成相关工作。

### （二）改善服务谋发展

**3. 建设国别税收信息中心**

税务总局将于 2015 年 7 月底前向全国各省税务机关推广国别信息中心试点工作。根据税务总局统一部署，省税务机关要做好前期调研、人员配备等启动准备，积极开展对口国家税收信息收集、分析和研究工作，尽快形成各省分国对接机制。

**4. 建立"一带一路"税收服务网页**

依托税务总局网站于 2015 年 6 月底前建立"一带一路"税收服务网页，并从四季度开始，分国别发布"一带一路"沿线国家税收指南，介绍有关国家税收政策，提示对外投资税收风险，争取在 2016 年底前全部完成。"一带一路"税收服务网页也要发布我国有关税收政策解读、办税服务指南等，为"引进来"企业提供指导。

**5. 深化对外投资税收宣传辅导**

分期分批为我国"走出去"企业开展税收协定专题培训及问题解答，帮助企业利用税收协定保护自身权益，防范税收风险。根据不同国家税收政策和投资风险特点，为"走出去"企业开展对外投资税收政策专题宣讲。

**6. 设立 12366 纳税服务热线专席**

依托税务咨询 12366 平台，于 2015 年 6 月底前设置专岗，加强对专岗人员培训，解答"走出去"企业的政策咨询，回应服务诉求。

**7. 发挥中介机构作用**

合理引导注册会计师事务所、注册税务师事务所等中介机构"走出去"，提供重点投资国税收法律咨询等方面服务，努力为"走出去"企业提供稳定、及时、方便的专业服务。

### （三）规范管理促遵从

**8. 完善境外税收信息申报管理**

做好企业境外涉税信息申报管理，督促企业按照《国家税务总局关于发布〈中华人民共和国企业所得税年度纳税申报表（A 类，2014 年版）〉的公告》（国家税务总局公告 2014 年第 63 号）和《国家税务总局关于居民企业报告境外投资和所得信息有关问题的公告》（国家税务总局公告 2014 年第 38 号）的规定履行相关涉税信息申报义务，为企业遵从提供指导和方便，并分类归集境外税收信息，建立境外税收信息专门档案。

9. 开展对外投资税收分析

依托现有征管数据，进一步拓展第三方数据，及时跟进本地区企业投资"一带一路"沿线国家情况，了解投资分布特点、经营和纳税情况。从 2015 年起，省税务机关要每年编写本地区"走出去"企业税收分析年度报告，并于次年 2 月底前上报税务总局。

10. 探索跨境税收风险管理

根据国际经济环境变化和对外投资特点研究涉税风险特征，探索设置风险监控指标，逐步建立分国家、分地区风险预警机制，提示"走出去"企业税收风险，积累出境交易税收风险管理办法和经验。

## 三、有关要求

### （一）提高认识，加强领导

"一带一路"发展战略涉及面广、任务重，各地要统一思想，切实加强组织领导，充实相关岗位人员，统筹做好各项工作。

### （二）密切协作，狠抓落实

重点省市要制定本地区落实方案，明确牵头部门，协调其他相关部门，密切协作，并结合本地区实际，积极研究税收服务"一带一路"发展战略的新举措新方法，努力将各项措施落到实处。

### （三）广泛宣传，扩大影响

按照税务总局的总体要求，充分利用媒体广泛宣传税收服务"一带一路"发展战略的措施，营造良好的税收舆论环境，切实方便纳税人。

各地贯彻落实情况和意见建议请及时报告税务总局（国际税务司）。

国家税务总局

2015 年 4 月 21 日

# 国家税务总局关于发布
# 《税收协定相互协商程序实施办法》的公告

## （国家税务总局公告 2013 年第 56 号）

为正确适用税收协定，避免双重征税，解决国际税收争议，维护中国居民（国民）的合法利益和国家税收权益，规范与外国（地区）税务主管当局涉及税收协定的相互协商工作，国家税务总局制定了《税收协定相互协商程序实施办法》。现予发布，自 2013 年 11 月 1 日起施行。

特此公告。

附件：1. 启动税收协定相互协商程序申请表
　　　2. 税收协定相互协商程序异议申请表

国家税务总局
2013 年 9 月 24 日

## 税收协定相互协商程序实施办法

### 第一章　总　　则

第一条　为正确适用税收协定，避免双重征税，解决国际税收争议，维护中国居民（国民）的合法利益和国家税收权益，规范税务机关的相互协商工作，根据中华人民共和国政府对外签署的避免双重征税协定（含内地与香港、澳门特别行政区签署的税收安排，以下统称税收协定）、《中华人民共和国税收征收管理法》（以下简称税收征管法）及其实施细则以及其他有关法律法规规定，结合中国税收征管工作实际，制定本办法。

第二条　本办法所称相互协商程序，是指我国主管当局根据税收协定有关条款规定，与缔约对方主管当局之间，通过协商共同处理涉及税收协定解释和适用问题的过程。

相互协商程序的主要目的在于确保税收协定正确和有效适用，切实避免双重征税，消除缔约双方对税收协定的解释或适用产生的分歧。

第三条　相互协商的事项限于税收协定适用范围内的事项，但超出税收协定适用范围，且会造成双重征税后果或对缔约一方或双方利益产生重大影响的事项，经我国主管当局和缔约对方主管当局同意，也可以进行相互协商。

第四条　我国负责相互协商工作的主管当局为国家税务总局（以下简称税务总局）；处理相互协商程序事务的税务总局授权代表为税务总局国际税务司司长或副司长，以及税务总局指定的其他人员。

省、自治区、直辖市和计划单列市国家税务局或地方税务局（以下简称省税务机关）及以下各级税务机关负责协助税务总局处理相互协商程序涉及的本辖区内事务。

第五条　各级税务机关应对缔约对方主管当局与相关纳税人、扣缴义务人、代理人等在相互协商程序中提供的资料保密。

第六条　本办法所称缔约对方，是指与中国签订税收协定，且该税收协定已经生效执行的国家或地区。

## 第二章　中国居民（国民）申请启动的相互协商程序

第七条　如果中国居民（国民）认为，缔约对方所采取的措施，已经或将会导致不符合税收协定所规定的征税行为，可以按本办法的规定向省税务机关提出申请，请求税务总局与缔约对方主管当局通过相互协商程序解决有关问题。

第八条　本办法所称中国居民，是指按照《中华人民共和国个人所得税法》和《中华人民共和国企业所得税法》，就来源于中国境内境外的所得在中国负有纳税义务的个人、法人或其他组织。

本办法所称中国国民，是指具有中国国籍的个人，以及依照中国法律成立的法人或其他组织。

第九条　中国居民有下列情形之一的，可以申请启动相互协商程序：

（一）对居民身份的认定存有异议，特别是相关税收协定规定双重居民身份情况下需要通过相互协商程序进行最终确认的；

（二）对常设机构的判定，或者常设机构的利润归属和费用扣除存有异议的；

（三）对各项所得或财产的征免税或适用税率存有异议的；

（四）违反税收协定非歧视待遇（无差别待遇）条款的规定，可能或已经形成税收歧视的；

（五）对税收协定其他条款的理解和适用出现争议而不能自行解决的；

（六）其他可能或已经形成不同税收管辖权之间重复征税的。

第十条　中国国民认为缔约对方违背了税收协定非歧视待遇（无差别待遇）条款的规定，对其可能或已经形成税收歧视时，可以申请启动相互协商程序。

第十一条　申请人应在有关税收协定规定的期限内，以书面形式向省税务机关提出启动相互协商程序的申请（附件1，需提供纸质版和电子版）。

第十二条　负责申请人个人所得税或企业所得税征管的省税务机关为受理申请的税务机关。申请人就缔约对方征收的非所得税类税收提出相互协商申请的，负责与该税收相同或相似的国内税收征收的省税务机关为受理申请的税务机关。国内没有征收相同或相似税收的，省国家税务局为受理申请的税务机关。

第十三条　申请人依本办法第十条申请启动相互协商程序，且未构成我国税收居民的，个人户籍所在地、法人或其他组织设立地的省税务机关为受理申请的税务机关。

第十四条　申请人按本章规定提出的相互协商申请符合以下全部条件的，税务机关应当受理：

（一）申请人为按照本办法第九条或第十条规定可以提起相互协商请求的中国居民或中国国民；

（二）提出申请的时间没有超过税收协定规定的时限；

（三）申请协商的事项为缔约对方已经或有可能发生的违反税收协定规定的行为；

（四）申请人提供的事实和证据能够证实或者不能合理排除缔约对方的行为存在违反税收协定规定的嫌疑；

（五）申请相互协商的事项不存在本办法第十九条规定的情形。

对于不符合上款规定全部条件的申请，税务机关认为涉及严重双重征税或损害我国税收权益、有必要进行相互协商的，也可以决定受理。

第十五条　受理申请的省税务机关应在十五个工作日内，将申请上报税务总局，并将情况告知申请人，同时通知省以下主管税务机关。

第十六条　因申请人提交的信息不全等原因导致申请不具备启动相互协商程序条件的，省税务机关可以要求申请人补充材料。申请人补充材料后仍不具备启动相互协商程序条件的，省税务机关可以拒绝受理，并以书面形式告知申请人。

申请人对省税务机关拒绝受理的决定不服的，可在收到书面告知之日起十五个工作日内向省税务机关或税务总局提出异议申请（附件2，需提供纸质版和电子版）。省税务机关收到异议后，应在五个工作日内将申请人的材料，连同省税务机关的意见和依据上报税务总局。

第十七条　税务总局收到省税务机关上报的申请后，应在二十个工作日内按下列情况分别处理：

（一）申请具备启动相互协商程序条件的，决定启动相互协商程序，并将情况告知受理申请的省税务机关，省税务机关应告知申请人；

（二）申请已超过税收协定规定的期限，或申请人的申请明显缺乏事实法律依据，或出现其他不具备相互协商条件情形的，不予启动相互协商程序，并以书面形式告知受理申请的省税务机关，省税务机关应告知申请人；

（三）因申请人提交的信息不全等原因导致申请不具备启动相互协商程序条件的，通过受理申请的省税务机关要求申请人补充材料或说明情况。申请人补充材料或说明情况后，再按前两项规定处理。

第十八条　税务总局启动相互协商程序后，可通过受理申请的省税务机关要求申请人进一步补充材料或说明情况，申请人应在规定的时间内提交，并确保材料的真实与全面。

对于紧急案件，税务总局可以直接与申请人联系。

第十九条　发生下列情形之一的，税务总局可以决定终止相互协商程序，并以书面形式告知省税务机关，省税务机关应告知申请人：

（一）申请人故意隐瞒重要事实，或在提交的资料中弄虚作假的；

（二）申请人拒绝提供税务机关要求的、与案件有关的必要资料的；

（三）因各种原因，申请人与税务机关均无法取得必要的证据，导致相关事实或申请人立场无法被证明，相互协商程序无法继续进行的；

（四）缔约对方主管当局单方拒绝或终止相互协商程序的；

（五）其他导致相互协商程序无法进行、或相互协商程序无法达到预期目标的。

第二十条 在两国主管当局达成一致意见之前，申请人可以以书面方式撤回相互协商申请。申请人撤回申请或者拒绝接受缔约双方主管当局达成一致的相互协商结果的，税务机关不再受理基于同一事实和理由的申请。

第二十一条 对于相互协商结果，税务总局应以书面形式告知受理申请的省税务机关，省税务机关应告知申请人

## 第三章 缔约对方主管当局请求启动的相互协商程序

第二十二条 税务总局接受缔约对方主管当局的相互协商请求的范围参照本办法第九条、第十条的规定执行。

第二十三条 发生下列情形之一的，税务总局可以拒绝缔约对方主管当局启动相互协商程序的请求，或者要求缔约对方主管当局补充材料：

（一）请求相互协商的事项不属于税收协定适用范围的；

（二）纳税人提出相互协商的申请超过了税收协定规定时限的；

（三）缔约对方主管当局的请求明显缺乏事实或法律依据的；

（四）缔约对方主管当局提供的事实和材料不完整、不清楚，使税务机关无法进行调查或核实的；

虽属于上款规定的一种或多种情形，但税务总局认为有利于避免双重征税、维护我国税收权益或促进经济合作的，仍可决定接受缔约对方启动相互协商程序的请求。

第二十四条 税务总局在收到缔约对方启动相互协商程序的函后，查清事实，决定是否同意启动相互协商程序，并书面回复对方。在做出是否同意启动相互协商程序决定前，认为需要征求相关省税务机关意见的，可以将相关情况和要求告知省税务机关，省税务机关应在税务总局要求的时间内予以回复。

第二十五条 税务总局在收到缔约对方主管当局提出的启动相互协商程序的请求时，相关税务机关的处理决定尚未做出的，税务总局应将对方提起相互协商程序的情况告知相关税务机关。相互协商程序不影响相关税务机关对有关案件的调查与处理，但税务总局认为需要停止调查和处理的除外。

第二十六条 相互协商程序进行期间，不停止税务机关已生效决定的执行，税务机关或者税务总局认为需要停止执行的除外。

第二十七条　在相互协商过程中，如果缔约对方主管当局撤回相互协商请求，或出现其他情形致使相互协商程序无法进行的，税务总局可以终止相互协商程序。

第二十八条　税务总局决定启动相互协商程序后，如有必要，可将缔约对方主管当局提交的相互协商请求所涉及的案件基本情况、主要证据等以书面形式下达给相关省税务机关，要求其在规定期限内完成核查。

第二十九条　接受任务的省税务机关应组织专人对案件进行核查，并在税务总局要求的期限内将核查结果以公文形式上报税务总局。对复杂或重大的案件，不能在期限内完成核查的，应在核查期限截止日期前五个工作日内向税务总局提出延期申请，经税务总局同意后，上报核查结果的时间可适当延长，但延长时间不超过一个月。

第三十条　接受任务的省税务机关认为核查缔约对方主管当局提交的案件需要对方补充材料或就某一事项做出进一步说明的，应及时向税务总局提出。税务总局同意向缔约对方主管当局提出补充要求的，等待对方回复的时间不计入核查时间。缔约对方主管当局在回复中改变立场，或提出新的请求的，核查时间重新计算。

第三十一条　省税务机关上报的核查结果，应包括案件调查的过程、对所涉案件的观点、事实根据和法律依据等内容。

## 第四章　税务总局主动向缔约对方请求启动的相互协商程序

第三十二条　税务总局在下列情况下可以主动向缔约对方主管当局提出相互协商请求：

（一）发现过去相互协商达成一致的案件或事项存在错误，或有新情况需要变更处理的；

（二）对税收协定中某一问题的解释及相关适用程序需要达成一致意见的；

（三）税务总局认为有必要与缔约对方主管当局对其他税收协定适用问题进行相互协商的。

第三十三条　省以下税务机关在适用税收协定时，发现本办法第三十二条规定的情形，认为有必要向缔约对方主管当局提起相互协商请求的，应层报税务总局。

## 第五章　协议的执行及法律责任

第三十四条　双方主管当局经过相互协商达成一致意见的，分别按不同情况处理如下：

（一）双方就协定的某一条文解释或某一事项的理解达成共识的，税务总局应将结果以公告形式发布；

（二）双方就具体案件的处理达成共识，需要涉案税务机关执行的，税务总局应将结果以书面形式通知相关税务机关。

第三十五条　经双方主管当局相互协商达成一致的案件，涉及我国税务机关退税或其他处理的，相关税务机关应在收到通知之日起三个月内执行完毕，并将情况报告税务总局。

第三十六条　纳税人、扣缴义务人、代理人等在税务机关对相互协商案件的核查中弄虚作假，或有其他违法行为的，税务机关应按税收征管法等有关规定处理。

第三十七条　省税务机关在相互协商程序实施过程中存在下列情形之一的，税务总局除发文催办或敦促补充核查、重新核查外，视具体情况予以通报：

（一）未按规定程序受理，或未在规定期限内向税务总局上报我国居民（国民）相互协商请求的；

（二）未按规定时间上报相互协商案件核查报告的；

（三）上报的核查报告内容不全、数据不准，不能满足税务总局对外回复需要的；

（四）未按规定时间执行相互协商达成的协议的。

# 第六章　附　则

第三十八条　申请人依照本办法第七条的规定向省税务机关提起相互协商程序申请的，填报或提交的资料应采用中文文本。相关资料原件为外文文本且税务机关根据有关规定要求翻译成中文文本的，申请人应按照税务机关的要求翻译成中文文本。

第三十九条　关于特别纳税调整的相互协商程序实施办法，另行规定。

第四十条　本办法由税务总局负责解释。

第四十一条　本办法自 2013 年 11 月 1 日起施行。《国家税务总局关于印发〈中国居民（国民）申请启动税务相互协商程序暂行办法〉的通知》（国税发〔2005〕115 号）同时废止。

本办法施行前已按国税发〔2005〕115 号受理但尚未处理完毕的相互协商案件，适用本办法的规定。

**附件 1**

启动税收协定相互协商程序申请表

<table>
<tr>
<td rowspan="12">申请人基本情况</td>
<td rowspan="6">在缔约对方</td>
<td>姓名或名称（中英文）</td>
<td colspan="3"></td>
</tr>
<tr>
<td>详细地址（中英文）</td>
<td colspan="3"></td>
</tr>
<tr>
<td>纳税识别号或登记号</td>
<td></td>
<td>邮编</td>
<td></td>
</tr>
<tr>
<td>联系人（中英文）</td>
<td colspan="3"></td>
</tr>
<tr>
<td>联系方式<br>（电话、传真、电邮）</td>
<td colspan="3"></td>
</tr>
<tr>
<td>主管税务机关<br>及其地址（中英文）</td>
<td colspan="3"></td>
</tr>
<tr>
<td rowspan="5">在中国</td>
<td>姓名或名称</td>
<td colspan="3"></td>
</tr>
<tr>
<td>详细地址</td>
<td></td>
<td>邮编</td>
<td></td>
</tr>
<tr>
<td>联系人</td>
<td colspan="3"></td>
</tr>
<tr>
<td>联系方式<br>（电话、传真、电邮）</td>
<td colspan="3"></td>
</tr>
<tr>
<td>主管税务机关</td>
<td colspan="3"></td>
</tr>
<tr>
<td colspan="2">缔约对方名称（中英文）</td>
<td colspan="3"></td>
</tr>
<tr>
<td rowspan="5">申请相互协商事由概述</td>
<td colspan="2">案件事实：</td>
<td colspan="3"></td>
</tr>
<tr>
<td colspan="2">争议焦点：</td>
<td colspan="3"></td>
</tr>
<tr>
<td colspan="3">申请人对争议焦点的观点以及依据</td>
<td colspan="2">缔约对方对争议焦点的观点以及依据</td>
</tr>
<tr>
<td colspan="3"></td>
<td colspan="2"></td>
</tr>
<tr>
<td colspan="5">附件清单（共　　件）：</td>
</tr>
</table>

声明：我谨郑重声明，本申请及其附件所提供的信息是真实的、完整的和准确的。我所提交的一切资料，除特别声明以外，均可以向缔约对方主管当局出示。我了解并同意，相互协商过程仅在缔约双方主管当局授权代表间进行，我仅在缔约双方主管当局授权代表邀请时才可以参与。

声明人签章：

年　　月　　日

（注：申请人是个人的，由个人签字；申请人是法人或其他组织的，由法定代表人或负责人签字，并加盖单位印章。）

以下由税务机关填写

省税务机关受理意见

经办人：　　　复核人：

（签章）

年　　月　　日

填表说明：

1. 本表一式三份，申请人、省税务机关、税务总局各存一份；

2. 案件事实应包括：案件涉及的国家（地区）、相关经济活动的内容、纳税年度、所得（收入）类型、税种、税额、缔约对方税务机关第一次发出征税通知的时间和内容；

3. 如有可能，申请人可将了解到的在缔约对方发生的相关、类似或相同案件的判例作为附件的一部分报省税务机关。

4. 上述各栏，可另附书面材料。

**附件2**

税收协定相互协商程序异议申请表

| 申请人信息 | 姓名或名称 | |
|---|---|---|
| | 联系方式<br>（电话、传真、电邮） | |
| | 主管税务机关 | |
| 提出异议理由 | | |
| | | 申请人签章：<br><br>年　　月　　日 |
| 以下由税务机关填写 | | |
| 省税务机关接受异议申请时间：　　年　月　日<br>省税务机关对异议申请的意见与依据：<br><br>省税务机关将异议申请上报税务总局时间：　　年　月　日<br>经办人签章： | | |

说明：

上述各栏，可另附书面资料。

# 国家外汇管理局关于进一步简化和改进
# 直接投资外汇管理政策的通知

## （汇发〔2015〕13 号）

国家外汇管理局各省、自治区、直辖市分局、外汇管理部，深圳、大连、青岛、厦门、宁波市分局；各中资外汇指定银行：

为进一步深化资本项目外汇管理改革，促进和便利企业跨境投资资金运作，规范直接投资外汇管理业务，提升管理效率，国家外汇管理局决定在总结前期部分地区试点经验的基础上，在全国范围内进一步简化和改进直接投资外汇管理政策。现就有关事项通知如下：

**一、取消境内直接投资项下外汇登记核准和境外直接投资项下外汇登记核准两项行政审批事项**

改由银行按照本通知及所附《直接投资外汇业务操作指引》（见附件）直接审核办理境内直接投资项下外汇登记和境外直接投资项下外汇登记（以下合称直接投资外汇登记），国家外汇管理局及其分支机构（以下简称外汇局）通过银行对直接投资外汇登记实施间接监管。

（一）本通知实施后，已经取得外汇局金融机构标识码且在所在地外汇局开通资本项目信息系统的银行可直接通过外汇局资本项目信息系统为境内外商投资企业、境外投资企业的境内投资主体（以下简称相关市场主体）办理直接投资外汇登记。

（二）银行及其分支机构应在所在地外汇局的指导下开展直接投资外汇登记等相关业务，并在权限范围内履行审核、统计监测和报备责任。

（三）相关市场主体可自行选择注册地银行办理直接投资外汇登记，完成直接投资外汇登记后，方可办理后续直接投资相关账户开立、资金汇兑等业务（含利润、红利汇出或汇回）。

### 二、简化部分直接投资外汇业务办理手续

（一）简化境内直接投资项下外国投资者出资确认登记管理。取消境内直接投资项下外国投资者非货币出资确认登记和外国投资者收购中方股权出资确认登记。将外国投资者货币出资确认登记调整为境内直接投资货币出资入账登记，外国投资者以货币形式（含跨境现汇和人民币）出资的，由开户银行在收到相关资本金款项后直接通过外汇局资本项目信息系统办理境内直接投资货币出资入账登记，办理入账登记后的资本金方可使用。

（二）取消境外再投资外汇备案。境内投资主体设立或控制的境外企业在境外再投资设立或控制新的境外企业无需办理外汇备案手续。

（三）取消直接投资外汇年检，改为实行存量权益登记。相关市场主体应于每年9月30日（含）前，自行或委托会计师事务所、银行通过外汇局资本项目信息系统报送上年末境内直接投资和（或）境外直接投资存量权益（以下合称直接投资存量权益）数据。

对于未按前款规定办理的相关市场主体，外汇局在资本项目信息系统中对其进行业务管控，银行不得为其办理资本项下外汇业务。在按要求补报并向外汇局出具说明函说明合理理由后，外汇局取消业务管控，对涉嫌违反外汇管理规定的，依法进行行政处罚。

参加外汇局直接投资存量权益抽样调查的外商投资企业等相关市场主体应按照直接投资存量权益抽样调查制度要求，按季度向注册地外汇局报送相关信息。

### 三、银行应提高办理直接投资外汇登记的合规意识

（一）银行应制定直接投资外汇登记业务的内部管理规章制度，并留存备查。内部管理规章制度应当至少包括以下内容：

1. 直接投资外汇登记业务操作规程，包括业务受理、材料合规性和真实性审核等业务流程和操作标准；

2. 直接投资外汇登记业务风险管理制度，包括合规性风险审查、经办复核和分级审核制度等；

3. 直接投资外汇登记业务统计报告制度，包括数据采集渠道和操作程序等。

（二）银行自行对已经取得外汇局金融机构标识码的分支机构开展直接投资外汇登记进行业务准入管理。

（三）银行应严格按照本通知及所附《直接投资外汇业务操作指引》的要求，认真履行真实性审核义务，通过外汇局资本项目信息系统办理直接投资外汇登记业务，并应完整保存相关登记资料备查。

（四）银行在办理直接投资外汇登记业务过程中，如遇规定不明确、数据不准确或发现异常情况的，应及时向相关市场主体注册地外汇局反馈。

### 四、外汇局应强化对银行的培训指导和事后监管

（一）外汇局应加强对银行的培训指导和事后监管，及时掌握其直接投资外汇业务办理和相关数据、报表及其它资料报送情况，对银行办理直接投资外汇登记合规性及内控制度的执行情况开展事后核查和检查，全面了解银行办理直接投资外汇登记的情况，发现异常情况要及时上报，对违规问题要及时纠正、处理。

（二）银行未按规定要求履行直接投资外汇登记审核、统计、报告责任的，外汇局除按外汇管理有关规定对其处罚外，还可暂停该银行办理直接投资外汇登记。对违规情节特别严重或暂停期内未能进行有效整改的，外汇局可停止该银行办理直接投资外汇登记。

本通知自 2015 年 6 月 1 日起实施。本通知实施后，之前规定与本通知内容不一致的，以本通知为准。外商投资企业资本金结汇管理方式改革试点地区继续按照《国家外汇管理局关于在部分地区开展外商投资企业外汇资本金结汇管理方式改革试点有关问题的通知》（汇发〔2014〕36 号）等有关规定实行意愿结汇政策。国家外汇管理局各分局、外汇管理部接到本通知后，应及时转发辖内中心支局、支局、城市商业银行、农村商业银行、外资银行、农村合作银行；各中资银行接到通知后，应及时转发所辖各分支机构。执行中如遇问题，请及时向国家外汇管理局资本项目管理司反映。

附件：直接投资外汇业务操作指引（略）

2015 年 2 月 13 日

# 国家外汇管理局关于改革外商投资企业
# 外汇资本金结汇管理方式的通知

## （汇发〔2015〕19 号）

2015 年 4 月 8 日，国家外汇管理局印发《关于改革外商投资企业外汇资本金结汇管理方式的通知》（汇发〔2015〕19 号）。

为进一步深化外汇管理体制改革，更好地满足和便利外商投资企业经营与资金运作需要，国家外汇管理局决定在总结前期部分地区试点经验的基础上，在全国范围内实施外商投资企业外汇资本金结汇管理方式改革。为保证此项改革的顺利实施，现就有关问题通知如下：

**一、外商投资企业外汇资本金实行意愿结汇**

外商投资企业外汇资本金意愿结汇是指外商投资企业资本金账户中经外汇局办理货币出资权益确认（或经银行办理货币出资入账登记）的外汇资本金可根据企业的实际经营需要在银行办理结汇。外商投资企业外汇资本金意愿结汇比例暂定为 100%。国家外汇管理局可根据国际收支形势适时对上述比例进行调整。

在实行外汇资本金意愿结汇的同时，外商投资企业仍可选择按照支付结汇制使用其外汇资本金。银行按照支付结汇原则为企业办理每一笔结汇业务时，均应审核企业上一笔结汇（包括意愿结汇和支付结汇）资金使用的真实性与合规性。

外商投资企业外汇资本金境内原币划转以及跨境对外支付按现行外汇管理规定办理。

**二、外商投资企业外汇资本金意愿结汇所得人民币资金纳入结汇待支付账户管理**

外商投资企业原则上应在银行开立一一对应的资本项目－结汇待支付账户（以下

简称结汇待支付账户），用于存放意愿结汇所得人民币资金，并通过该账户办理各类支付手续。外商投资企业在同一银行网点开立的同名资本金账户、境内资产变现账户和境内再投资账户可共用一个结汇待支付账户。外商投资企业按支付结汇原则结汇所得人民币资金不得通过结汇待支付账户进行支付。

外商投资企业资本金账户的收入范围包括：外国投资者境外汇入外汇资本金或认缴出资（含非居民存款账户、离岸账户、境外个人境内外汇账户出资），境外汇入保证金专用账户划入的外汇资本金或认缴出资；本账户合规划出后划回的资金，同名资本金账户划入资金，因交易撤销退回的资金，利息收入及经外汇局（银行）登记或外汇局核准的其他收入。

资本金账户的支出范围包括：经营范围内结汇，结汇划入结汇待支付账户，境内原币划转至境内划入保证金专用账户、同名资本金账户、委托贷款账户、资金集中管理专户、境外放款专用账户、境内再投资专用账户的资金，因外国投资者减资、撤资汇出，经常项目对外支付及经外汇局（银行）登记或外汇局核准的其他资本项目支出。

结汇待支付账户的收入范围包括：由同名或开展境内股权投资企业的资本金账户、境内资产变现账户、境内再投资账户结汇划入的资金，由同名或开展境内股权投资企业的结汇待支付账户划入的资金，由本账户合规划出后划回的资金，因交易撤销退回的资金，人民币利息收入及经外汇局（银行）登记或外汇局核准的其他收入。

结汇待支付账户的支出范围包括：经营范围内的支出，支付境内股权投资资金和人民币保证金，划往资金集中管理专户、同名结汇待支付账户，偿还已使用完毕的人民币贷款，购付汇或直接对外偿还外债，外国投资者减资、撤资资金购付汇或直接对外支付，购付汇或直接对外支付经常项目支出及经外汇局（银行）登记或外汇局核准的其他资本项目支出。

结汇待支付账户内的人民币资金不得购汇划回资本金账户。由结汇待支付账户划出用于担保或支付其他保证金的人民币资金，除发生担保履约或违约扣款的，均需原路划回结汇待支付账户。

**三、外商投资企业资本金的使用应在企业经营范围内遵循真实、自用原则**

外商投资企业资本金及其结汇所得人民币资金不得用于以下用途：

（一）不得直接或间接用于企业经营范围之外或国家法律法规禁止的支出；

（二）除法律法规另有规定外，不得直接或间接用于证券投资；

（三）不得直接或间接用于发放人民币委托贷款（经营范围许可的除外）、偿还企业间借贷（含第三方垫款）以及偿还已转贷予第三方的银行人民币贷款；

（四）除外商投资房地产企业外，不得用于支付购买非自用房地产的相关费用。

**四、便利外商投资企业以结汇资金开展境内股权投资**

除原币划转股权投资款外，允许以投资为主要业务的外商投资企业（包括外商投资性公司、外商投资创业投资企业和外商投资股权投资企业），在其境内所投资项目真实、合规的前提下，按实际投资规模将外汇资本金直接结汇或将结汇待支付账户中的人民币资金划入被投资企业账户。

上述企业以外的一般性外商投资企业以资本金原币划转开展境内股权投资的，按现行境内再投资规定办理。以结汇资金开展境内股权投资的，应由被投资企业先到注册地外汇局（银行）办理境内再投资登记并开立相应结汇待支付账户，再由开展投资的企业按实际投资规模将结汇所得人民币资金划往被投资企业开立的结汇待支付账户。被投资企业继续开展境内股权投资的，按上述原则办理。

**五、进一步规范结汇资金的支付管理**

（一）外国投资者、外商投资企业及其他相关申请主体应按规定如实向银行提供相关真实性证明材料，并在办理资本金结汇所得人民币资金的支付使用（包括外汇资本金直接支付使用）时填写《直接投资相关账户资金支付命令函》。

（二）银行应履行"了解客户"、"了解业务"、"尽职审查"等展业原则，在为外商投资企业办理资本金对外支付及结汇所得人民币资金支付时承担真实性审核责任。在办理每一笔资金支付时，均应审核前一笔支付证明材料的真实性与合规性。银行应留存外商投资企业外汇资本金结汇及使用的相关证明材料5年备查。

银行应按照《国家外汇管理局关于发布金融机构外汇业务数据采集规范（1.0版）〉的通知》（汇发〔2014〕18号）的要求，及时报送与资本金账户、结汇待支付账户（账户性质代码2113）有关的账户、跨境收支、境内划转、账户内结售汇等信息。其中，结汇待支付账户与其他人民币账户之间的资金划转，应通过填写境内收付款凭证报送境内划转信息，并在"发票号"栏中填写资金用途代码（按照汇发〔2014〕18号文件中"7.10结汇用途代码"填写）；除货物贸易核查项下的支付，其他划转的交易编码均填写为"929070"。

（三）对于企业确有特殊原因暂时无法提供真实性证明材料的，银行可在履行尽职审查义务、确定交易具备真实交易背景的前提下为企业办理相关支付，并应于办理业务当日通过外汇局相关业务系统向外汇局提交特殊事项备案。银行应在支付完毕后20个工作日内收齐并审核企业补交的相关证明材料，并通过相关业务系统向外汇局报告特殊事项备案业务的真实性证明材料补交情况。

对于外商投资企业以备用金名义使用资本金的，银行可不要求其提供上述真实性证明材料。单一企业每月备用金（含意愿结汇和支付结汇）支付累计金额不得超过等值10万美元。

对于申请一次性将全部外汇资本金支付结汇或将结汇待支付账户中全部人民币资金进行支付的外商投资企业，如不能提供相关真实性证明材料，银行不得为其办理结汇、支付。

### 六、其他直接投资项下外汇账户资金结汇及使用管理

境内机构开立的境内资产变现账户和境内再投资账户内资金结汇参照外商投资企业资本金账户管理。

境内个人开立的境内资产变现账户和境内再投资账户，以及境内机构和个人开立的境外资产变现账户可凭相关业务登记凭证直接在银行办理结汇。

外国投资者前期费用账户资金结汇按支付结汇原则办理。

境外汇入保证金专用账户和境内划入保证金专用账户内的外汇资金不得结汇使用。如发生担保履约或违约扣款的，相关保证金应划入接收保证金一方经外汇局（银行）登记后或外汇局核准开立的其他资本项目外汇账户并按照相关规定使用。

上述直接投资项下账户内利息收入和投资收益均可在本账户内保留，然后可凭利息、收益清单划入经常项目结算账户保留或直接在银行办理结汇及支付。

### 七、进一步强化外汇局事后监管与违规查处

（一）外汇局应根据《中华人民共和国外汇管理条例》、《外国投资者境内直接投资外汇管理规定》等有关规定加强对银行办理外商投资企业资本金结汇和使用等业务合规性的指导和核查。核查的方式包括要求相关业务主体提供书面说明和业务材料、约谈负责人、现场查阅或复制业务主体相关资料、通报违规情况等。对于严重、恶意

违规的银行可按相关程序暂停其资本项目下外汇业务办理，对于严重、恶意违规的外商投资企业等可取消其意愿结汇资格，且在其提交书面说明函并进行相应整改前，不得为其办理其他资本项下外汇业务。

（二）对于违反本通知办理外商投资企业资本金结汇和使用等业务的外商投资企业和银行，外汇局依据《中华人民共和国外汇管理条例》及有关规定予以查处。

## 八、其他事项

本通知自 2015 年 6 月 1 日起实施。此前规定与本通知内容不一致的，以本通知为准。《国家外汇管理局综合司关于完善外商投资企业外汇资本金支付结汇管理有关业务操作问题的通知》（汇综发〔2008〕142 号）、《国家外汇管理局综合司关于完善外商投资企业外汇资本金支付结汇管理有关业务操作问题的补充通知》（汇综发〔2011〕88 号）和《国家外汇管理局关于在部分地区开展外商投资企业外汇资本金结汇管理方式改革试点有关问题的通知》（汇发〔2014〕36 号）同时废止。

国家外汇管理局各分局、外汇管理部接到本通知后，应及时转发辖内中心支局、支局和银行。执行中如遇问题，请及时向国家外汇管理局资本项目管理司反映。

# 国家外汇管理局关于发布
# 《跨境担保外汇管理规定》的通知

## （汇发〔2014〕29 号）

国家外汇管理局各省、自治区、直辖市分局、外汇管理部，深圳、大连、青岛、厦门、宁波市分局，各中资外汇指定银行：

为深化外汇管理体制改革，简化行政审批程序，规范跨境担保项下收支行为，国家外汇管理局决定改进跨境担保外汇管理方式，制定了《跨境担保外汇管理规定》及其操作指引（以下简称《规定》）。现印发给你们，请遵照执行。

《规定》自 2014 年 6 月 1 日起实施，之前相关规定与本《规定》内容不一致的，以本《规定》为准。《规定》实施后，附件 3 所列法规即行废止。

国家外汇管理局各分局、外汇管理部接到本通知后，应及时转发辖内中心支局、支局、城市商业银行、农村商业银行、外资银行、农村合作银行；各中资银行接到本通知后，应及时转发所辖各分支机构。执行中如遇问题，请及时向国家外汇管理局资本项目管理司反馈。


附件：1. 跨境担保外汇管理规定

  2. 跨境担保外汇管理操作指引

  3. 废止法规目录


2014 年 5 月 12 日

附件1

# 跨境担保外汇管理规定

## 第一章 总 则

第一条 为完善跨境担保外汇管理，规范跨境担保项下收支行为，促进跨境担保业务健康有序发展，根据《中华人民共和国物权法》、《中华人民共和国担保法》及《中华人民共和国外汇管理条例》等法律法规，特制定本规定。

第二条 本规定所称的跨境担保是指担保人向债权人书面作出的、具有法律约束力、承诺按照担保合同约定履行相关付款义务并可能产生资金跨境收付或资产所有权跨境转移等国际收支交易的担保行为。

第三条 按照担保当事各方的注册地，跨境担保分为内保外贷、外保内贷和其他形式跨境担保。

内保外贷是指担保人注册地在境内、债务人和债权人注册地均在境外的跨境担保。

外保内贷是指担保人注册地在境外、债务人和债权人注册地均在境内的跨境担保。

其他形式跨境担保是指除前述内保外贷和外保内贷以外的其他跨境担保情形。

第四条 国家外汇管理局及其分支局（以下简称外汇局）负责规范跨境担保产生的各类国际收支交易。

第五条 境内机构提供或接受跨境担保，应当遵守国家法律法规和行业主管部门的规定，并按本规定办理相关外汇管理手续。

担保当事各方从事跨境担保业务，应当恪守商业道德，诚实守信。

第六条 外汇局对内保外贷和外保内贷实行登记管理。

境内机构办理内保外贷业务，应按本规定要求办理内保外贷登记；经外汇局登记的内保外贷，发生担保履约的，担保人可自行办理；担保履约后应按本规定要求办理对外债权登记。

境内机构办理外保内贷业务，应符合本规定明确的相关条件；经外汇局登记的外保内贷，债权人可自行办理与担保履约相关的收款；担保履约后境内债务人应按本规定要求办理外债登记手续。

第七条　境内机构提供或接受其他形式跨境担保，应符合相关外汇管理规定。

## 第二章　内保外贷

第八条　担保人办理内保外贷业务，在遵守国家法律法规、行业主管部门规定及外汇管理规定的前提下，可自行签订内保外贷合同。

第九条　担保人签订内保外贷合同后，应按以下规定办理内保外贷登记。

担保人为银行的，由担保人通过数据接口程序或其他方式向外汇局报送内保外贷业务相关数据。

担保人为非银行金融机构或企业（以下简称非银行机构）的，应在签订担保合同后15个工作日内到所在地外汇局办理内保外贷签约登记手续。担保合同主要条款发生变更的，应当办理内保外贷签约变更登记手续。

外汇局按照真实、合规原则对非银行机构担保人的登记申请进行程序性审核并办理登记手续。

第十条　银行、非银行金融机构作为担保人提供内保外贷，按照行业主管部门规定，应具有相应担保业务经营资格。

第十一条　内保外贷项下资金用途应当符合以下规定：

（一）内保外贷项下资金仅用于债务人正常经营范围内的相关支出，不得用于支持债务人从事正常业务范围以外的相关交易，不得虚构贸易背景进行套利，或进行其他形式的投机性交易。

（二）未经外汇局批准，债务人不得通过向境内进行借贷、股权投资或证券投资等方式将担保项下资金直接或间接调回境内使用。

第十二条　担保人办理内保外贷业务时，应对债务人主体资格、担保项下资金用途、预计的还款资金来源、担保履约的可能性及相关交易背景进行审核，对是否符合境内外相关法律法规进行尽职调查，并以适当方式监督债务人按照其申明的用途使用担保项下资金。

第十三条　内保外贷项下担保人付款责任到期、债务人清偿担保项下债务或发生担保履约后，担保人应办理内保外贷登记注销手续。

第十四条　如发生内保外贷履约，担保人为银行的，可自行办理担保履约项下对外支付。

担保人为非银行机构的，可凭担保登记文件直接到银行办理担保履约项下购汇及对外支付。在境外债务人偿清因担保人履约而对境内担保人承担的债务之前，未经外汇局批准，担保人须暂停签订新的内保外贷合同。

第十五条　内保外贷业务发生担保履约的，成为对外债权人的境内担保人或反担保人应当按规定办理对外债权登记手续。

第十六条　境内个人可作为担保人并参照非银行机构办理内保外贷业务。

## 第三章　外保内贷

第十七条　境内非金融机构从境内金融机构借用贷款或获得授信额度，在同时满足以下条件的前提下，可以接受境外机构或个人提供的担保，并自行签订外保内贷合同：

（一）债务人为在境内注册经营的非金融机构；

（二）债权人为在境内注册经营的金融机构；

（三）担保标的为金融机构提供的本外币贷款（不包括委托贷款）或有约束力的授信额度；

（四）担保形式符合境内、外法律法规。

未经批准，境内机构不得超出上述范围办理外保内贷业务。

第十八条　境内债务人从事外保内贷业务，由发放贷款或提供授信额度的境内金融机构向外汇局集中报送外保内贷业务相关数据。

第十九条　外保内贷业务发生担保履约的，在境内债务人偿清其对境外担保人的债务之前，未经外汇局批准，境内债务人应暂停签订新的外保内贷合同；已经签订外保内贷合同但尚未提款或尚未全部提款的，未经所在地外汇局批准，境内债务人应暂停办理新的提款。

境内债务人因外保内贷项下担保履约形成的对外负债，其未偿本金余额不得超过其上年度末经审计的净资产数额。

境内债务人向债权人申请办理外保内贷业务时，应真实、完整地向债权人提供其已办理外保内贷业务的债务违约、外债登记及债务清偿情况。

第二十条　外保内贷业务发生境外担保履约的，境内债务人应到所在地外汇局办理短期外债签约登记及相关信息备案手续。外汇局在外债签约登记环节对债务人外保内贷业务的合规性进行事后核查。

## 第四章　物权担保的外汇管理

第二十一条　外汇局不对担保当事各方设定担保物权的合法性进行审查。担保当事各方应自行确认担保合同内容符合境内外相关法律法规和行业主管部门的规定。

第二十二条　担保人与债权人之间因提供抵押、质押等物权担保而产生的跨境收支和交易事项，已存在限制或程序性外汇管理规定的，应当符合规定。

第二十三条　当担保人与债权人分属境内、境外，或担保物权登记地（或财产所在地、收益来源地）与担保人、债权人的任意一方分属境内、境外时，境内担保人或境内债权人应按下列规定办理相关外汇管理手续：

（一）当担保人、债权人注册地或担保物权登记地（或财产所在地、收益来源地）至少有两项分属境内外时，担保人实现担保物权的方式应当符合相关法律规定。

（二）除另有明确规定外，担保人或债权人申请汇出或收取担保财产处置收益时，可直接向境内银行提出申请；在银行审核担保履约真实性、合规性并留存必要材料后，担保人或债权人可以办理相关购汇、结汇和跨境收支。

（三）相关担保财产所有权在担保人、债权人之间发生转让，按规定需要办理跨境投资外汇登记的，当事人应办理相关登记或变更手续。

第二十四条　担保人为第三方债务人向债权人提供物权担保，构成内保外贷或外保内贷的，应当按照内保外贷或外保内贷相关规定办理担保登记手续，并遵守相关规定。

经外汇局登记的物权担保因任何原因而未合法设立，担保人应到外汇局注销相关登记。

## 第五章　附　则

第二十五条　境内机构提供或接受除内保外贷和外保内贷以外的其他形式跨境担保，在符合境内外法律法规和本规定的前提下，可自行签订跨境担保合同。除外汇局另有明确规定外，担保人、债务人不需要就其他形式跨境担保到外汇局办理登记或备案。

境内机构办理其他形式跨境担保，可自行办理担保履约。担保项下对外债权债务需要事前审批或核准，或因担保履约发生对外债权债务变动的，应按规定办理相关审批或登记手续。

第二十六条　境内债务人对外支付担保费，可按照服务贸易外汇管理有关规定直接向银行申请办理。

第二十七条　担保人、债务人不得在明知或者应知担保履约义务确定发生的情况下签订跨境担保合同。

第二十八条　担保人、债务人、债权人向境内银行申请办理与跨境担保相关的购付汇或收结汇业务时，境内银行应当对跨境担保交易的背景进行尽职审查，以确定该担保合同符合中国法律法规和本规定。

第二十九条　外汇局对跨境担保合同的核准、登记或备案情况以及本规定明确的其他管理事项与管理要求，不构成跨境担保合同的生效要件。

第三十条　外汇局定期分析内保外贷和外保内贷整体情况，密切关注跨境担保对国际收支的影响。

第三十一条　外汇局对境内机构跨境担保业务进行核查和检查，担保当事各方、境内银行应按照外汇局要求提供相关资料。对未按本规定及相关规定办理跨境担保业务的，外汇局根据《中华人民共和国外汇管理条例》进行处罚。

第三十二条　国家外汇管理局可出于保障国际收支平衡的目的，对跨境担保管理方式适时进行调整。

第三十三条　本规定由国家外汇管理局负责解释。

附件 2

# 跨境担保外汇管理操作指引

## 第一部分　内保外贷外汇管理

一、担保人办理内保外贷业务，在遵守国家法律法规、行业主管部门规定及外汇管理规定的前提下，可自行签订内保外贷合同。

二、内保外贷登记

担保人签订内保外贷合同后，应按以下规定办理内保外贷登记：

（一）担保人为银行的，由担保人通过数据接口程序或其他方式向外汇局资本项目信息系统报送内保外贷相关数据。

（二）担保人为非银行金融机构或企业（以下简称为非银行机构）的，应在签订担保合同后 15 个工作日内到所在地外汇局办理内保外贷签约登记手续。担保合同或担保项下债务合同主要条款发生变更的（包括债务合同展期以及债务或担保金额、债务或担保期限、债权人等发生变更），应当在 15 个工作日内办理内保外贷变更登记手续。

1. 非银行机构到外汇局办理内保外贷签约登记时，应提供以下材料：

（1）关于办理内保外贷签约登记的书面申请报告（内容包括公司基本情况、已办理且未了结的各项跨境担保余额、本次担保交易内容要点、预计还款资金来源、其他需要说明的事项。有共同担保人的，应在申请报告中说明）；

（2）担保合同和担保项下主债务合同（合同文本内容较多的，提供合同简明条款并加盖印章；合同为外文的，须提供中文翻译件并加盖印章）；

（3）外汇局根据本规定认为需要补充的相关证明材料（如发改委、商务部门关于境外投资项目的批准文件、办理变更登记时需要提供的变更材料等）。

2. 外汇局按照真实、合规原则对非银行机构担保人的登记申请进行程序性审核，并为其办理登记手续。外汇局对担保合同的真实性、商业合理性、合规性及履约倾向存在疑问的，有权要求担保人作出书面解释。外汇局按照合理商业标准和相关法规，认为担保人解释明显不成立的，可以决定不受理登记申请，并向申请人书面说明原因。

担保人未在规定期限内到外汇局办理担保登记的，如能说明合理原因，且担保人提出登记申请时尚未出现担保履约意向的，外汇局可按正常程序为其办理补登记；不能说明合理原因的，外汇局可按未及时办理担保登记进行处理，在移交外汇检查部门后再为其办理补登记手续。

3. 非金融机构可以向外汇局申请参照金融机构通过资本项目系统报送内保外贷数据。

4. 同一内保外贷业务下存在多个境内担保人的，可自行约定其中一个担保人到所在地外汇局办理登记手续。外汇局在办理内保外贷登记时，应在备注栏中注明其他担保人。

三、金融机构作为担保人提供内保外贷，按照行业主管部门规定，应具有相应担保业务经营资格。以境内分支机构名义提供的担保，应当获得总行或总部授权。

四、内保外贷项下资金用途应当符合以下规定：

（一）内保外贷项下资金仅用于债务人正常经营范围内的相关支出，不得用于支持债务人从事正常业务范围以外的相关交易，不得虚构贸易背景进行套利，或进行其他形式的投机性交易。

（二）未经外汇局批准，债务人不得通过向境内进行借贷、股权投资或证券投资等方式将担保项下资金直接或间接调回境内使用。

担保项下资金不得用于境外机构或个人向境内机构或个人进行直接或间接的股权、债权投资，包括但不限于以下行为：

1. 债务人使用担保项下资金直接或间接向在境内注册的机构进行股权或债权投资。

2. 担保项下资金直接或间接用于获得境外标的公司的股权，且标的公司50%以上资产在境内的。

3. 担保项下资金用于偿还债务人自身或境外其他公司承担的债务，而原融资资金曾以股权或债权形式直接或间接调回境内的。

4. 债务人使用担保项下资金向境内机构预付货物或服务贸易款项，且付款时间相对于提供货物或服务的提前时间超过1年、预付款金额超过100万美元及买卖合同总价30%的（出口大型成套设备或承包服务时，可将已完成工作量视同交货）。

（三）内保外贷合同项下发生以下类型特殊交易时，应符合以下规定：

1. 内保外贷项下担保责任为境外债务人债券发行项下还款义务时，境外债务人应由境内机构直接或间接持股，且境外债券发行收入应用于与境内机构存在股权关联的境外投资项目，且相关境外机构或项目已经按照规定获得国内境外投资主管部门的核准、登记、备案或确认；

2. 内保外贷合同项下融资资金用于直接或间接获得对境外其他机构的股权（包括新建境外企业、收购境外企业股权和向境外企业增资）或债权时，该投资行为应当符合国内相关部门有关境外投资的规定；

3. 内保外贷合同项下义务为境外机构衍生交易项下支付义务时，债务人从事衍生交易应当以止损保值为目的，符合其主营业务范围且经过股东适当授权。

五、内保外贷注销登记

内保外贷项下债务人还清担保项下债务、担保人付款责任到期或发生担保履约后，担保人应办理内保外贷登记注销手续。其中，银行可通过数据接口程序或其他方式向外汇局资本项目系统报送内保外贷更新数据；非银行机构应在 15 个工作日内到外汇局申请注销相关登记。

六、担保履约

（一）银行发生内保外贷担保履约的，可自行办理担保履约项下对外支付，其担保履约资金可以来源于自身向反担保人提供的外汇垫款、反担保人以外汇或人民币形式交存的保证金，或反担保人支付的其他款项。反担保人可凭担保履约证明文件直接办理购汇或支付手续。

（二）非银行机构发生担保履约的，可凭加盖外汇局印章的担保登记文件直接到银行办理担保履约项下购汇及对外支付。在办理国际收支间接申报时，须填写该笔担保登记时取得的业务编号。

非银行机构发生内保外贷履约的，在境外债务人偿清境内担保人承担的债务之前（因债务人破产、清算等原因导致其无法清偿债务的除外），未经外汇局批准，担保人必须暂停签订新的内保外贷合同。

（三）非银行机构提供内保外贷后未办理登记但需要办理担保履约的，担保人须先向外汇局申请办理内保外贷补登记，然后凭补登记文件到银行办理担保履约手续。外汇局在办理补登记前，应先移交外汇检查部门。

七、对外债权登记

（一）内保外贷发生担保履约的，成为对外债权人的境内担保人或境内反担保人，应办理对外债权登记。

对外债权人为银行的，通过资本项目信息系统报送对外债权相关信息。债权人为非银行机构的，应在担保履约后 15 个工作日内到所在地外汇局办理对外债权登记，并按规定办理与对外债权相关的变更、注销手续。

（二）对外债权人为银行时，担保项下债务人（或反担保人）主动履行对担保人还款义务的，债务人（或反担保人）、担保人可自行办理各自的付款、收款手续。债务人（或反担保人）由于各种原因不能主动履行付款义务的，担保人以合法手段从债务人（或反担保人）清收的资金，其币种与原担保履约币种不一致的，担保人可自行代债务人（或反担保人）办理相关汇兑手续。

（三）对外债权人为非银行机构时，其向债务人追偿所得资金为外汇的，在向银行说明资金来源、银行确认境内担保人已按照相关规定办理对外债权登记后可以办理结汇。

八、其他规定

（一）担保人办理内保外贷业务时，应对债务人主体资格、担保项下资金用途、预计的还款资金来源、担保履约的可能性及相关交易背景进行审核，对是否符合境内、外相关法律法规进行尽职调查，并以适当方式监督债务人按照其申明的用途使用担保项下资金。

（二）境内个人作为担保人，可参照境内非银行机构办理内保外贷业务。

（三）境内机构为境外机构（债务人）向其境外担保人提供的反担保，按内保外贷进行管理，提供反担保的境内机构须遵守本规定。境内机构按内保外贷规定为境外机构（债务人）提供担保时，其他境内机构为债务人向提供内保外贷的境内机构提供反担保，不按内保外贷进行管理，但需符合相关外汇管理规定。

（四）担保人对担保责任上限无法进行合理预计的内保外贷，如境内企业出具的不明确赔偿金额上限的项目完工责任担保，可以不办理登记，但经外汇局核准后可以办理担保履约手续。

## 第二部分　外保内贷外汇管理

一、境内非金融机构从境内金融机构借用贷款或获得授信额度，在同时满足以下条件的前提下，可以接受境外机构或个人提供的担保，并自行签订外保内贷合同：

（一）债务人为在境内注册经营的非金融机构；

（二）债权人为在境内注册经营的金融机构；

（三）担保标的为本外币贷款（不包括委托贷款）或有约束力的授信额度；

（四）担保形式符合境内、外法律法规。

未经批准，境内机构不得超出上述范围办理外保内贷业务。

二、境内债务人从事外保内贷业务，由发放贷款或提供授信额度的境内金融机构向外汇局的资本项目系统集中报送外保内贷业务数据。

三、发生外保内贷履约的，金融机构可直接与境外担保人办理担保履约收款。

境内债务人从事外保内贷业务发生担保履约的，在境内债务人偿清其对境外担保人的债务之前，未经外汇局批准，境内债务人应暂停签订新的外保内贷合同；已经签订外保内贷合同但尚未提款或全部提款的，未经所在地外汇局批准，应暂停办理新的提款。

境内债务人因外保内贷项下担保履约形成的对外负债，其未偿本金余额不得超过其上年度末经审计的净资产数额。超出上述限额的，须占用其自身的外债额度；外债额度仍然不够的，按未经批准擅自对外借款进行处理。

境内非银行金融机构为债权人，发生境外担保人履约的，境内非银行金融机构在办理国际收支间接申报时，应在申报单上填写该笔外保内贷登记时取得的业务编号。

境内债务人向债权人申请办理外保内贷业务时，应向债权人真实、完整地提供其已办理外保内贷业务的债务违约、外债登记及债务清偿情况。

四、外保内贷业务发生境外担保履约的，境内债务人应在担保履约后15个工作日内到所在地外汇局办理短期外债签约登记及相关信息备案。外汇局在外债签约登记环节对债务人外保内贷业务的合规性进行事后核查。发现违规的，在将违规行为移交外汇检查部门后，外汇局可为其办理外债登记手续。

因境外担保履约而申请办理外债登记的，债务人应当向外汇局提供以下材料：

（一）关于办理外债签约登记的书面申请报告（内容包括公司基本情况、外保内贷业务逐笔和汇总情况、本次担保履约情况及其他需要说明的事项）。

（二）担保合同复印件和担保履约证明文件（合同文本内容较多的，提供合同简明条款并加盖印章；合同为外文的，须提供中文翻译件并加盖债务人印章）。

（三）外商投资企业应提供批准证书、营业执照等文件，中资企业应提供营业执照。

（四）上年度末经审计的债务人财务报表。

（五）外汇局为核查外保内贷业务合规性、真实性而可能要求提供的其他材料

（如境外债权人注册文件或个人身份证件）。

五、金融机构办理外保内贷履约，如担保履约资金与担保项下债务提款币种不一致而需要办理结汇或购汇的，应当向外汇局提出申请。金融机构办理境外担保履约款结汇（或购汇）业务，由其分行或总行汇总自身及下属分支机构的担保履约款结汇（或购汇）申请后，向其所在地外汇局集中提出申请。

金融机构提出的境外担保履约款结汇（或购汇）申请，由外汇局资本项目管理部门受理。金融机构作为债权人签订贷款担保合同时无违规行为的，外汇局可批准其担保履约款结汇（或购汇）。若金融机构违规行为属于未办理债权人集中登记等程序性违规的，外汇局可先允许其办理结汇（或购汇），再依据相关法规进行处理；金融机构违规行为属于超出现行政策许可范围等实质性违规且金融机构应当承担相应责任的，外汇局应先移交外汇检查部门，然后再批准其结汇（或购汇）。

六、金融机构申请担保履约款结汇（或购汇），应提交以下文件：

（一）申请书；

（二）外保内贷业务合同（或合同简明条款）；

（三）证明结汇（或购汇）资金来源的书面材料；

（四）债务人提供的外保内贷履约项下外债登记证明文件（因清算、解散、债务豁免或其他合理因素导致债务人无法取得外债登记证明的，应当说明原因）；

（五）外汇局认为必要的其他证明材料。

七、境外担保人向境内金融机构为境内若干债务人发放的贷款组合提供部分担保（风险分担），发生担保履约（赔付）后，如合同约定由境内金融机构代理境外担保人向债务人进行债务追偿，则由代理的金融机构向外汇局报送外债登记数据，其未偿本金余额不得超过该担保合同项下各债务人上年度末经审计的净资产数之和。

## 第三部分　物权担保外汇管理

一、外汇局仅对跨境担保涉及的资本项目外汇管理事项进行规范，但不对担保当事各方设定担保物权的合法性进行审查。担保当事各方应自行确认以下事项符合相关法律法规，包括但不限于：

（一）设定抵押（质押）权的财产或权利是否符合法律规定的范围；

（二）设定抵押（质押）权在法律上是否存在强制登记要求；

（三）设定抵押（质押）权是否需要前置部门的审批、登记或备案；

（四）设定抵押（质押）权之前是否应当对抵押或质押物进行价值评估或是否允许超额抵押（质押）等；

（五）在实现抵押（质押）权时，国家相关部门是否对抵押（质押）财产或权利的转让或变现存在限制性规定。

二、担保人与债权人之间因提供抵押、质押等物权担保而产生的跨境收支和交易事项，已存在限制或程序性外汇管理规定的，应当符合规定。

国家对境内外机构或个人跨境获取特定类型资产（股权、债权、房产和其他类型资产等）存在限制性规定的，如境外机构从境内机构或另一境外机构获取境内资产，或境内机构从境外机构或另一境内机构获取境外资产，担保当事各方应自行确认担保合同履约不与相关限制性规定产生冲突。

三、当担保人与债权人分属境内、境外，或担保物权登记地（或财产所在地、收益来源地）与担保人、债权人的任意一方分属境内、境外时，境内担保人或境内债权人应按下列规定办理相关外汇管理手续：

（一）当担保人、债权人注册地或担保物权登记地（或财产所在地、收益来源地）至少有两项分属境内外时，担保人实现担保物权的方式应当符合相关法律规定。

（二）除另有明确规定外，担保人或债权人申请汇出或收取担保财产处置收益时，可直接向境内银行提出申请；银行在审核担保履约真实性、合规性并留存必要材料后，担保人或债权人可以办理相关购汇、结汇和跨境收支。

（三）相关担保财产所有权在担保人、债权人之间发生转让，按规定需要办理跨境投资外汇登记的，当事人应办理相关登记或变更手续。

四、担保人为第三方债务人向债权人提供物权担保，构成内保外贷或外保内贷的，应当按照内保外贷或外保内贷相关规定办理担保登记手续，并遵守相关限制性规定。

经外汇局登记的物权担保因任何原因而未合法设立，担保人应到外汇局注销相关登记。

五、境内非银行机构为境外债务人向境外债权人提供物权担保，外汇局在办理内保外贷登记时，应在内保外贷登记证明中简要记录其担保物权的具体内容。

外汇局在内保外贷登记证明中记录的担保物权具体事项，不成为设定相关抵押、质押等权利的依据，也不构成相关抵押或质押合同的生效条件。

六、境内机构为自身债务提供跨境物权担保的，不需要办理担保登记。担保人以法规允许的方式用抵押物折价清偿债务，或抵押权人变卖抵押物后申请办理对外汇款时，担保人参照一般外债的还本付息办理相关付款手续。

## 第四部分　跨境担保其他事项外汇管理

一、其他形式跨境担保

（一）其他形式跨境担保是指除前述内保外贷和外保内贷以外的其他跨境担保情形。包括但不限于：

1、担保人在境内、债务人与债权人分属境内或境外的跨境担保；

2、担保人在境外、债务人与债权人分属境内或境外的跨境担保；

3、担保当事各方均在境内，担保物权登记地在境外的跨境担保；

4、担保当事各方均在境外，担保物权登记地在境内的跨境担保。

（二）境内机构提供或接受其他形式跨境担保，在符合境内外法律法规和本规定的前提下，可自行签订跨境担保合同。除外汇局另有明确规定外，担保人、债务人不需要就其他形式跨境担保到外汇局办理登记或备案，无需向资本项目信息系统报送数据。

（三）境内机构办理其他形式跨境担保，应按规定办理与对外债权债务有关的外汇管理手续。担保项下对外债权或外债需要事前办理审批或登记手续的，应当办理相关手续。

（四）除另有明确规定外，境内担保人或境内债权人申请汇出或收取担保履约款时，可直接向境内银行提出申请；银行在审核担保履约真实性、合规性并留存必要材料后，担保人或债权人可以办理相关购汇、结汇和跨境收支。

（五）担保人在境内、债务人在境外，担保履约后构成对外债权的，应当办理对外债权登记；担保人在境外、债务人在境内，担保履约后发生境外债权人变更的，应当办理外债项下债权人变更登记手续。

（六）境内担保人向境内债权人支付担保履约款，或境内债务人向境内担保人偿还担保履约款的，因担保项下债务计价结算币种为外币而付款人需要办理境内外汇划转的，付款人可直接在银行办理相关付款手续。

二、境内债务人对外支付担保费，可按照服务贸易外汇管理有关规定直接向银行申请办理。

三、担保人、债务人不得在明知或者应知担保履约义务确定发生的情况下签订跨境担保合同。担保人、债务人和债权人可按照合理商业原则，依据以下标准判断担保合同是否具备明显的担保履约意图：

（一）签订担保合同时，债务人自身是否具备足够的清偿能力或可预期的还款资金来源；

（二）担保项下借款合同规定的融资条件，在金额、利率、期限等方面与债务人声明的借款资金用途是否存在明显不符；

（三）担保当事各方是否存在通过担保履约提前偿还担保项下债务的意图；

（四）担保当事各方是否曾经以担保人、反担保人或债务人身份发生过恶意担保履约或债务违约。

四、担保人、债务人、债权人向境内银行申请办理与跨境担保相关的购付汇和收结汇时，境内银行应当对跨境担保交易的背景进行尽职审查，以确定该担保合同符合中国法律法规和本规定。

五、具备以下条件之一的跨境承诺，不按跨境担保纳入外汇管理范围：

（一）该承诺不具有契约性质或不受法律约束；

（二）履行承诺义务的方式不包括现金交付或财产折价清偿等付款义务；

（三）履行承诺义务不会同时产生与此直接对应的对被承诺人的债权；

（四）国内有其他法规、其他部门通过其他方式进行有效管理，经外汇局明确不按跨境担保纳入外汇管理范围的跨境承诺，如境内银行在货物与服务进口项下为境内机构开立的即期和远期信用证、已纳入行业主管部门监管范围的信用保险等；

（五）一笔交易存在多个环节，但监管部门已在其中一个环节实行有效管理，经外汇局明确不再重复纳入规模和统计范围的跨境承诺，如境内银行在对外开立保函、开立信用证或发放贷款时要求境内客户提供的保证金或反担保；

（六）由于其他原因外汇局决定不按跨境担保纳入外汇管理范围的相关承诺。

不按跨境担保纳入外汇管理范围的相关承诺，不得以跨境担保履约的名义办理相关跨境收支。

六、跨境担保可分为融资性担保和非融资性担保。融资性担保是指担保人为融资性付款义务提供的担保，这些付款义务来源于具有融资合同一般特征的相关交易，包括但不限于普通借款、债券、融资租赁、有约束力的授信额度等。非融资性担保是指担保人为非融资性付款义务提供的担保，这些付款义务来源于不具有融资合同一般特征的交易，包括但不限于招投标担保、预付款担保、延期付款担保、货物买卖合同下的履约责任担保等。

七、外汇局对境内机构跨境担保业务进行核查和检查，担保当事各方、境内银行应按照外汇局要求提供相关资料。对未按本规定及相关规定办理跨境担保业务的，外汇局根据《中华人民共和国外汇管理条例》（以下简称《条例》）进行处罚。

（一）违反《跨境担保外汇管理规定》（以下简称《规定》）第十一条第（二）项规定，债务人将担保项下资金直接或间接调回境内使用的，按照《条例》第四十一条对担保人进行处罚。

（二）有下列情形之一的，按照《条例》第四十三条处罚：

1. 违反《规定》第八条规定，担保人办理内保外贷业务违反法律法规及相关部门规定的；

2. 违反《规定》第十条规定，担保人超出行业主管部门许可范围提供内保外贷的；

3. 违反《规定》第十二条规定，担保人未对债务人主体资格、担保项下资金用途、预计的还款资金来源、担保履约的可能性及相关交易背景进行审核，对是否符合境内、外相关法律法规未进行尽职调查，或未以适当方式监督债务人按照其申明的用途使用担保项下资金的；

4. 违反《规定》第十四条规定，担保人未经外汇局批准，在向债务人收回提供履约款之前签订新的内保外贷合同的；

5. 违反《规定》第十七条规定，未经批准，债务人、债权人超出范围办理外保内贷业务的；

6. 违反《规定》第十九条第一款规定，境内债务人未经外汇局批准，在偿清对境外担保人债务之前擅自签订新的外保内贷合同或办理新的提款的；

7. 违反《规定》第十九条第二款规定，境内债务人担保履约项下未偿本金余额超过其上年度末经审计的净资产数额的；

8. 违反《规定》第二十七条规定，担保人、被担保人明知或者应知担保履约义务确定发生的情况下仍然签订跨境担保合同的。

（三）有下列情形之一的，按照《条例》第四十七条处罚：

1. 违反《规定》第二十三条第（二）项规定，银行未审查担保履约真实性、合规性或留存必要材料的；

2. 违反《规定》第二十八条规定，境内银行对跨境担保交易的背景未进行尽职审查，以确定该担保交易符合中国法律法规和本规定的。

（四）有下列情形的，按照《条例》第四十八条处罚：

1. 违反《规定》第九条规定，担保人未按规定办理内保外贷登记的；

2. 违反《规定》第十三条规定，担保人未按规定办理内保外贷登记注销手续的；

3. 违反《规定》第十五条规定，担保人或反担保人未按规定办理对外债权登记手续的；

4. 违反《规定》第十八条规定，境内金融机构未按规定向外汇局报送外保内贷业务相关数据的；

5. 违反《规定》第十九条第三款规定，债务人办理外保内贷业务时未向债权人真实、完整地提供其已办理外保内贷业务的债务违约、外债登记及债务清偿情况的；

6. 违反《规定》第二十条规定，境内债务人未按规定到所在地外汇局办理短期外债签约登记及相关信息备案手续的；

7. 违反《规定》第二十三条第（三）项规定，当事人未按规定办理跨境投资外汇登记的；

8. 违反《规定》第二十四条第二款规定，担保人未到外汇局注销相关登记的。

附件3

# 废止法规目录

1. 《境内机构对外担保管理办法实施细则》（〔97〕汇政发字第10号）

2. 《国家外汇管理局关于境内机构对外担保管理问题的通知》（汇发〔2010〕39号）

3. 《国家外汇管理局关于在部分地区试行小额外保内贷业务有关外汇管理问题的通知》（汇发〔2013〕40号）

4. 《国家外汇管理局关于外汇担保项下人民币贷款有关问题的补充通知》（汇发〔2005〕26号）

5. 《国家外汇管理局关于核定部分分局2013年度中资企业外保内贷额度有关问题的通知》（汇发〔2013〕23号）

6. 《国家外汇管理局关于外债、对外担保补登记有关问题的通知》（汇资函〔1999〕77号）

7. 《国家外汇管理局关于规范对外担保履约审批权限的通知》（汇发〔2000〕84号）

8. 《国家外汇管理局关于如何界定擅自以外汇作质押的函》（〔97〕汇政法字第2号）

9. 《国家外汇管理局关于金融机构外汇担保项下人民币贷款有关问题的复函》（汇复〔1999〕56号）

10. 《国家外汇管理局关于保险权益质押登记问题的批复》（汇复〔2001〕144号）

11. 《国家外汇管理局关于核定境内银行2011年度融资性对外担保余额指标有关问题的通知》（汇发〔2011〕30号）

12. 《国家外汇管理局关于转发和执行〈最高人民法院关于适用〈中华人民共和国担保法〉若干问题的解释〉的通知》（汇发〔2001〕6号）

# 国家外汇管理局关于进一步改进和
# 调整资本项目外汇管理政策的通知

## （汇发〔2014〕2 号）

为进一步深化资本项目外汇管理改革，简化行政审批程序，促进贸易投资便利化，根据《中华人民共和国外汇管理条例》及相关规定，国家外汇管理局决定进一步改进资本项目外汇管理方式，并调整部分资本项目外汇管理措施。现就有关问题通知如下：

### 一、简化融资租赁类公司对外债权外汇管理

（一）融资租赁类公司包括银行业监管部门批准设立的金融租赁公司、商务主管部门审批设立的外商投资租赁公司，以及商务部和国家税务总局联合确认的内资融资租赁公司等三类主体（以下统称为融资租赁类公司）。

（二）融资租赁类公司或其项目公司开展对外融资租赁业务时，应在融资租赁对外债权发生后 15 个工作日内，持以下材料到所在地外汇局办理融资租赁对外债权登记，所在地外汇局应当审核交易的合规性和真实性。

1. 申请书，包括但不限于公司基本情况及租赁项目的基本情况；

2. 主管部门同意设立融资租赁公司或项目公司的批复和工商营业执照；

3. 上年度经审计的财务报告及最近一期财务报表；

4. 租赁合同及租赁物转移的证明材料（如报关单、备案清单、发票等）。

（三）融资租赁类公司开展对外融资租赁业务时，不受现行境内企业境外放款额度限制。

（四）融资租赁类公司可直接到所在地银行开立境外放款专用账户，用于保留对

外融资租赁租金收入。

上述外汇资金入账时，银行应审核该收入的资金来源。该账户内的外汇收入需结汇时，融资租赁类公司可直接向银行申请办理。

（五）所在地外汇局应在资本项目信息系统中使用"境外放款"功能登记融资租赁类公司融资租赁对外债权签约信息，采取纸质报表统计提款信息。

融资租赁类公司收到对外融资租赁租金收入时，应按照国际收支的有关申报要求进行申报，在"外汇局批件号/备案表号/业务编号"栏中填写该笔对外债权的业务编号，并应按月向所在地外汇局报送融资租赁对外债权的发生和租金收入等情况。银行应通过资本项目信息系统反馈对外融资租赁租金收入等信息。资本项目信息系统有关模块功能完善后，按新的要求采集相关信息。

## 二、简化境外投资者受让境内不良资产外汇管理

（一）取消国家外汇管理局对金融资产管理公司对外处置不良资产涉及的外汇收支和汇兑核准的前置管理。

（二）简化境外投资者受让境内不良资产登记手续。有关主管部门批准境内机构向境外投资者转让不良资产后 30 日内，受让境内不良资产的境外投资者或其境内代理人应持以下材料到主要资产所在地外汇局或其境内代理人所在地外汇局办理境外投资者受让境内不良资产登记手续。

1. 申请书，并填写《境外投资者受让境内不良资产登记表》；

2. 有关主管部门批准境内机构对外转让不良资产的核准或备案文件；

3. 境内机构和境外投资者签署的转让合同主要条款复印件（无须提供不良资产及担保事项逐笔数据）；

4. 若由境内代理人办理，还需提供代理协议；

5. 针对前述材料需提供的补充材料。

（三）取消外汇局对金融资产管理公司处置不良资产收入结汇核准，改由银行直接办理入账或结汇手续。

出让不良资产的境内机构收到境外投资者的对价款后，可持以下材料直接到银行申请开立外汇账户保留外汇收入，或者申请不良资产外汇收入结汇。

1. 申请书；

2. 境外投资者受让不良资产办理登记时取得的资本项目信息系统《协议办理凭证》（复印件）；

3. 债权转让合同主要条款复印件；

4. 针对前述材料需提供的补充材料。

境内机构开立外汇账户保留外汇收入，或者办理不良资产外汇收入结汇手续时，应按照国际收支、外汇账户和结汇的有关申报要求进行申报，并在"外汇局批件号/备案表号/业务编号"栏中填写所对应的境外投资者受让境内不良资产登记的业务编号。

（四）因回购、出售（让）、清收、转股或其他原因导致境外投资者对登记资产的所有权变更或灭失时，境外投资者或其代理人应在所有权变更或灭失后 30 个工作日内到登记地外汇局办理境外投资者受让境内不良资产登记变更或注销手续。

（五）取消外汇局对境外投资者处置不良资产所得收益购付汇核准，改由银行审核办理。

受让境内不良资产的境外投资者通过清收、再转让等方式取得的收益，可持以下材料直接向银行申请办理对外购付汇手续。

1. 申请书；

2. 资本项目信息系统《协议办理凭证》；

3. 《境外投资者受让境内不良资产登记表》复印件；

4. 关于不良资产处置收益来源的证明文件；

5. 若由境内代理人办理，还需提供代理协议；

6. 针对前述材料需提供的补充材料。

境外投资者办理对外购付汇手续时，应按照国际收支的有关申报要求进行申报，并在"外汇局批件号/备案表号/业务编号"栏中填写境外投资者受让境内不良资产登记的业务编号。

（六）银行应认真审核境内机构开立外汇账户保留外汇收入、办理不良资产外汇收入结汇和境外投资者办理对外购付汇手续时填写的境外投资者受让境内不良资产登记的业务编号。

（七）因境外投资者受让境内不良资产导致原有担保的受益人改变为境外投资者的，该担保不纳入对外担保管理。

境外投资者受让境内不良资产后新发生的对外担保，按照现行对外担保外汇管理规定进行管理。

## 三、进一步放宽境内机构境外直接投资前期费用管理

（一）境外直接投资前期费用（以下简称前期费用）累计汇出额不超过 300 万美元，且不超过中方投资总额 15% 的，境内机构可凭营业执照和组织机构代码证向所在地外汇局办理前期费用登记。

（二）前期费用累计汇出额超过 300 万美元，或超过中方投资总额 15% 的，境内机构除提交营业执照和组织机构代码证外，还应向所在地外汇局提供其已向境外直接投资主管部门报送的书面申请及境内机构参与投标、并购或合资合作项目的相关真实性证明材料办理前期费用登记。

（三）境内机构自汇出前期费用之日起 6 个月内仍未取得境外直接投资主管部门核准或备案的，应向所在地外汇局报告前期费用使用情况并将剩余资金退回。如确有客观原因，境内机构可向所在地外汇局申请延期，但最长不超过 12 个月。

## 四、进一步放宽境内企业境外放款管理

（一）放宽境内企业境外放款主体限制。允许境内企业向境外与其具有股权关联关系的企业放款。境内企业凭境外放款协议、最近一期财务审计报告到所在地外汇局办理境外放款额度登记，境内企业累计境外放款额度不得超过其所有者权益的 30%。如确有需要，超过上述比例的，由境内企业所在地外汇分局（外汇管理部）按个案集体审议方式处理。

（二）取消境外放款额度 2 年有效使用期限制。境内企业可根据实际业务需求向所在地外汇局申请境外放款额度期限。

（三）如确有客观原因无法收回境外放款本息，境内企业可向所在地外汇分局（外汇管理部）申请注销该笔境外放款，由境内企业所在地外汇分局（外汇管理部）按个案集体审议方式处理。境外放款还本付息完毕（含债转股、债务豁免、担保履约）或注销境外放款后，不再进行境外放款的，境内企业可向所在地外汇局申请办理境外放款额度注销。

## 五、简化境内机构利润汇出管理

（一）银行为境内机构办理等值 5 万美元（含）以下利润汇出，原则上可不再审核交易单证；办理等值 5 万美元以上利润汇出，原则上可不再审核其财务审计报告和验资报告，应按真实交易原则审核与本次利润汇出相关的董事会利润分配决议（或合伙人利润分配决议）及其税务备案表原件。每笔利润汇出后，银行应在相关税务备案表原件上加章签注该笔利润实际汇出金额及汇出日期。

（二）取消企业本年度处置利润金额原则上不得超过最近一期财务审计报告中属于外方股东"应付股利"和"未分配利润"合计金额的限制。

## 六、简化个人财产转移售付汇管理

（一）移民财产转移购付汇核准，由移民原户籍所在地外汇局负责审批。继承财产转移购付汇核准，由被继承人生前户籍所在地外汇局负责审批。取消财产转移总金额超过等值人民币 50 万元报国家外汇管理局备案的要求。

（二）取消移民财产转移分次汇出的要求。申请人向原户籍所在地外汇局办理移民财产转移核准手续后，银行可在核准件审批额度内一次或分次汇出相关资金。

（三）取消继承人从不同被继承人处继承的财产应分别申请、分别汇出的要求。继承人从不同被继承人处继承财产，可选择其中一个被继承人生前户籍所在地外汇局合并提交申请材料，经核准后可在银行一次或分次汇出相关资金。

（四）取消对有关财产权利文件（如房屋产权证、房地产买卖契约或拆迁补偿安置协议、承包或租赁合同或协议、财产转让协议或合同、特许权使用协议或合同等）进行公证的要求；取消对委托代理协议、代理人身份证明进行公证的要求。

## 七、改进证券公司《证券业务外汇经营许可证》管理

证券公司经营外汇业务应按有关规定向国家外汇管理局领取《证券业务外汇经营许可证》（以下简称《许可证》）。除因公司更名、外汇业务范围调整等情况需按有关规定及时申请换领《许可证》外，自本通知实施之日起，证券公司无需定期更换《许可证》。

　　已领取《许可证》经营外汇业务的证券公司应当在每年的1月31日之前，向所在地外汇局报送上一年度外汇业务经营情况的书面报告（内容包括：公司经营外汇业务具体情况、外汇业务种类、购结汇及资金汇出入情况、外汇业务合规情况及相关外汇业务资产负债表等）。

　　本通知自2014年2月10日起实施，以前规定与本通知不符的，以本通知为准。请各分局、外汇管理部尽快将本通知转发至辖内中心支局、支局和辖内银行；各中资银行尽快将本通知转发至分支机构。执行中如遇问题，请及时向国家外汇管理局资本项目管理司反馈。

# 国家外汇管理局
# 关于境外上市外汇管理有关问题的通知

## （汇发〔2014〕54 号）

国家外汇管理局各省、自治区、直辖市分局、外汇管理部，深圳、大连、青岛、厦门、宁波市分局，各中资外汇指定银行总行：

为规范和完善境外上市外汇管理，根据《中华人民共和国外汇管理条例》等相关法规，现就有关事项通知如下：

一、本通知所称的境外上市，是指在境内注册的股份有限公司（以下简称境内公司）经中国证券监督管理委员会（以下简称中国证监会）许可，在境外发行股票（含优先股及股票派生形式证券）、可转换为股票的公司债券等法律、法规允许的证券（以下简称境外股份），并在境外证券交易所公开上市流通的行为。

二、国家外汇管理局及其分支局、外汇管理部（以下简称外汇局）对境内公司境外上市涉及的业务登记、账户开立与使用、跨境收支、资金汇兑等行为实施监督、管理与检查。

三、境内公司应在境外上市发行结束之日起 15 个工作日内，持下列材料到其注册所在地外汇局（以下简称所在地外汇局）办理境外上市登记：

（一）书面申请，并附《境外上市登记表》（见附件 1）；

（二）中国证监会许可境内公司境外上市的证明文件；

（三）境外发行结束的公告文件；

（四）前述材料内容不一致或不能说明交易真实性时，要求提供的补充材料。

所在地外汇局审核上述材料无误后，在资本项目信息系统（以下简称系统）为境内公司办理登记，并通过系统打印业务登记凭证，加盖业务印章后交境内公司。境内公司凭此登记凭证办理境外上市开户及相关业务。

四、境内公司境外上市后，其境内股东根据有关规定拟增持或减持境外上市公司股份的，应在拟增持或减持前 20 个工作日内，持下列材料到境内股东所在地外汇局办理境外持股登记：

（一）书面申请，并附《境外持股登记表》（见附件 2）；

（二）关于增持或减持事项的董事会或股东大会决议（如有）；

（三）需经财政部门、国有资产管理部门等相关部门批准的，应提供相关部门的批准文件；

（四）前述材料内容不一致或不能说明交易真实性时，要求提供的补充材料。

所在地外汇局审核上述材料无误后，在系统为境内股东办理登记，并通过系统打印业务登记凭证，加盖业务印章后交境内股东。境内股东凭此登记凭证到银行办理增持或减持境外上市公司股份开户及相关业务。

五、境内公司（银行类金融机构除外）应当凭境外上市业务登记凭证，针对其首发（或增发）、回购业务，在境内银行开立"境内公司境外上市专用外汇账户"（以下简称"境内公司境外上市专户"），办理相关业务的资金汇兑与划转（账户类型、收支范围及注意事项见附件 3）。

六、境内公司（银行类金融机构除外）应在其境外上市专户开户银行开立一一对应的结汇待支付账户（人民币账户，以下简称待支付账户），用于存放境外上市专户资金结汇所得的人民币资金、以人民币形式调回的境外上市募集资金，以及以人民币形式汇出的用于回购境外股份的资金和调回回购剩余资金（账户收支范围见附件 3）。

七、境外上市公司的境内股东应当凭境外持股业务登记凭证，针对其增持、减持或转让境外上市公司股份等业务，在境内银行开立"境内股东境外持股专用账户"（以下简称"境内股东境外持股专户"），办理相关业务的资金汇兑与划转（账户类型、收支范围及注意事项见附件 3）。

八、境内公司及其境内股东因办理境外上市相关业务需要，可在境外开立相应的专用账户（以下简称"境外专户"）。境外专户的收支范围应当符合附件 3 的相关要求。

九、境内公司境外上市募集资金可调回境内或存放境外，资金用途应与招股说明文件或公司债券募集说明文件、股东通函、董事会或股东大会决议等公开披露的文件（以下简称公开披露文件）所列相关内容一致。

境内公司发行可转换为股票的公司债券所募集资金拟调回境内的，应汇入其境内外债专户并按外债管理有关规定办理相关手续；发行其他形式证券所募集资金拟调回境内的，应汇入其境外上市专户（外汇）或待支付账户（人民币）。

十、境内公司回购其境外股份，可以使用符合有关规定的境外资金和境内资金。境内公司需使用并汇出境内资金的，应凭在所在地外汇局登记回购相关信息（含变更）后取得的境外上市业务登记凭证（回购相关信息未登记的，需在拟回购前20个工作日内办理登记，取得相应业务登记凭证）及回购相关情况说明或证明性材料，到开户银行通过境外上市专户（外汇）或待支付账户（人民币）办理相关资金汇划手续。

回购结束后，由境内汇出境外用于回购的资金如有剩余，应汇回境内公司境外上市专户（外汇）或待支付账户（人民币）。

十一、境内公司根据需要，可持境外上市业务登记凭证向开户银行申请将境外上市专户资金境内划转或支付，或结汇划往待支付账户。

十二、境内公司申请将待支付账户资金境内划转或支付的，应向开户银行提供境外上市公开披露文件中有关资金用途与调回及结汇资金用途是否一致的证明材料，资金用途与公开披露文件中有关资金用途不一致或公开披露文件未予明确的，应提供关于变更或明确对应资金用途的董事会或股东大会决议。其中，境内公司回购境外股份调回的剩余资金可在境内直接划转或支付。

开户银行应在对境内公司境外上市专户或待支付账户资金用途进行严格审核后，为境内公司办理有关账户资金划转及支付手续。

十三、境内股东依据有关规定增持境内公司境外股份，可以使用符合有关规定的境外资金和境内资金。境内股东需使用并汇出境内资金的，应凭境外持股业务登记凭证及增持相关情况说明或证明性材料，到开户银行通过境内股东境外持股专户办理资金汇兑手续。

增持结束后，由境内汇出境外用于增持的资金如有剩余，应汇回境内股东境外持股专户。境内股东可凭境外持股业务登记凭证到银行办理相关资金境内划转或结汇手续。

十四、境内股东因减持、转让境内公司境外股份或境内公司从境外证券市场退市等原因所得的资本项下收入，可留存境外或调回汇入境内股东境外持股专户。调回境内的，境内股东可凭境外持股业务登记凭证到银行办理相关资金境内划转或结汇手续。

十五、境内公司若发生如下变更情形，应在变更之日起15个工作日内持书面申请、最新填写的《境外上市登记表》及相关交易真实性证明材料，到所在地外汇局办理境外上市登记变更。需经主管部门审批或备案的变更事项，另需提供主管部门关于变更事项的批复或备案文件。

（一）境外上市公司名称、注册地址、主要股东信息等发生变更；

（二）增发（含超额配售）股份或资本公积、盈余公积、未分配利润转增股本等资本变动；

（三）回购境外股份；

（四）将可转换债券转为股票（需提供外债登记变更或注销凭证）；

（五）境内股东增持、减持、转让、受让境外股份计划实施完毕使得境外上市公司股权结构发生变化；

（六）原登记的境外募集资金使用计划和用途发生变更；

（七）其他登记有关内容的变更。

十六、境内公司的国有股东按照《减持国有股筹集社会保障资金管理暂行办法》（国发〔2001〕22 号）有关规定需将减持收入上缴全国社会保障基金（以下简称社保基金）的，应当由该境内公司代为办理，并通过该境内公司境外上市专户及待支付账户办理相应的资金汇兑与划转。

境内公司应持国有股东需上缴社保基金的减持收入情况说明（包括减持应得资金测算说明和应缴、拟缴资金数额等）、境外上市业务登记凭证等材料，向其境外上市专户及待支付账户开户银行申请将国有股东减持收入直接划转（或结汇至待支付账户后划转）至财政部在境内银行开立的对应账户。

十七、境内公司向境外的监管部门、交易所、承销机构、律师、会计师等境外机构支付与其境外上市相关的合理费用，原则上应从境外上市募集资金中扣减，确需从境内汇出（含购汇汇出）的，应持下列材料向银行申请办理：

（一）境外上市业务登记凭证；

（二）能够说明汇出（含购汇汇出）境外金额及对应事项的境外上市费用支付清单及相关证明材料；

（三）有关境外机构应向境内税务部门完税的，另需提供代扣境外企业或个人税款等相关税务证明。

十八、境内公司从境外证券市场退市的，应在退市之日起 15 个工作日内持主管部门相关批复复印件、退市公告等真实性证明材料及境外上市业务登记凭证、相关账户和资金处理情况说明到所在地外汇局办理境外上市登记注销。所在地外汇局同时收回该境内公司境外上市业务登记凭证。

十九、境内公司及境内股东的开户银行，应在境内公司及境内股东相关境内账户开立、变更或关闭后，按《国家外汇管理局关于发布〈金融机构外汇业务数据采集规范（1.0版）〉的通知》（汇发〔2014〕18号）要求报送账户信息。

二十、境内公司、境内股东及相关境内银行应当按照有关规定及时办理国际收支统计申报。

二十一、境内公司、境内股东及相关境内银行等违反本通知的，外汇局可依法采取相应的监管措施，并依据《中华人民共和国外汇管理条例》相应条款进行行政处罚。

二十二、境内金融机构境外上市外汇管理相关事宜应按照本通知办理，对银行类和保险类金融机构境外上市募集资金调回结汇等另有规定的除外。

二十三、本通知发布前已办理境外上市登记的境内公司，按以下原则办理：

（一）已开立相关账户，资金尚未全部调回及结汇，或发生配股、增发等涉及资金跨境及结购汇行为的，应凭业务登记凭证在开户银行开立相应的待支付账户，按本通知办理后续业务。

（二）未开立相关账户的，按本通知办理。

二十四、本通知要求报送的相关申请及登记备案材料均需提供具有法律效力的中文文本。具有中文及其他文字等多种文本的，以具有法律效力的中文文本为准。

二十五、本通知由国家外汇管理局负责解释。

二十六、本通知自发布之日起实施。《国家外汇管理局关于境外上市外汇管理有关问题的通知》（汇发〔2013〕5号）同时废止。其他相关外汇管理规定与本通知不一致的，以本通知为准。

各分局收到本通知后，应尽快转发辖内中心支局、支局、城市商业银行及外资银行。各中资外汇指定银行收到本通知后，应尽快转发所辖分支行。执行中如遇问题，请及时向国家外汇管理局资本项目管理司反馈。

附件：1. 境外上市登记表（略）

2. 境外持股登记表（略）

3. 境外上市相关账户管理一览表（略）

国家外汇管理局

2014年12月26日

# 中国人民银行关于简化跨境人民币
# 业务流程和完善有关政策的通知

## （银发〔2013〕168 号）

中国人民银行上海总部，各分行、营业管理部，省会（首府）城市中心支行、副省级城市中心支行，国家开发银行、各政策性银行、国有商业银行、股份制商业银行，中国邮政储蓄银行：

为进一步提高跨境人民币结算效率，便利银行业金融机构（以下简称银行）和企业使用人民币进行跨境结算，现就简化跨境人民币业务流程和完善有关政策等事项通知如下：

**一、关于经常项下跨境人民币结算业务**

（一）境内银行可在"了解你的客户"、"了解你的业务"、"尽职审查"三原则的基础上，凭企业（出口货物贸易人民币结算企业重点监管名单内的企业除外）提交的业务凭证或《跨境人民币结算收/付款说明》，直接办理跨境结算。

（二）企业经常项下人民币结算资金需要自动入账的，境内银行可先为其办理入账，再进行相关贸易真实性审核。

（三）鼓励境内银行开展跨境人民币贸易融资业务。境内银行可开展跨境人民币贸易融资资产跨境转让业务。

（四）出口货物贸易人民币结算企业重点监管名单内的企业办理经常项下跨境人民币结算业务时，境内银行应按《中国人民银行办公厅 财政部办公厅 商务部办公厅 海关总署办公厅 国家税务总局办公厅 银监会办公厅关于出口货物贸易人民币结算企业重点监管名单的函》（银办函〔2012〕381 号）确定的原则，严格进行业务真实性审核。人民银行各分支机构可将在本地区注册的出口货物贸易人民币结算企业重点监管名单发送给辖区内银行内部使用。

### 二、关于银行卡人民币账户跨境清算业务

（一）银行卡人民币账户内交易的跨行跨境清算业务，应由在境内设立的具有人民币业务资格的银行卡清算机构（以下简称境内银行卡清算机构），通过境外人民币业务清算行或境内代理银行渠道办理。

（二）在境外使用境内银行发行的银行卡的人民币账户消费或提取现钞后，境内发卡银行应以人民币与境内银行卡清算机构清算，境内银行卡清算机构以人民币或外币与境外收单机构清算。

（三）在境内使用境外银行发行的银行卡的人民币账户消费或提取人民币现钞后，境内收单机构应以人民币与境内银行卡清算机构清算，境内银行卡清算机构应以人民币与境外发卡银行清算。

（四）银行卡人民币账户跨行跨境清算业务涉及的人民币跨境收付信息，由境内银行卡清算机构通过其境内结算银行统一向人民币跨境收付信息管理系统报送。

（五）银行卡人民币跨境清算业务按上述规定办理，中国人民银行公告〔2003〕第16号第六条、中国人民银行公告〔2004〕第8号第六条、《中国人民银行关于内地银行与香港和澳门银行办理个人人民币业务有关问题的通知》（银发〔2004〕254号）第三、四、十七条关于个人人民币银行卡清算事宜的相关规定不再执行。

### 三、关于境内非金融机构人民币境外放款业务

（一）境内非金融机构可向境内银行申请办理人民币境外放款结算业务。具有股权关系或同由一家母公司最终控股，且由一家成员机构行使地区总部或投资管理职能的境内非金融机构，可使用人民币资金池模式向境内银行申请开展人民币资金池境外放款结算业务。

（二）境内银行应在认真审核境内非金融机构提交的人民币境外放款业务申请材料后，为其办理跨境人民币结算业务。

（三）开展人民币境外放款业务的境内非金融机构应按照《人民币银行结算账户管理办法》（中国人民银行令〔2003〕第5号发布）等银行结算账户管理规定，向境内银行申请开立人民币专用存款账户，专门用于人民币境外放款。

（四）境内非金融机构向境外放款的利率、期限和用途由借贷双方按照商业原则，

在合理范围内协商确定。

（五）人民币境外放款必须经由放款的人民币专用存款账户以人民币收回，且回流金额不得超过放款金额及利息、境内所得税、相关费用等合理收入之和。

（六）银行应认真履行信息报送职责，及时准确地向人民币跨境收付信息管理系统报送人民币跨境收付信息、跨境信贷融资业务等相关信息。若涉及人民币跨境担保业务，还需报送人民币跨境担保信息。

**四、关于境内非金融机构境外发行人民币债券**

（一）境内非金融机构可按《人民币银行结算账户管理办法》（中国人民银行令〔2003〕第5号发布）等银行结算账户管理规定，向境内银行申请开立人民币专用存款账户，专门用于存放经人民银行同意从境外汇入的发债募集资金。该账户的存款利率按人民银行公布的活期存款利率执行，资金应当严格按照在债券募集说明书约定的使用范围内使用，不得挪作他用。

（二）境外发行人民币债券涉及人民币汇入或还本付息的，境内银行应及时准确地向人民币跨境收付信息管理系统报送人民币跨境收付信息。若涉及人民币跨境担保业务，还需报送人民币跨境担保信息。

**五、**境内非金融机构可以按照《中华人民共和国物权法》、《中华人民共和国担保法》等法律规定，对外提供人民币担保。境内非金融机构对外担保使用人民币履约时，境内银行进行真实性审核后，为其办理人民币结算，并向人民币跨境收付信息管理系统报送相关信息。履约款项也可由境内非金融机构使用其境外留存的人民币资金直接支付。

**六、**境内代理银行对境外参加银行的人民币账户融资期限延长至一年，账户融资比例不得超过该境内代理银行人民币各项存款上年末余额的3%。

**七、**境外参加银行在境内代理银行开立的人民币同业往来账户与境外参加银行在境外人民币业务清算行开立的人民币账户之间，因结算需要可进行资金汇划。各境外人民币业务清算行在境内开立的人民币清算账户之间，因结算需要可进行资金汇划。

**八、**人民银行各分支机构要充分利用人民币跨境收付信息管理系统，做好信息监测分析，定期对银行和企业跨境人民币业务开展情况依法进行非现场检查监督，并根据实际需要进行现场检查，防范风险。发现银行违反有关规定的，应要求银行限期整改。

九、本通知自发布之日起施行。与本通知不一致的有关规定，以本通知为准。请人民银行副省级城市中心支行以上分支机构将本通知转发至辖区内人民银行各分支机构、外资银行和地方法人金融机构。

执行中如遇问题，请及时报告人民银行货币政策二司。

中国人民银行

2013 年 7 月 5 日

第七章 安全权益保障

# 商务部 外交部 公安部 工商总局关于印发 《涉外劳务纠纷投诉举报处置办法》的通知

## （商合发〔2016〕87号）

各省、自治区、直辖市、计划单列市及新疆生产建设兵团商务主管部门、外事办公室、公安厅（局）、工商行政管理局，各驻外使（领）馆，中国对外承包工程商会：

为规范涉外劳务纠纷投诉举报处置程序，维护劳务人员合法权益，保障对外投资合作健康有序发展，商务部、外交部、公安部、工商总局制定了《涉外劳务纠纷投诉举报处置办法》，现印发给你们，请遵照执行。执行中有何问题、意见和建议，请及时函告有关部门。

2016年3月16日

## 涉外劳务纠纷投诉举报处置办法

### 第一章 总 则

第一条 为规范外派劳务市场秩序，维护劳务人员合法权益，快速高效处置涉外劳务纠纷投诉举报，根据《对外劳务合作管理条例》和《商务部、外交部关于防范和处置境外劳务事件的规定》，制定本办法。

第二条 本办法所称各项名词术语的释义如下：（一）涉外劳务纠纷是指在组织劳务人员为境外雇主工作的经营性活动中发生的经济纠纷、合同纠纷、劳动侵权纠纷以及其他纠纷。（二）投诉举报人是指对企业违反合同约定或侵害劳务人员合法权益的行为进行投诉的劳务人员及其家属、委托代理人，或对违反《对外劳务合作管理条例》等相关规定的行为进行举报的相关单位或个人。（三）涉诉方是指被投诉举报人投诉的对外劳务合作企业或举报的中国企业以及非法组织外派劳务的个人。（四）受理部门是指第一时间接到投诉举报人投诉或举报的地方各级商务部门和有关对外劳务合作商会；以及第一时间接到投诉举报人举报的公安、工商行政管理等部门。（五）处置部门是指直接具体负责涉外劳务纠纷投诉举报处置的涉诉方国内注册地或户籍所在地人民政府商务、公安、工商行政管理等有关部门。

第三条　受理部门和处置部门及其工作人员应严格按照法定权限和程序履行职责，依法保障投诉举报人的正当投诉举报权利，并引导投诉举报人通过法律程序解决涉外劳务纠纷。

第四条　涉外劳务纠纷投诉举报按照"属地管理、分工合作"的原则由处置部门会同有关部门按照各自职责进行核实处置。

第五条　涉外劳务纠纷投诉举报的处置应当以人为本、程序规范、办理及时、措施公正。除涉密事项外，相关信息应做到公开透明。

第六条　商务部、外交部、公安部、工商总局对涉外劳务纠纷投诉举报处置工作进行指导和监督。

## 第二章　投诉举报

第七条　受理部门应公布接受投诉举报的联系方式，引导投诉举报人以理性方式通过书信、电话、传真、电子邮件等进行投诉举报。

第八条　投诉举报人应确保投诉举报内容的真实性，并尽可能书面提供详实材料和相关合同、票据复印件等证据，同时提供准确的联系方式。投诉举报人提供虚假信息，应当承担相应法律责任。

第九条　投诉举报人原则上首先向涉诉方国内注册地或户籍所在地的受理部门投诉举报，如对处理结果不满的，可向受理部门的上级机关投诉举报。

## 第三章　受　理

第十条　受理部门对投诉举报人的投诉举报应逐条登记，建立档案，填写《涉外劳务纠纷投诉举报受理单》，详细记录投诉举报时间、投诉举报人、涉诉方、案件线索、主要诉求等与纠纷处置密切相关的内容。公安机关案件受理程序按其规定执行。

第十一条  案件线索是指涉诉方违反《对外劳务合作管理条例》以及合同约定的情况，主要包括下列内容：（一）涉诉方是否具备经营资格，与劳务人员订立合同、收费、培训、办理人身意外伤害保险、办理出境手续、协助办理国外居留、工作许可手续等情况，以及是否存在收取押金等违规行为；（二）在劳务人员在国外实际享有的权益不符合当地法律规定或合同约定时，涉诉方是否协助劳务人员维护合法权益，要求境外雇主履行约定义务，赔偿损失。如境外雇主未与劳务人员订立确立劳动关系的合同，拖欠工资或加班费，向劳务人员收费、收取押金，劳务人员未享有正当的劳动保护措施、工作生活条件，遭境外雇主虐待，护照被扣押，人身财产安全遭威胁，发生伤亡事故，遭遇遣返等。

第十二条  投诉举报人可根据《对外劳务合作管理条例》以及合同约定提出合理诉求，包括：退回违规收费、要求涉诉方协助向境外雇主提出赔偿要求或直接要求赔偿、查处涉诉方等。

第十三条  严格实行诉讼与投诉举报分离，对属于人民法院、人民检察院职权范围内的事项，以及已经或者依法应通过诉讼、仲裁、行政复议等法定途径解决的事项，应引导投诉举报人依照规定程序向有关机关提出。

## 第四章  处  置

第十四条  涉外劳务纠纷处置如属受理部门职责，受理部门即为处置部门；如属其他单位职责，受理部门应及时转交处置部门，并告知投诉举报人。

第十五条  如投诉举报人向驻外使领馆反映涉外劳务纠纷情况，驻外使领馆应引导投诉举报人依法、依规向涉诉方国内注册地或户籍所在地的受理单位投诉举报，并采取措施避免发生境外群体性事件。各驻外使领馆对需请国内处理的涉外劳务纠纷，应按规定告知涉诉方以及国内注册地或户籍所在地省级人民政府，抄告商务部、外交部、公安部、工商总局等有关部门。

第十六条  处置部门接受受理部门移交的投诉举报后，应及时与投诉举报人联系，对于涉诉方信息不明或不准确的，可以请相关部门提供情况。

第十七条  处置部门应当在收到投诉举报后的 10 个工作日内对投诉内容进行核查，填写《涉外劳务纠纷投诉举报处置意见单》，依法及时妥善处置，维护劳务人员合法权益，进展情况应及时告知投诉举报人。

第十八条　对具有对外劳务合作经营资格的涉诉方，涉诉方国内注册地商务主管部门为处置部门，其上级商务主管部门督办。处置部门应依法对违反《对外劳务合作管理条例》的涉诉方进行处罚；涉嫌构成犯罪的，移送司法机关处理。

第十九条　未依法取得对外劳务合作经营资格，从事对外劳务合作的，商务主管部门以外的受理部门接到举报后，将违法线索转送商务主管部门；商务主管部门对违法行为进行分析后，认为属于未依法取得对外劳务合作经营资格从事对外劳务合作情形的，由商务主管部门提请工商行政管理部门依照《无照经营查处取缔办法》的规定查处取缔；构成犯罪的，依法追究刑事责任。

## 第五章　结　案

第二十条　处置部门在对涉外劳务纠纷投诉举报进行处置后，应将处置情况告知投诉举报人和受理部门，并向有关部门通报或向上级部门报告。

第二十一条　处置部门在履行行政责任或涉外劳务纠纷转入司法程序后，处置部门可以结案。

第二十二条　涉外劳务纠纷结案后，处置部门应及时将有关材料归档备查。

## 第六章　附　则

第二十三条　对不依法履行职责的受理部门和处置部门，商务部、外交部、公安部、工商总局等部门将建议地方人民政府对其责任人给予处分。

第二十四条　处置部门应建立涉外劳务纠纷投诉举报统计制度，并交商务主管部门汇总。商务主管部门应按季度向上级商务主管部门报送《涉外劳务纠纷投诉举报统计表》。

第二十五条　在涉外劳务纠纷投诉举报的受理、处置过程中，如不涉及国家秘密，原则上应以明电、传真、函件等公开方式办理。

第二十六条　行业组织应配合地方商务主管部门做好会员企业涉外劳务纠纷投诉举报受理和处置工作。

第二十七条　境外劳务纠纷按《商务部、外交部关于防范和处置境外劳务事件的规定》处置。

第二十八条　对外承包工程、对外投资项下外派人员发生的涉外劳务纠纷投诉和举报参照本办法执行。

第二十九条　本办法由商务部、外交部、公安部、工商总局负责解释。

第三十条　本办法自发布之日起 30 日后施行。

# 商务部 安全监管总局 外交部 发展改革委 国资委关于进一步加强境外中资企业 安全生产监督管理工作的通知

## （商合函〔2014〕226号）

各省、自治区、直辖市、计划单列市及新疆生产建设兵团商务、安全监管、外事、发展改革和国有资产管理部门，各驻外使（领）馆、处，各中央企业，中国对外承包工程商会、中国机电产品进出口商会：

根据《国务院关于进一步加强企业安全生产工作的通知》（国发〔2010〕23号）、《国务院关于坚持科学发展安全发展促进安全生产形势持续稳定好转的意见》（国发〔2011〕40号）和《中共中央关于全面深化改革若干重大问题的决定》中关于加强境外安全风险防范的有关精神，为进一步加强对境外中资企业安全生产工作的监督管理，明确职责和分工，保障对外投资合作健康可持续发展，现将有关事项通知如下：

### 一、充分认识境外安全生产的重要性

境外中资企业安全生产是我国安全生产工作的重要组成部分，是对外投资合作企业安全生产管理工作在境外的延伸，事关对外投资合作业务的健康可持续发展，事关"走出去"战略的顺利实施，事关国家形象和双边关系。党中央、国务院高度重视境外中资企业安全生产工作，要求加强对境外中资企业安全生产工作的管理，严格依法落实境外安全生产责任。有关部门、企业、商会以及驻外使（领）馆、处要充分认识企业境外安全生产的重要性，从深入贯彻落实科学发展现的高度，树立以人为本、安全发展的理念，坚持践行正确义利观，全面提高境外中资企业安全生产管理水平，保护境外企业合法权益和在外人员的生命财产安全。

## 二、认真落实企业境外安全生产责任

国内企业通过独资或控股等方式在境外设立的企业或机构，以及对外承包工程企业派到境外的项目施工单位（以下统称境外单位），其安全生产由国内投资主体或对外承包工程企业（以下统称国内主体）负责管理和监督。

对外承包工程企业将工程项目分包的，应当与分包单位签订专门的安全生产管理协议，并对分包单位的安全生产负总责。

对于非中方控股的境外合资企业，国内主体要按照项目所在国（地区）有关法律法规和与外方所签合资合作协议的约定，积极配合控股方做好安全生产管理工作。

## 三、不断提高境外中资企业安全生产管理水平

（一）严格遵守法律法规。国内主体要严格贯彻执行《对外承包工程管理条例》（国务院令第 527 号）、《境外中资企业机构和人员安全管理规定》（商合发〔2010〕313 号）和国家关于境外安全生产管理的各项规章制度，按要求做好对境外单位安全生产的指导和监督。境外单位要遵守所在国（地区）的安全生产法律法规，严格执行各类安全生产技术标准和规定，接受所在国（地区）安全生产监督管理部门的监督和管理。

（二）建立健全境外安全生产制度。国内主体应建立境外安全生产管理机构，配备专职安全管理人员，明确责任分工，制订境外安全生产管理、监督和考核的制度和办法，针对所在国（地区）的法律法规、技术水平、气候、地理环境和风俗民情等情况，制订有针对性的安全生产工作方案，规范各项工作程序，定期对境外单位的安全生产情况进行检查，排查和消除事故隐患。境外单位应建立以企业安全生产标准化为基础的安全生产管理体系，成立专门的安全生产管理机构，配备相应的专职安全生产管理人员，加强现场安全生产的管理和检查，实现持续改进，定期向国内主体报告安全生产状况。

（三）建立预警监控和应急处置机制。国内主体应建立安全生产预警监控体系，从前期评估、项目管理到现场实施，逐级监控可能存在的安全风险，及时发布安全预警；必要时须要求境外单位停产整顿，做到不安全不生产。境外单位应加强与我有关

驻外使（领）馆、处的沟通联系，建立健全应急协作机制，制订针对性强、切实可行的生产安全事故应急预案，并通过定期演练不断加以完善，切实提高应急处置能力。

（四）加大境外安全生产投入。国内主体应设立境外安全生产管理专项资金，保障境外安全生产管理及突发事件处置等各项工作的开展和实施；国内主体要根据国际通行做法为派出人员投保意外伤害保险，提高化解境外安全风险的能力。境外单位要成立专职或兼职应急救援队伍，配备必要的应急救援器材和设备，不断提高生产施工现场安全管理的规范化和精细化水平，切实做好安全生产工作。

（五）加强安全生产教育培训。国内主体应建立健全境外单位安全教育培训制度，加强对赴境外从业人员的安全生产教育培训，提高从业人员的安全素质和境外安全生产水平。境外单位负责人和安全生产管理人员必须经安全培训考核并取得相应的安全资格证或合格证后，方可任职；特种作业人员必须经专门的安全技术培训并取得特种作业操作证后，方可上岗作业；其他从业人员必须经安全生产教育培训合格后，方可上岗作业。国内主体及境外单位要加强各类从业人员的安全培训考核管理，确保培训到位和持证上岗。境外单位要定期开展人员（令当地雇员）安全教育，及时改进安全措施；不断提高所有作业人员的安全生产意识和操作技能，增强自我防护能力和应急处置能力。

## 四、妥善处理境外生产安全事故

境外生产安全事故发生后，境外单位应在第一时间向我驻所在国使（领）馆和国内主体报告。在末建交国家和地区发生境外生产安全事故，境外单位应向我代管驻外机构和国内主体报告。驻外使（领）馆、处和国内主体接到报告后，应按照《对外投资合作境外安全事件应急响应和处置规定》，及时将事故情况和项目情况向国内主体所在地省级地方人民政府报告，并抄报商务部、国家安全监管总局和外交部；经国家发展改革委核准的境外投资项目发生生产安全事故的，同时抄报国家发展改革委；国内主体为中央企业的，同时抄报国务院国资委。

境外生产安全事故发生后，境外单位应立即采取措施组织救援，力争将人员伤亡和财产损失降到最低，并迅速展开相关善后事宜的处理工作；驻外使（领）馆、处负责对境外生产安全事故的处置给予指导和协调。

对项目所在国政府有关部门开展的事故调查，境外单位要积极予以配合。

境外单位要在我有关驻外使（领）馆、处的指导下，按照所在国（地区）的法律法规对生产安全事故开展调查和处理；如需赔付相关损失的，应认真履行赔付责任，避免损害相关各方利益，并依法维护自身权益。

## 五、切实加强组织领导

各级商务、安全监管、外事、发展改革和国有资产管理部门要根据本地区对外投资合作业务发展情况，制订、完善境外安全生产监督管理的制度规定、境外安全风险预警和突发事件应急处理机制，要求国内主体完善境外安全生产管理措施办法，加大安全生产投入，定期对境外单位安全生产工作开展检查，及时妥善处置各类境外生产安全事故。

各驻外使（领）馆、处应高度重视驻在国（地区）中资企业安全生产管理和监督，指导和督促企业贯彻落实各项规定，特别是要指导、协助境外单位妥善应对和处置生产安全事故等突发事件，及时向国内报告情况，提出意见建议，开展对外交涉。

有关行业组织要制订行业安全生产自律规范，定期组织培训，安排会员企业相互交流境外安全生产管理经验，推动企业不断提高境外安全生产管理水平。

中央企业要按照本通知的要求，切实指导和督促境外单位做好各项安全生产工作。

2014 年 5 月 12 日

# 商务部 外交部 住房城乡建设部 卫生计生委 国资委 安全监管总局关于印发《对外投资合作境外安全事件应急响应和处置规定》的通知

## （商合发〔2013〕242 号）

各省、自治区、直辖市、计划单列市及新疆生产建设兵团商务、外事、住房城乡建设、卫生、国有资产管理、安全监管部门，各驻外使领馆，各中央企业：

为保障境外中资企业机构和人员的生命财产安全，妥善处置各类对外投资合作境外安全事件，促进"走出去"健康可持续发展，现将《对外投资合作境外安全事件应急响应和处置规定》印发给你们，请遵照执行。

2013 年 7 月 1 日

## 对外投资合作境外安全事件应急响应和处置规定

### 第一章 总 则

第一条 为建立健全对外投资合作境外安全事件应急响应和处置机制，规范境外安全事件处置程序，保障境外中资企业机构和人员的生命财产安全，促进对外投资合作健康可持续发展，依据《对外承包工程管理条例》、《对外劳务合作管理条例》、《境外中资企业机构和人员安全管理规定》等文件，制定本规定。

第二条 本规定所称"对外投资合作企业"，是指在中华人民共和国境内依法设立的开展境外投资、对外承包工程和对外劳务合作等对外投资合作业务的企业。

第三条 本规定所称"境外中资企业机构和人员"，是指对外投资合作企业在境外设立的企业、机构和派出的人员。

第四条　本规定适用于对境外中资企业机构和人员生命财产安全构成威胁或造成损失的境外安全事件的处置工作，包括战争、政变、恐怖袭击、绑架、治安犯罪、自然灾害、生产安全事故和公共卫生事件等。

第五条　境外安全事件处置遵循"以人为本、依法办事、预防为主、安全第一"的原则。

## 第二章　处置责任

第六条　境外安全事件由境外中资企业机构在驻外使（领）馆指导下进行处置。

第七条　对外投资合作企业负责人是境外安全管理的第一责任人，对境外中资企业机构和人员预防和处置境外安全事件承担领导责任。

第八条　驻外使（领）馆负责指导境外中资企业机构开展具体处置工作，并妥善协调处理善后事宜。在未建交国家和地区发生的境外安全事件，由代管驻外机构负责指导和协调。

第九条　外交部会同商务部向驻外使（领）馆发布境外安全风险预警，指导驻外使（领）馆协助处置对外投资合作境外安全事件，依据职责维护境外中资企业机构和人员的安全与合法权益。

第十条　商务部负责向对外投资合作企业发布境外安全风险预警，建立健全对外投资合作境外安全事件预警、防范和应急处置机制，制订突发事件应急预案，指导企业做好安全风险防范和境外事件的处置、商务合同的善后、索赔等方面工作，以及境外中资企业机构人员回国后的权益保障等后续工作。

第十一条　住房城乡建设部负责配合商务部指导对外承包工程企业做好境外生产安全事故的应急处置工作。

第十二条　卫生计生委负责配合商务部指导对外投资合作企业做好各类突发事件卫生应急工作，必要时派专家组赴境外指导做好医学救援、伤病员转运回国和疫情防控等相关工作。

第十三条　国资委负责配合商务部指导和督促中央企业做好境外安全事件的处置工作。

第十四条　安全监管总局负责配合商务部指导对外投资合作企业做好生产安全事故的处置工作，依法查处违反安全生产规定的对外投资合作企业，必要时派专家赴境外指导、协助开展事故调查。

第十五条　各地商务、外事、住房城乡建设、卫生、国资、安全监管等部门应按照职责分工对本地区对外投资合作企业境外安全事件的处置工作进行监督检查。

## 第三章　应急响应

第十六条　境外安全事件发生后，境外中资企业机构应第一时间向驻外使（领）馆和对外投资合作企业报告情况，并在驻外使（领）馆指导下做好现场处置工作。

第十七条　驻外使（领）馆指导境外中资企业机构开展处置工作，并向对外投资合作企业注册地省级人民政府和商务部、外交部、住房城乡建设部、卫生计生委、国资委、安全监管总局等有关部门报告，提出事件处置的意见建议，包括必要时请国内派工作组赴前方指导协调。

第十八条　驻外使（领）馆经商处（室）应立即向驻在国所有中资企业机构通报境外安全事件情况，做出加强安全防范的工作部署，提出工作要求。商务部向各地商务主管部门和中央企业发出预警。

第十九条　对外投资合作企业注册地省级人民政府主管部门应按照驻外使（领）馆的意见建议和上级主管部门的要求，督促和指导对外投资合作企业妥善处置境外安全事件，视情派工作组赴境外开展工作。

第二十条　对外投资合作企业应按照地方人民政府主管部门的要求和驻外使（领）馆的意见和建议，指导境外企业机构做好处置工作，并提供人员和资金保障。

## 第四章　处置程序

第二十一条　战争、政变等境外安全事件发生后，驻外使（领）馆应立即将情况报外交部、商务部等有关部门，启动境外安全事件应急处置预案，如情况危急，协助境外中资企业机构和人员撤至安全地区。

境外中资企业机构和人员应按照驻外（使）领馆统一指挥，采取安全防范和应对措施，并按照驻外使（领）馆的建议决定是否撤离至安全地区。

第二十二条　恐怖袭击、绑架、治安犯罪等境外安全事件发生后，驻外使（领）馆应为境外中资企业机构和人员提供必要领事保护，并要求驻在国政府有关部门保障当地中资企业机构和人员的安全。

境外中资企业机构和人员应及时向当地警方报警，并采取措施开展伤员救治、人员转移、资产保护等现场处置，做好相关人员及受害者家属的安抚工作，并及时向驻外使（领）馆报告事态发展和处置情况，服从使（领）馆的统一部署和指挥，配合做好对外协调与联络、信息发布和媒体应对等相关工作。

第二十三条　自然灾害、生产安全事故、公共卫生事件等境外安全事件发生后，驻外使（领）馆应指导境外中资企业机构妥善应对，协调驻在国主管部门在人员救治、转移、安置等方面为境外中资企业机构和人员提供协助，并视情请我援外医疗队参与驻在国中资企业机构和人员的医疗救治和疫情防控工作。

境外中资企业机构应积极采取措施组织救援，力争将人员伤亡和财产损失降到最小，妥善处理相关善后事宜，并向驻在国主管部门报告情况。

## 第五章　工作要求

第二十四条　境外中资企业机构首次进入驻在国市场，应到驻外使（领）馆经商处（室）备案，并定期汇报业务开展情况和有关工作。

第二十五条　对外投资合作企业应建立专门的境外安全管理机构，落实境外安全事件处置责任，并要求境外中资企业机构制订境外安全事件应急处置预案，定期进行应急演练，视情做好应急物资储备。

第二十六条　境外中资企业商（协）会应为其会员企业处置境外安全事件提供帮助。

第二十七条　驻外使（领）馆经商处（室）应定期对所在国中资企业机构境外安全管理制度落实情况进行检查，并督促其加强安全防范措施。

第二十八条　各地商务、外事、住房城乡建设、卫生、国资、安全监管部门应指导对外投资合作企业将境外安全事件处置工作列入企业和负责人考核的内容。对于在境外安全事件应急处置等方面存在明显疏漏的企业，相关部门要依法给予处罚并追究有关领导和人员的责任。

## 第六章　附　则

第二十九条　本规定由商务部会同外交部、住房城乡建设部、卫生计生委、国资委和安全监管总局负责解释。

第三十条　本规定自 2013 年 7 月 1 日起施行。

# 商务部关于印发《境外中资企业机构和人员安全管理指南》的通知

## （商合函〔2012〕28 号）

各省、自治区、直辖市、计划单列市及新疆生产建设兵团商务主管部门，各中央企业，中国对外承包工程商会：

为指导"走出去"企业加强境外安全风险防范，建立境外安全风险管理体系和相关管理制度，提高境外安全风险管理水平和突发事件应急处置能力，保障境外中资企业机构和人员安全，根据商务部、外交部、发展改革委、公安部、国资委、安全监管总局、全国工商联《境外中资企业机构和人员安全管理规定》（商合发〔2010〕313号）的有关规定，商务部组织编写了《境外中资企业机构和人员安全管理指南》（以下简称《安全管理指南》）。现予以印发，并就有关事项通知如下：

一、加强境外安全风险管理是深入贯彻落实科学发展观，坚持以人为本，保障"走出去"健康发展的重要举措。各地商务主管部门要提高认识，组织本地区对外投资合作企业认真学习《安全管理指南》。

二、对外投资合作企业应根据本企业海外经营的地区分布、所在行业、业务类型的不同特点，参照《安全管理指南》，于 2012 年 5 月底前建立并完善本企业的境外安全管理体系和相关管理制度。

三、各地商务主管部门要对本地区对外投资合作企业境外安全风险管理体系和制度建设工作给予指导，组织对企业负责人和境外安全风险管理人员的教育培训，并开展督导检查，有关情况请于 2012 年 6 月底前报商务部。

中央企业的境外安全风险管理体系和制度建设情况请径报商务部。

四、中国对外承包工程商会要积极培育境外安全管理与保险保障服务联盟，做好会员企业的境外安全风险管理培训工作，提供保险、咨询等服务。

五、商务部将会同有关部门在 2012 年 6 月底前组织对各地区、各企业境外安全管理体系和制度建设情况进行巡查，并通报巡查情况。

附件：境外中资企业机构和人员安全管理指南（略）

2012 年 1 月 11 日

# 商务部办公厅关于进一步做好我外派劳务人员合法权益保护工作的紧急通知

## （商办合函〔2012〕1237号）

各省、自治区、直辖市、计划单列市及新疆生产建设兵团商务主管部门，对外承包工程商会：

2012年11月26日，我外派新加坡的171名巴士司机因不满薪资低于其他外籍司机，引发罢工事件，导致我5名司机被捕，29名司机被遣返，在国内外造成较大影响。经我有关政府部门和驻新使馆做工作，目前事态已基本得到控制。

为加强预警和防范，维护外派劳务人员合法权益，现就有关工作通知如下：

一、督促对外劳务合作企业遵守驻在国或地区的法律法规。要求本行政区域内对外劳务合作企业在开展外派劳务业务时，必须深入了解境外各项与外派劳务人员工作、生活相关的法律法规，督促对外劳务合作企业切实履行社会责任，遵守所在国或地区的法律法规。

二、要求对外劳务合作企业保证我外派劳务人员与其他外籍劳务人员同工同酬。对外劳务合作企业在与境外雇主签订劳务合作合同时，必须要求雇主保证中国劳务人员与其他外籍劳务人员同工同酬，平等对待，并保留劳务人员向雇主追索相关赔偿的权利。各地商务主管部门在对外劳务合作企业报备有关合同时，应严格把关。

三、要求对外劳务合作企业加强出境前培训。对外劳务合作企业在对劳务人员进行出境前的适应性培训中，必须包括介绍境外相关法律法规主要内容，明确告知外派劳务人员遭遇不公正待遇时的投诉渠道。各外派劳务考试中心应严格对外派劳务人员的考核。

四、要求对外劳务合作企业切实加强境外管理。根据《对外劳务合作管理条例》，对外劳务合作企业在向同一个国家或地区派出劳务人员超过100人时，必须安排随行管理人员，随时了解外派劳务人员诉求，协助劳务人员与雇主交涉，及时妥善解决外派劳务人员遇到的困难和问题。各地商务主管部门应加强督促检查。

请各地商务主管部门尽快组织对外劳务合作企业开展自查和整改，切实落实本通知各项要求。对违反《对外劳务合作管理条例》的企业和个人应依法进行查处；构成犯罪的，依法追究刑事责任。

请你单位将有关工作情况于 2013 年 1 月底前报我部（合作司）。

商务部办公厅

2012 年 12 月 10 日

# 商务部办公厅关于加强境外中资企业安全生产管理工作的函

## （商办合函〔2012〕371号）

各省、自治区、直辖市、计划单列市及新疆生产建设兵团商务主管部门，各中央企业：

自商务部办公厅等5家单位《关于加强境外中资企业安全生产管理的通知》（商合电〔2011〕2865号）下发以来，各地商务主管部门和企业认真排查安全生产隐患，弥补管理漏洞，境外生产安全事故有所控制。2012年1—4月，对外投资合作企业共发生境外生产安全事故8起，造成10人死亡，同比分别下降11%和23%。但当前境外安全生产形势依然不容乐观。2012年3月30日，江西中鼎国际工程有限公司在马来西亚参与投资运营的阿勃克煤矿发生火灾并引发爆炸，造成中方员工4人死亡、12人受伤。

为进一步加强境外中资企业安全生产管理，请各地商务主管部门继续做好以下工作：

一、提高对境外安全生产工作的认识。要求企业强化领导责任，切实提高对境外安全生产工作的重视程度，增加安全生产投入，加强对员工安全生产知识的培训，提高安全生产意识。

二、严格遵守境外安全生产各项管理规定。要求企业严格遵守《对外承包工程管理条例》（国务院令第527号）、《安全监管总局外交部商务部国资委关于加强境外中资企业安全生产监督管理工作的通知》（安监总协调字〔2005〕113号）、《商务部办公厅住房城乡建设部办公厅安全监督总局办公厅关于做好境外投资合作项目安全生产工作的通知》（商办合函〔2010〕266号）等境外安全生产各项管理规定，并根据所在行业和业务类型的不同特点，制订并完善境外安全生产管理制度和应急预案。各地商务主管部门在受理对外投资合作相关申请时，应要求企业建立并完善境外安全生产管理制度和应急预案，并对境外安全生产工作提出相关要求。对管理制度明显不完善或应急管理措施针对性差的企业，应要求其限期整改。

三、加强对重大项目和重点行业境外安全生产管理。对重大境外投资合作项目以及煤矿、非煤矿山、建筑施工、能源化工等事故多发行业，应要求企业按月开展安全生产隐患排查和治理，并加强实际演练，提高应急措施的可操作性。

四、严格落实重大生产安全事故报告制度。要求企业在发生境外生产安全事故后，按照有关规定要求，及时、如实地向国内有关部门及驻外使（领）馆报告生产安全事故及善后处置情况，在驻外使（领）馆的统一指导下妥善开展事故处置和善后事宜，严禁大事小报，甚至隐瞒不报。

五、强化责任追究。对于故意违反安全生产规定，瞒报生产安全事故以及发生较大及以上安全生产事故或造成其他严重后果的，应严格按照有关法律法规及境外安全生产管理规定进行处罚甚至撤销其相关经营资格；同时，按规定不得申报对外经济技术合作专项资金。

请中央企业参照上述要求，指导下属企业做好境外安全生产管理工作。

2012 年 5 月 17 日

# 商务部 外交部 发展改革委 公安部 国资委 安全监管总局 全国工商联关于印发《境外中资企业机构和人员安全管理规定》的通知

## (商合发〔2010〕313 号)

各省、自治区、直辖市、计划单列市及新疆生产建设兵团商务、外事、发展改革、公安、国有资产管理、安全监管部门和工商联，各驻外使领馆，各中央企业：

党中央、国务院高度重视我境外企业和人员的安全保护工作，要求坚持以人为本、执政为民，建立长效机制加强境外机构和人员的安全保护。2005 年 9 月下发的《国务院办公厅转发商务部等部门关于加强境外中资企业机构和人员安全保护工作意见的通知》（国办发〔2005〕48 号，以下简称《通知》），对保护境外中资企业机构和人员的安全，促进对外投资合作业务的可持续发展，保障"走出去"战略的顺利实施起到了重要指导作用。近年来，随着对外投资合作业务的快速发展和规模不断扩大，我"走出去"面临的国际形势更加严峻复杂，传统安全因素和非传统安全因素相互交织，国际恐怖势力活动日益猖獗，我境外中资企业机构和人员的安全受到严重威胁。为进一步贯彻落实《通知》精神，做好新形势下境外中资企业机构和人员安全保护工作，特制定《境外中资企业机构和人员安全管理规定》，现予印发，请遵照执行。

2010 年 8 月 13 日

## 境外中资企业机构和人员安全管理规定

### 第一章 总 则

第一条 为进一步加强新形势下境外中资企业机构和人员安全保护工作，保障

"走出去"战略的顺利实施，制订本规定。

第二条 本规定所称"境外中资企业机构和人员"，是指对外投资合作企业在境外设立的企业、机构和派出的人员。

第三条 各地商务主管部门会同外事、发展改革、公安、安全监管部门负责本地区对外投资合作企业的安全管理。各地国有资产管理部门指导本地区国有对外投资合作企业的安全管理。各地工商联协助政府有关部门指导本地区对外投资合作民营企业的安全管理。各驻外使领馆负责对驻在国中资企业机构和人员的安全管理进行指导和监督。

第四条 对外承包工程质量和安全生产管理依照有关规定执行。

## 第二章 境外安全教育和培训

第五条 对外投资合作企业要按照"谁派出，谁负责"的原则，对派出人员在出国前开展境外安全教育和应急培训，提高安全防范意识和能力，增强安全管理综合能力。实行项目总包合同的对外投资合作企业，应对参与合作的分包单位的境外安全教育和培训工作负总责。未经安全培训的人员一律不得派出。

第六条 对外投资合作企业要制订派出人员行为守则，规范驻外人员行为方式，要求派出人员遵守当地法律法规，尊重当地风俗习惯。

第七条 各地商务主管部门会同外事、发展改革、公安、国有资产管理、安全监管部门和工商联对本地区对外投资合作企业的境外安全教育培训工作进行监督检查。各驻外使领馆负责对驻在国中资企业机构定期进行安全培训监督检查。

## 第三章 境外安全风险防范

第八条 对外投资合作企业要制订境外安全管理制度，建立境外安全突发事件应急处置机制，指导派出企业机构制订安全防范措施和应急预案。

第九条 对外投资合作企业应要求其境外中资企业机构认真履行社会责任，做好环境保护、解决当地就业、积极参与公益事业等工作，为其开展对外投资合作营造良好的外部环境。

第十条 商务部会同外交部、发展改革委和公安部建立对外投资合作境外安全风险监测和预警机制，定期向对外投资合作企业通报境外安全信息，及时发布境外安全预警。外交部负责向驻外使领馆通报安全预警信息。

第十一条　各地商务主管部门会同外事、发展改革、公安、安全监管部门指导本地区对外投资合作企业完善境外安全管理制度并监督检查。国有资产管理部门指导国有对外投资合作企业完善境外安全管理制度并监督检查。工商联配合有关部门指导对外投资合作民营企业完善境外安全管理制度。

第十二条　各驻外使领馆要加强对驻在国政治经济形势、民族宗教矛盾、社会治安状况、恐怖主义活动等信息的收集、评估和预警，并及时报送外交部、商务部等相关部门；与驻在国政府有关部门建立经常性沟通渠道，及时获取安全信息。

第十三条　各驻外使领馆要加强对境外中资企业机构和人员安全工作的一线指导和管理，及时传达国内的指示要求，通报相关安全信息，定期到企业和项目现场进行安全巡查。

第十四条　各驻外使领馆要指导境外中资企业商（协）会帮助会员企业制订安全风险防范措施，增强风险防范和处置能力。

第十五条　商务部根据需要会同外交部、发展改革委、公安部、国资委、安全监管总局和工商联组成境外安全巡查工作组，对境外重点项目进行安全检查和指导，排查项目安全隐患，检查相关应急预案制定和实施情况，协助解决存在的问题。各地商务主管部门也可根据需要会同外事、发展改革、公安、国有资产管理、安全监管部门和工商联开展境外安全巡查。

## 第四章　境外安全突发事件应急处置

第十六条　境外安全突发事件是指境外发生的对境外中资企业机构和人员生命和财产安全构成威胁或造成损失的事件，包括战争、政变、恐怖袭击、绑架、治安犯罪、自然灾害、安全生产事故和公共卫生事件等。

第十七条　境外安全形势发生异常时，境外中资企业机构应及时向我驻外使领馆报告。境外安全突发事件发生后，境外中资企业机构应立即向我驻外使领馆报告，在使领馆指导下妥善处置。具体程序如下：

（一）境外中资企业机构做好事发现场处置工作，及时救助伤员，向当地警方报警。

（二）境外中资企业机构了解并准确报告突发事件详情，包括：

1. 事件涉及单位或项目情况；

2. 事件发生的时间、地点及现场情况；

3. 事件简要经过及原因的初步判断；

4. 事件已经造成或可能造成的伤亡人数（包括失踪人数）、人员姓名、籍贯、国内联系单位、家属联系方式；初步估计的直接经济损失；

5. 已经采取的措施；

6. 其他应该报告的内容。

（三）驻外使领馆负责指导境外中资企业机构开展具体处置工作，提供必要领事保护，及时与驻在国政府主管部门交涉，要求保护境外中资企业机构和人员的安全。境外中资企业商（协）会要积极协助解决境外安全突发事件。在未建交国家和地区发生的突发事件，由代管驻外机构负责指导协调。

（四）境外安全突发事件的处置情况应及时报送对外投资合作企业注册地省级人民政府，中央企业报送国资委，抄报外交部、商务部、发展改革委、公安部和安全监管总局，必要时请国内派工作组赴前方指导协调。重大境外安全突发事件的处置由外交部会同商务部、发展改革委、公安部、国资委、安全监管总局和工商联等部门在境外中国公民和机构安全保护工作部际联席会议的统一领导下进行。

（五）地方商务、外事、发展改革、公安、国有资产管理和安全监管部门应按照所在地省级人民政府、商务部、外交部、发展改革委、公安部、安全监管总局和驻外使领馆的要求，协助处理境外安全突发事件；根据需要派员参加有关工作组赴境外开展工作，或协助受害人家属赴事发国家（地区）处理有关事宜；组织相关企业处理善后、索赔、安置、抚恤、撤离等后续工作。

## 第五章  高风险国家和地区的管理

第十八条  各地商务主管部门会同外事、发展改革、公安、国有资产管理和安全监管部门对本地区企业赴高风险国家和地区开展对外投资合作从严管理。高风险国家和地区名单由外交部会同商务部、公安部等有关部门确定，并根据情况进行调整。

第十九条　对在高风险国家和地区开展对外投资合作，商务和发展改革部门要严格进行审核，并征求驻外使领馆的意见。

第二十条　各地公安部门要对赴高风险国家和地区的人员进行提醒。

第二十一条　对外投资合作企业在高风险国家和地区开展对外投资合作前，应聘请专业安全机构进行安全风险评估。对外投资合作企业根据安全风险评估报告细化境外安保方案，最大程度降低境外安全风险。

第二十二条　对外投资合作企业在高风险国家和地区开展业务时，应建立完整的境外安全制度以确保境外经营活动的安全，包括境外安全管理规定、境外安全成本预算、境外突发事件应急处置预案等。

第二十三条　在高风险国家和地区开展对外投资合作的企业，应严格遵守有关管理规定，及时到驻外使领馆报到登记，并接受驻外使领馆的指导和管理。

第二十四条　境外中资企业机构和项目驻地必须配备必要的安全保卫设施，并可根据当地安全形势雇佣当地保安或武装警察，以增强安全防护能力，提高安全防护水平。

## 第六章　安全责任

第二十五条　各地商务、外事、发展改革、公安、国有资产管理和安全监管部门，驻外使领馆，对外投资合作企业要建立境外安全联络员制度，指定一名境外安全负责人和一名安全信息联络员，专职负责境外安全工作。

第二十六条　各地商务、外事、发展改革、公安、国有资产管理和安全监管部门的境外安全负责人和安全信息联络员名单及联系方式分别报商务部、外交部、发展改革委、公安部、国资委和安全监管总局；驻外使领馆和中央企业的境外安全负责人和安全信息联络员名单及联系方式报外交部、商务部、国资委和安全监管总局；地方对外投资合作企业境外安全负责人和安全信息联络员名单及联系方式报地方商务主管部门。境外安全负责人和安全信息联络员应保持24小时通讯畅通。

第二十七条　对外投资合作企业应当建立健全境外安全工作责任制。对外投资合作企业负责人是境外安全的第一责任人，要切实履行职责。

第二十八条　各地商务、发展改革和安全监管部门应指导对外投资合作企业将境外安全防范和突发事件处置工作列入企业和负责人考核的内容。对于因安全教育、风险防范和应急处置等方面存在明显疏漏而发生安全事件的企业，相关部门要依法给予处罚并追究有关领导和人员的责任；对于因主观故意而引发安全事件的企业，对直接责任人应追究刑事责任。

## 第七章　附　则

第二十九条　本规定由商务部会同外交部、发展改革委、公安部、国资委、安全监管总局和全国工商联负责解释。

第三十条　本规定自发布之日起施行。

# 商务部关于印发《对外投资合作境外安全风险预警和信息通报制度》的通知

## （商合发〔2010〕348号）

各省、自治区、直辖市、计划单列市及新疆生产建设兵团商务主管部门，有关商（协）会、各中央企业，各驻外经商机构：

近年来，随着"走出去"战略的加快实施，我国对外投资合作规模不断扩大，面临的国际形势日趋复杂多变，各类境外安全风险事件时有发生，不仅对我企业的境外经营造成影响，而且严重威胁我境外人员的生命财产安全。为完善境外安全风险控制体系，指导企业加强境外安全风险防范，保障"走出去"战略的顺利实施，商务部制定了《对外投资合作境外安全风险预警和信息通报制度》，现印送你们，请认真贯彻执行。

2010年8月26日

# 对外投资合作境外安全风险预警和信息通报制度

为进一步完善对外投资合作境外安全风险控制体系，指导对外投资合作企业了解和掌握国际安全形势变化，采取有效措施积极防范和妥善应对各类境外安全风险，不断提高境外安全管理水平，制定本制度。

## 一、境外安全风险种类

本制度所指境外安全风险主要包括：

（一）政治风险，指驻在国的政局变化、战争、武装冲突、恐怖袭击或绑架、社会动乱、民族宗教冲突、治安犯罪等。

（二）经济风险，指经济危机、金融市场动荡、主权债务危机、通货膨胀、利率汇率变动等宏观经济形势变化。

（三）政策风险，指驻在国政府的财政、货币、外汇、税收、环保、劳工、资源政策的调整和国有化征收等。

（四）自然风险，指地震、海啸、火山、飓风、洪水、泥石流等自然灾害及重大流行性疾病。

（五）境外发生的可能对我对外投资合作造成危害或形成潜在威胁的其他各类风险。

**二、境外安全风险预警**

各驻外经商机构、各地商务主管部门和有关商（协）会负责收集涉及驻在国、本地区和本行业企业的境外安全风险信息，整理、分析和评估有关信息对我对外投资合作造成的影响，及时向驻在国中资企业、本地区、本行业相关企业发布预警并将有关情况报送商务部。商务部视情对各单位报送的和通过其他渠道获取的境外安全风险信息向全国发布预警。

（一）如发生对严重危及我境外中资企业机构的生存、人员生命及资产安全受到极大威胁的安全风险事件，应提醒对外投资合作企业在风险降低前勿前往有关国家开展投资合作活动，已在当地的企业机构和人员加强安全防范，并在必要时根据驻外使（领）馆统一安排及时撤离。

（二）如发生对境外中资企业机构的投资合作造成极大干扰、人员生命及资产安全受到威胁的安全风险事件，应提醒对外投资合作企业谨慎前往有关国家开展投资合作活动，已在当地的企业机构和人员及时采取措施，制定应对预案，加强风险防范。

（三）如发生对境外中资企业机构的投资合作活动造成干扰和影响的安全风险事件，应提醒对外投资合作企业及其在境外的企业机构和人员密切关注形势，及时采取措施，制定应对预案，加强风险防范。

**三、境外安全风险信息通报**

各驻外经商机构、各地商务主管部门、有关商（协）会应认真搜集情况，分析各类境外安全风险对我对外投资合作造成的影响和后果，及时向驻在国中资企业、本地区、本行业相关企业进行通报，并将有关情况报送商务部。商务部汇总各类境外安全风险信息，视情向全国进行通报。信息通报的主要内容包括：

（一）境外安全形势分析。

（二）境外安全突发事件总体情况。

（三）企业应对和防范境外安全风险的典型案例。

（四）企业境外安全生产和管理案例。

### 四、境外安全风险预警和信息通报形式

根据境外安全风险信息的敏感程度，可采取内部方式和公开方式发布预警和进行信息通报。

（一）对于敏感的境外安全风险信息，通过内部通报方式直接向企业发布预警并进行信息通报。必要时，召开形势分析会，研究境外安全风险可能造成的危害及应对措施。

（二）对于可公开的境外安全风险信息，通过网站和其他主要媒体向全社会发布安全风险预警并进行信息通报。

### 五、工作要求

（一）各驻外经商机构、各地商务主管部门、有关商（协）会要高度重视境外安全风险预警、信息通报和应急处置工作，建立工作机制，及时收集并发布境外安全风险预警信息，做好信息通报工作，要求并指导驻在国、本地区和本行业的对外投资合作企业加强安全防范，增强抵御风险的能力。

（二）对外投资合作企业应建立境外安全风险防范制度，保持境内外通讯畅通，收到境外安全风险预警后，立即采取措施加强安全防范，尽量减少风险造成的损失，并及时将应急处置情况向驻外经商机构、地方商务主管部门和有关商（协）会报告。

（三）各中央企业应参照以上做法做好对下属企业的境外安全风险预警、信息通报和应急处置工作。

（四）各驻外经商机构、各地商务主管部门、有关商（协）会、各中央企业应于每年2月底前将上年度境外安全风险预警、信息通报和应急处置情况报送商务部。

### 六、保密责任

各驻外经商机构、各地商务主管部门、有关商（协）会、各中央企业在境外安全风险预警和信息通报工作中，应注意信息保密工作。对于造成信息泄露的，将按照规定依法追究有关人员的责任。

# 商务部办公厅 住房城乡建设部办公厅 安全监管总局办公厅关于做好境外 投资合作项目安全生产工作的通知

## （商办合函〔2010〕266号）

各省、自治区、直辖市及新疆生产建设兵团商务、住房城乡建设、安全生产监管主管部门，各中央管理企业办公室：

据不完全统计，2009年全年我企业境外投资合作项目（以下简称境外项目）共发生安全生产事故11起，造成11人死亡。这些事故反映出一些企业对安全生产工作重视不够，管理制度不健全，日常检查督促不到位。特别是少数企业在当地相关法规缺失、缺乏第三方监管的情况下，降低自身安全生产的要求，减少对安全生产的投入。

2010年2月15日，国务院办公厅下发了《关于继续深入开展"安全生产年"活动的通知》（国办发〔2010〕15号，以下简称《通知》），要求在2009年"安全生产年"活动的基础上，进一步深化"三项行动"（执法行动、治理行动和宣传教育行动）和"三项建设"（安全生产法制体制机制建设、保障能力建设和监管监察队伍建设）。请各省级商务、建设和安全生产监督管理主管部门以及各中央企业，贯彻落实《通知》要求，依据《对外承包工程管理条例》，切实做好以下工作：

一、各省级商务、建设和安全生产监督管理主管部门会同各自行政区域内其他负有安全生产监督管理职责的有关部门，根据《对外承包工程管理条例》和《安全监管总局外交部商务部国资委关于加强境外中资企业安全生产监督管理工作的通知》（安监总协调字〔2005〕113号），切实担负起本地区境外项目安全生产的监督管理责任。

二、企业在境外项目实施过程中，应始终坚持安全生产第一、预防为主、综合治理的方针；严格遵守项目所在国（地区）安全生产法律制度和中国的有关法律法规，执行项目所在国法定及合同约定的技术标准，接受所在国（地区）及中国安全生产监督（职业安全健康）部门的监督。

三、项目对外签约单位对项目安全生产负总责；项目对外签约单位将项目分包的，应当与分包单位订立专门的安全生产管理协议，或者在分包合同中约定各自的安全生产管理责任；工程项目的建筑施工部分不得分包给未依法取得安全生产许可证的境内建筑施工单位。

四、企业应建立、健全并严格执行安全生产管理的规章制度，包括教育培训制度和检查制度；建立专门的安全生产管理机构，保证安全生产投入，定期对安全生产进行检查；企业主要负责人对本单位境外项目安全生产全面负责。

五、企业应当依法为项目派出人员、财产设备购买相应的人身保险、财产保险；针对可能发生的各类突发事件，制定应急预案，配备专门的应急救援人员、器材和设备，并定期组织演练。

六、境外项目发生安全生产事故时，有关企业应当及时、如实地报告项目安全生产事故和问题，并立即组织应急救援人员，迅速采取必要有效的紧急救助措施，防止事故扩大，减少人员伤亡和财产损失，并妥善开展事故调查、处理和赔付工作。

请各省级商务主管部门会同本地区建设、安全生产监督管理主管部门和各中央企业从上述六个方面入手，进一步健全和完善相关制度，全面落实管理责任，强化考核的日常和长效机制，并于 2010 年 6 月 30 日和 11 月 30 日前，分两期报送落实情况和工作建议。有关情况报商务部，并抄送住房城乡建设部和安全监管总局。

2010 年 3 月 29 日

# 商务部 外交部关于印送
# 《防范和处置境外劳务事件的规定》的通知

## （商合发〔2009〕303 号）

各省、自治区、直辖市、计划单列市人民政府，新疆生产建设兵团，各驻外使（领）馆，中国对外承包工程商会：

经国务院批准同意，商务部、外交部制订了《防范和处置境外劳务事件的规定》，就防范和处置境外劳务事件工作对各地人民政府和驻外使（领）馆提出指导意见，明确"谁对外签约，谁负责"和"属地"的原则，以及相关处置程序，强化预防和应急体系，落实管理责任。

现印送给你们，请认真贯彻执行。

为妥善处理境外劳务事件，维护外派劳务人员和外派企业的合法权益，制定本规定。

第一条　境外劳务事件是指外派劳务和境外就业人员在外务工过程中，因劳资纠纷、经济纠纷、合同纠纷以及由战争、恐怖袭击、社会治安等原因引发的权益保护案件。

第二条　境外劳务事件事关外交大局和社会稳定，国内外影响大，各省、自治区、直辖市、计划单列市、新疆生产建设兵团（以下简称各省市）、各有关部门、各驻外使领馆必须高度重视，按照科学发展观和以人为本的要求，以高度的政治责任感和社会责任感，切实加强组织领导，积极防范和妥善处置境外劳务事件。

第三条　各省市和各驻外使领馆应采取有效措施，积极防范境外劳务事件。

（一）各省市应建立健全境外劳务事件预防体系；按照工作分工明确各有关部门的责任；建立境外务工人员投诉、报案的专门渠道，引导境外务工人员通过正规渠道维护自身合法权益。应要求并监督对外劳务合作企业建立与外派劳务人员的定期沟通制度，倾听外派劳务人员诉求，解决外派劳务人员合理关切。应定期对本省境外务工情况进行巡查，及时解决问题。

（二）各驻外使领馆应保持与驻在国有关政府部门的工作联系和沟通。应指定专人负责，倾听境外务工人员诉求；指导境外中资企业加强管理，及时化解矛盾。定期对辖区范围内的境外劳务项目进行巡查，及时掌握境外务工人员动态，发现苗头性问题迅速采取措施消除隐患。扩大对外宣传，正确引导境外务工人员和当地舆论。

第四条　境外劳务事件发生后，遵循以下原则处置：

（一）责任划分原则

"谁派出、谁负责"原则。即对外签约企业对境外劳务事件的处置负全责。该企业的上级单位或上级行政主管部门承担监管责任。

"属地"原则。即对外签约的企业注册地人民政府负责监督处置。相关涉事企业及境外务工人员国内户籍所在地人民政府负责配合处置。

（二）具体工作原则

各省市、各有关部门应综合运用政策、法律、经济、行政、社会救助以及思想教育等措施妥善处置。对逃避或推卸责任的企业、单位及个人，依法采取有效措施予以处理。境外务工人员违反我国及驻在国法律也应依法承担责任。工作中还应注意社会和舆论反应，及时准确发布信息，澄清事实，予以正面引导。

第五条　境外劳务事件发生后，按照以下程序处置：

（一）事件发生后，驻外使领馆应立即了解情况，摸清对外签约企业、相关涉事企业、派出方式、证件办理、境外雇主、境外务工人员诉求、问题症结，并及时介入处理。同时，做好境外务工人员思想工作，视情加强对外交涉，依法为境外务工人员提供必要的领事保护，争取平息事端。有关情况及已采取的措施和相关工作建议，径告上述企业及境外务工人员所在地人民政府，以及相关企业的上级单位或上级行政主管部门，抄报商务部、外交部。对未经批准的单位、企业或个人派出人员发生的境外劳务事件或涉嫌违法犯罪的境外劳务事件，还应抄告工商行政管理部门和公安部门。如境外劳务事件激化，驻外使领馆可视情建议有关地方人民政府尽快派工作组赴事发国或地区解决问题，必要时可请所在国或地区相关政府部门依法予以配合，避免造成恶性事件。

（二）各省市应责成相关部门、有关地方人民政府督促对外签约企业及相关涉事企业按照驻外使领馆的要求立即着手处置，加强与境外雇主的交涉，做好劳务人员家属工作，采取有效措施解决问题。必要时，应及时派出由相关部门和单位负责人组成的工作组赴境外，在我驻外使领馆领导下开展相关工作。同时，应将有关情况、拟采取的措施以及处置结果尽快反馈驻外使领馆，抄送相关企业的上级单位或上级行政主管部门，抄告商务部、外交部。

第六条　完善制度建设，落实管理责任。

各省市应建立境外劳务事件应急处置机制，部门联动，落实责任。按照工作分工，责成有关部门及地方政府部门妥善处置境外劳务事件，依法查处企业无证无照经营、违规收费等各类非法外派劳务行为，打击对外劳务合作中的违法犯罪活动，维护境外务工人员合法权益。

各驻外使领馆应建立境外劳务事件应急处置工作领导小组，做好对内对外工作衔接，配合国内做好境外劳务事件处置的各项工作。

有关行业组织应加强行业自律措施，协调对外劳务合作企业妥善处置境外劳务事件。

第七条　商务部、外交部将建立境外劳务事件处置督办制度，定期对各省处置境外劳务事件的情况进行检查。

第八条　本规定由商务部、外交部负责解释，自发布之日起施行。现行对外劳务合作管理规定与本规定不符的，以本规定为准。

商务部、外交部

2009 年 6 月 23 日

# 商务部 外交部关于建立境外
# 劳务群体性事件预警机制的通知

## （商合发〔2009〕392号）

各省、自治区、直辖市、计划单列市人民政府，新疆生产建设兵团，各驻外使（领）馆：

为妥善处理境外劳务事件，维护外派劳务人员和外派企业的合法权益，经国务院批准同意，商务部、外交部制订了《防范和处置境外劳务事件的规定》，并于2009年6月23日印送各省、自治区、直辖市、计划单列市、新疆生产建设兵团（以下简称各省市）人民政府、各驻外使领馆，就防范和处置境外劳务事件工作对各省市人民政府和驻外使领馆提出指导意见，要求建立劳务事件预防和应急体系，落实管理责任。现就进一步建立健全境外劳务群体性事件预警机制的有关问题通知如下：

一、充分认识建立健全境外劳务群体性事件预警机制的重要性。境外群体性劳务事件成因复杂，对外影响大。各省市和各驻外使领馆及各有关企业应从讲政治的高度出发，重视并建立健全境外劳务群体性事件预警机制，将预警和防范工作作为对外劳务合作常态管理的重要内容来抓，尽量从源头上减少和避免境外群体性事件的发生。

二、切实加强组织领导。各省市和各驻外使领馆应根据科学发展观和"以人为本"的要求，按照统一领导、预防为主、各负其责、分工协作的原则，统筹规划预警网络，指定专门机构，细化工作方案，明确责任人，将预警工作落到实处。

三、做好预警和防范基础工作。各省市和各驻外使领馆应建立劳务项目管理档案，了解劳务人员派出渠道和数量、具体来源地、对外签约单位、境外雇主、工种、工作地点及在外居留工作手续和工资保障等情况，动态跟踪，全面掌握并及时更新，做到心中有数。

四、畅通与劳务人员的沟通渠道。各省市和各驻外使领馆应设立专门的咨询投诉电话，倾听劳务人员诉求，对易引发群体性纠纷事件或上访事件的苗头性问题做到及早发现，及时预警。要耐心细致地做好劳务人员的思想工作，解决他们的合理关切。

五、"预"字当先，完善预测、预报、预控等各个工作环节。预测工作要全面、深入，通过建立情况汇总、现状分析、专人联系制度，搜集并研究相关国家经济、就业形势以及社会治安、安全状况等信息，找出可能引发群体性事件的不稳定因素，及时发布风险预警；预报工作要及时、准确，凡出现集体上访、群体性事件倾向时，要及时处理，消除隐患并立即报告；预控工作要标本兼治，运用法律武器，通过疏导、调解、援助等方法，化解矛盾，在避免劳务人员合法权益受损的同时，加强对劳务人员的教育，引导劳务人员通过正当途径和手段反映问题，避免采取过激行为。

六、加强政策宣传和预警信息发布工作。各省市和各驻外使领馆应扩大政策宣传，通过网站、电视、报纸等主要媒体宣传国家各项对外劳务合作政策，针对安全隐患等问题，及时发布赴相关国家务工的特别提醒及相关信息，要求企业规范稳妥地开展业务，提醒社会公众和劳务人员增强风险防范意识，避免上当受骗。

七、加强对企业的预警管理和服务。各省市应督促企业建立健全内部预警和防范机制，有效规避风险，同时，管理关口前移，做好劳务人员派出前的项目确认、项目审查和招收备案等工作；定期检查企业执行外派劳务培训考试、合同主要条款、收费标准和履约保证金等相关政策情况，要求企业全面了解并掌握项目执行及人员派出情况和思想动态，防患于未然。

八、做好劳务项目一线预警和监管工作。各驻外使领馆应加强对驻在国政治、经济、社会、安全等相关情况的跟踪和调研，及时发布风险警告，并在此基础上指导企业开展对外劳务合作业务，做好项目的确认工作。定期对劳务项目进行摸排和巡查，深入了解劳务人员工作生活及思想动态，协助解决劳务人员工作生活中的实际困难，把劳务纠纷解决在萌芽状态，防止矛盾激化导致偶然事件演变成群体性事件，影响我对外工作大局。同时，增强与驻在国劳务和移民等政治主管部门的联系，建立定期沟通机制，全面掌握我劳务人员在当地的情况和信息，防范群体性事件的发生。

九、建立预警工作考核制度。各省市和各驻外使领馆应努力推进预警机制的健全、运行和完善。凡因预警工作不及时、防范工作不到位或管理疏忽酿成重大境外劳务群体性事件并产生严重后果的，国内主管部门将追究管理责任，并予以处理。

请遵照执行。

商务部、外交部

2009 年 8 月 10 日

# 商务部 外交部 信访局关于做好
# 外派劳务人员来信来访工作的函

## （商合函〔2009〕51号）

各省、自治区、直辖市、计划单列市人民政府，新疆生产建设兵团，各中央管理企业：

今年以来，受国际金融危机影响，境外劳务纠纷有所增加，外派劳务人员回国后向各级人民政府、国家有关部门来信来访的现象增多，一些地方甚至引发了群体性事件，造成不良社会影响，根据中央维护社会稳定的要求，国务院《信访条例》和国务院批准由商务部、外交部印发的《防范和处置境外劳务事件的规定》，现就做好外派劳务人员来信来访工作的有关事宜函告如下：

一、充分认识做好外派劳务人员来信来访工作的重要意义。妥善处理外派劳务人员信访诉求，关系到劳务人员的切身利益，关系到社会稳定。特别是今年是新中国成立60周年，维护稳定的任务十分繁重，各地、各有关单位要高度重视外派劳务人员信访工作，以高度的社会责任感和政治使命感，按照"以人为本"的要求，依法、及时、妥善处理外派劳务人员的信访事项，解决他们的合理诉求，化解矛盾纠纷，维护社会稳定。

二、切实加强组织领导，完善工作机制。各地、各有关单位要坚持"属地管理、分级负责"、"谁主管、谁负责"的原则，及时就地解决问题，避免外派劳务人员重信重访或集体越级到京上访。要在属地政府的统一领导下，建立起有关部门协调联动的工作机制，各负其责、齐抓共管，妥善处理劳务人员提出的信访诉求。各地人民政府和各有关部门要切实负起责任，对重大劳务事件的来访，有关领导同志应亲自接待，直接听取诉求并安排有关部门深入调查核实情况，依法、按政策妥善处理。

三、加强政策宣传，正确引导舆论。各地、各有关单位和驻外使领馆要通过网站、电视、报刊等主流媒体大力宣传国家各项对外劳务合作政策，引导社会公众通过合法渠道出境务工和反应诉求，及时发布赴相关国家务工的安全预警等相关信息，提醒社会公众增强风险防范意识，避免利益受损。同时，如实披露外派劳务纠纷的相关信息，引导媒体客观准确报道，防止引起误解和炒作。

四、依法按政策处理外派劳务人员反映的问题。要按照《合同法》、《民法通则》、《刑法》和国务院《信访条例》等有关法律法规，引导外派劳务人员通过法律渠道解决问题，必要时向其提供法律援助；对拖欠外派劳务人员费用的企业、中介组织和个人，要依法督促及时结清欠款；对其中违反法律法规和有关规定的，要一查到底，依法采取问讯、限制出境、冻结资产、追讨账款、强制执行等有效措施，快速彻底解决问题。

五、注重解决问题的实际效果，做到"案结事了"。要着力解决外派劳务人员最关心、最直接、最现实的利益问题，积极主动为其排忧解难，综合运用政策、法律、经济、行政、社会救助以及思想教育等手段，促使问题得到有效解决。对于涉及外派劳务人员多、社会关注度高的信访事项，各地人民政府领导同志要亲自包案，做到标本兼治、"案结事了"。要建立问题原因、责任单位、办理进展、办理结果等要素在内的工作台账和督办制度，限时办结。要向外派劳务人员及时反馈有关事项办理进展，坚决防止不负责任、相互推脱延误办理时机，导致越级上访或大规模集体上访甚至群体性事件的发生。

六、坚持预防为主，下移工作重心。各地、各有关单位要按照《商务部外交部关于印发〈防范和处置境外劳务事件的规定〉的通知》（商合发〔2009〕303号）要求，妥善处理各类境外劳务纠纷和突发事件，避免引发相关信访事项，同时，按照《商务部外交部关于建立境外劳务群体性事件预警机制的通知》（商合发〔2009〕392号）要求，下移工作重心，定期对外派劳务人员及其家属、外派劳务企业进行走访，坚持经常性排查与集中排查相结合，变上访为下访，从源头化解容易引发信访事项的矛盾纠纷和苗头隐患。对于已经处理完毕的重大信访事项，要做回访稳定工作，防止出现反复。

七、做好对外派劳务人员的思想教育疏导工作。各地、各有关单位要把解决实际问题和思想教育疏导相结合，耐心做好上访外派劳务人员情绪疏导工作，引导其正确理解有关法律法规和政策规定，理性合法地表达诉求，自觉维护信访秩序。对无理缠访闹访和有过激行为的，要加强法制教育；对情节严重、造成恶劣影响的，要依法予以处理。

八、加强对外派劳务人员信访事项的督察督办。各地、各有关单位要把外派劳务人员信访工作作为当前工作重点加以推进，督促办理信访事项。对因决策不当、工作不力、玩忽职守等造成严重后果的，要依照国务院《信访条例》和中纪委等部门下发的关于违反信访工作纪律实行责任追究的《解释》和《规定》处理。商务部、外交部、国家信访局将会同有关部门加强督查督办，推动各项工作要求的落实。

商务部、外交部、信访局

2009 年 9 月 14 日

# 国务院办公厅转发商务部等部门关于加强境外中资企业机构与人员安全保护工作意见的通知

## （国办发〔2005〕48 号）

各省、自治区、直辖市人民政府，国务院各部委、各直属机构：

商务部、外交部、国资委《关于加强境外中资企业机构与人员安全保护工作的意见》已经国务院同意，现转发给你们，请认真贯彻执行。

2005 年 9 月 28 日

## 关于加强境外中资企业机构与人员安全保护工作的意见

随着我国对外开放不断扩大和"走出去"战略的深入实施，境外中资企业、机构与人员迅速增多，地域分布日趋广泛。为维护我公民的生命财产安全和国家利益，保障"走出去"战略顺利实施，促进对外经济合作的发展，根据《国家涉外突发事件应急预案》（国办函〔2005〕59 号）等相关规定，现就做好境外中资企业、机构与人员安全保护工作提出以下意见：

### 一、树立全面的安全观和发展观

各地区、各有关部门和单位要以邓小平理论和"三个代表"重要思想为指导，坚持执政为民、以人为本的基本原则，从全局和战略的高度，进一步提高对境外中资企业、机构与人员所面临安全形势的认识，认真指导有关企业、机构与人员认清在境外特别是在安全问题突出国家和地区开展经济活动面临的安全风险，建立健全工作协调、应急处置和内部防范等机制，正确处理安全与发展的关系，树立发展是根本、安全是保障，发展是硬道理、安全是大前提的安全观和发展观；坚决摒弃片面或单纯追求经济效益的思想，牢固树立人民群众生命财产安全高于一切的观念；加强风险防范意识，落实预防为主、防范处置并重的要求；及时果断处置突发事件，避免或最大程度地减少我公民生命财产损失，维护我国家利益。

## 二、加强安全教育和管理，强化安全意识

各地区、各有关部门和单位要切实做好境外中资企业、机构与人员出境前后的安全教育和管理工作。按照"谁派出，谁负责"的原则，要求派出企业、机构负责对外派人员进行安全教育和应急培训，增强其安全防范意识和自我保护能力。进一步严格驻外企业、机构与人员的管理，对安全问题突出的国家和地区要制订驻外人员行为守则，就行动范围、人员交际及突发事件应急处理方法和联系方式等予以规范和指导。各地区、各有关部门和单位要对所派出企业、机构的安全教育和管理工作提出明确要求并做好监督检查。外交部、公安部、劳动保障部、铁道部、交通部、商务部、国资委、民航总局等部门在为出境人员提供相关服务时，要有针对性地加强宣传和指导，方便其学习掌握必要的安全知识。

## 三、严格履行对外经济合作业务管理规定，切实把好安全关

对国内企业在境外开办企业、开展工程承包和劳务合作等业务，有关主管部门在审批核准时，应事先就当地安全形势征求驻外使领馆的意见；要从国别（地区）投资环境、投资导向政策、安全状况、双边关系、地区合理布局、相关国际义务、保障企业合法权益等方面进行认真审核，必要时，可实行安全一票否决。对在安全问题突出的国家和地区开展业务活动的，应重点加强安全评估和企业权益保障。要求核准的企业应凭主管部门的批准证书或其他批复文件，及时到驻外使领馆登记报到，并保持经常联系。承担援外项目建设任务的企业，应根据援外管理规定，自觉接受驻外使领馆的领导。

## 四、完善信息收集和报送制度，建立安全风险预警机制

各地区、各有关部门和单位要建立和完善境外企业、机构与人员应对突发事件的预警机制。外交部、公安部、安全部、商务部等部门及驻外使领馆等驻外机构要加强对安全问题突出的国家和地区有关政治经济形势、民族宗教矛盾、社会治安状况、恐怖主义活动等信息的收集工作，及时掌握境外各种可能危及我国企业、机构与人员安

全的情报信息。各地区、各有关部门及驻外使领馆要及时向境外中资企业、机构通报所在国家（地区）的安全形势，使其对自身安全状况有正确认识和评估。外交部、商务部等部门要对不同国家和地区的安全状况进行动态综合评估，对境外可能发生涉我突发事件的预警信息，报境外中国公民和机构安全保护工作部际联席会议办公室汇总，并由其商有关部门或单位，按各自职责分工，适时以相应方式经授权发布，提醒我境外企业和人员采取适当预防和自我保护措施。

### 五、建立和完善内部安全防范与应急处置机制

各地区、各有关部门和单位要指导和监督相关企业、机构建立组织机构，统一协调安全工作。在安全问题突出的国家和地区开展经营活动，特别是承担重大援建项目和投资、承包工程、劳务等对外经济合作项目建设任务的企业，要建立安全工作机构和应急处置机制，制订安全防范措施和应急预案，做到机制完善、职责明确、措施到位。境外中资企业和机构要在工作、生活区域配备必要的安全保卫设施，雇佣有防护能力的当地保安，必要时聘请武装军警，增强防护能力。

外交部、公安部、安全部、商务部、国资委等部门根据需要组成境外安全巡查工作组，对在安全问题突出的国家和地区的对外经济合作项目尤其是重点项目建设进行安全检查和指导。

### 六、充分利用现有工作机制，加强部门间的协作配合

充分利用境外中国公民和机构安全保护工作部际联席会议制度和驻外使领馆牵头、其他驻外机构配合的我国境外人员和机构安全保护应急协调处理机制，进一步加强外交部、公安部、安全部、财政部、交通部、商务部、卫生部、国资委、民航总局等部门之间的沟通、交流与协作，重点对境外领事保护、境外企业和项目管理、应急资金支持、交通运输、医疗救护、保险保障等工作进行协调，合力推进相关法律法规建设，建立健全安全防范和应急处置工作机制，互通安全情报等，共同做好境外中资企业、机构与人员安全保护工作。

### 七、进一步发挥驻外使领馆的作用

驻外使领馆要加大对外交涉力度，做好驻在国军队、内务、警察等部门的工作，争取其为我国境外中资企业、机构与人员安全保护工作提供更多帮助。要与境外中资

企业、机构及援建、承包、劳务企业加强联系，保持信息畅通。在发生境外涉我突发事件时，除按照有关应急预案的规定做好事发现场先期处置等工作外，应积极协助我国境外中资企业、机构与人员在遭受突发安全侵害后向所在国索赔，争取合理赔偿。对涉及我国境外企业、机构与。人员的一般性安全事件，继续做好领事保护工作。

**八、建立项目安全风险评估和安全成本核算制度，加强境外人员与机构的保险保障**

各有关企业除了要做好对外经济合作项目的商业评估外，还要对项目所在国家和地区的安全状况进行风险评估，根据不同的安全风险，相应制订分类管理的安保措施，并把安全防护费用计入成本。要逐步推行符合国际惯例的合同条款，把安全保障条款纳入安全问题突出的国家和地区项目协议或合同，把安全投入成本纳入承包项目预算。对于援外项目，由相关部门商承办企业对受援国安全环境进行风险评估和安全成本核算，并将有关费用纳入援外项目预算。

劳动保障部要继续研究做好与有关国家签订双边社会保险协定的工作，更好地维护境外中资企业、机构与人员的社会保障权益。保险机构要开发、完善与境外人员和机构安全保护相关的险种。各派出企业必须为外派人员购买境外人身意外伤害、职业暴露等保险，提高境外人员和机构的抗风险能力。

**九、妥善处理与所在国家（地区）居民及团体的利益关系，积极开展本地化经营**

各有关企业开展对外经济合作业务时，要充分考虑所在国家（地区）居民和团体的利益，包括与被雇佣者的利益关系，避免引发商业纠纷，尤其要防止陷入当地利益冲突。要加强与所在国家（地区）政府有关部门、社会团体及其他相关方面的联系与沟通，广泛争取理解和支持，增进友谊，避免或减少矛盾，以便在突发危险时能得到及时保护和救助。要着眼于企业长远发展，在安全问题突出的国家和地区推进项目本地化经营，合理确定中方人员比例，通过采取本地分包等方式帮助扩大本地就业，尽可能降低我境外人员安全风险。

**十、完善相关法律法规，把境外中资企业、机构与人员安全保护工作纳入法制化轨道**

有关部门要借鉴世界主要国家保护境外人员和机构的做法，结合我国实际情况，推动尽快出台对外援助、对外投资、对外承包工程及劳务合作等方面的法规，并对现有的政策规定进行修订、补充和完善，增加安全保护条款。要认真研究对外经济合作项目涉及的合同文本、突发事件职责分工、善后处理、伤亡人员抚恤补偿标准、保险理赔等问题并作出明确规定。

### 十一、加强领导，落实责任

各地区、各有关部门和单位要切实加强对境外中资企业、机构与人员安全保护工作的领导，主要负责同志亲自抓，把这项工作列入重要议事日程。要坚持以人为本、预防为主、统一领导、分级负责、依法办事、处置果断的方针，加强宣传教育，明确职责分工，制订完善相应措施和工作机制，加强督促检查，确保各项安全保护工作得到充分落实。对于敷衍塞责、严重失职的地方、部门及单位，要依法追究有关领导和人员的责任。

# 商务部关于请协助建立外派劳务
# 援助工作机制有关问题的函

## （外经贸合函〔2003〕第 30 号）

2003 年 1 月 10 日，商务部颁发关于请协助建立外派劳务援助工作机制有关问题的函（外经贸合函〔2003〕第 30 号）。

各省、自治区、直辖市及计划单列市人民政府：

改革开放 20 多年来，我国对外劳务合作业务迅速发展，取得了良好的经济和社会效益，在为国家增加外汇收入、部分缓解国内就业压力、带动地方经济发展、促进改革开放等方面发挥了积极作用，成为我国外向型经济发展和实施"走出去"战略的重要组成部分。但是，随着我国对外劳务合作业务规模的不断扩大，外派劳务纠纷和突发事件也逐渐增多。这些事件通常具有突发性、复杂性和社会性，如处理不当，不仅影响我国对外劳务合作事业的健康发展，而且会破坏国家声誉和形象，甚至可能诱发社会不稳定因素。

为及时处理、解决外派劳务纠纷和突发事件，切实保护外派劳务人员的合法权益，保证我国对外劳务事业的健康发展，有必要尽快建立外派劳务援助工作机制。2001 年 9 月，外经贸部开始在黑龙江、上海、江苏、浙江等省市进行"外派劳务援助中心"（以下简称"援助中心"）试点工作。目前，上海市已经成立"援助中心"；浙江省成立了由省政府办公厅牵头、外经贸厅、劳动保障厅、公安厅、工商局、旅游局、外办、边防局等七部门共同参加的"赴境外劳务管理协调小组"；黑龙江、江苏两省的"援助中心"仍在组建之中。2002 年 9 月，中国对外承包工程商会成立了"外派劳务人员投诉机构"。上述已成立的机构相继开展工作以来，取得了良好效果。

鉴于上述，外经贸部认为，在全国推广建立外派劳务援助工作机制的时机已基本成熟。为此，请各省、自治区、直辖市及计划单列市人民政府督促所属外经贸委

（厅、局）结合本地区实际情况，尽快建立外派劳务援助工作机制，并请协助做好以下工作：

一、指导外经贸委（厅、局）从贯彻"三个代表"、实践"三个代表"的高度，充分认识保护劳务人员合法权益的重要性，督促尽快建立外派劳务援助工作机制。外派劳务援助工作机制的任务是：具体负责处理本地区具有对外劳务合作经营资格的企业所派出劳务人员在境内外发生的劳务纠纷和突发事件；受理外派劳务人员投诉；向外派劳务人员提供政策咨询和法律援助。

二、建立外派劳务援助机制可采取以下多种形式：已经设立"援助中心"的，要切实有效运作，充分发挥作用；基本具备条件设立"援助中心"的，要尽可能设立；目前暂不具备条件的，要结合本地区实际，建立外派劳务人员援助工作机制，或在外经贸委（厅、局）内指定为劳务人员提供援助的专门部门。

三、请督促贵省、自治区、直辖市及计划单列市外经贸委（厅、局）在2003年2月底前将已建立的"援助中心"，或外派劳务人员援助工作机制，或在本委（厅、局）内指定的专门部门的主要负责人及联系方式报送外经贸部（合作司）。

特此函达

各地外派劳务援助工作机制一览表（略）

# 第八章 监管

# 商务部关于印发《对外承包工程业务统计制度》
# 和《对外劳务合作业务统计制度》的通知

## （商合函〔2017〕16 号）

各省、自治区、直辖市、计划单列市及新疆生产建设兵团商务主管部门，有关企业：

根据《部门统计调查项目管理暂行办法》（国家统计局令 1999 年第 4 号）的规定，我部结合近两年对外承包工程和劳务合作业务发展情况，对《对外承包工程业务统计制度》、《对外劳务合作业务统计制度》进行了修订并经国家统计局核准（国统制〔2016〕179 号）。修订内容如下：

### 一、《对外承包工程业务统计制度》

（一）"总说明"的"填报要求"中增加"商务部定期对中央企业和各省级商务主管部门报送的统计数据进行核查，以保证统计数据的准确性和严肃性"；

（二）月报表报送日期由"月后 2 日内"改为"月后 10 日内"；

（三）将月报表中原填报的"企业组织机构代码"改为填报"统一社会信用代码"；

（四）在月报表中增加填报"企业性质"（分为公有控股经济和非公有控股经济两类）这一必填项，并在附录中增加了"关于统计上对公有和非公有控股经济的分类说明"；

（五）将 CB2 表中的"项目承揽方式"改为"项目承包方式"，分为传统承包、总承包、项目融资和其他等类别；取消"新签合同额"和"完成营业额"两项指标下的其中项"设计咨询"；将原指标"带动国产设备材料出口额"修改为"带动出口

额";

（六）将 CB3 表名称调整为"新签交通运输建设项目明细"，指标包括"项目明细分类"、"项目资金来源"、"项目承包方式"、"新签合同额"、"线路总里程"、"预计带动出口额"、"月末在外人数"；

（七）将 CB4 表名称调整为"新签电力工程建设项目明细"，指标包括"项目分类"、"项目资金来源"、"项目承包方式"、"新签合同额"、"装机容量"、"预计带动出口额"、"月末在外人数"；

（八）取消 CB5 表"对外承包工程企业经营情况"。

## 二、《对外劳务合作业务统计制度》

（一）月报表报送日期由"月后 2 日内"改为"月后 10 日内"；

（二）将月报表中原填报的"企业组织机构代码"改为填报"统一社会信用代码"；

（三）在月报表中增加填报"企业性质"（分为公有控股经济和非公有控股经济两类）这一必填项，并在附录中增加了"关于统计上对公有和非公有控股经济的分类说明"；

（四）将 LW2 表名称调整为"对外劳务合作期末在外人员构成"；

（五）在 LW3 表"对外劳务合作项目明细"的"派出人数"和"月末在外人数"两项指标下增加对女性数量的统计。

现将修订后的《对外承包工程业务统计制度》、《对外劳务合作业务统计制度》印发给你们，自 2017 年 1 月起执行，执行期两年。

附件：

1. 对外承包工程业务统计制度（略）
2. 对外劳务合作业务统计制度（略）

商　务　部

2017 年 1 月 12 日

# 商务部 国家统计局 国家外汇管理局
# 关于印发《对外直接投资统计制度》的通知

## （商合函〔2016〕987 号）

各省、自治区、直辖市、计划单列市及新疆生产建设兵团商务主管部门、统计局、外汇局、有关企业、单位：

根据《部门统计调查项目管理暂行办法》（国家统计局令 1999 年第 4 号）的规定，商务部、国家统计局、国家外汇管理局结合近两年我国对外投资的特点以及对外投资业务发展情况，在 2016 年开展境外主要矿产资源及国际产能合作领域情况专项统计调查的基础上，对 2015 年 1 月印发的《对外直接投资统计制度》进行了修订和补充，主要调整内容如下：

## 一、"总说明"部分

（一）在"（六）组织方式和渠道"中增加"商务部负责对各省级商务主管部门和中央企业的对外直接投资统计工作进行年度考核，以保证对外直接投资统计数据的全面性、完整性和及时性"；

（二）在"（七）填报要求"中增加：

1. 各级商务主管部门和有关企业、单位须根据对外直接投资统计工作的需要及工作量，配备统计人员（专职或兼职），提供必要的经费及办公设备；

2. 拒绝提供对外直接投资统计资料或者经催报后仍未按时提供统计资料的境内投资者，其行为将被纳入对外投资合作领域不良信用记录并在商务部网站进行公示；

3. 统一社会信用代码和境内投资者所属企业所有制性质的填报标准。

## 二、"调查表式"部分

（一）将基层报表中的企业代码由9位"组织机构代码"调整为18位"统一社会信用代码"，增加"企业所有制性质"选项。

（二）增加反映境内投资者通过对外投资在国（境）外拥有主要矿产资源情况的"境外主要矿产资源情况"表（FDIN9表）。

（三）增加反映境内投资者在主要国际产能合作领域投资情况的"主要国际产能合作领域情况"表（FDIN10表）。

（四）取消"通过境外企业实现的货物进出口情况"表（原FDIN8表）。

（五）取消"境外主要作物种植情况"表（原FDIN9表）。

（六）取消"文化及相关产业对外直接投资月度情况"表（原FDIY6表）。

（七）在"境外企业基本情况"表（FDIN2表）中增加"境内投资者通过境外企业实现的出口总值"和"境内投资者通过境外企业实现的进口总值"两项指标。

（八）在"境内投资者通过境外企业再投资情况"表（FDIN6表）中增加"中方持股比例"指标，增加对直接投资企业、各类投资额的解释。

（九）在"境外经济贸易合作区情况"表（FDIY5表）中增加"合作区类型"、"合作区土地使用年限"指标；将"建区企业实际平整土地面积"调整为"现有合作区面积"。

（十）将指标"年末/月末从业人员数"调整为"从业人员期末数量"。

## 三、"主要指标解释及概念界定"部分

增加通过境外企业再投资、剩余经济可采储量等指标解释，增加对装备制造业、各类投资额、境外企业年度生产能力的统计界定。

## 四、"附录"部分

增加"对公有和非公有控股经济的分类办法"（附录三）；调整"数据来源参考表式：境外企业基本信息采集表"（附录五）。

现将修订后的《对外直接投资统计制度》印发给你们，2017 年 1 月 1 日起执行。《商务部 国家统计局 国家外汇管理局关于印发〈对外直接投资统计制度〉的通知》（商合函〔2015〕6 号）同时废止。

商务部、国家统计局、国家外汇管理局

2016 年 12 月 30 日

# 商务部办公厅关于进一步做好
# 对外投资合作企业环境保护工作的通知

## （商办合函〔2015〕129号）

各省、自治区、直辖市、计划单列市及新疆生产建设兵团商务主管部门，各驻外经商机构，各中央企业：

近年来，我国对外投资合作规模日益扩大、领域不断拓宽。大部分对外投资合作企业能自觉遵守东道国法律法规，履行环保责任，致力于当地经济、社会和环境的协调发展。但也有企业因环保意识不强、经验不足等原因，忽视环保工作，对当地生态环境造成不良影响，导致一些项目遭到干扰、被迫暂停甚至被取消，不仅给企业带来经济损失，也影响我国对外形象。为进一步做好对外投资合作企业环境保护工作，现将有关事项通知如下：

一、各地商务主管部门要督促企业严格遵守《对外承包工程管理条例》、《境外投资管理办法》等法规规章，组织企业认真学习《对外投资合作环境保护指南》，进一步加大宣传力度，指导企业在对外投资合作中树立环保意识，了解并遵守东道国环保政策法规，实现互利共赢。

二、各驻外经商机构要加强一线服务和监管，引导驻在国中资企业及时识别和防范环保风险，研究分析有关案例，总结经验教训。要协助企业做好与当地政府、社区、非政府组织的沟通交流，了解当地社会关注。对涉及当地民生、影响重大的对外投资合作项目，要指导企业加大对外公关和宣传推介力度，使当地民众感受到项目带来的实实在在好处。

三、企业在对外投资合作中，要树立可持续发展理念，坚持环境友好、资源节约的经营方式，从环境管理制度、员工环保培训、环境影响评价、社会影响评价、污染防治、环境监测、环境尽职调查、危险废物管理、环境事故预防与应急、生态恢复、清洁生产、绿色采购等方面加强境外经营过程中的环境保护。

四、企业要严格遵守东适国与环境保护相关的法律法规。对于暂时没有环保法律的国家，企业应当借鉴国际组织或多边机构的环保标准，采取有利于东道国生态发展的环保措施。必要时，可聘请第三方进行环保评估。

五、有条件的企业应健全环保管理机构，设立环保评估部门，加强环保日常管理和应急处置，加大环保方面的资金、技术和人员投入。

六、各地商务主管部门要鼓励境内商（协）会研究制订指导本行业企业开展对外投资合作的环境保护指引。各驻外经商机构要鼓励境外中资企业商（协）会发起履行社会责任倡议，有条件的商（协）会还可以成立环保法律咨询部门，研究东道国关于环境保护的法律法规，帮助会员企业更好地履行环保责任。

七、各地商务主管部门、各驻外经商机构和中央企业要及时收集、汇总企业在环境保护方面好的做法、成功经验和失败案例，每年年底前将有关情况报告商务部（合作司）。

商务部将会同有关部门继续做好对外投资合作环境保护工作的宏观指导，加强环保信息收集工作，及时向相关部门和机构通报企业违反东道国环境保护法律法规的案例，依法依规惩处不规范经营行为，推动对外投资合作业务可持续健康发展。

2015 年 4 月 13 日

# 商务部 外交部 公安部 住房城乡建设部 海关总署 税务总局 工商总局 质检总局 外汇局关于印发《对外投资合作和对外贸易领域不良信用记录试行办法》的通知

## （商合发〔2013〕248 号）

各省、自治区、直辖市、计划单列市人民政府和新疆生产建设兵团商务主管部门，外事办公室，公安厅（局），住房城乡建设主管部门，各直属海关，国家税务局、地方税务局，工商行政管理局，各直属检验检疫局，外汇局各分局、外汇管理部门，中国对外承包工程商会，各进出口商会：

为促进对外投资合作和对外贸易规范发展，强化政府服务，有效提示风险，按照信息公开、社会监督和为公众负责的原则，商务部、外交部、公安部、住房城乡建设部、海关总署、税务总局、工商总局、质检总局和外汇局制定了《对外投资合作和对外贸易领域不良信用记录试行办法》，现印发给你们，请遵照执行。执行中有何问题、意见和建议，请及时函告有关部门。

2013 年 7 月 5 日

## 对外投资合作和对外贸易领域不良信用记录试行办法

一、为促进对外投资合作和对外贸易规范发展，强化政府服务，有效提示风险，根据《中华人民共和国对外贸易法》等法律法规制定本办法。

二、本办法称对外投资合作是指在中国境内合法注册的企业在境外开展投资、承包工程和劳务合作等对外经济技术合作业务。对外贸易是指货物进出口、技术进出口和国际服务贸易。

三、本办法所称对外投资合作不良信用记录是对我国境内企业、机构和个人以及境外投资合资合作方、工程项目业主、总承包商、境外雇主、中介机构和个人有关违法违规行为信息的收集、整理、发布、保存和维护。对外贸易不良信用记录是指对从事对外贸易经营活动的法人、其他组织或者个人有关违法违规行为信息的收集、整理、发布、保存和维护。

**四、下列行为应当列入对外投资合作不良信用记录：**

（一）对外投资

1. 经核准开展境外投资业务企业的下列行为：

（1）不为境内派出人员办理合法出入境手续、健康体检、预防接种和工作许可；

（2）不尊重当地风俗习惯、宗教信仰和生活习惯，导致与当地民众发生冲突；

（3）不遵守当地生产、技术和卫生标准，导致安全事故；

（4）不遵守当地劳动法规导致重大劳资纠纷；

（5）破坏当地生态环境，威胁当地公共安全；

（6）违反对外投资有关外汇管理规定；

（7）未对派出人员进行安全文明守法培训，未针对当地安全风险采取有效安全防范措施；

（8）其他违反当地法律法规的行为。

2. 境外投资合资合作方的下列行为：

（1）通过欺骗手段与境内企业合资合作；

（2）采取不正当手段占有我境外企业资产或者造成境外企业损失；

（3）其他非法侵害我境外企业利益的行为。

（二）对外承包工程

1. 境内企业、机构和个人未取得对外承包工程经营资格，擅自开展对外承包工程。

2. 取得对外承包工程经营资格企业的下列行为：

（1）因企业违反劳动合同或者驻在国劳动法规等原因，引发重大劳资纠纷，造成恶劣影响；

（2）以恶性竞标、商业贿赂等不正当方式承揽工程项目；

（3）诽谤或者以其他手段扰乱其他中资企业正常经营并造成实质性损害；

（4）因企业原因造成所承揽或者实施的境外工程项目出现重大质量安全事故；

（5）因企业原因使所承揽或者实施的境外工程项目出现严重拖期，造成纠纷并产生恶劣影响；

（6）因企业决策失误或者管理不善等原因造成项目重大亏损，造成恶劣影响；

（7）擅自以中国政府或者金融机构名义对外承诺融资；

（8）未对派出人员进行安全文明守法培训，未针对当地安全风险采取有效安全防范措施；

（9）其他严重违法违规、缺乏诚信和由企业所属行业组织根据分工依据行规行约认定的不良经营行为。

（三）对外劳务合作

1. 境内企业、机构和个人未取得对外劳务合作经营资格，违规从事外派劳务。

2. 取得对外劳务合作经营资格企业的下列行为：

（1）违反国家有关规定委托其他企业、中介机构和个人招收劳务人员，或者接受其他企业、中介机构和自然人挂靠经营；

（2）向劳务人员超标准收费以及向劳务人员收取或者变相收取履约保证金；

（3）未为劳务人员办理境外工作准证或者以旅游、商务签证等方式派出劳务人员；

（4）未与劳务人员签署合同或者未履行合同约定；

（5）发生重大劳务纠纷事件，并受到行政处罚或者造成恶劣影响，或者法院判决须承担法律责任等情形；

（6）未为劳务人员办理健康体检和预防接种；

（7）未对劳务人员进行安全文明守法培训；

（8）其他违法违规和侵害外派人员合法权益的行为。

3. 境外雇主、机构和个人的下列行为：

（1）直接在我国境内招收劳务人员；

（2）未按当地法律法规为劳务人员提供相应劳动和生活条件、健康体检和预防接种、未为劳务人员缴纳有关社会保险；

（3）拖欠或克扣劳务人员工资；

（4）恶意违约导致劳务人员提前回国；

（5）违约违法导致重大劳务纠纷事件；

（6）未为在境外染病的劳务人员提供救治，导致回国发病或者传播给他人；

（7）其他违法违规和侵害劳务人员合法权益的行为。

4. 劳务人员违反境内外法律法规的行为。

（四）对外投资合作企业骗取国家各类专项资金的行为。

（五）其他因企业原因给双边关系造成恶劣影响的行为。

**五、下列行为应列入对外贸易不良信用记录：**

（一）未依法进行对外贸易经营者备案登记的法人、其他组织或者个人，擅自从事对外贸易经营活动。

（二）已依法进行对外贸易经营者备案登记的，在对外贸易活动中存在下列行为：

1. 以欺骗或者其他不正当手段获取、伪造、变造或者买卖对外贸易经营者备案登记证明；

2. 以欺骗或其他不正当手段获取、伪造、变造、买卖或者盗窃原产地证书、进出口许可证、进出口配额证明或者其他进出口证明文件；

3. 伪造、变造、非法使用、买卖进出口货物原产地标记保护标志或者虚假标注原产地标记；

4. 进出口属于禁止进出口的货物，或者未经许可擅自进出口属于限制进出口的货物或其他走私行为；

5. 未经授权擅自进出口实行国营贸易管理的货物；

6. 偷税、逃避追缴欠税、骗取出口退税、抗税、虚开发票等涉税违法行为；

7. 违法制售假冒伪劣产品，侵犯知识产权；

8. 违反有关反垄断的法律、行政法规的垄断行为；

9. 不正当低价出口、虚开企业自制出口发票、串通投标、虚假表示和虚假宣传、商业贿赂等不正当竞争行为；

10. 逃避法律法规规定的认证、检验、检疫，或者被列入"进出口食品安全风险预警通告"；

11. 合同欺诈、拖欠账款、逃避债务、恶意违约；

12. 采取虚报进出口价格、虚假贸易融资、违规将外汇存放境外或者通过地下钱庄（非正规金融体系）等手段进行资金跨境非法流动等违反外汇管理规定的行为；

13. 虚报、瞒报、拒报进出口信息；

14. 违反有关规定向税务机关申报办理出口货物退（免）税的行为；

15. 大型成套设备出口低价恶性竞争，发生重大质量安全事故，擅自以中国政府或者金融机构名义对外承诺提供融资保险支持，不遵守行业协会协调意见，对外泄露国家秘密，给双边关系造成恶劣影响；

16. 违反法律法规规定，危害对外贸易秩序的其他行为。

**六、对外投资合作和对外贸易不良信用记录收集和发布机制：**

（一）在地方各级人民政府的指导下，各级商务主管部门会同外事、公安、住房城乡建设、海关、检验检疫、税务、外汇和工商行政管理部门建立所辖行政区域内对外投资合作和对外贸易不良信用记录收集和发布机制，各部门负责职能范围内对外投资合作和对外贸易不良信息的收集和发布工作；各驻外使（领）馆建立驻在国对外投资合作和对外贸易不良信用记录收集和发布机制。

（二）中国对外承包工程商会和中国机电产品进出口商会根据各自分工建立会员企业对外投资合作行业不良信用记录收集和发布机制；各进出口商会建立会员企业对外贸易领域的不良信用记录信息收集和发布机制，建立完善进出口企业信用管理制度，动态调整并发布进出口企业信用评级。

（三）地方人民政府有关部门、行业组织和驻外使（领）馆收集的不良信用记录信息中，涉及企业信用的违反法律法规、部门规章行为并已受相应行政处罚或者被司法机关查处的信息，有关部门应在职能范围内及时发布，并加强对不良信用企业的监管；涉及企业信用的违反行规行约的信息，有关行业组织应依据各自分工及时发布；其他信息收集后仅供内部参考。

（四）地方人民政府有关部门、行业组织和驻外使（领）馆应于每月底前将企业当月不良信用记录信息报商务部，已发布的不良信息应予以注明。商务部将所有信息汇总后提供给各驻外使（领）馆以及相关部门参考，同时将各单位已分别发布的不良信息在商务部网站统一发布，实现信息共享。

**七、** 对外投资合作和对外贸易领域不良信用记录信息的发布应实事求是、客观公正，如实记录。

**八、** 如被发布对象认为所发布内容存在错误或者与事实不符，自发布之日起可向发布单位书面提出异议申请。发布单位应在接到异议申请后进行复核，如发布信息有误，发布人应声明并撤销不良信用记录。

**九、** 本办法自发布之日起 30 日后施行。《对外劳务合作不良信用记录试行办法》（商合函〔2010〕462 号）与本办法规定不一致的，以本办法为准。

# 商务部关于印发《规范对外投资
# 合作领域竞争行为的规定》的通知

## （商合发〔2013〕88 号）

各省、自治区、直辖市、计划单列市及新疆生产建设兵团商务主管部门，机电商会、承包商会，各驻外经商机构，各中央企业：

为促进对外投资合作业务健康和可持续发展，规范企业海外经营行为，鼓励和保护公平竞争，杜绝不正当竞争行为，提升对外投资合作企业管理水平和竞争能力，商务部制定了《规范对外投资合作领域竞争行为的规定》。现印发给你们，请转发本地区相关部门和企业认真执行。执行过程中有何问题和建议，请及时函告我部。

2013 年 3 月 18 日

**附件**

# 规范对外投资合作领域竞争行为的规定

第一条　为促进对外投资合作业务健康和可持续发展，规范对外投资合作企业（以下简称企业）海外经营行为，鼓励和保护公平竞争，打击不正当竞争行为，根据《中华人民共和国对外贸易法》、《中华人民共和国反不正当竞争法》、《对外承包工程管理条例》、《对外劳务合作管理条例》和《境外投资管理办法》等有关法律法规，制定本规定。

第二条　国家鼓励企业在市场经济条件下，通过正当竞争开展对外投资合作；鼓励企业通过正当竞争行为实现优胜劣汰，促进生产要素的优化配置；鼓励企业树立开放的经营理念，广泛合作、整合力量，降低市场开拓成本并实现可持续性发展。

第三条　企业在经营中应当遵循平等、公平、诚实守信的原则，遵守公认的商业道德。企业不应采取不正当竞争行为损害其他企业的合法权益，扰乱对外投资合作经营秩序。

第四条　商务部负责对外投资合作领域不正当竞争行为的监督管理。

各省、自治区、直辖市、计划单列市及新疆生产建设兵团商务主管部门负责本行政区域内企业对外投资合作领域不正当竞争行为的监督管理。

第五条　对外投资合作领域不正当竞争行为包括：

（一）以商业贿赂争取市场交易机会；

（二）以排挤竞争对手为目的的不正当价格竞争行为；

（三）串通投标；

（四）诋毁竞争对手商誉；

（五）虚假宣传业绩；

（六）其他依法被认定为不正当竞争的行为。

第六条　企业应在严格遵守《对外承包工程管理条例》、《对外劳务合作管理条例》以及《境外投资管理办法》等规定的前提下开展公平竞争。

（一）承揽拟使用中国金融机构信贷资金的项目，在未取得有关金融和保险机构承贷、承保意向函前，不得对外承诺为项目提供融资。

（二）承揽合同报价金额500万美元以上的境外工程项目（含我企业对外投资项

下的工程项目），必须在参加投（议）标前按照规定办理对外承包工程项目投（议）标核准。

（三）项目实施过程中，应加强工程质量和生产安全管理，严格执行对外承包工程质量安全管理的有关标准和规定，按期保质完成工程项目。

（四）开展并购类境外投资须提交《境外并购事项前期报告表》。

（五）企业外派人员应当取得项目所在国（地区）政府批准的用工指标，并符合当地有关法律规定的用工比例，不得通过压低劳工成本获得各类对外投资合作项目。

第七条　企业应坚持互利共赢、共同发展的原则，建立健全科学规范的项目决策机制和质量管理制度。

（一）追踪项目过程中应本着能力可及、技术可行、风险可控和效益有保障的原则，对项目情况、技术和经济可行性，以及可能面临的各种风险进行综合评估，科学决策。

（二）应遵守项目所在国（地区）法律法规，尊重当地风俗习惯，重视环境保护，维护当地劳工权益，积极参与当地公益事业，履行必要的社会责任。

（三）应当安排外派人员接受职业技能、安全防范知识等培训，为外派人员办理出境手续并协助办理国外工作许可等手续，负责落实外派人员的劳动关系，承担境外人员管理责任，制定突发事件应急预案。

第八条　有关行业组织应健全和完善行业规范，引导会员企业诚信经营，公开、公平、公正地处理企业纠纷，维护市场经营秩序。

第九条　举报有关企业存在不正当竞争行为的，举报人应以实名向商务部提出，举报内容必须详实、准确，同时提交相应证据。

第十条　商务部履行监督检查职能。可以委托地方商务主管部门、驻外使领馆经商机构或其他有关单位，依照法律、行政法规的规定对对外投资合作领域不正当竞争行为进行调查和认定。涉及单位和个人应当对调查给予配合、协助。

第十一条　商务部将会同有关部门建立对外投资合作不良信用记录制度，对违反本规定构成不正当竞争的对外投资合作经营行为将记录在案，并通报有关部门和机构。涉及企业3年内不得享受国家有关支持政策。

第十二条　违反本规定的，商务主管部门将依据《对外承包工程管理条例》、《对外劳务合作管理条例》和《境外投资管理办法》予以处罚。

商务主管部门在查处不正当竞争行为的过程中，发现有关行为涉嫌构成犯罪的，应当依法及时移送司法机关处理。

合法权益受到不正当竞争行为损害的企业，可依法申请司法救济。

第十三条　国家机关工作人员在对外投资合作业务监督管理工作中滥用职权、徇私舞弊，协助或纵容企业采取不正当竞争手段获取项目的，将依据有关规定予以处理，构成犯罪的，依法追究刑事责任。

第十四条　本规定由商务部负责解释。

第十五条　本规定自发布之日起30天后施行。

# 商务部关于加强对外投资合作
# 在外人员分类管理工作的通知

## （商合函〔2013〕874号）

各省、自治区、直辖市及新疆生产建设兵团商务主管部门，对外承包工程商会，各驻外经商机构，各中央企业：

《对外劳务合作管理条例》自2012年8月1日实施以来，各地商务主管部门、行业组织、各驻外经商机构认真组织贯彻落实，取得良好成效。随着"走出去"战略的加快实施，我对外投资、承包工程、劳务合作等各类对外投资合作在外人员日益增多，为依法保障他们的合法权益，促进对外投资合作健康发展，根据《对外劳务合作管理条例》、《对外承包工程管理条例》和对外投资合作相关管理规定，现将加强对外投资合作在外人员分类管理的有关事宜通知如下：

一、对外投资合作企业是指在中华人民共和国境内依法设立的开展境外投资、对外承包工程和对外劳务合作等对外投资合作业务的企业。

二、对外投资合作企业的派出人员统称对外投资合作在外人员，包括劳务人员、对外承包工程外派人员和对外投资外派人员。

三、劳务人员是指根据《对外劳务合作管理条例》由对外劳务合作企业组织赴其他国家或者地区为国外的企业或者机构（以下称国外雇主）工作的人员。

（一）对外劳务合作企业必须直接或通过经县级以上人民政府批准的对外劳务合作服务平台（以下称服务平台）招收劳务人员，并与其签订符合规定的合同，不得允许其他任何单位和个人"借牌经营"以及委托其他任何单位和个人招收劳务人员。

（二）国外雇主不得直接在中国境内招收劳务人员，必须由对外劳务合作企业向其派遣。任何不具备对外劳务合作经营资格的企业、单位或个人不得组织劳务人员为国外雇主工作。

（三）国外雇主包括在国外依法注册的中资企业或机构。对外投资企业和对外承包工程企业在境外设立的企业作为国外雇主与对外劳务合作企业签订《劳务合作合同》，由对外劳务合作企业向其派出劳务人员，属对外劳务合作，人员招收和境外管理由对外劳务合作企业负责，对外投资企业和对外承包工程企业应按照对外投资合作有关规定要求其境外企业承担相应的雇主责任。

（四）对外劳务合作企业应当核实国外雇主的合法性和项目的真实性，不得组织劳务人员为国外自然人雇主或未经所在国政府批准可以引进外籍劳务的国外法人雇主工作。

（五）公民个人自行取得出境手续在境外工作，不在《对外劳务合作管理条例》管辖范围内。通过商务、旅游、留学等签证出境的公民只能在当地从事与签证相符的活动。任何单位和个人通过办理上述签证变相组织人员出境工作属非法外派劳务行为。

四、对外承包工程外派人员是指对外承包工程企业向其在境外承揽的工程项目派遣的人员。

（一）对外承包工程企业可以向其在境外承揽的工程项目派遣所需人员，但必须已经与所派人员签订《劳动合同》。

（二）对外承包工程企业可通过对外劳务合作企业或服务平台招聘并外派人员，但必须与外派人员签订与项目工期相当的《劳动合同》，相关社会保险可按项目所在地的法律法规执行。外派人员的管理均由对外承包工程企业负责。

（三）对外承包工程企业不得通过未取得对外劳务合作经营资格的中介机构招用外派人员。

（四）对外承包工程企业可作为总包单位将部分境外承包工程项目分包，但不得将外派人员单独分包。分包单位为外派人员办理外派手续，应当具备对外承包工程或对外劳务合作经营资格，否则应由总包单位为外派人员办理外派手续。

五、对外投资外派人员是指对外投资企业向其境外企业派出的人员。

（一）对外投资企业可向其境外企业派出已经与其签订《劳动合同》的自有员工，并为外派员工办理符合派驻地法律规定的工作手续。

（二）对外投资企业直接为其境外投资项目招收和外派人员，必须取得对外承包工程或对外劳务合作经营资格。

（三）对外投资企业的境外企业可作为国外项目业主，与对外承包工程企业合作，由对外承包工程企业承揽其工程项目，并外派项目所需人员。

六、对外投资合作企业在开展对外承包工程和对外投资时，应积极推进员工"属地化"，尽可能多雇佣当地员工，为当地创造就业机会，促进可持续发展。

七、对外投资合作企业从国内派出人员时，应按驻在国政府有关规定取得用工指标；在外人员必须取得工作许可，禁止持旅游、商务签证在外工作；人员数量应符合当地用工比例规定。

八、对外投资合作企业应当遵守国内外有关劳动用工的法律规定，落实外派人员的劳动关系。要按规定组织外派人员培训和行前教育，明确告知外派人员的权利义务以及遇到问题时的投诉渠道。对外承包工程商会要认真组织编写对外投资合作在外人员培训教材，突出案例教育和安全教育，增强实用性。

九、对外投资合作企业或其境外企业应当及时向我有关驻外经商机构书面报备在外人员情况。

十、违反对外投资合作在外人员管理规定的，将按照《对外劳务合作管理条例》、《对外承包工程管理条例》和对外投资合作相关管理规定给予相应处罚。

2013 年 10 月 15 日

# 商务部办公厅关于启用对外投资合作
# 在外人员信息管理系统的通知

## （商办合函〔2013〕253号）

各省、自治区、直辖市、计划单列市及新疆生产建设兵团商务主管部门，有关中央企业：

为全面掌握对外投资合作在外人员信息，做好对外投资合作业务宏观监测和运行分析，强化风险评估、预警和应对，以及推进网上政务，根据《对外劳务合作管理条例》和对外投资合作在外人员管理的相关规定，商务部组织开发了对外投资合作在外人员信息管理系统（以下简称管理系统），自2013年6月1日起启用。现就有关事项通知如下：

一、管理系统是集对外投资合作在外人员信息采集、管理、通报和网上政务为一体的综合信息平台，整合了对外投资合作信息系统中现有相关在外人员信息数据库，将原"外派劳务人员基本信息数据库"和"对外投资合作企业在外人员相关信息备案系统"并入，按照实际工作需要对在外人员信息采集和管理重新进行了分类设置，开发了外派人员相关合同和人员信息备案功能，设有企业端、对外劳务合作服务平台端、地方商务主管部门端、商务部端等端口，并与驻外经商机构等实现互联互通。

二、管理系统设在商务部网站"中国对外投资和经济合作"子站（http：//fec. mofcom. gov. cn）。

三、管理系统信息由对外投资合作企业，包括对外投资企业、对外承包工程企业、对外劳务合作企业，以及对外劳务合作服务平台实时填报。

四、信息填报的主要内容包括：

（一）对外投资合作在外人员信息：对外投资合作企业应实时填报或更新企业在外人员信息，包括企业自有人员、外派人员和外籍雇员信息；对外劳务合作服务平台实时填报或更新劳务人员报名信息及对外投资合作企业从本平台招收人员信息。

（二）外派人员合同及人员名单备案：对外承包工程企业和对外劳务合作企业通过该系统将外派人员合同的必备条款以及外派人员名单报地方商务主管部门备案。

五、地方商务主管部门通过管理系统完成企业外派人员合同和人员名单备案。

六、对外投资合作企业和对外劳务合作服务平台应确保信息填报的准确性并及时进行更新。对未及时填报和更新信息的，各级商务主管部门应不予受理其相关资金支持申请。

七、对外投资合作企业登录中国对外投资和经济合作子站，选择"对外投资合作在外人员信息管理系统"进行数据填报或合同备案，具体操作办法可通过从管理系统下载用户手册获取。对外投资合作企业登录管理系统的用户名、密码和电子钥匙与登录"对外投资合作信息服务系统"一致。对外劳务合作服务平台登录管理系统前，需由有关省商务主管部门与中国国际电子商务中心（电话：010－65198178）联系设立用户名和密码。

八、中国国际电子商务中心设立技术支持和服务热线（电话：010－67870108），负责协助解决管理系统使用过程中遇到问题和困难，并收集相关意见和建议。

请各省商务主管部门高度重视管理系统有关工作，指派专人负责，认真监督执行。商务部将对信息填报工作进行指导和检查。对全面、及时、准确填报数据的单位，将予以表扬；对未按规定进行填报的企业，将予以通报批评。

2013 年 5 月 6 日

# 商务部 环境保护部关于印发
# 《对外投资合作环境保护指南》的通知

## （商合函〔2013〕74号）

各省、自治区、直辖市、计划单列市及新疆生产建设兵团商务主管部门、环境保护部门，各中央企业：

为指导我国企业在对外投资合作中进一步规范环境保护行为，引导企业积极履行环境保护社会责任，推动对外投资合作可持续发展，我们制定了《对外投资合作环境保护指南》（以下简称《指南》），现予印发。

请各地商务主管部门、环境保护部门加强对《指南》的宣传，指导我企业在对外投资合作中提高环境保护意识，了解并遵守东道国环境保护政策法规，实现互利共赢。

2013年2月18日

## 对外投资合作环境保护指南

第一条 为指导中国企业进一步规范对外投资合作活动中的环境保护行为，及时识别和防范环境风险，引导企业积极履行环境保护社会责任，树立中国企业良好对外形象，支持东道国的可持续发展，制定本指南。

第二条 本指南适用于中国企业对外投资合作活动中的环境保护，由企业自觉遵守。

第三条 倡导企业在积极履行环境保护责任的过程中，尊重东道国社区居民的宗教信仰、文化传统和民族风俗，保障劳工合法权益，为周边地区居民提供培训、就业和再就业机会，促进当地经济、环境和社区协调发展，在互利互惠基础上开展合作。

第四条　企业应当秉承环境友好、资源节约的理念，发展低碳、绿色经济，实施可持续发展战略，实现自身盈利和环境保护"双赢"。

第五条　企业应当了解并遵守东道国与环境保护相关的法律法规的规定。

企业投资建设和运营的项目，应当依照东道国法律法规规定，申请当地政府环境保护方面的相关许可。

第六条　企业应当将环境保护纳入企业发展战略和生产经营计划，建立相应的环境保护规章制度，强化企业的环境、健康和生产安全管理。鼓励企业使用综合环境服务。

第七条　企业应当建立健全环境保护培训制度，向员工提供适当的环境、健康与生产安全方面的教育和培训，使员工了解和熟悉东道国相关环境保护法律法规规定，掌握有关有害物质处理、环境事故预防以及其他环境知识，提高企业员工守法意识和环保素质。

第八条　企业应当根据东道国的法律法规要求，对其开发建设和生产经营活动开展环境影响评价，并根据环境影响评价结果，采取合理措施降低可能产生的不利影响。

第九条　鼓励企业充分考虑其开发建设和生产经营活动对历史文化遗产、风景名胜、民风民俗等社会环境的影响，采取合理措施减少可能产生的不利影响。

第十条　企业应当按照东道国环境保护法律法规和标准的要求，建设和运行污染防治设施，开展污染防治工作，废气、废水、固体废物或其他污染物的排放应当符合东道国污染物排放标准规定。

第十一条　鼓励企业在项目建设前，对拟选址建设区域开展环境监测和评估，掌握项目所在地及其周围区域的环境本底状况，并将环境监测和评估结果备案保存。

鼓励企业对排放的主要污染物开展监测，随时掌握企业的污染状况，并对监测结果进行记录和存档。

第十二条　鼓励企业在收购境外企业前，对目标企业开展环境尽职调查，重点评估其在历史经营活动中形成的危险废物、土壤和地下水污染等情况，以及目标企业与此相关的环境债务。鼓励企业采取良好环境实践，降低潜在环境负债风险。

第十三条　企业对生产过程中可能产生的危险废物，应当制订管理计划。计划内容应当包括减少危险废物产生量和危害性的措施，以及危险废物贮存、运输、利用、处置措施。

第十四条 企业对可能存在的环境事故风险，应当根据环境事故和其他突发事件的性质、特点和可能造成的环境危害，制订环境事故和其他突发事件的应急预案，并建立向当地政府、环境保护监管机构、可能受到影响的社会公众以及中国企业总部报告、沟通的制度。

应急预案的内容包括应急管理工作的组织体系与职责、预防与预警机制、处置程序、应急保障以及事后恢复与重建等。鼓励企业组织预案演练，并及时对预案进行调整，

鼓励企业采取投保环境污染责任保险等手段，合理分散环境事故风险。

第十五条 企业应当审慎考虑所在区域的生态功能定位，对于可能受到影响的具有保护价值的动、植物资源，企业可以在东道国政府及社区的配合下，优先采取就地、就近保护等措施，减少对当地生物多样性的不利影响。

对于由投资活动造成的生态影响，鼓励企业根据东道国法律法规要求或者行业通行做法，做好生态恢复。

第十六条 鼓励企业开展清洁生产，推进循环利用，从源头削减污染，提高资源利用效率，减少生产、服务和产品使用过程中污染物的产生和排放。

第十七条 鼓励企业实施绿色采购，优先购买环境友好产品。

鼓励企业按照东道国法律法规的规定，申请有关环境管理体系认证和相关产品的环境标志认证。

第十八条 鼓励企业定期发布本企业环境信息，公布企业执行环境保护法律法规的计划、采取的措施和取得的环境绩效情况等。

第十九条 鼓励企业加强与东道国政府环境保护监管机构的联系与沟通，积极征求其对环境保护问题的意见和建议。

第二十条 倡导企业建立企业环境社会责任沟通方式和对话机制，主动加强与所在社区和相关社会团体的联系与沟通，并可以依照东道国法律法规要求，采取座谈会、听证会等方式，就本企业建设项目和经营活动的环境影响听取意见和建议。

第二十一条 鼓励企业积极参与和支持当地的环境保护公益活动，宣传环境保护理念，树立企业良好环境形象。

第二十二条 鼓励企业研究和借鉴国际组织、多边金融机构采用的有关环境保护的原则、标准和惯例。

# 商务部 外交部 公安部 工商总局关于印发 《对外劳务合作不良信用记录试行办法》 的通知

## （商合函〔2010〕462 号）

为促进对外劳务合作规范发展，维护劳务人员和对外劳务合作企业的合法权益，有效提示风险，按照信息公开、社会监督和为公众负责的原则，商务部、外交部、公安部、工商总局制定了《对外劳务合作不良信用记录试行办法》，现印送你们，请遵照执行。

一、为促进对外劳务合作规范发展，强化政府服务，有效提示风险，维护劳务人员和对外劳务合作企业的合法权益，制定本办法。

二、本办法所称对外劳务合作不良信用记录是对我国境内企业、中介机构和自然人以及境外雇主、中介机构和自然人涉及对外劳务合作的违规违法行为或侵害劳务人员合法权益行为信息的收集、整理、发布、保存和维护，以及对劳务人员违法信息的收集。

三、下列行为应被列入对外劳务合作不良信用记录：

（一）未取得对外劳务合作或对外承包工程经营资格，违规从事外派劳务的境内企业、中介机构和自然人；

（二）取得对外劳务合作或对外承包工程经营资格企业的下列行为：

1. 违反国家有关规定委托其他企业、中介机构和自然人招收劳务人员，或接受其他企业、中介机构和自然人挂靠经营；

2. 向劳务人员超标准收费以及向劳务人员收取或变相收取履约保证金；

3. 未为劳务人员办理境外工作准证或以旅游、商务签证等方式派出劳务人员；

4. 未与劳务人员签署合同或未履行合同约定；

5. 对外承包工程企业违反《对外承包工程管理条例》有关外派劳务的规定；

6. 发生20人以上劳务纠纷事件，受到行政处罚，或法院判决须承担法律责任等情形；

7. 其他违规违法和侵害劳务人员合作权益的行为。

（三）境外雇主、中介机构和自然人的下列行为：

1. 直接在我国境内招收劳务人员；

2. 未按当地法律法规为劳务人员提供相应劳动和生活条件、未为劳务人员缴纳有关社会保险；

3. 拖欠或克扣劳务人员工资；

4. 恶意违约导致劳务人员提前回国；

5. 违约违法导致20人以上劳务纠纷事件；

6. 其他违规违法和侵害劳务人员合作权益的行为。

（四）劳务人员违反境内外法律的行为。

四、对外劳务合作不良信息按如下机制收集和发布：

（一）在地方各级人民政府的指导下，各级商务主管部门会同外事、公安、工商行政管理部门建立所辖行政区域内对外劳务合作不良信用记录收集和发布机制，及时发现、收集不良信息，通过政府网站、报刊、广播电视等媒体向社会发布。

（二）中国对外承包工程商会建立对外劳务合作行业不良信用记录收集和发布机制，及时发现、收集不良信息，通过行业网站、报刊、广播电视等媒体向社会发布。

（三）各驻外使（领）馆建立驻在国对外劳务合作不良信用记录收集和发布机制，及时发现、收集不良信息，通过政府网站、报刊等媒体向社会发布。

（四）劳务人员的不良信用记录不向社会公布，仅供各有关方面查询。

五、各省级商务主管部门、中国对外承包工程商会和各驻外使（领）馆经商机构分别负责汇总本地区、本行业和驻在国的对外劳务合作不良信用记录发布情况，每月底前将信息内容和发布单位等信息（含电子版）报商务部，由商务部在政府网站和各主要媒体定期统一发布。

六、对外劳务合作不良信息的发布应实事求是、客观公正，如实记录境内企业、中介机构和自然人以及境外雇主、中介机构和自然人涉及对外劳务合作的违规违法行为或侵害劳务人员合法权益行为。

七、各级人民政府有关部门、对外承包工程商会和驻外使（领）馆应提醒对外劳务合作企业、对外承包工程企业和公民有效防范有不良信用记录的境内外任何企业、中介机构和自然人。

八、如被发布对象认为所发布内容存在错误或与事实不符，自发布之日起 10 个工作日内可向发布单位书面提出异议申请。发布单位应在接到异议申请的 10 个工作日内进行复核，并根据复核结果采取相应处理措施。有关复核结果应书面回复被发布对象。

九、各地商务、外事、公安、工商行政管理等部门应根据有关法律法规对相关对外劳务合作不良信用记录涉及的企业、中介机构和自然人的违规违法行为依法予以查处。

十、地方各级人民政府应加强对本行政区域内对外劳务合作不良信用记录工作的指导、监督和管理，促进本地区对外劳务合作规范发展，切实维护劳务人员的合法权益。

2010 年 6 月 25 日

# 商务部 外交部关于印发《对外投资合作企业在外人员相关信息备案制度》的通知

## （商合发〔2010〕419号）

各省、自治区、直辖市、计划单列市及新疆生产建设兵团商务主管部门、外事办公室，各驻外使领馆：

为全面掌握和及时跟踪我对外投资合作企业在外人员相关信息，积极预防和妥善处置境外突发事件，做好我在外人员的安全权益保护工作，商务部、外交部制定了《对外投资合作企业在外人员相关信息备案制度》，现印发给你们，请遵照执行。执行过程中有何问题、意见和建议，请及时告外交部、商务部。

附件：对外投资合作企业在外人员相关信息备案制度

2010年10月22日

## 对外投资合作企业在外人员相关信息备案制度

为全面掌握和及时跟踪我对外投资合作企业在外人员相关信息，积极预防和妥善处置境外突发事件，做好我在外人员的安全权益保护工作，制定本制度。

### 一、信息报送

（一）对外投资合作企业除应严格执行现行对外投资合作信息报送规定外，还有义务将在外从事对外投资合作的各类人员相关信息向驻在国或地区使领馆备案。

（二）对外投资合作企业在开展对外投资合作过程中，应当在人员派出的同时，向驻在国或地区使领馆办理在外人员相关信息备案。

（三）对外投资合作企业通过填写《对外投资合作企业在外人员相关信息备案表》（附后）的方式，将在外人员相关信息通过传真或电子邮件方式报送驻在国或地区使领馆。

（四）各驻外使领馆应建立驻在国或地区对外投资合作企业在外人员相关信息备案数据库，详细掌握我在当地从事对外投资合作的各类人员相关信息。

（五）商务部、外交部负责汇总所有对外投资合作企业在外人员相关信息。商务部利用已有对外投资合作信息服务系统，建立"对外投资合作企业在外人员相关信息备案系统"（以下简称备案系统），并与各驻外使领馆和外交部联网；外交部负责督促各驻外使领馆做好驻在国或地区对外投资合作企业在外人员相关信息的整理工作。同时，备案系统在已有对外投资合作信息服务系统中分国别或地区抽取对外投资合作企业在外人员相关信息，供各驻外使领馆核对和修改在外人员相关信息。

（六）备案系统分地区为各省、自治区、直辖市、计划单列市和新疆生产建设兵团商务主管部门（以下简称省级商务主管部门）开设管理端口，由省级商务主管部门对本地区对外投资合作企业在外人员相关信息进行审核和修正。

**二、信息更新**

（一）省级商务主管部门应要求本地区对外投资合作企业在 2010 年底前完成目前所有在外人员的相关信息备案。

（二）对外投资合作企业在外人员相关信息如发生变化，应及时在备案系统中进行更新。

（三）各驻外使领馆在工作中发现对外投资合作企业在外人员相关备案信息与实际情况不符的，应及时告知对外投资合作企业境内注册地省级商务主管部门，由其要求对外投资合作企业及时更正。

（四）省级商务主管部门应定期检查对外投资合作企业在外人员相关信息备案情况，如发现对外投资合作企业未按规定更新在外人员备案相关信息，应要求对外投资合作企业及时改正。

**三、信息使用**

（一）各驻外使领馆通过驻在国或地区对外投资合作企业在外人员相关信息备案数据库，全面掌握对外投资合作企业在外人员相关信息，并按照《对外投资合作境外安全风险预警和信息通报制度》（商合发〔2010〕348号）的要求，及时向驻在国或地区对外投资合作企业在外人员发布驻在国政治、经济、社会、安全等特别提醒或风险警告，提醒在外人员增强风险防范意识。

（二）省级商务主管部门通过备案系统管理端口，强化在外人员安全管理措施，并按照《境外中资企业机构和人员安全管理规定》（商合发〔2010〕313号）的要求，做好本地区对外投资合作企业在外人员的境外安全风险信息通报和纠纷处置等工作。

（三）各驻外使领馆在处理对外投资合作企业在外人员突发事件时，应根据防范和处置境外突发事件及领事保护的相关规定，为对外投资合作企业在外人员提供必要的领事保护；如需有关地方人民政府予以配合和指导，应及时向地方人民政府通报相关信息，并抄报商务部、外交部。

**四、工作要求**

（一）省级商务主管部门和各驻外使领馆应高度重视对外投资合作企业在外人员相关信息备案工作，指定专人负责，做好对外投资合作企业在外人员的安全和权益保障工作。

（二）对外投资合作企业应如实填写在外人员相关信息，在外人员相关信息备案情况将作为对外投资合作企业申请对外经济合作专项资金的必备条件。

（三）省级商务主管部门和各驻外使领馆在工作中有义务对涉及对外投资合作企业和公民个人的信息资料予以保密，并妥善保存和管理，不得向无关单位和个人泄露。

（四）对未按本制度要求办理在外人员相关信息备案的对外投资合作企业，企业注册地省级商务主管部门应责令其限期整改，并予以通报批评；对拒不改正的，按照境外安全管理等规定依法追究相关责任人的责任。

（五）对未严格执行本制度的省级商务主管部门和驻外使领馆，商务部和外交部将予以通报批评。

附件：对外投资合作企业在外人员相关信息备案表（略）

# 商务部 外交部 国资委
# 关于进一步规范我国企业对外投资合作的通知

## （商合发〔2008〕222 号）

各省、自治区、直辖市、计划单列市及新疆生产建设兵团商务主管部门、外办、国有资产监督管理部门，各中央企业：

在党中央、国务院的领导下，我国对外投资合作快速发展，规模日益扩大、业务领域不断拓宽，呈现良好的发展势头。但在发展过程中也产生了一些不容忽视的问题，主要表现为：劳务群体性事件频发，涉及当地雇员的纠纷增多，环境保护问题时有发生，一些工程项目出现拖期，质量、安全事件呈上升趋势等。这虽不是我对外投资合作的主流，但如不高度重视，任其发展，危害巨大。为进一步规范企业对外投资合作，有效遏制各类损害国家和企业利益的事件发生，现就有关要求和措施通知如下：

**一、充分认识规范企业对外投资合作的重要性**

对外投资合作中存在的上述问题严重损害国家和企业形象、影响双边关系，激化矛盾，影响国内社会稳定，不利于我企业成长为有国际竞争力的跨国公司。各地区有关部门、各企业必须高度重视，站在维护国家形象和社会稳定的高度，从我企业长远发展大局出发，把规范对外投资合作工作抓紧抓好。

**二、牢固树立"互利共赢、共同发展"的经营理念**

要增强"知法守法，诚信经营"的自觉性。认真学习并严格遵守我国对外投资合作的法律法规和政策，深入研究并遵守所在国家的法律法规，特别是环境保护、劳动用工、出入境管理、安全生产、招标投标等方面的规定。

要高度重视并妥善处理劳资问题。要按照"科学发展观"的要求，在经营管理中切实贯彻"以人为本"的理念，为国内派出劳务人员及当地雇员提供符合法律规定及双方合同约定的工资、福利待遇和工作条件；努力拓宽与国内劳务人员、当地雇员的沟通渠道，积极回应其合理诉求，为其提供更为和谐的工作环境。

要注重与所在国社会各界和谐相处和共同发展。与国外政府保持良好关系，注意加强与当地工会组织、媒体、宗教人士、族群首领等社会各个阶层和社会力量的沟通，得到他们的理解和支持。要积极主动推进本地化经营，为当地人创造就业岗位。要增强政治敏感性，避免卷入当地政治、经济利益集团的纷争。

要认真履行必要的社会责任。深入了解并尊重当地的风俗习惯，特别是宗教习俗，努力搞好与当地人的关系。此外，必须要求企业赴境外工作人员注意公众场合的仪表和言谈举止，展示良好形象和对他人的尊重。

### 三、认真落实责任制

各地区有关部门、各企业要对本地区、本企业的境外项目情况定期进行摸底排查，企业要派出得力的专职干部在现场负责指导和监督，及时发现问题，及时报告，及时整改；企业主要负责人要亲自抓规范对外投资合作工作，严格责任制，落实境外质量、安全、纠纷处理等各项管理责任。

### 四、切实发挥中央企业的表率作用

中央企业是我国对外投资合作的骨干力量，其良好规范的经营不仅代表我国的整体实力和形象，也对我对外投资合作健康发展的全局起到重要作用。各中央企业要进一步增强社会责任意识，成为依法经营、诚实守信的表率，节约资源、保护环境的表率，以人为本、构建和谐企业的表率，努力成为企业对外投资合作的榜样。

### 五、加大对违法违规的惩处力度

我国各类所有制企业均应高度重视，并严格按本通知的要求做好规范对外投资合作工作。

对违法违规并造成严重后果的企业，商务部、外交部、国资委将依据有关规定作出处理或处罚。商务部将依有关规定给予通报批评、警告、不予通过年审、暂停直至取消经营资格等处理或处罚。外交部将依据有关规定视情在有关企业或主管部门的外事审批权、护照申办权或签证自办（代办）权方面作出处罚。国资委将对产生不良影响的企业和有关责任人作出相应处罚。

　　各地方商务主管部门、外办、国有资产监督管理部门要按照本通知的精神，采取相应措施，对违法违规并造成严重后果的本地企业分别给予相应的处理和处罚。

　　特此通知。

2008 年 6 月 6 日

# 后　记

　　为适应推动形成全面开放新格局，特别是"一带一路"建设的新要求，商务部委托中国服务外包研究中心对 2009 年版"跨国经营管理人才培训教材系列丛书"（共 7 本）进行修订增补。2018 年新修订增补后的"跨国经营管理人才培训教材系列丛书"共 10 本，其中，《中国对外投资合作法规和政策汇编》《中外对外投资合作政策比较》《中外企业国际化战略与管理比较》《中外跨国公司融资理念与方式比较》《中外企业跨国并购与整合比较》《中外企业跨国经营风险管理比较》《中外企业跨文化管理与企业社会责任比较》是对 2009 年版教材的修订，《中外境外经贸合作园区建设比较》《中外基础设施国际合作模式比较》《中外企业跨国经营案例比较》是新增补的教材。2009 年版原创团队对此书的贡献，是我们此次修订的基础，让我们有机会站在巨人的肩膀上担当新使命。

　　在本套教材编写过程中，我们得到中国驻越南大使馆经商参处、中国驻柬埔寨大使馆经商参处、中国驻白俄罗斯大使馆经商参处、中国驻匈牙利大使馆经商参处、中国国际投资促进中心（欧洲）的大力支持，上海市、广东省、深圳市等地方商务主管部门也提供了帮助。中国进出口银行、中国建筑工程总公司、中国长江三峡集团、中国交建集团、TCL 集团、华为技术公司、腾讯公司、中兴通讯股份、富士康科技集团、中国人民保险集团股份有限公司、中国电力技术装备有限公司、中国建设银行、中拉合作基金、深圳市大疆创新科技公司、中白工业园区开发公司、白俄罗斯中资企业商会、北京住总集团白俄罗斯建设公司、华为（白俄罗斯）公司、中欧商贸物流园、宝思德化学公司、中国银行（匈牙利）公司、威斯卡特工业（匈牙利）公司、波鸿集团、华为匈牙利公司、海康威视（匈牙利）公司、彩讯（匈牙利）公司、上海建工集团、中启海外集团、中国中免集团、中国路桥有限公司、东南亚电信、华为柬埔寨公司、中铁六局越南高速公路项目部、农业银行越南分行、越南光伏公司、博爱医疗公司、中国越南（深圳—海防）经济贸易合作区等单位接受了我们的调研访谈。一些中外跨国经营企业的做法，被我们作为典型案例进行剖析，供读者借鉴。在此一并表示由衷的感谢！

本套教材的主创团队群英荟萃，既有我国对外投资合作研究领域的权威专家，也有一批年轻有为的学者。除署名作者外，胡锁锦、杨修敏、李岸、周新建、果凯、苏予、曹文、陈明霞、王沛、朱斌、张亮、杨森、郭智广、梁桂宁、杜奇睿、程晓青、王潜、冯鹏程、施浪、张东芳、刘小溪、袁悦、杨楚笛、吴昀珂、赵泽宇、沈梦溪、李小永、辛灵、何明明、李良雄、张航、李思静、张晨烨、曹佩华、汪莹、曹勤雯、薛晨、徐丽丽（排名不分先后）等同志也以不同方式参与了我们的编写工作。由于对外投资合作事业规模迅速扩大，市场分布广泛，企业主体众多，业务模式多样，加之我们的能力欠缺，本套教材依然无法囊括读者期待看到的所有内容，留待今后修订增补。

最后，特别感谢中国商务出版社的郭周明社长和全体参与此套教材修订增补的团队，他们在较短的时间内高质量地完成了教材的编辑修订工作，为教材顺利出版做出了极大努力。在此表示由衷的感谢！

编著者

2018 年 10 月 15 日